된다!

감탄이 절로 나오는 현실 예제!

일주일이면 기초 떼고 VLOOKUP과 피벗 테이블까지!

7일 실무 엑셀

조회수 2,400만!

'짤막한 강좌' 한쌤의 특별 과외

▶ **대박 사건!** 무료 동영상 160개

2007 · 2010 · 2013 · 2016 · 2019 · 오피스 365

모든 버전 사용 가능

엑셀 천사 바로 그분! **한정희** 지음

이지스 퍼블리싱

능력과 가치를 높이고 싶다면
된다! 시리즈를 만나 보세요.
당신이 성장하도록 돕겠습니다.

된다! 7일 실무 엑셀
Gotcha! 7 Days Business Excel

초판 1쇄 인쇄 • 2019년 7월 15일
초판 13쇄 발행 • 2024년 11월 1일

지은이 • 한정희
펴낸이 • 이지연
펴낸곳 • 이지스퍼블리싱(주)
출판사 등록번호 • 제313-2010-123호
주소 • 서울시 마포구 잔다리로 109 이지스빌딩 3층
대표전화 • 02-325-1722 | **팩스** • 02-326-1723
홈페이지 • www.easyspub.co.kr | **페이스북** • www.facebook.com/easyspub
Do it! 스터디룸 카페 • https://cafe.naver.com/doitstudyroom | **이메일** • service@easyspub.co.kr

총괄 • 최윤미 | **기획** • 이수진 | **책임편집** • 임승빈, 최윤미 | **IT 1팀** • 임승빈, 이수경, 지수민
교정교열 • 안종군 | **표지 디자인** • 트인글터 | **본문 디자인** • 트인글터 | **인쇄** • 보광문화사
마케팅 • 권정하 | **독자지원** • 박애림, 김수경
영업 및 교재 문의 • 이주동, 김요한(support@easyspub.co.kr)

ISBN 979-11-6303-093-5 13000
가격 20,000원

서두르지 마라,
그러나 멈추지도 마라.

Without haste,
but without rest.

요한 볼프강 폰 괴테
Johann Wolfgang von Goethe

엑셀, 감동의 인생 강의를 만나 보세요.
― 기본부터 실무 활용까지 7일 만에 끝내기!

엑셀과 저의 인연은 대학에서 조교로 근무할 때 시작되었습니다. 대학 내 은행 직원들이 등록금 납부 내역을 필터링하기 위해 전산소에 찾아와 엑셀 파일로 변환했었죠. 오래전 일이지만 몇 가지 조작만으로 조건에 맞는 데이터를 척척 뽑아내는 엑셀이 너무 신기했습니다. 그 후 학교를 졸업하며 강의를 하게 되었고 처음 맡은 과목은 엑셀이었습니다.

직장인들의 실제 질문과 사연들을 담았습니다

강의장에서 만난 질문은 가지각색이었습니다.

"처리할 데이터 양이 많아 매일 야근을 하고 있습니다. 도와주세요!"

"부서 직원 다섯 명이 데이터를 나눠 며칠 동안 처리해도 일이 끝나지 않네요."

일일이 답변하다 보니 일은 더 많아졌지만 이 질문들은 저에게 소중한 자산이 됐습니다. 현장의 문제를 어떻게 해결해야 할지 함께 궁리하고, 빠른 해결 방법을 고민하다 보니 자연스럽게 현장의 경험을 쌓게 된 거죠.

질문은 다양했지만 자주 묻는 질문들은 대부분 비슷하고 어려워하는 부분도 크게 다르지 않았습니다. 그러다 보니 교육생의 가려운 부분을 잘 긁어주는 명강사로 평가받게 되었습니다.

《된다! 7일 실무 엑셀》은 위와 같은 경험을 바탕으로 탄생했습니다. 책에 있는 사연들 역시 제가 실제로 받았던 질문들입니다. 예제들도 온·오프라인에서 제 강의를 들었던 많은 분들의 질문을 바탕으로 구성했습니다. 엑셀의 메뉴를 설명하는 방식이 아니라 직장에서 자주 만나는 상황에 맞게 구체적으로 알려드리려고 노력했습니다. 예제들 또한 실제 회사에서 사용하는 데이터를 바탕으로 재구성했습니다.

실전 투입까지 딱 일주일! ― 실무용 예제로 배우면 된다!

어떻게 하면 엑셀을 빨리 배울 수 있을까요? 핵심은 일상의 업무를 통해 배우는 것입니다. 단순 기능만 배우면 이해하기 힘들고, 설사 이해했다 하더라도 실무를 접했을 때 눈 앞이 캄캄해 집니다. 제가 엑셀을 가르칠 때 업무와 연결해 알려드리려고 노력하는 이유는 바로 이 때문입니다. 이 책을 통해 회사의 상사에게 1:1로 배우듯 엑셀을 체계적으로 배워 보세요.

처음부터 엑셀의 모든 기능을 알 필요는 없습니다. 실무 사용 빈도가 높은 예제로 구성된 책으로 배우는 게 더 효율적이겠죠. 《된다! 7일 실무 엑셀》은 일반적인 직장에서 일어날 수 있는 업무를 이용해 배울 수 있도록 실용적으로 구성했습니다. 회사에서 가장 자주 사용하는 기능들부터 빠르게 배우세요.

인기 동영상, '짤막한 강좌'까지!

배울 때는 할 수 있을 것 같았는데 실제 업무에 복귀하면 배운 내용이 기억이 나지 않는다고요? 출퇴근 시간에 짬짬이 학습을 하고 싶다고요? 그래서 시작한 것이 유튜브 강좌입니다. 2016년에 처음 채널을 개설하고 틈날 때마다 영상 강좌를 하나씩 찍어 올렸더니 어느새 120개가 되었습니다. 이 책으로 실습하기 전에 동영상을 참고해 보세요. 공부를 마친 후 복습을 하는 의미에서 동영상을 참고해 보세요. 유튜브 강의를 활용하면 책만 보는 것보다 더 빠르고 정확하게 엑셀을 익힐 수 있습니다.

저에게는 우리가 사는 곳을 조금이라도 이롭게 만들며 살고 싶다는 소망이 있습니다. 제가 잘하는 일인 엑셀을 통해 여러분에게도 도움이 되고 싶습니다.
저의 작은 재능을 책으로 풀어낼 수 있도록 출간할 기회를 주신 이지스퍼블리싱 출판사 이지연 대표님, 제가 집필하는 동안 최고의 애독자이면서 딱딱한 제 글에 생명을 불어넣어 준 이수진, 임승빈 편집자님께 감사를 드립니다.

마지막으로 글이 잘 풀리지 않을 때마다 도움을 준 남편과 엄마가 자랑스럽다는 말로 힘이 되어주는 동건이가 곁에 있어 든든합니다.

한정희 드림

국내 최초! 엑셀 강좌 전체 무료 공개!
전체 조회수 2,400만! 구독자 16만!
'짤막한 강좌'를 이 책과 함께 활용하세요!

이 책만으로 충분합니다. 하지만 더 쉽게 공부하고 싶다면
동영상으로도 공부할 수 있습니다.
유튜브에서 '짤막한 강좌'를 검색해 보세요!

www.youtube.com/짤막한강좌

"감탄이 절로 나는 한쌤의 엑셀 강의,
이 책에 전부 담으셨네요!"

7일이면 엑셀 인생이 달라집니다

회사에서 엑셀을 쓰는 사람이라면 누구나 "내가 엑셀만 잘해도 업무 시간을 더 효율적으로 활용할 수 있을 텐데!"라는 생각을 할 것입니다. 이 책은 **바쁜 직장인도 단 7일 만에** 한쌤의 엑셀 실무 노하우를 내 업무에 적용할 수 있게 만들어 줍니다. 신입사원, 공무원, 학교 선생님 등 엑셀을 사용하는 분들이라면 꼭 이 책으로 엑셀을 시작하는 것을 추천합니다.

윤인식 _부산인재개발원 전문교육과 스마트교육팀장

강의 교재로 추천! 컴퓨터 왕초보부터 실무자까지 이 책으로 다 된다!

다년간 쌓여온 강의 노하우를 이 책에 전부 담으셨네요. 이 책은 초보자들이 어느 부분을 어려워하는지, 엑셀을 어느 정도 배운 사람은 어느 부분에서 실수하는지, 실무자들이 당면한 문제를 어떻게 해결하는지 자세하게 설명해 줍니다. **모든 사람의 눈높이**에서 설명하려 애쓴 한정희 강사님의 흔적이 고스란히 녹아 있습니다.

이정훈 _한국수력원자력 교육 담당 교수

저에게 일어난 마법 같은 일이 여러분께도 일어나길…

어쩜 실무자의 마음을 그렇게 잘 아시는지, 실무를 하며 겪는 어려움을 간단하게 해결하는 걸 보면 엑셀로 마법을 부리시는 게 아닌가 하는 생각이 듭니다. 《된다! 7일 실무 엑셀》을 통해 **제가 느꼈던 마법 같은 일**들이 여러분에게도 일어나길 바랍니다.

박창영 _(주)케이알텍 전문이사(기술혁신연구소장)

이 기능 왜 쓸까? 어떻게 사용할까? 이 두 가지 질문을 해결할 수 있습니다

실무를 하면서 항상 쓰는 기능만 쓰다 보니 이 기능의 원리가 무엇인지, 내가 왜 이 상황에서 이 기능을 사용해야 하는지 모를 때가 많았습니다. 이 책은 이런 **궁금증을 한 번에 해결**해 줍니다. 이론부터 실습까지 부족함이 없더군요. 직장에 들어가기 전에 이 책을 먼저 봤더라면, 업무 시간을 조금 더 효율적으로 쓸 수 있었을 텐데…. 하는 생각이 들었습니다. 실무자들에게 왕추천입니다!

김신의 _군무원

강사님의 꼼꼼한 성격이 그대로 담겨있는 친절한 엑셀 책!

한정희 강사님을 옆에서 지켜본 한 사람으로서, 이 책은 강사님의 성격이 고스란히 담겨 있는 책이라고 생각합니다. 수업을 준비할 때는 꼼꼼하게, 강의할 때는 세심하게, 강의가 끝난 후에도 친절하게…. 이 책은 원리를 꼼꼼하게 알려주고, 실습은 세세하게 다루고 있으며, **모두가 따라할 수 있도록 친절**하게 설명해 주고 있네요.

송정미 _이한아이티 강사

여러분의 실습 준비부터 복습 문제까지 세심하게 준비했습니다

하나. 공부하기 전에 실습 파일을 내려받으세요!

이지스퍼블리싱 [자료실]에서 실습 파일을 내려받을 수 있습니다. 이지스퍼블리싱 홈페이지에 회원으로 가입하시고 실습 예제 파일을 다운받고 시작하세요!

easyspub.com → [자료실] → '7일 실무 엑셀' 검색!

둘. 저자 직강! 동영상 강의를 참고하세요! ▶

책 곳곳에 들어 있는 QR 코드를 스캔해 보세요. 한쌤의 '짤막한 강좌'를 바로 만나볼 수 있습니다. 책으로 공부해도 문제없지만, 복습하고 싶은 부분이나 이해하기 어려운 부분이 있다면 동영상의 도움을 받아보세요. 책으로 공부하고 동영상까지 참고한다면, 학습 효과가 2배!

정답 파일에 해설도 있어요!

셋. 복습 문제, '누군가의 부탁'을 해결할 수 있나요?

회사에 들어가면 상사의 부탁이나 업무 지시를 해결할 수 있어야 합니다. 이에 대비할 수 있도록 절 마지막에 미션을 넣었습니다. 다양한 사람들의 부탁을 들어주면서 엑셀 실력을 키워 보세요!

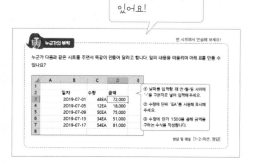

넷. 실력 확인, '마당 통과 시험'에 도전하세요!

마당 끝에는 마당 통과 시험을 준비했습니다. 어디까지 스스로 할 수 있는지 점검해 보세요. 아! 어려운 부분이 나오면 참고할 수 있는 동영상 강의가 준비되어 있습니다. 걱정하지 마세요!

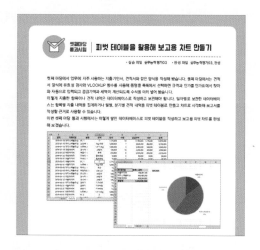

2일이면 엑셀 기본, 4일이면 수식과 함수,
7일이면 피벗 테이블과 차트까지!

:: 바쁜 직장인을 위한 빠른 7일 속성 입문 코스

급하게 엑셀을 다뤄야 하거나 엑셀을 처음 다뤄보는 분들에게 추천! 실무에서 중요하게 생각하는 엑셀 능력들만 쏙쏙 골라 배웁니다. 이것만 알아도 실무에서 엑셀을 사용하는 데에는 무리가 없습니다!

7일 속성 입문 코스를 위한 팁	❶ 하면 된다!} 위주로 실습을 진행하세요! ❷ '누군가의 부탁'과 '마당 통과 시험'은 시간이 없다면 　 건너뛰어도 됩니다! ❸ 책으로 충분히 배울 수 있습니다! 그러나 더 쉽게 공부하고 　 싶다면 무료 동영상 강의를 참고하세요!	함께 보면 좋은 7일 영상 목록

날짜	학습 목표	범위	쪽수
1일 차 (　월 　일)	• 데이터 입력과 간단한 수식 넣기 • 셀 꾸미고 시트 관리 • 실전 연습 - 견적서 양식 만들기	1장	18쪽~75쪽
2일 차 (　월 　일)	• 데이터베이스를 관리하는 방법 • 유효성 검사로 잘못된 데이터 입력을 예방하기 • 데이터베이스 작성 규칙에 맞게 데이터 정리하기	2, 3장	76쪽~140쪽
3일 차 (　월 　일)	• 수식을 작성하는 기본 공식과 셀 참조 방식 • 엑셀 함수의 필요성과 기본 함수 익히기	4장	142쪽~180쪽
4일 차 (　월 　일)	• 실무에 많이 쓰이는 함수 • IF 함수와 VLOOKUP 함수 익히기	5장	186쪽~231쪽
5일 차 (　월 　일)	• 데이터 요약 및 집계 • 데이터 필터링	8, 9장	294쪽~363쪽
6일 차 (　월 　일)	• 차트 작성 방법	10장	364쪽~402쪽
7일 차 (　월 　일)	• 피벗 테이블과 피벗 차트 만들기	11장	403쪽~434쪽

16일이면 프로 엑셀러가 된다!

:: 책 한 권으로 한 학기 수업 효과! 16일 코스

책을 꼼꼼히 살피는 16일 코스! 아래 진도표대로 공부를 진행해 보세요. 엑셀의 기본기를
더 단단하게 다지는 좋은 시간이 될 겁니다!

날짜	학습 목표	범위	쪽수
1일 차 (월 일)	• 데이터 입력과 간단한 수식 넣기 • 실무에 많이 사용하는 양식 만들기	1장	18쪽~75쪽
2일 차 (월 일)	• 데이터베이스를 입력하는 방법 • 많은 양의 데이터를 선택하고 정렬하는 방법	2장	76쪽~95쪽
3일 차 (월 일)	• 데이터 입력 오류를 방지하는 유효성 검사 • 첫째 마당 통과 시험	3장 03-1 03-2	96쪽~116쪽
4일 차 (월 일)	• 보기 좋게 인쇄 • 타인과 자료를 공유할 때 문서가 수정되지 않도록 문서 보호	3장 03-3 03-4	117쪽~140쪽
5일 차 (월 일)	• 수식을 작성하는 공식 • 상대 참조, 절대 참조, 혼합 참조 방식 배우기 • 엑셀 함수의 필요성과 기본 함수 익히기	4장	142쪽~184쪽
6일 차 (월 일)	• 조건을 판별하는 논리 함수 IF • 조건부 서식	5장 05-1 05-2	185쪽~205쪽
7일 차 (월 일)	• 하나로 합쳐져 있는 텍스트 나누기 • 텍스트 일부를 추출하는 함수 사용법과 실무에 적용하기	6장	232쪽~263쪽
8일 차 (월 일)	• 함수를 사용해 날짜를 입력하는 이유 • 날짜 함수 종류와 사용법을 익히고 실무에 적용하기	7장	264쪽~292쪽
9일 차 (월 일)	• VLOOKUP 함수 사용 규칙 익히기 • IFERROR 함수를 사용해 #N/A 오류 해결하기	5장 05-3	206쪽~221쪽
10일 차 (월 일)	• INDEX, MATCH 함수 사용법과 중첩 방법 • VLOOKUP 함수와 INDEX+MATCH 함수의 차이점	5장 05-4	222쪽~223쪽
11일 차 (월 일)	• 조건에 맞는 합계와 평균 구하기 • 특정 필드를 그룹화해 데이터를 요약하는 부분합	8장 08-1 08-4	294쪽~308쪽, 322쪽~323쪽
12일 차 (월 일)	• 여러 시트에 입력된 데이터를 집계하는 방법 • 3차원 수식과 통합의 차이점	8장 08-2 08-3	309쪽~321쪽
13일 차 (월 일)	• 조건에 맞는 데이터만 화면에 표시하는 필터 • 실시간 부분합을 구하는 SUBTOTAL 함수	9장 09-1 09-2	333쪽~350쪽
14일 차 (월 일)	• 고급 필터 기본 사용법 익히기 • 두 시트와 비교해 일치 불일치 데이터 필터링하기	9장 09-3	351쪽~363쪽
15일 차 (월 일)	• 기본 차트와 콤보 차트 만들기 • 데이터 맞는 차트 종류 선택하기	10장	364쪽~402쪽
16일 차 (월 일)	• 다양한 레이아웃으로 피벗 테이블 만들기 • 피벗 차트로 시각화하기	11장	403쪽~434쪽

첫째 마당
**엑셀의 기본,
데이터 입력과 관리**

셋째 마당
**보고서에 필수!
데이터 집계와 시각화**

그래프로
세련된 보고서
완성!

오늘도 열심히 공부하는 당신을 위해 소개합니다!

Do it! 스터디룸 카페

혼자 공부하다 보면 질문할 곳이 마땅치 않아 공부 의욕이
떨어지기 쉽습니다. 그래서 이지스퍼블리싱에서는 서로의
공부를 도울 수 있는 공간, Do it! 스터디룸을 마련했습니다.
질문과 답변을 나누며 함께 성장하는 재미를 Do it! 스터디
룸에서 느껴 보세요!

cafe.naver.com/doitstudyroom

책 한 권 끝내면 책 한 권 받는다! — Do it! 공부단 상시 모집 중

공부하는 데 눈에 보이는 보상이 있다면 공부가 즐거울 것입니다. Do it! 공부단은 스스로 학습 계획을 세우고, 완
료하는 사람에게 책을 선물로 드리는 제도입니다. 자세한 사항은 Do it! 스터디룸 카페 공지사항에서 확인하세요!

❶ Do it! 스터디룸 카페에 가입한다. → 등업 필수!

❷ '공부단 신청' 게시판에 공부단 신청 글을 작성한다.

❸ '7일 실무 엑셀 게시판'에 스터디 노트를 올린다.

❹ 담당자에게 메일을 보내고 새 책을 받는다.

❺ 새 책으로 스터디 노트를 올린다.

❻ 또 책을 받는다.

이지스퍼블리싱은 공부하는 당신을 '무한히' 응원합니다!

일러두기

- 책에서 사용하는 용어는 엑셀에서 사용하는 용어를 기준으로 표기했습니다.
- 이 책은 엑셀 2007 버전부터 2010, 2013, 2016, 최신 2019, OFFICE 365 버전까지 모두 볼 수 있습니다.
- 실습 예제와 정답은 이지스퍼블리싱 홈페이지(www.easyspub.com)에서 다운받을 수 있습니다.
- 인터넷에서 다운받은 실습 파일은 바이러스 및 기타 유해한 콘텐츠가 포함되어 있을 경우를 대비해 제한된
  보기로 열리고 기능 일부가 제한됩니다. [편집 사용] 버튼을 눌러 실습을 진행하면 됩니다.

첫째
마당

엑셀의 기본,
데이터 입력과 관리

엑셀은 할 줄 알지만, 막상 직장에서 업무를 할 때는

당황하기 일쑤인가요?

여기, 여러분과 똑같은 사연을 가진 사람들이 있습니다.

그들의 사연에 귀 기울여 보세요. 그리고 직접 해 보세요!

'엑셀이 이렇게 쉬운 거였어?' 하고 놀랄 것입니다!

데이터 입력
— 하루 만에 끝내는 기초 엑셀

얼마 전 취업이 확정된 김신입 군. 신입 사원이 갖춰야 할 능력 중 '엑셀'이 있다는 것을 깨닫는다. 대학 다닐 때 한글, 워드, 파워포인트는 다뤄 봤어도 엑셀은 별로 다뤄 보질 못했는데….
"엑셀 어떻게 하는 거지?"

01-1 엑셀이 뭔가요?

최고의 통합형 표 계산 프로그램, 엑셀!

"직장에서는 엑셀을 꼭 다룰 줄 알아야 하나요?" 이 책을 선택한 여러분 은 이미 엑셀(Excel)의 중요성을 알고 있을 겁니다. "엑셀로 라면도 끓여 먹을 수 있다."라는 말이 있을 정도로 아주 다양한 매력과 능력을 갖춘 기 특한 녀석이랍니다. 먼저 엑셀에 대해 잠시 살펴볼까요?

마이크로소프트(Microsoft)사에서 만든 엑셀은 수식과 함수를 사용해 계산이 필요한 문서를 작 성하는 프로그램입니다. 데이터베이스와 같은 많은 데이터를 효과적으로 요약하거나 정리할 수 있습니다. 학생 성적표와 같은 자료는 엑셀로 관리한 지 오래되었죠. 그뿐만 아니라 비교하 거나 강조할 데이터의 디자인을 자유자재로 바꿀 수도 있습니다. 이를 바탕으로 도표와 분석 차트도 쉽게 작성할 수 있습니다.

엑셀, 수많은 셀로 이뤄진 아파트

엑셀을 실행해 봅시다. 수많은 빈칸이 보이나요? 혹시 막막한 느낌이 든다면 아래와 같이 생 각해 보세요.

엑셀은 17,179,869,184개의 셀(Cell)로 이뤄진 아파트다.

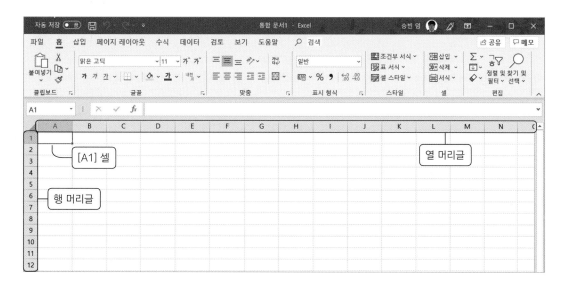

엑셀의 최소 단위는 '셀'입니다. 작은 하나하나의 칸들이 모두 셀이죠. 셀에는 숫자, 문자 또는 수식을 입력할 수 있답니다.

셀 주소 읽기

아파트에서 동호수로 집을 구분하듯 엑셀 또한 '셀'이라는 주소로 구분합니다. 수많은 셀 중에서 아무 곳이나 클릭해 보세요. 선택된 셀의 위쪽에 보이는 문자 B와 왼쪽에 보이는 숫자 2를 합친 [B2]가 바로 이 셀의 '주소'입니다.

 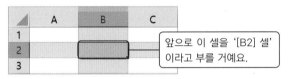

아파트의 동호수처럼 셀에도 주소가 있어요!

그런데 선택한 셀을 보니 오른쪽 아래에 네모난 점이 있네요. 이 점을 '채우기 핸들'이라고 합니다. 입력한 데이터를 여러 셀에 채우거나 수식을 복사할 때 요긴하게 사용되니 꼭 기억하세요!

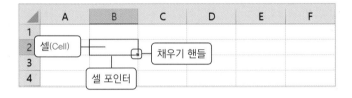

여러 개의 셀 읽기

이번에는 여러 개의 셀을 선택해 볼까요? 셀 하나를 클릭함과 동시에 마우스를 자유롭게 드래그해 보세요. 셀 포인터가 선택된 영역의 테두리를 보여 줍니다. 이렇게 선택된 셀 범위는 양쪽 대각선 모서리의 셀 주소를 따서 [B2:E7]이라고 합니다.

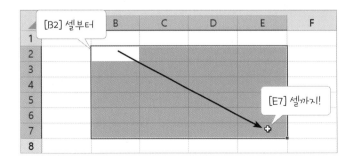

01-2 셀에 입력할 때 빠지기 쉬운 함정들

셀을 선택해 봤으니 선택한 셀에 내용을 입력해 볼까요? 문자, 숫자, 날짜 데이터를 입력해 보면서 주의해야 할 점을 살펴보세요! 쉽게 빠지기 쉬운 함정들만 골라서 담았답니다.

문자 데이터

입력한 문자가 셀 너비를 넘어가요

빈 셀에 아래와 같이 문자를 입력해 보세요. 왼쪽으로 정렬되면서 입력됩니다. 이때 입력한 문자의 길이가 셀 너비보다 길면 오른쪽 빈 셀을 넘어가 화면에 표시되고, 오른쪽 셀에 데이터가 있으면 셀 너비만큼만 화면에 표시됩니다.

함께 보면 좋은
동영상 강의

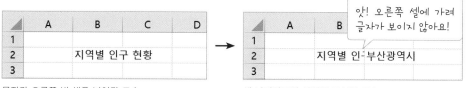

문자가 오른쪽 빈 셀을 넘어간 모습   셀 너비만큼만 화면에 표시된 모습

이 경우에는 열 너비를 넓히면 됩니다. 열과 열의 경계선에 마우스 커서를 올려놓고 양방향 화살표 모양 ✛ 으로 바뀌었을 때 더블클릭해 보세요. 열 너비가 자동으로 늘어납니다.

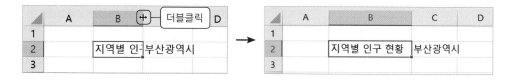

하나의 셀에 두 줄을 쓰고 싶어요

첫 줄의 내용을 입력한 후 Alt + Enter 를 누르고 내용을 입력하면 두 줄로 입력됩니다.

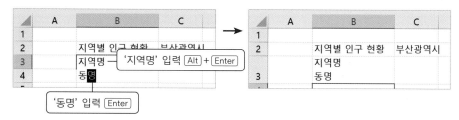

숫자 데이터

이번엔 빈 셀에 숫자를 입력해 보세요. 모두 입력한 후 Enter 를 누르면 셀의 오른쪽으로 자동 정렬됩니다. 숫자 데이터는 +, −, 소수점, 콤마, 괄호와 같은 기호와 함께 사용할 수 있습니다.

자릿수가 많아지니까 이상하게 표시돼요

아무 숫자나 길게 입력해 보세요. 12자리 이상의 숫자를 입력한 후 Enter 를 누르면 중간의 숫자가 사라지고 이상한 기호가 표시되네요! 입력한 자릿수가 많아져서 지수 형태로 나타난 것입니다.

	A	B
6		
7		123456789012
8		

→

	A	B
6		
7		1.23457E+11
8		

숫자를 제대로 입력했는데 이상한 기호가 표시되는 당황스러운 상황!

정상적으로 표시하고 싶다면 셀을 선택한 후 마우스 오른쪽 버튼을 눌러 [셀 서식] → [표시 형식] 탭 → [숫자] 범주를 선택하세요. [확인]을 누르면 긴 자릿수도 정상적으로 표시됩니다.

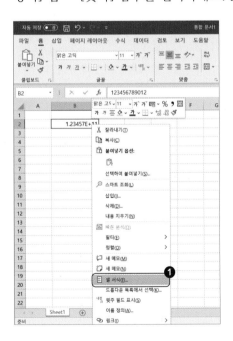

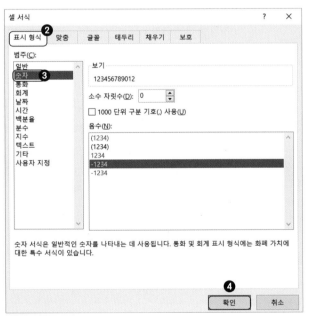

숫자 대신 ###이 나와요

열 너비가 좁으면 셀이 '#'으로 채워집니다. 열 너비를 넓히면 정상적으로 표시됩니다.

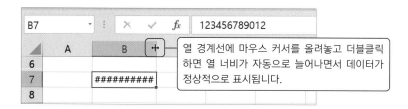

0으로 시작하는 숫자를 쓰고 싶어요

학번, 고객 번호 등과 같이 0으로 시작하는 숫자를 입력하면 0은 입력되지 않습니다. 엑셀은 맨 앞의 0을 계산하는 데 불필요한 숫자라고 인식하기 때문이죠.

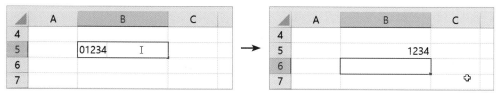

맨 앞에 0이 사라진 모습

이때 '(작은따옴표)를 먼저 입력한 후 숫자를 입력하면 숫자 데이터가 문자 데이터로 바뀌면서 맨 앞의 0이 표시됩니다.

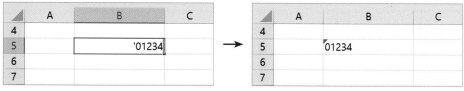

입력을 마치면 작은따옴표 모양이 화면에서 사라져요.

맨 앞에 0이 나타난 모습

혹시 셀의 왼쪽에 초록색 삼각형과 함께 노란색 느낌표가 표시되나요? 이 노란색 느낌표는 '오류 표시'입니다. 제대로 입력했는데 오류 표시가 나타날 경우 당황하지 말고 노란색 느낌표를 누른 후 [오류 무시]를 선택하세요. 그럼 오류가 사라집니다.

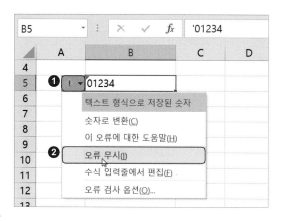

날짜/시간 데이터

어떻게 입력해야 엑셀이 날짜와 시간을 계산할 수 있나요?

엑셀에서 날짜와 시간을 입력하는 방법은 '2019년 3월 1일 9시 30분', '2019.03.01 9:30.'과 같이 다양합니다. 단순 표기라면 어느 방법으로 입력하든 상관없지만 계산식에 사용하려면 날짜는 '-' 또는 '/', 시간은 ':'로 구분해 입력해야 합니다.

	A	B	C	D	E	F
1						
2		작성일	작성시간			
3		2019-03-01	9:30			
4		2019/03/01				
5						

2019/3/1을 입력해도 2019-03-01이라고 표시됩니다.

현재 날짜, 시간을 자동으로 입력하고 싶어요

엑셀은 날짜와 시간도 자동으로 입력해 줍니다. Ctrl + ; (세미콜론)을 입력하면 '현재 날짜', Ctrl + Shift + ; 을 입력하면 '현재 시간'을 자동으로 입력할 수 있습니다.

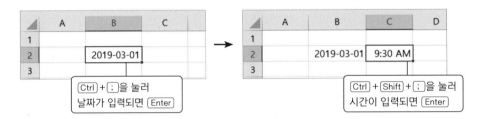

	A	B	C
1			
2		2019-03-01	
3			

Ctrl + ; 을 눌러 날짜가 입력되면 Enter

	A	B	C	D
1				
2		2019-03-01	9:30 AM	
3				

Ctrl + Shift + ; 을 눌러 시간이 입력되면 Enter

현재 날짜와 시간이 실시간으로 업데이트되면 좋겠어요

엑셀 문서를 열 때마다 날짜와 시간이 실시간으로 업데이트되도록 할 수도 있어요. TODAY 함수는 현재 날짜, NOW 함수는 현재 날짜와 시간을 표시합니다.

	A	B	C
1			
2		=TODAY()	=NOW()
3			

	A	B	C
1			
2		2019-03-01	2019-3-1 9:30
3			

☑ 함수를 입력할 때는 =을 먼저 입력한 후 함수명을 입력하고 인수를 입력받는 괄호를 입력해야 합니다. 함수는 04장에서 배우니 지금은 간단히 입력만 해 보세요.

정말 실시간으로 날짜와 시간이 업데이트되는지 확인해 볼까요? 하나의 셀에는 단축키 Ctrl + ;, 다른 셀에는 TODAY 함수를 사용해 날짜를 입력합니다.

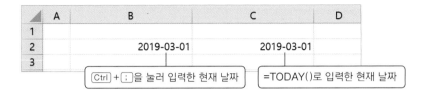

◢	A	B	C	D
1				
2		2019-03-01	2019-03-01	
3				

Ctrl + ;을 눌러 입력한 현재 날짜   =TODAY()로 입력한 현재 날짜

다음날 엑셀 문서를 열어 보세요! 날짜가 업데이트된 것을 확인할 수 있습니다.

◢	A	B	C	D
1				
2		2019-03-01	2019-03-02	
3				

어제 날짜가 그대로입니다.   날짜가 업데이트됐습니다.

단위 붙이기

엑셀에서 10과 10개는 달라요

함께 보면 좋은
동영상 강의

엑셀에서 입력하는 데이터는 크게 '계산할 수 있는 데이터'와 '계산할 수 없는 데이터'로 나뉩니다. '계산할 수 있는 데이터'는 숫자와 날짜, '계산할 수 없는 데이터'는 문자입니다. 그런데 숫자와 문자를 함께 입력할 경우에는 문자로 인식하기 때문에 계산할 수 없습니다.

무슨 말인지 예시로 살펴볼게요! [B3]과 [B4] 셀에 수량 10개를 의미하는 값을 입력했습니다. 우리는 [B3] 셀에 입력된 수량도 10개, [B4] 셀에 입력된 수량도 10개라고 생각하지만 엑셀은 10은 숫자, 10개는 문자로 인식합니다.

◢	A	B	C	D
1				
2		수량	금액	
3		10		
4	10개			
5				
6				
7				

엑셀에서 10은 숫자,
10개는 문자로 인식하는 구나!

각 수량에 단가 1000을 곱해 보면 그 차이를 쉽게 알 수 있습니다. [C3] 셀에 =을 입력하고 마우스로 [B3] 셀을 선택하세요. *(곱하기)를 입력하고 곱할 숫자인 1000을 입력한 후 [Enter]를 누르면 됩니다.

같은 방법으로 [C4] 셀에 =을 입력한 후 마우스로 [B4] 셀을 선택하고 *를 입력한 다음 1000을 입력하고 [Enter]를 눌러 보세요.

[B3] 셀에 입력된 수량은 제대로 계산됐지만 [B4] 셀에 개라고 단위명이 붙은 수량에는 #VALUE!라는 오류가 나타납니다. 엑셀이 계산할 수 없다는 뜻이죠.

	A	B	C
1			
2		수량	금액
3		10	=B3*1000
4		10개	
5			

수량에 1000을 곱한 모습

	A	B	C
1			
2		수량	금액
3		10	10000
4		10개	#VALUE!
5			

[C3] 셀은 제대로 계산되고, [C4] 셀에선 오류가 나타난 모습

☑ +(더하기), -(빼기), *(곱하기), /(나누기) 등 수식에 관한 내용은 04-4에서 자세히 다룹니다.

계산이 가능하게 단위를 붙일 순 없나요?

계산 가능하면서 단위명도 보기 좋게 붙이려면 '표시 형식'을 적용하면 됩니다.

[B3] 셀을 선택한 후 단축키 [Ctrl] + [1]을 누르면 [셀 서식] 대화 상자가 나타납니다. [표시 형식] 탭 → [사용자 지정] 범주 → [형식] 입력 창에 0"개"를 입력하세요. 계산이 가능하고 단위를 붙여 표시할 수 있습니다.

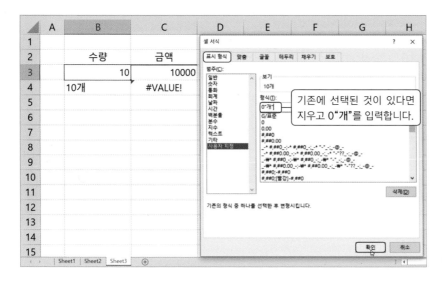

☑ [형식]란에 숫자를 표시하는 서식 기호 0과 "개" 또는 "EA"와 같이 단위를 큰따옴표에 묶어서 입력해 보세요.
(예) 0"개", 0"EA", 0"명"

'2019-03-01'과 '2019. 3. 1.'도 달라요!

이번에는 날짜도 확인해 보겠습니다. 우리는 [B8] 셀과 [B9] 셀에 입력된 시작일을 보면 모두 날짜라고 생각합니다. 하지만 엑셀은 다릅니다. 시작일에서 48일 후의 종료일을 계산해 보면 그 차이를 쉽게 알 수 있습니다.

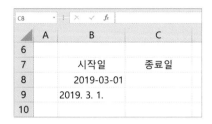

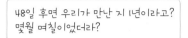

48일 후면 우리가 만난 지 1년이라고? 몇월 며칠이었더라?

[B8] 셀에 입력된 날짜는 아무런 문제 없이 계산할 수 있지만 [B9] 셀에 입력된 날짜는 #VALUE!라는 오류가 나타납니다. 엑셀은 [B9] 셀에 입력된 데이터를 날짜로 인식하지 않기 때문입니다.

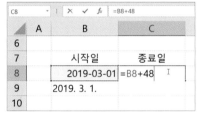

시작일에 48일을 더한 모습

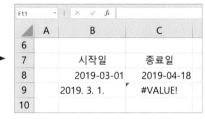

[C8] 셀은 제대로 계산되고, [C9] 셀은 오류가 나타나는 모습

☑ 엑셀에서 날짜는 -(하이픈) 또는 /(슬래시)로 구분해 입력해야 계산할 수 있습니다.

누군가의 부탁

빈 시트에서 연습해 보세요!

누군가 다음과 같은 시트를 주면서 똑같이 만들어 달라고 합니다. 앞의 내용을 떠올리며 아래 표를 만들 수 있나요?

	A	B	C	D	E
1					
2		일자	수량	금액	
3		2019-07-01	48EA	72,000	
4		2019-07-05	12EA	18,000	
5		2019-07-09	50EA	75,000	
6		2019-07-13	34EA	51,000	
7		2019-07-17	54EA	81,000	
8					

① 날짜를 입력할 때 연-월-일 사이에 '-'을 구분자로 넣어 입력해 주세요.
② 수량에 단위 'EA'를 사용해 표시해 주세요.
③ 수량에 단가 1500을 곱해 금액을 구하는 수식을 작성합니다.

정답 및 해설 [1-2-미션_정답]

01-3 자동으로 채워 주는 똑똑한 엑셀

• 실습 파일 새 통합 문서

"한 셀, 한 셀 입력하면 어느 세월에 이 많은 데이터를 입력하지?"라는 걱정은 하지 마세요. 엑셀은 우리가 입력하고 싶은 내용을 예측해 채워 준답니다. 믿어지지 않는다고요?

셀에 숫자 1을 입력한 후 채우기 핸들에 마우스 커서를 올려놓아 보세요. 그리고 마우스 커서가 얇은 십자가 모양으로 바뀌었을 때 아래쪽 또는 오른쪽으로 드래그해 보세요. 셀에 1이 복사됩니다.

숫자가 하나씩 늘어나게 하고 싶다고요? [자동 채우기 옵션] 을 누른 후 [연속 데이터 채우기] 옵션을 선택하면 셀에 숫자가 1, 2, 3, … 순으로 채워집니다.

함께 보면 좋은
동영상 강의

☑ 셀에 숫자 1을 입력하고 Ctrl 을 누른 상태에서 채우기 핸들을 끌어다 놓아도 번호가 연속으로 채워집니다.

문자 데이터도 자동
채우기가 되는구나!

하면 된다! ⎬ 자동으로 채울 나만의 목록 만들기

빈 시트에서 연습해 보세요!

문자 채우기를 할 때 여러분이 자주 사용하는 문자 목록을 '사용자 지정 목록'에 등록해 사용할 수 있습니다! 직접 목록을 만들어 볼까요?

1 [파일] → [옵션]을 실행하세요. [Excel 옵션] 대화 상자가 나타나면 [고급] 옵션을 선택한 후 [일반] → [사용자 지정 목록 편집] 버튼을 클릭합니다.

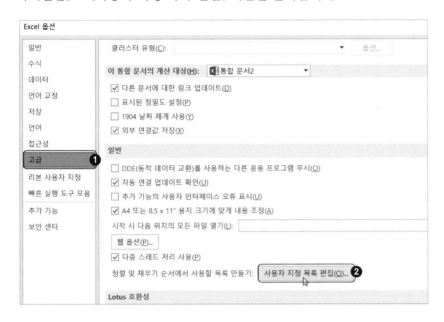

2 [사용자 지정 목록] 대화 상자가 나타나면 [목록 항목]에 **부장, 과장, 대리, 주임, 사원**을 입력한 후 [추가] 버튼을 누르고 [확인] 버튼을 클릭합니다.

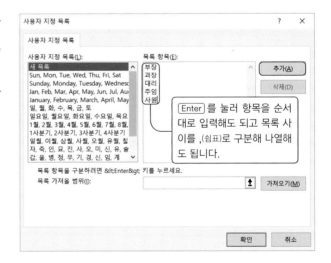

> Enter 를 눌러 항목을 순서대로 입력해도 되고 목록 사이를 ,(쉼표)로 구분해 나열해도 됩니다.

3 이제 셀에 **부장**을 입력한 후 채우기를 해 보세요. 부장에서 사원까지 자동으로 입력됩니다.

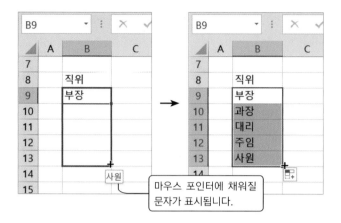

마우스 포인터에 채워질 문자가 표시됩니다.

문자 자동 완성

사용자 지정 목록에 없어도 동일한 내용을 셀에 입력하면 엑셀이 알아서 내용을 완성해 주기도 합니다. 예를 들어, 지역명 열에 **서울특별시**가 입력돼 있다면 첫 글자 **서**를 입력하는 순간 '서울특별시'로 자동 완성됩니다.

물론 자동 완성을 무시할 수도 있습니다. 예를 들어, **경**을 입력했더니 '경상남도'가 자동 완성됐습니다. 하지만 이번에 입력하고 싶은 단어는 '경상남도'가 아닌 '경기도'입니다. 이 경우에는 무시하고 나머지 글자를 입력하면 됩니다.

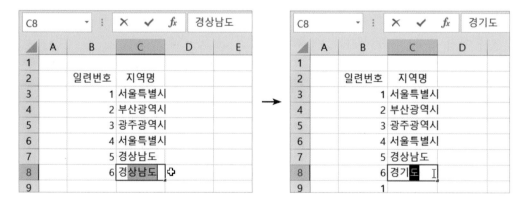

자동 채우기는 엑셀에서 가장 중요한 기능 중 하나입니다. 귀찮은 일을 한 번에 해결해 주기 때문이죠. 아래 표를 자동 채우기 기능으로 만들며 연습해 보세요.

① [B5] 셀에 1사분기를 입력한 후 나머지 [B8] 셀까지 자동 채우기해 보세요.
② '서울, 부산, 대전, 광주, 대구' 순으로 사용자 지정 목록에 추가한 후 [C4:G4] 셀까지 자동 채우기해 보세요.

	A	B	C	D	E	F	G
1							
2		지역별 행사 횟수					
3							
4			서울	부산	대전	광주	대구
5		1사분기	10	8	7	5	6
6		2사분기	8	10	8	4	8
7		3사분기	9	8	10	8	5
8		4사분기	12	10	9	8	6
9							

정답 및 해설 [1-3-미션_정답]

01-4 데이터 입력하고 간단한 수식 넣기

• 실습 파일 새 통합 문서

이번에는 글자 모양, 크기를 조절하고 숫자에 천 단위마다 쉼표를 표시해 보겠습니다. 간단한 수식도 작성해 볼 거예요. 생각보다 어렵지 않으니 직접 해 보세요!

하면 된다! } 문자와 숫자 입력하기

1 엑셀을 실행한 후 빈 시트를 엽니다. [B2] 셀에 **구입내역**을 입력하고 Enter 를 누릅니다. [B4] 셀에 **품명**을 입력하고 Tab 을 누르거나 [C4] 셀을 선택해 다음 칸으로 이동하세요. **단가, 수량, 금액**을 차례대로 입력합니다.

함께 보면 좋은
동영상 강의

	A	B	C	D	E
1					
2		구입내역			
3					
4		품명	단가	수량	금액
5					

> 아래 셀에 입력할 때는 Enter , 오른쪽 셀에 입력할 때는 Tab 을 누르세요.

2 품명을 아래에 적어 볼까요? [B5] 셀을 선택한 후 PC를 입력하고 Enter 를 눌러 다음 셀로 이동한 다음 **노트북, 모니터, 키보드** 등을 입력합니다. 이때 셀을 넘어가는 글자가 있으면 [B] 열의 너비를 넓혀 줍니다.

	A	B	C	D	E
1					
2		구입내역			
3					
4		품명	단가	수량	금액
5		PC			
6		노트북			
7		모니터			
8		마우스			
9		키보드			
10		외장하드디스크			
11		USB메모리			
12					
13					

> [B] 열과 [C] 열의 경계선에 마우스 커서를 올려놓고 더블클릭하면 열 너비가 자동으로 조정됩니다.

3 단가와 수량도 **2**와 동일한 방식으로 입력해 볼게요. 오른쪽 그림과 같이 단가와 수량을 모두 입력합니다. 이때 천 단위마다 쉼표를 입력하지 말고 숫자만 입력하세요.

	A	B	C	D	E
1					
2		구입내역			
3					
4		품명	단가	수량	금액
5		PC	450000	5	
6		노트북	780000	3	
7		모니터	350000	5	
8		마우스	35000	10	
9		키보드	28000	10	
10		외장하드디스크	120000	8	
11		USB메모리	12000	15	
12					

하면 된다! } 데이터에 쉼표 스타일 적용하기

지금까지는 데이터만 입력하면 되니 쉬웠죠? 이제 입력한 데이터를 보기 좋게 정리해 볼게요. 글자 모양, 크기, 쉼표 스타일, 백분율 등과 같은 다양한 서식을 적용하려면 가장 먼저 서식을 적용할 범위를 선택해야 합니다.

단가와 수량 범위에 천 단위마다 쉼표를 넣기 위해 먼저 셀 범위 [C5:D11]을 드래그해 선택합니다. 마우스 오른쪽 버튼을 눌러 [쉼표 스타일 **9**]을 적용합니다.

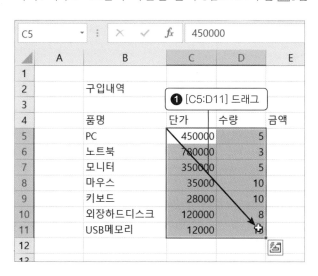

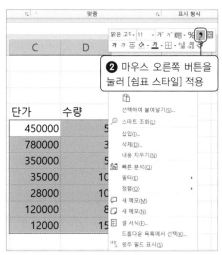

천 단위 이상의 값이 입력된 단가 범위에 쉼표가 적용됐습니다. 수량 범위에도 천 단위 이상의 값을 입력하면 쉼표가 천 단위마다 자동으로 적용됩니다.

하면 된다! ⟩ 제목 강조하기

1 제목 크게 키우고 굵게 만들기

이번엔 제목을 강조해 보겠습니다. 제목이 입력된 [B2] 셀을 선택한 후 마우스 오른쪽 버튼을 눌러 [글꼴 크기 크게 **가**]를 여러 번 누르고 [굵게 **가**]를 선택합니다.

2 셀 병합하고 가운데 맞추기

제목 셀은 맨 위에 길게 위치하는 것이 좋겠죠? 제목 셀 범위 [B2:E2]를 드래그한 후 마우스 오른쪽 버튼을 눌러 [병합하고 가운데 맞춤 📱]을 선택합니다. 셀이 합쳐지고 제목이 가운데 정렬됩니다.

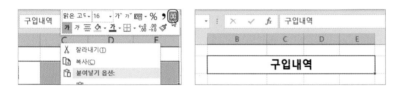

하면 된다! ⟩ 첫 행과 왼쪽 열 강조하기

그다음으로 강조해야 할 부분은 품명, 단가, 수량, 금액이 입력된 첫 행과 품명 목록이 입력된 왼쪽 열입니다. 나머지 데이터와 구분되도록 정리해 보겠습니다.

1 여러 셀을 동시에 선택하기

먼저 셀 범위를 선택해야 합니다. 첫 번째 행의 셀 범위 [B4:E4]를 선택한 후 Ctrl 을 누른 상태에서 왼쪽 열의 셀 범위 [B5:B11]을 선택합니다.

☑ 떨어진 범위를 선택하려면 시작 셀 또는 범위를 선택한 후 Ctrl 을 누른 상태에서 다음 셀 또는 범위를 지정해야 합니다.

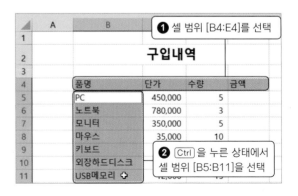

2 선택된 영역에서 마우스 오른쪽 버튼을 누르고 [굵게 **가**]를 적용합니다.

3 표의 첫 번째 행을 가운데 정렬하기위해 셀 범위 [B4:E4]를 다시 선택한 후 마우스 오른쪽 버튼을 누르고 [가운데 맞춤 ≡]을 선택합니다.

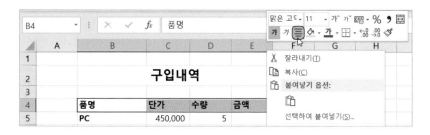

하면 된다! 〉수식 입력하기

엑셀 속 수식, 어렵지 않습니다. 결과를 입력할 셀에 =을 입력하고 계산할 숫자나 계산할 값이 들어 있는 셀 주소를 입력하면 됩니다. 품명에 대한 단가와 수량을 곱해 금액을 구하는 수식을 작성해 보겠습니다. 금액은 단가와 수량을 곱하면 됩니다.

1 곱하기(*) 수식 입력하기

금액을 구할 [E5] 셀을 선택한 후 =을 입력합니다. 마우스로 [C5] 셀을 클릭한 후 키보드의 숫자 키패드에 있는 *(곱하기)를 입력하고 [D5] 셀을 클릭한 다음 Enter 를 누릅니다.

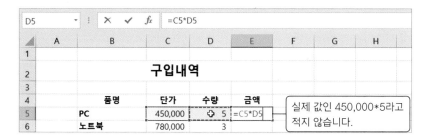

실제 값인 450,000*5라고 적지 않습니다.

이렇게 수식에는 실제 값이 아닌 셀 주소를 사용해야 합니다. 왜냐하면 수식에 사용된 셀 값이 변경되더라도 엑셀이 셀에 입력된 값을 알아서 바꿔 계산하므로 수식을 고쳐 쓸 필요가 없기 때문이죠.

▲	A	B	C	D	E	F	G	H
1								
2			구입내역					
3								
4		품명	단가	수량	금액			
5		PC	450,000	10	4500000			
6		노트북	780,000	3				
7		모니터	350,000	5				

> 수량을 10으로 변경해도 수식을 수정할 필요가 없습니다. 결과가 자동으로 바뀌기 때문이죠.

2 수식 자동 적용하기

[E5] 셀의 채우기 핸들에 마우스 커서를 올려놓은 후 [E11] 셀까지 자동 채우기를 해 PC에서 USB메모리의 금액까지 구합니다.

▲	A	B	C	D	E
2			구입내역		
3					
4		품명	단가	수량	금액
5		PC	450,000	5	2250000
6		노트북	780,000	3	
7		모니터	350,000	5	
8		마우스	35,000	10	
9		키보드	28,000	10	
10		외장하드디스크	120,000	8	
11		USB메모리	12,000	15	
12					

> 채우기 핸들에 마우스 커서를 올려놓고 십자 모양으로 바뀌면 아래로 드래그합니다.

이렇게 수식을 자동으로 채우면 수식을 일일이 작성할 필요 없이 나머지 금액을 빠르고 쉽게 구할 수 있습니다. 이것이 바로 엑셀이 가진 매력이라고 할 수 있죠.

3 금액 범위가 선택된 상태에서 마우스 오른쪽 버튼을 눌러 [쉼표 스타일 ▪]을 적용합니다. 결과가 다음과 같다면 완성입니다.

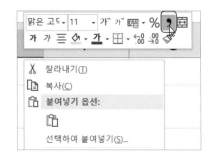

▲	A	B	C	D	E	F
1						
2			구입내역			
3						
4		품명	단가	수량	금액	
5		PC	450,000	5	2,250,000	
6		노트북	780,000	3	2,340,000	
7		모니터	350,000	5	1,750,000	
8		마우스	35,000	10	350,000	
9		키보드	28,000	10	280,000	

01-5 셀 꾸미고 행, 열 정리하기

• 실습 파일 앞의 파일에 이어서 연습해 보세요

구입내역의 내용을 모두 입력했으니 셀에 테두리, 색상을 넣어 보기 좋게 정리해 보겠습니다.
앞에서 실습한 내용에 이어서 진행하세요!

하면 된다! } 셀에 테두리 넣고 색상 채우기

1 셀 테두리 넣기

테두리를 적용할 셀 범위 [B4:E11]을 선택한 후 마우스 오른쪽 버튼을 눌러 [테두리 드롭다운
▮]을 누르고 [모든 테두리]와 [굵은 바깥쪽 테두리]를 적용합니다.

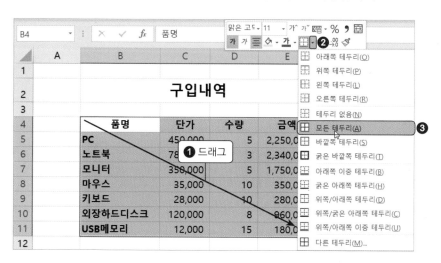

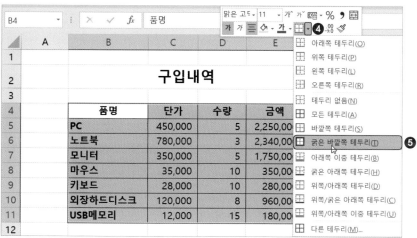

2 이번에는 셀 범위 [B4:E4]를 선택한 후 마우스 오른쪽 버튼을 눌러 [테두리 드롭다운▼]을 누르고 [굵은 아래쪽 테두리]를 적용합니다.

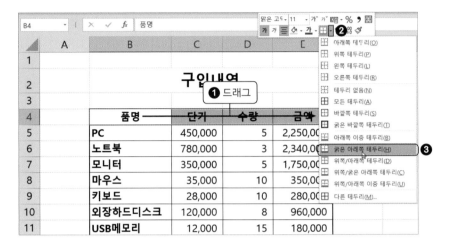

3 셀에 색상 채우기

셀 범위 [B4:E4]를 선택한 후 마우스 오른쪽 버튼을 눌러 [채우기 색 드롭다운▼]에서 녹색 계열을 선택합니다.

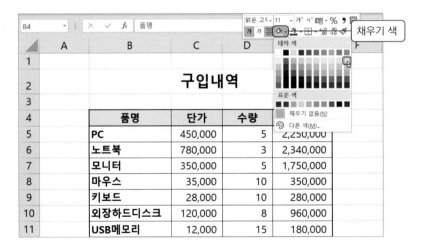

표의 시작 셀에 대각선을 넣고 싶다면 어떻게 해야 하나요?

[1-3-미션] 파일을 열어 아래와 같이 [B4] 셀에 대각선을 넣어 보세요.

1. 대각선을 추가할 [B4] 셀을 선택한 후 마우스 오른쪽 버튼을 눌러 [테두리 드롭다운] → [다른 테두리]를 선택합니다. 대각선은 자주 사용하는 모양에 없기 때문이에요.

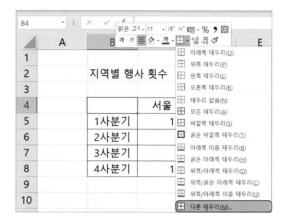

2. [셀 서식] 대화 상자가 나타나고 [테두리] 탭이 자동으로 선택됩니다. 두 가지 종류의 대각선 모양이 있네요. 실선을 먼저 누르고 원하는 대각선 모양을 선택하세요.

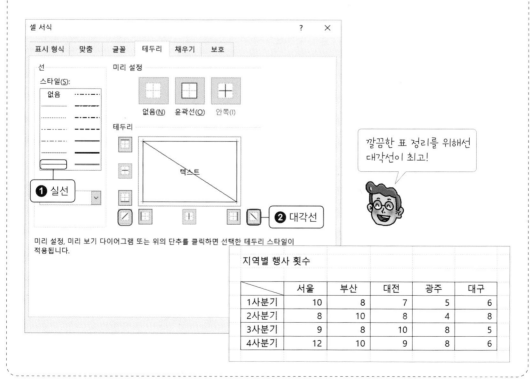

하면 된다! ⟩ 열 너비와 행 높이 변경하기

어느 정도 표의 모습이 갖춰졌으니 열 너비와 행 높이를 변경해 표를 좀 더 눈에 잘 띄도록 만들어 보겠습니다.

[A] 열의 너비를 좁게 변경하려면 [A] 열과 [B] 열의 경계선에 미우스 거시를 올려놓고 양방향 화살표 모양 ⊕ 으로 바뀌었을 때 왼쪽으로 드래그하세요. 열 너비가 드래그한 만큼 조절됩니다.

행 높이도 이와 똑같은 방법으로 넓히고자 하는 행의 경계선에 마우스 커서를 올려놓고 드래그하세요. 행 높이가 드래그한 만큼 조절됩니다.

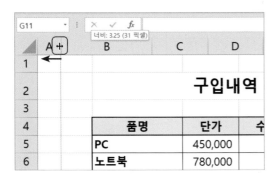 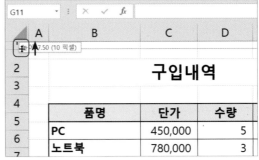

하면 된다! ⟩ 열 너비와 행 높이를 일정하게 변경하기

단가, 수량, 금액의 열 너비가 가지각색이네요! 마우스로 드래그해 맞추자니 일정하지도 않고요. 이 경우엔 아래와 같이 하면 됩니다.

열 너비를 변경할 [C:E] 열 머리글을 드래그해 선택합니다. [E] 열과 [F] 열 사이에 마우스 커서를 올려놓고 오른쪽으로 드래그하면 [C:E]의 열 너비가 일정한 크기로 변경됩니다.

행 높이를 변경할 [4:11] 행의 머리글을 드래그해 선택합니다. [4] 행과 [5] 행의 경계선에 마우스 커서를 올려놓고 아래로 드래그하면 행 높이가 드래그한 만큼 조절됩니다.

하면 된다! ▸ 행/열 추가 및 삭제하기

표에 입력된 데이터가 보기 좋게 정리됐습니다. 그런데 만약 품명이 늘어나거나 규격 열을 추가해야 한다면 어떻게 해야 할까요? 엑셀에서는 내용을 언제든지 추가할 수 있습니다. 품명과 단가 사이에 열을 삽입해 규격 항목을 추가해 보겠습니다.

1 열 추가하기

[C] 열 머리글을 선택한 후 마우스 오른쪽 버튼을 누르고 [삽입]을 선택합니다. [B] 열과 [C] 열 사이에 새로운 열이 추가됩니다.

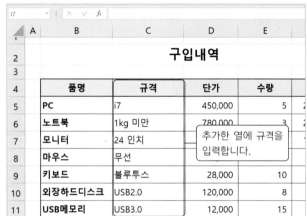

2 행 추가하기

[10] 행 머리글을 선택한 후 마우스 오른쪽 버튼을 누르고 [삽입]을 선택하세요. 행이 추가됩니다.

행과 열이 어느 방향에 추가되는지 헷갈리나요? 아래 그림과 같이 새로운 행은 선택한 행의 위쪽에 추가되고, 새로운 열은 선택한 열의 왼쪽에 추가됩니다.

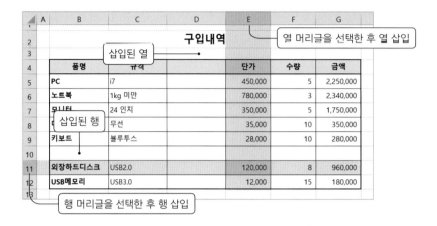

3 행/열 삭제하기

필요 없는 행과 열을 삭제하려면 삭제할 행 또는 열을 선택한 후 마우스 오른쪽 버튼을 눌러 [삭제]를 선택하면 됩니다.

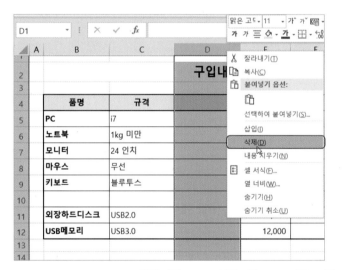 

☑ 행 또는 열 추가 단축키는 Ctrl+ + , 삭제는 Ctrl+ - 입니다. + 와 - 는 가급적 키보드 오른쪽에 있는 숫자 키패드를 사용하세요. 키보드의 위쪽에 있는 + 를 사용할 경우에는 Shift 를 함께 눌러야 합니다.

하면 된다! ⨉ 적용한 서식 제거 및 취소하는 방법

1 굵게, 기울임, 밑줄

[굵게], [기울임], [밑줄]과 같이 강조하는 기능은 한
번 누르면 적용되고 한 번 더 누르면 취소됩니다.

2 채우기 색과 글꼴 색

적용한 색상을 취소하고 싶다면 [채우기 색 드롭다운 ⋁] → [채우기 없음]을 선택합니다. [글
꼴 색]은 기본색인 '검정'을 선택합니다.

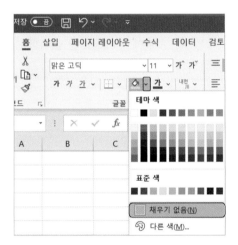 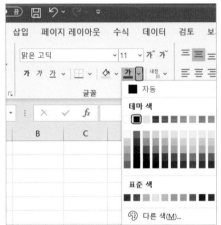

3 맞춤

[위쪽], [세로 가운데], [아래쪽], [왼쪽], [가운데],
[오른쪽] 맞춤과 [병합하고 가운데 맞춤]은 한 번 누
르면 적용되고 한 번 더 누르면 취소됩니다.

4 테두리

적용한 테두리를 제거하려면 테두리가 적용된 범위를 선택한 후 [테두리 드롭다운 ⋅] → [테두리 없음]을 선택하면 됩니다.

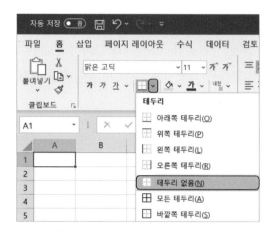

또 다른 방법으로 테두리를 제거할 셀이나 범위를 선택한 후 단축키 Ctrl + 1 을 누릅니다. [셀 서식] 대화 상자가 나타나면 [테두리] 탭 → [선] → [스타일] 범주에서 '없음'을 선택합니다. 그런 다음 제거할 테두리 위치에 해당하는 버튼을 클릭합니다.

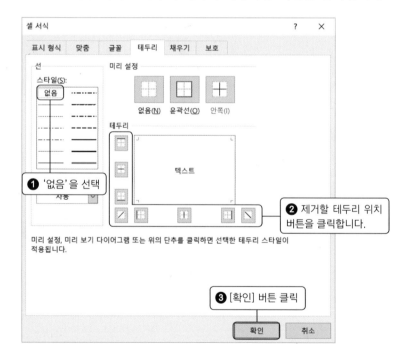

01-6 시트와 통합 문서 관리하기

• 실습 파일 새 통합 문서

지금까지 우리가 셀에 데이터를 입력하고 색을 칠했던 것은 사실 하나의 '시트'에서 일어난 일입니다. 1,048,576행과 16,384개의 열로 이뤄진 시트는 하나의 엑셀 문서에서 255개까지 사용할 수 있습니다.

셀 주소를 아파트에 비유했던 것 기억하나요? 시트는 '동'이라고 생각하면 이해하기 쉽습니다. 101동 안에 수많은 집이 있는 것처럼 102동, 103동 시트에도 수많은 셀이 있는 것이죠. 시트를 잘 다루면 엑셀 문서를 효율적으로 관리할 수 있습니다. 지금부터 시트를 다뤄 보겠습니다.

하면 된다! ⌐ 시트명 바꾸고 시트 추가하기

1 시트명을 변경하려면 맨 아래 현재 시트(Sheet1)를 더블클릭해야 합니다. 이름을 바꿀 시트를 더블클릭하고 **1월**을 입력한 후 [Enter]를 누르세요. 시트명이 변경됩니다.

함께 보면 좋은
동영상 강의

2 시트 추가하기

[새 시트 ⊕]를 클릭해 보세요. 시트가 계속 추가됩니다. 추가된 시트를 더블클릭한 후 이름을 **2월**이라고 변경합니다. 이렇게 시트를 여러 개 사용하면 1월에서 12월까지의 여러 데이터가 담긴 문서를 작성할 수 있습니다.

☑ 시트는 최대 255개까지 사용할 수 있습니다.

하면 된다! } 여러 시트에 같은 내용을 동시에 입력하기

1월부터 12월까지의 매출 보고서 양식을 작성하려고 합니다. 같은 양식을 시트마다 매번 새롭게 작성하면 번거롭겠죠? 이런 경우, 12개의 시트를 모두 선택한 후 양식을 작성하면 한 번의 작성만으로도 12개의 매출 보고서 양식을 만들 수 있습니다.

1️⃣ 여러 시트를 한 번에 선택하기

먼저 똑같은 내용을 입력할 시트를 선택합니다. [1월] 시트를 선택한 후 [Shift]를 누른 상태에서 [12월] 시트를 선택합니다. 12개 시트가 모두 선택되고, 선택된 시트는 밝은 색상으로 구분됩니다.

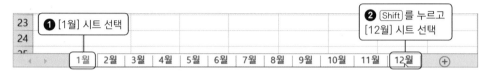

2️⃣ 이 상태에서 매출 보고서 양식을 작성하면 12개 시트에 한 번에 작성됩니다. 선택된 시트를 해제하려면 아무 시트나 선택하면 됩니다.

매출 보고서

일자	품명	단가	수량	금액

> 어느 시트를 선택하든 양식이 들어가 있어요!

하면 된다! 〉 시트 색상 변경하기

6월의 다음 위치에 [상반기합계], 12월 다음 위치에 [하반기합계]라는 시트를 추가한 후 색상을 적용해 보겠습니다.

1 멀리 떨어져 있는 시트 선택

다른 시트와 구분하고 싶거나 집계를 내는 시트인 경우 색상을 적용해 놓으면 한눈에 확인하기가 쉽습니다. [상반기합계], [하반기합계] 시트에 색상을 넣어 강조해 보겠습니다.

먼저 색상을 바꿀 두 시트를 한 번에 선택하겠습니다. 지금처럼 멀리 떨어져 있는 시트는 어떻게 선택해야 할까요? [상반기합계] 시트를 선택한 후 Ctrl 을 누른 상태에서 [하반기합계] 시트를 선택하면 됩니다.

2 시트 색상 바꾸기

두 시트가 선택된 상태에서 마우스 오른쪽 버튼을 눌러 [탭 색]을 선택한 후 원하는 색상을 선택합니다.

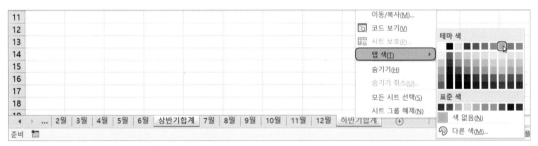

☑ 선택된 시트 위에 마우스 커서를 올려놓은 상태에서 마우스 오른쪽 버튼을 눌러야 합니다. 선택되지 않은 시트에서 마우스 오른쪽 버튼을 누르면 선택해 놓은 시트가 선택 취소됩니다.

색상이 적용된 시트를 선택하고 있으면 제대로 색상이 적용됐는지 확인할 수 없습니다. 다른 시트를 선택한 후 색상을 확인합니다.

하면 된다! } 시트 이동/복사/삭제하기

시트를 사용하다 보면 시트의 위치를 변경하거나 시트를 복사, 삭제해야 하는 경우가 있습니다.

1 시트 이동하기

시트 위치를 변경하는 방법은 간단합니다. [상반기합계] 시트를 [3월]과 [4월] 사이로 드래그합니다. 시트를 옮길 위치에 역삼각형 모양의 아이콘이 나타납니다.

2 옮긴 시트를 더블클릭한 후 시트명을 [1사분기합계]로 변경합니다.

3 시트 복사하기

이번에는 [1사분기합계] 시트를 복사해 [2사분기합계] 시트를 만들어 보겠습니다.
Ctrl을 누른 상태에서 [1사분기합계] 시트를 [6월] 시트의 오른쪽으로 드래그합니다. 역삼각형 모양이 6월과 7월 시트 사이에 위치하면 마우스에서 손을 뗍니다. 이때 마우스 커서의 + 표시는 복사된다는 의미입니다.

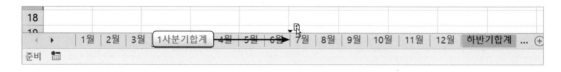

4 복사한 시트를 더블클릭한 후 시트명을 [2사분기합계]로 변경합니다.

5 **4**와 같은 방법으로 시트를 복사해 시트명을 [3사분기합계], [4사분기합계]로 변경합니다.

6 시트 삭제하기

시트를 선택한 후 마우스 오른쪽 버튼을 눌러 [삭제]를 선택하면 시트가 삭제됩니다. 이때 삭제된 시트는 복구할 수 없으므로 신중하게 판단해야 합니다. 내용이 있는 시트를 삭제하면 오른쪽과 같은 삭제 메시지 창이 나타납니다.

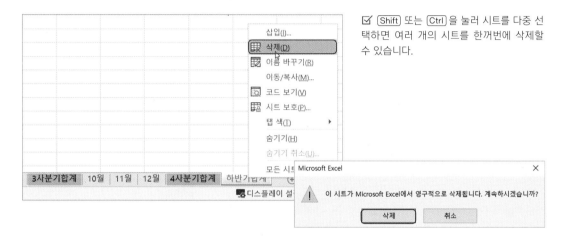

☑ Shift 또는 Ctrl 을 눌러 시트를 다중 선택하면 여러 개의 시트를 한꺼번에 삭제할 수 있습니다.

7 [파일] → [저장]을 선택한 후 현재 통합 문서를 '월별구매현황'이라고 저장합니다.

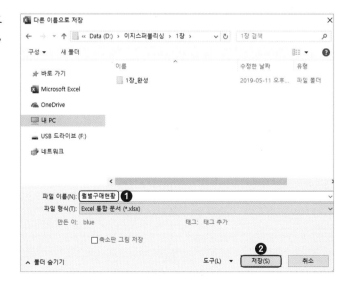

하면 된다! 〉 다른 통합 문서로 시트 이동/복사하기 [월별구매현황.xlsx], [구매내역.xlsx]

엑셀 문서는 여러 개의 시트에 작성할 수 있기 때문에 '통합 문서'라고 부릅니다. 시트는 하나의 통합 문서 안에서뿐 아니라 다른 통합 문서로 이동하거나 복사할 수 있습니다.

앞에서 작성한 [월별구매현황.xlsx] 문서의 [1사분기 합계] 시트를 [구매내역.xlsx] 파일로 복사해 보겠습니다.

1 먼저 [월별구매현황.xlsx] 문서가 열려 있는 상태에서 [구매내역.xlsx]를 엽니다. [월별구매현황.xlsx] 문서에서 [1사분기합계] 시트를 선택한 후 마우스 오른쪽 버튼을 눌러 [이동/복사]를 선택합니다.

실습 파일 다운로드는 7쪽을 참고하세요!

☑ [월별구매현황.xlsx] 문서에서 시트를 선택해야 합니다.

2 [대상 통합 문서 드롭다운▼]을 클릭하면 현재 열려 있는 통합 문서들이 보입니다. 목록 중에 [구매내역.xlsx]을 선택합니다.

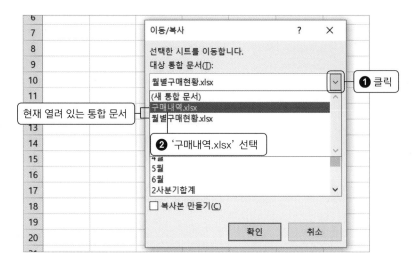

❸ 선택한 [구매내역.xlsx] 문서에 1개의 시트가 있는 것을 확인할 수 있습니다. [Sheet1] 시트를 선택한 후 [복사본 만들기]에 체크 표시를 하고 [확인] 버튼을 클릭하면 [Sheet1] 시트의 앞쪽(왼쪽)에 [1사분기합계] 시트가 복사됩니다.

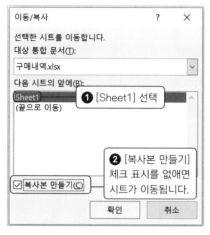

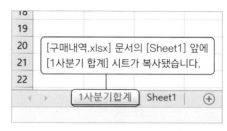

☑️ (끝으로 이동)을 선택한 후 [확인] 버튼을 누르면 시트가 맨 마지막 위치로 복사됩니다.

빈 시트에서 연습해 보세요!

누군가의 부탁

누군가 시트를 보기 편하게 구분해 달라고 요청합니다. 아래와 같이 시트를 구성하고 색상도 지정해 보세요.

정답 및 해설 [1-6-미션_정답]

01-7 실전! 견적서 양식 만들기

• 실습 파일 새 통합 문서

이제 난이도를 조금 높여 업무에 많이 사용되는 견적서 양식을 작성해 보겠습니다. 견적서를 작성하면서 이제까지 배운 내용을 복습해 보세요! 견적서에 미리 수식을 작성해 두면 값을 입력했을 때 자동으로 계산돼 편리하겠죠? 아직 감이 잡히지 않더라도 순서대로 실습해 보세요.

함께 보면 좋은
동영상 강의

	품명	규격	수량	단가	공급가액	세액	비고
NO.							
		견 적 서					
2019년 3월 1일			등록번호				
			상호(법인명)		성명		
귀하	공급자	사업장주소					
		업태		품목			
아래와 같이 견적합니다.			연락처				
합계금액 (공급가액+세액)	일백칠십육만 원정			₩1,760,000			
품명	규격	수량	단가	공급가액	세액	비고	
외장하드 1	USB 2.0	5	40,000	200,000	20,000		
PC 4	Pentium	2	700,000	1,400,000	140,000		
				-	-		
				-	-		
				-	-		
				-	-		
				-	-		
				-	-		
				-	-		
				-	-		
합계				1,600,000	160,000		

☑ 위 그림을 참고해 혼자서 만들어 보고, 모르겠다면 다음 쪽을 따라 해 보세요!

엑셀 왕초보인 내가
이걸 만들 수 있다고?

하면 된다! } 제목과 날짜 입력하기

1 [A] 열 너비를 좁힙니다. [1] 행과 [2] 행 높이도 줄입니다.

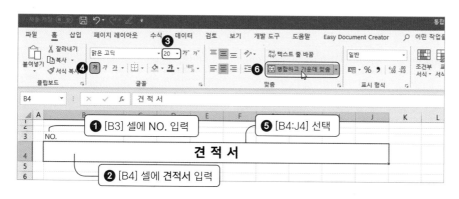

☑ 표를 만들 때 [A] 열과 [1] 행은 비워 두는 것이 좋습니다. 그렇지 않으면 편집 중에 왼쪽과 위쪽의 테두리를 확인할 수 없습니다.

2 [B3] 셀에 NO.라고 입력한 후 [Enter]를 누릅니다. [B4] 셀에는 **견 적 서**를 입력한 후 [Enter]를 누르세요. 제목을 강조하기 위해 [B4]셀을 다시 클릭하고 [홈] 탭 → [글꼴] 그룹 → [글꼴 크기] 20, [굵게]를 적용합니다. 셀 범위 [B4:J4]를 선택한 다음 [홈] → [맞춤] 그룹 → [병합하고 가운데 맞춤]을 선택합니다.

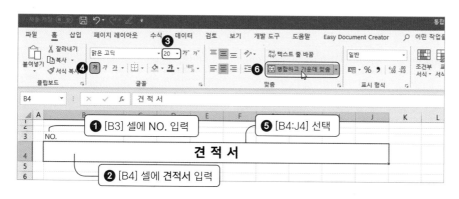

3 [B5] 셀을 선택한 후 현재 날짜를 자동으로 표시해 주는 =TODAY()를 입력하고 [Enter]를 누릅니다.

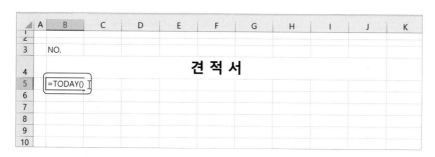

4 오늘 날짜가 입력되면 [B5] 셀을 선택하고 [셀 서식] 단축키 Ctrl + 1 을 눌러 [표시 형식] → [사용자 지정]을 선택한 후 형식 입력 창에 yyyy"년"　m"월"　d"일"을 입력하고 [확인] 버튼을 클릭합니다.

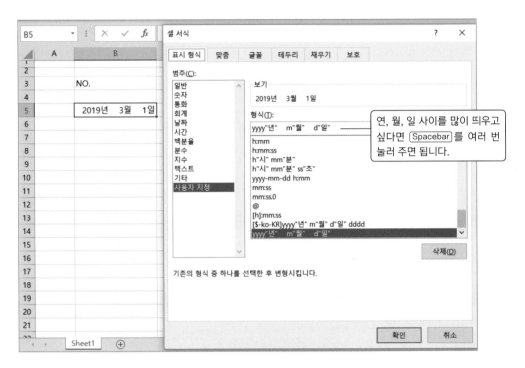

5 셀 범위 [B5:D5]를 선택한 후 [홈] 탭 → [맞춤] 그룹 → [병합하고 가운데 맞춤]을 선택합니다.

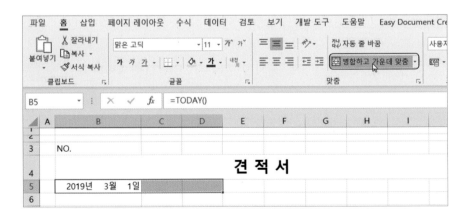

날짜를 다르게 표기하고 싶어요

엑셀에서 날짜를 입력할 때는 -(하이픈), /(슬래시)를 구분 기호로 넣어 연-월-일 또는 연/월/일 형태로 입력해야 합니다. 구분 기호가 들어 있어야 엑셀에서 날짜 데이터로 인식하기 때문이죠.

날짜 데이터는 [셀 서식] → [표시 형식] → [날짜/시간] 범주에서 다양한 형식으로 바꿀 수 있습니다. [날짜/시간] 범주에서 제공하지 않는 형식을 사용해야 한다면 [사용자 지정] 범주에서 직접 작성할 수 있습니다.

서식 코드	설명	결과(2019-3-1 기준)
yyyy / yy	연도 4자리 표시 / 연도 2자리 표시	2019 / 19
mm / m	개월 2자리 표시 / 개월 1자리 표시	03 / 3
dd / d	일 2자리 표시 / 일 1자리 표시	01 / 1
mmmm / mmm	개월(영어) / 개월(영어 약자)	March / Mar
aaaa / aaa	요일(한글) / 요일(한글 약자)	금요일 / 금
dddd / ddd	요일(영어) / 요일(영어 약자)	Friday / Fri

▲	A	B	C	D
2		입력	서식 코드	결과
3			yyyy-mm-dd	2019-03-01
4			yyyy-m-d	2019-3-1
5			yy-mm-dd	19-03-01
6		2019-03-01	yy-m-d	19-3-1
7			yyyy-mm-dd aaaa	2019-03-01 금요일
8			yyyy-m-d aaa	2019-3-1 금
9			mmmm. d. yyyy	March. 1. 2019
10			mmm. d. yyyy	Mar. 1. 2019
11				

2019-3-1에 다양한 서식 코드를 적용한 결과

[표시 형식]을 적용한 데이터를 선택한 후 수식 입력줄을 확인해 보세요. 모두 2019-03-01이 입력되어 있습니다. [표시 형식]은 보이는 값만 달라지는 것일 뿐, 입력된 값이 실제로 변한 게 아닙니다. 이렇듯 [표시 형식]을 잘 활용하면 다양한 형식으로 날짜를 표시할 수 있습니다.

하면 된다! } 기본 정보 입력란 만들기

1 [B7] 셀에 **귀하**를 입력합니다. 셀을 합친 후 오른쪽으로 정렬해 보겠습니다. 셀 범위 [B7:D7]을 선택한 후 [홈] 탭 → [맞춤] 그룹 → [병합하고 가운데 맞춤 드롭다운 ▾] → [셀 병합]을 선택합니다. 셀 병합은 글자가 가운데 정렬되지 않고 셀만 합쳐집니다. **귀하**를 오른쪽으로 정렬하기 위해 [홈] 탭 → [맞춤] 그룹 → [오른쪽 맞춤]을 선택합니다.

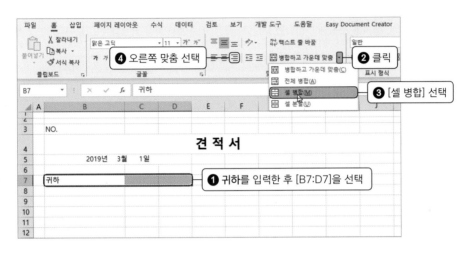

2 [B9] 셀에 **아래와 같이 견적합니다.**를 입력한 후 셀 범위 [B9:D9]를 선택하고 [병합하고 가운데 맞춤]을 적용합니다.

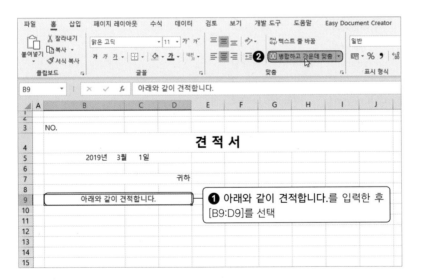

❸ 양식의 여백을 조정하기 위해 아래와 같이 [B] 열 너비를 조금 줄인 후 [E] 열 너비도 아래와 같이 줄입니다. 그리고 **견 적 서**가 입력된 [4] 행의 높이를 늘입니다.

❹ [F5] 셀에 **공급자**를 입력한 후 셀 범위 [F5:F9]를 선택합니다. [홈] 탭 → [맞춤] 그룹 → [병합하고 가운데 맞춤]을 적용하고 [방향] → [세로 쓰기]를 선택한 다음 [F] 열 너비를 줄입니다.

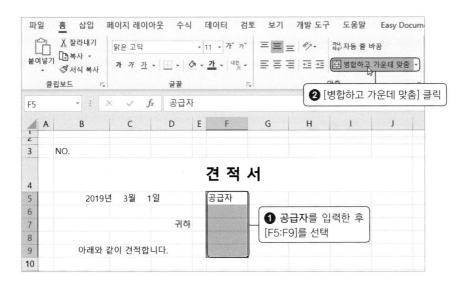

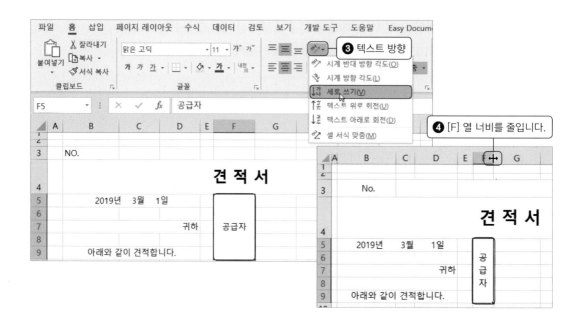

5 셀 범위 [G5:G9]에 **등록번호, 상호(법인명), 사업장주소, 업태, 연락처**를 입력한 후 [I6], [I8] 셀에 **성명, 품목**을 입력합니다. [G5:J9]을 선택하고 마우스 오른쪽 버튼을 누른 후 [가운데 맞춤]을 선택합니다.

6 등록번호를 입력하는 셀 범위 [H5:J5]를 선택하고 [병합하고 가운데 맞춤]을 선택합니다. 그런 다음 사업장주소를 입력하는 셀 범위 [H7:J7]과 연락처를 입력하는 셀 범위 [H9:J9]도 선택하고 [병합하고 가운데 맞춤]을 선택합니다.

☑ 등록번호, 사업장주소, 연락처를 입력하는 셀 범위를 Ctrl을 누른 채 선택하면 한꺼번에 [병합하고 가운데 맞춤] 할 수 있습니다.

여기까지 잘 따라오셨어요. 아직 견적서 모양이 갖추어지지 않았죠? 행 높이도 늘이고 테두리도 설정하면 견적서 형태를 갖추게 될 겁니다.

7 여백을 넉넉히 줘 볼까요? [5:9] 행 머리글을 선택한 후 행 경계선에 마우스 커서를 올려놓고 양방향 화살표 모양 ‡이 됐을 때 아래로 드래그합니다.

8 셀 범위 [F5:J9]를 선택한 후 [홈] 탭 → [글꼴] 그룹 → [테두리 드롭다운 ▾] → [모든 테두리]를 선택하고 [굵은 바깥쪽 테두리]를 한 번 더 선택합니다.

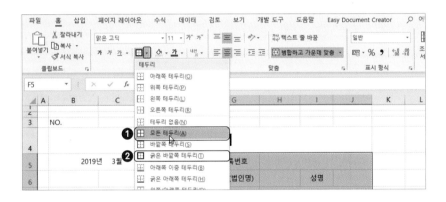

9 [B5] 셀을 선택한 후 [홈] 탭 → [글꼴] 그룹 → [테두리 드롭다운 ▾] → [굵은 아래쪽 테두리]를 선택합니다. 그런 다음 [B7] 셀을 선택하고 같은 방법으로 [굵은 아래쪽 테두리]를 적용합니다.

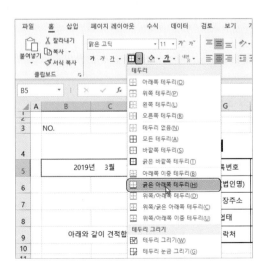

어떤가요? 견적서의 모양이 점점 갖춰지고 있죠?

하면 된다! } 계산표 만들기

1 [10] 행 높이를 아래와 같이 늘입니다. 그런 다음 [B10] 셀을 선택하고 **합계금액**을 입력합니다. Alt + Enter 를 눌러 셀에서 줄 바꿈을 한 다음 (공급가액+세액)을 입력합니다.

2 [B10] 셀에서 (공급가액+세액) 글자만 선택한 후 [홈] 탭 → [글꼴] 그룹 → [글꼴 크기 작게]를 눌러 9pt로 변경하고 Enter 를 누릅니다. 다시 [B10] 셀을 선택하고 [가운데 맞춤]을 적용합니다.

☑ 마우스 오른쪽 버튼을 누르면 나오는 메뉴에서 선택해도 됩니다.

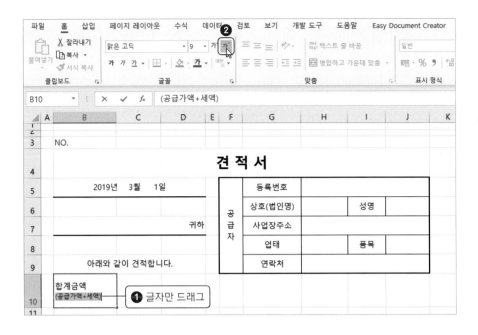

3 셀 범위 [C10:G10]을 선택한 후 Ctrl을 누른 상태에서 셀 범위 [H10:J10]도 선택한 다음 [병합하고 가운데 맞춤]을 적용합니다.

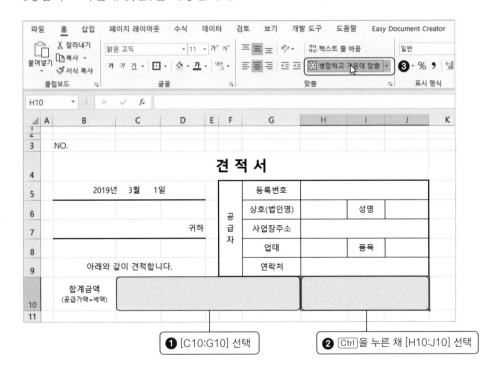

1 [C10:G10] 선택

2 Ctrl을 누른 채 [H10:J10] 선택

4 셀 범위 [B10:J10]을 선택한 후 [홈] 탭 → [글꼴] 그룹 → [테두리 드롭다운 ▼] → [모든 테두리]를 선택하고 [굵은 바깥쪽 테두리]를 한 번 더 선택합니다.

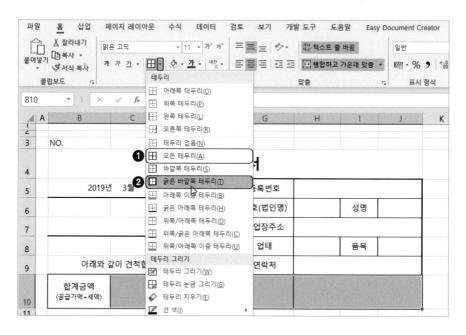

5 [B11] 셀에 **품명**, [D11] 셀에 **규격**, [E11] 셀에 **수량**을 입력한 후 [G11] 셀부터 **단가**, **공급 가액**, **세액**, **비고**를 순서대로 입력합니다. 마지막으로 [B22] 셀에 **합계**를 입력합니다.

6 [11:22] 행 머리글을 선택한 후 행 높이를 보기 좋은 정도로 살짝 늘입니다.

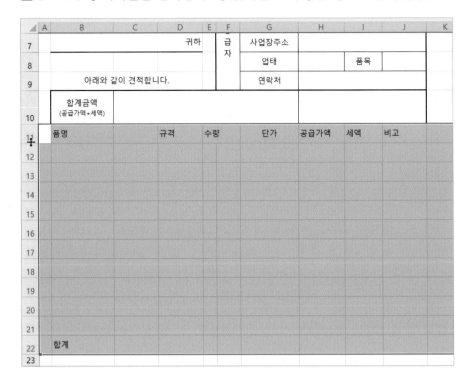

7 품명과 수량 범위는 2개의 열에 걸쳐 작성돼 있으므로 셀들을 각각 합쳐야 합니다. 셀 범위 [B11:C21], [E11:F21]을 선택한 후 [홈] 탭 → [맞춤] 그룹 → [병합하고 가운데 맞춤 드롭다운 •] → [전체 병합]을 선택합니다.

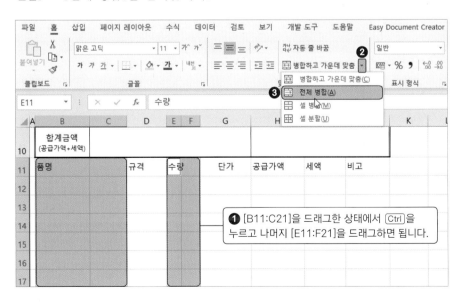

❶ [B11:C21]을 드래그한 상태에서 Ctrl 을 누르고 나머지 [E11:F21]을 드래그하면 됩니다.

[병합하고 가운데 맞춤]과 [전체 병합]의 차이가 뭔지 모르겠어요!

[병합하고 가운데 맞춤]은 선택한
셀 영역의 행과 열을 하나의 셀로 합
쳐주고 [전체 병합]은 선택한 셀 영
역의 행만 합쳐 줍니다.

셀 범위 [B2:C10]을 [병합하고 가
운데 맞춤]하면 셀이 1개가 되고
[D2:E10]을 [전체 병합]하면 셀이
9개가 됩니다.

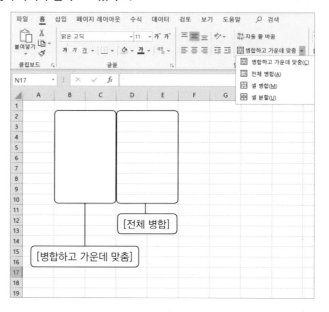

8 셀 범위 [B22:G22]를
선택한 후 [병합하고 가운
데 맞춤]을 적용합니다.

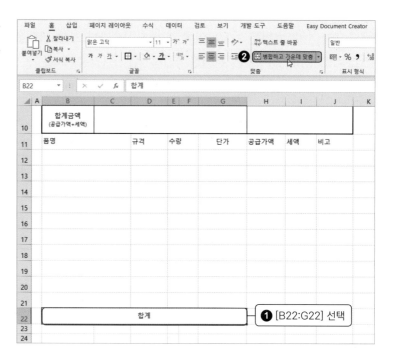

9 셀 범위 [B11:J21]을 선택한 후 [가운데 맞춤]을 선택합니다.

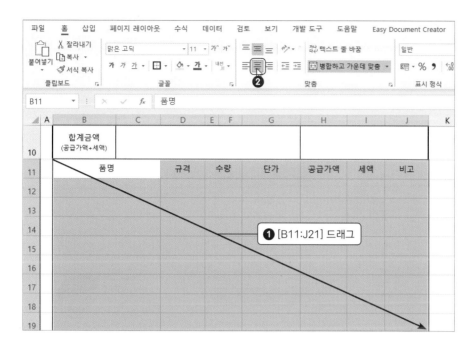

10 셀 범위 [B11:J22]를 선택한 후 [홈] 탭 → [글꼴] 그룹 → [테두리 드롭다운 ▾] → [모든 테두리]를 선택해 적용하고 다시 [굵은 바깥쪽 테두리]를 적용합니다.

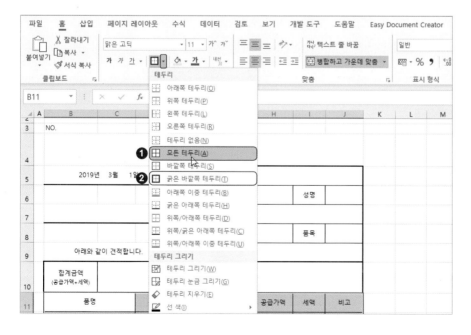

11 셀 범위 [B11:J11], [B22:J22]를 함께 선택한 후 [굵은 바깥쪽 테두리]를 적용합니다. 그리고 [B22] 셀을 선택한 후 [오른쪽 테두리]를 적용합니다.

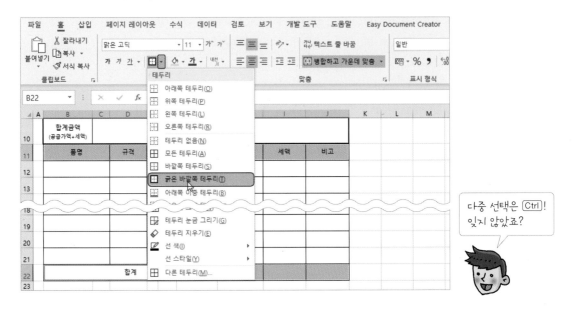

다중 선택은 [Ctrl]!
잊지 않았죠?

12 이제 외곽에 이중 테두리를 적용하겠습니다. 견적서 전체 셀 범위 [B2:J22]를 선택하고 [홈] 탭 → [글꼴] 그룹 → [테두리 드롭다운 ▾] → [다른 테두리]를 선택합니다.

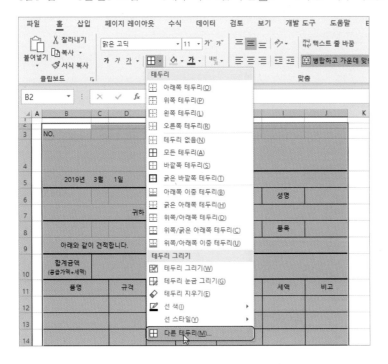

⓭ 테두리를 설정할 수 있는 [셀 서식] 대화 상자가 나타납니다. [선] → [스타일] 범주에서 '이중 테두리'를 선택한 후 [미리 설정] 범주에서 '윤곽선'을 선택하고 [확인] 버튼을 클릭합니다.

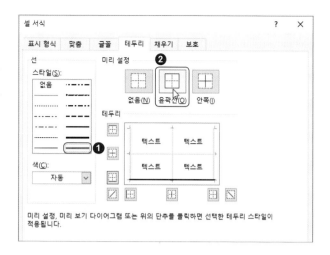

⓮ [F5], [B11:J11], [B22]를 선택하고 [홈] 탭 → [글꼴] 그룹 → [채우기 색 드롭다운 ▾]을 선택하고 색상을 선택합니다. 이제 견적서의 모습이 갖춰졌습니다.

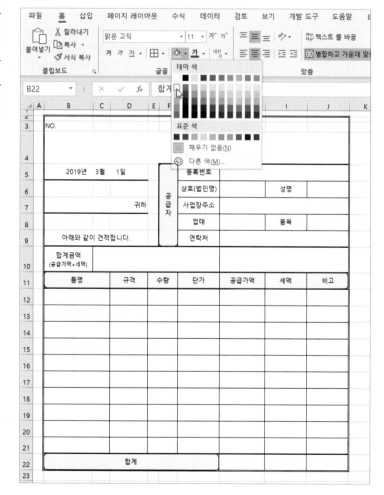

하면 된다! } 견적서에 수식넣기

이제 견적서에 항목을 입력하면 바로 계산되도록 수식을 넣어 보겠습니다.

1 예시로 아래와 같이 입력해 보세요. 그런 다음 공급가액을 구할 [H12] 셀을 클릭하고 =을 입력하세요. 그 상태에서 [E12] 셀을 클릭하면 자동으로 E12가 입력됩니다. 이어서 *(곱하기)를 입력하고 [G12] 셀을 클릭합니다. =E12*G12가 입력됐나요? 그렇다면 [Enter]를 누릅니다. =E12*G12라고 작성된 수식을 [H21] 셀까지 채우기합니다.

채우기 핸들에서 마우스 커서가 얇은 십자가 모양으로 바뀌었을 때 [H21] 셀까지 드래그

=을 입력한 상태에서 셀을 클릭하면 자동으로 셀 주소가 입력되는구나!

2 세액은 공급가액에 10%를 곱하면 됩니다. [I12] 셀을 선택한 후 =을 입력합니다. [H12] 셀을 선택한 후 *(곱하기)를 입력하고 10%를 입력한 다음 [Enter]를 누릅니다. =H12*10%라고 작성한 수식도 [I21] 셀까지 채우기합니다.

	품명		규격	수량		단가	공급가액	세액	비고
10	합계금액 (공급가액+세액)								
11	품명		규격	수량		단가	공급가액	세액	비고
12	외장하드 1		USB 2.0	5		40000	200000	20000	
13	PC 4		Pentium	2		700000	1400000	140000	
14							0	0	
15							0	0	
16							0	0	
17							0	0	
18							0	0	
19							0	0	
20							0	0	
21							0	0	
22							0	0	
23	합 계								

채우기 핸들 드래그

3 가격을 알아보기 쉽도록 셀 범위 [G12:I21]을 선택한 후 [홈] 탭 → [표시 형식] 그룹 → [쉼표 스타일 ⟋]을 선택해 적용합니다.

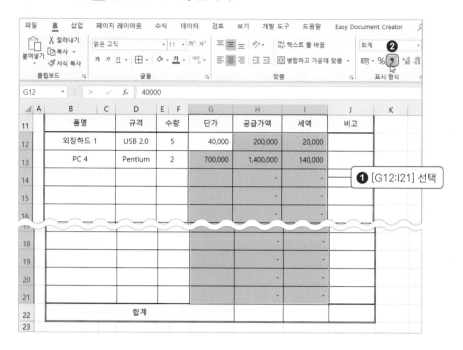

4 공급가액과 세액의 합계를 구해 보겠습니다. 셀 범위 [H12:I22]를 선택한 후 [수식] 탭 → [함수 라이브러리] 그룹 → [자동 합계 ∑]를 선택합니다.

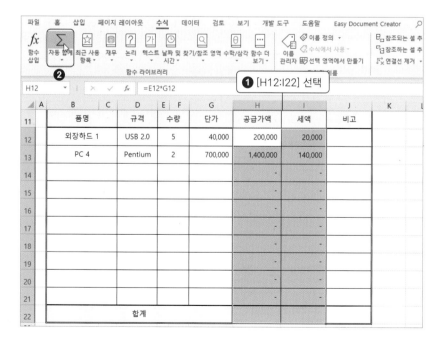

품명	규격	수량	단가	공급가액	세액	비고
외장하드 1	USB 2.0	5	40,000	200,000	20,000	
PC 4	Pentium	2	700,000	1,400,000	140,000	
				-	-	
				-	-	
				-	-	
				-	-	
				-	-	
				-	-	
				-	-	
				-	-	
합계				1,600,000	160,000	

> 공급가액과 세액의 합계가 구해졌습니다.

5 공급가액과 세액을 더해 합계를 구하겠습니다. [C10] 셀을 선택한 후 =을 입력하고 [H22] 셀을 클릭합니다. 그런 다음 +를 입력하고 [I22] 셀을 클릭한 후 [Enter]를 누릅니다.

6 합계금액을 [H10] 셀에 대입하겠습니다. [H10] 셀을 선택한 후 =을 입력하고 [C10] 셀을 클릭한 다음 [Enter]를 누릅니다.

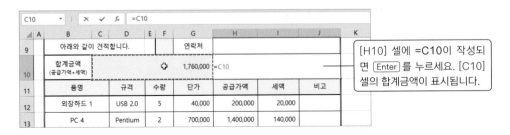

> [H10] 셀에 =C10이 작성되면 [Enter]를 누르세요. [C10] 셀의 합계금액이 표시됩니다.

하면 된다! ⎬ 합계금액을 숫자(한글) 형식과 통화 형식으로 바꾸기

1 [C10] 셀의 합계금액은 숫자가 아닌 한글로 나타내겠습니다. [C10] 셀을 선택한 상태에서 단축키 `Ctrl`+`1`을 눌러 [셀 서식] 대화 상자를 실행합니다. [표시 형식] → [기타] 범주 → [숫자(한글)]을 선택합니다. 그런 다음 [사용자 지정] 범주를 선택하고 [형식] 입력 창에 이미 입력돼 있는 '[DBNum4][$-ko-KR]G/표준'의 오른쪽을 한 칸 띄운 후 **"원정"**을 입력합니다.

2 [H10] 셀의 합계 앞에 ₩ 기호를 넣겠습니다. [H10] 셀을 선택한 후 `Ctrl`+`1`을 눌러 [셀 서식] 대화 상자를 실행합니다. [표시 형식] → [통화]를 선택한 후 [확인] 버튼을 클릭하면 완성입니다!

01-8 보기 좋게 인쇄하는 방법

• 실습 파일 01-7에서 만든 견적서 파일

마지막으로 앞에서 작성한 견적서 양식을 인쇄해 보겠습니다.

하면 된다! } 인쇄 설정하기

앞에서 만든 [견적서] 시트

1 인쇄 실행하기

[파일] 탭 → [인쇄]를 선택합니다. 왼쪽 영역에는 인쇄를 위한 옵션, 오른쪽 영역에는 인쇄 미리 보기가 나타납니다.

오른쪽 미리 보기를 보니 견적서 양식의 일부가 인쇄되지 않고 용지에도 한쪽으로 치우쳐 인쇄됐네요. 보기 좋게 인쇄하도록 설정해 보겠습니다.

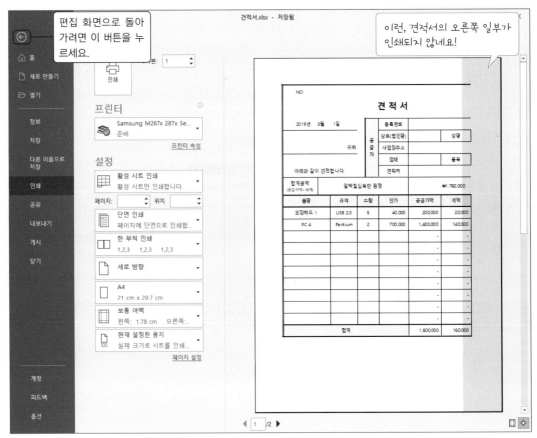

☑ 인쇄 전에 미리 보기 작업은 필수입니다. 무턱대고 인쇄했다가는 종이를 낭비할 수 있기 때문이죠.

② 인쇄 영역 설정하기

엑셀에서 인쇄 명령을 내리면 기본적으로 현재 선택된 시트가 인쇄됩니다. 하지만 설정에 따라 문서의 모든 시트를 인쇄할 수도 있고, 현재 시트에서도 특정 페이지 또는 선택한 영역만 인쇄할 수도 있습니다. 여기서는 선택한 영역만 인쇄해 보겠습니다.

인쇄하고 싶은 범위만 선택한 후 [페이지 레이아웃] 탭 → [페이지 설정] 그룹 → [인쇄 영역] → [인쇄 영역 설정]을 선택하세요.

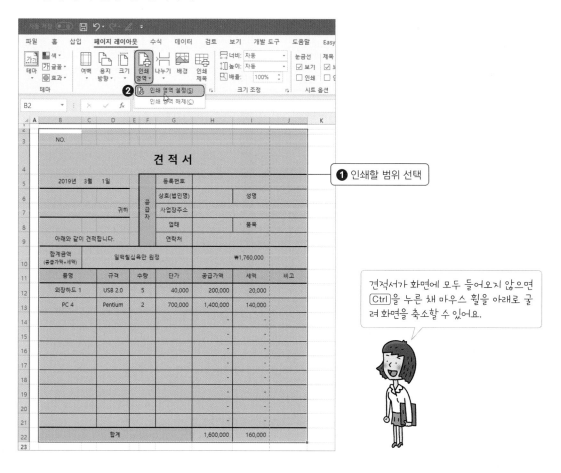

❶ 인쇄할 범위 선택

견적서가 화면에 모두 들어오지 않으면 [Ctrl]을 누른 채 마우스 휠을 아래로 굴려 화면을 축소할 수 있어요.

③ 인쇄 영역이 설정됐다면 엑셀 화면 오른쪽 아래에 있는 [기본 보기 ▦]에서 [페이지 나누기 미리 보기 ▥]로 보기 화면을 변경합니다.

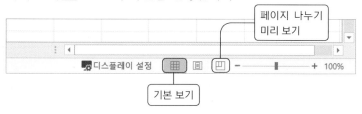

페이지 나누기 미리 보기

기본 보기

4 페이지 구분선 조정하기

이대로 인쇄하면 견적서의 일부분이 잘립니다. 페이지 나누기 미리 보기 상태에서 페이지 구분선에 마우스 커서를 양방향 화살표 모양이 되도록 맞추고 오른쪽으로 끌어 견적서 양식이 '1 페이지' 영역에 모두 포함되도록 설정합니다.

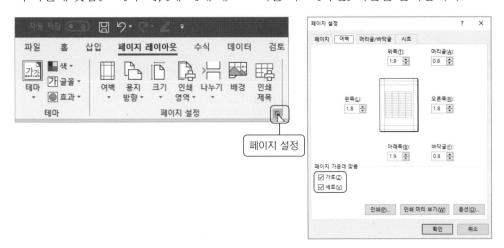

5 인쇄할 페이지 중앙에 맞추기

견적서가 종이의 중앙에 있는 게 좋겠지요? [페이지 레이아웃] 탭 → [페이지 설정] 그룹 → [페이지 설정 [⊾]]을 선택합니다. [페이지 설정] 대화 상자가 나타나면 [여백] 탭을 눌러 [페이지 가운데 맞춤] → [가로], [세로]에 체크 표시를 하고 [확인] 버튼을 클릭합니다.

6 다시 인쇄를 실행하면 용지에 견적서 양식이 한가운데로 정렬돼 인쇄됩니다.

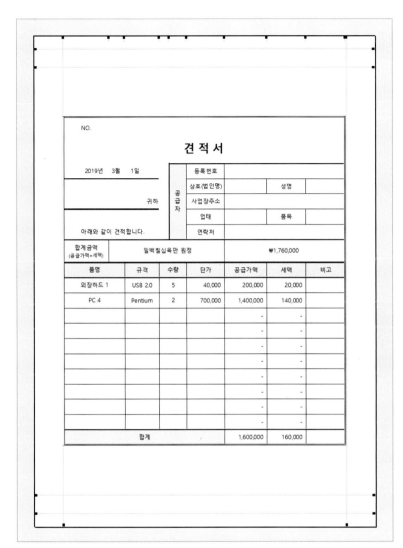

내 손으로 견적서를
만들다니!

☑ 인쇄에 대한 자세한 내용은 03-3에서 다룹니다.

02 데이터베이스
— 입력만 잘해도 관리가 쉬워진다

"안녕하세요! 김신입이라고 합니다. 앞으로 잘 부탁드립니다!" 경영 지원팀에 입사한 김신입 군. 회사 사람들과 인사도 할 겸 이번 달에 필요한 소모품 수량을 정리해 달라는 미션을 받는다. '훗, 합계 정도는 식은 죽 먹기지.' 자신만만하게 합계를 구하는데. 어라? 합계가 0으로 나오 네! 이게 어떻게 된 일이지? 당황한 김신입 군의 등 뒤로 식은땀이 흐른다.

02-1 데이터베이스를 작성하는 다섯 가지 규칙

• 실습 파일 2-1-데이터베이스

회사에서 처음으로 열어 본 엑셀 파일이 무엇이었나요? 내용이 한눈에 들어오면 그나마 다행이지만, 100행이 넘어가는 방대한 데이터였다면 덜컥 겁이 났을 것입니다. 하지만 걱정하지 마세요. 아무리 많은 데이터라도 아래의 규칙은 변하지 않으니까요!

> 규칙 1 첫 번째 행에는 각 열(필드)의 제목을 입력합니다.
> 규칙 2 두 번째 행부터 실제 데이터를 입력합니다.
> 규칙 3 중간에 빈 행 또는 빈 열이 있으면 안 됩니다.
> 규칙 4 각 열(필드)에는 같은 형식의 데이터를 입력합니다.
> 규칙 5 연관된 데이터(레코드)는 행 단위로 입력합니다.

각 열(필드)의 제목을 입력

주방 가전 행사 거래 내역

하나의 거래(레코드)는 행 단위로 입력

각 열(필드)은 같은 형식의 데이터를 입력

일자	거래지점	품명	단가	수량	금액	행사금액	사은품
2019-01-07	영도지점	식기세척기	512,600	3	1,537,800	1,307,130	√
2019-01-10	해운대지점	광파오븐	450,000	7	3,150,000	2,677,500	
2019-01-13	사상지점	광파오븐	450,000	5	2,250,000	1,912,500	√
2019-01-16	동래지점	중탕기	332,100	18	5,977,800	5,081,130	√
2019-01-19	수영지점	에어프라이어	159,000	8	1,272,000	1,081,200	
2019-01-22	해운대지점	냉정수기	1,090,000	5	5,450,000	4,632,500	
2019-01-25	영도지점	냉정수기	1,090,000	5	5,450,000	4,632,500	√
2019-01-28	동래지점	식기세척기	512,600	10	5,126,000	4,357,100	√
2019-01-31	수영지점	광파오븐	450,000	12	5,400,000	4,590,000	
2019-02-03	동래지점	착즙기	390,150	6	2,340,900	1,989,765	√
2019-02-06	수영지점	전기압력솥	339,000	10	3,390,000	2,881,500	
2019-02-09	해운대지점	중탕기	332,100	15	4,981,500	4,234,275	
2019-02-12	영도지점	중탕기	332,100	20	6,642,000	5,645,700	√
2019-02-15	사상지점	중탕기	332,100	10	3,321,000	2,822,850	√
2019-02-18	해운대지점	토스터	319,000	20	6,380,000	5,423,000	
2019-02-21	사상지점	토스터	319,000	10	3,190,000	2,711,500	
2019-02-24	수영지점	토스터	319,000	10	3,190,000	2,711,500	√
2019-02-27	해운대지점	전자레인지	233,500	20	4,670,000	3,969,500	
2019-03-02	영도지점	전자레인지	233,500	10	2,335,000	1,984,750	
2019-03-05	사상지점	전자레인지	233,500	15	3,502,500	2,977,125	√
2019-03-08	수영지점	전자레인지	233,500	30	7,005,000	5,954,250	
2019-03-11	동래지점	반자동커피메이커	178,200	50	8,910,000	7,573,500	√
2019-03-14	영도지점	반자동커피메이커	178,200	32	5,702,400	4,847,040	

모든 데이터베이스가 이렇게 정리돼 있다면 좋겠지만, 현실에선 그렇지 못한 경우가 종종 있습니다. 중간중간에 빈 셀이 섞여 있기도 하고 오·탈자나 띄어쓰기 때문에 정렬이 되지 않기도 하죠. 이런 함정을 슬기롭게 대처할 방법을 지금부터 알려드리겠습니다!

02-2 1초 만에 100행 데이터 선택하는 방법

• 실습 파일 2-2-데이터범위선택

데이터에 서식을 적용하거나 수식을 작성할 때는 셀 범위를 선택해야 합니다. 데이터 양이 적다면 드래그해 쉽게 선택할 수 있지만, 데이터 양이 많다면 어떻게 해야 할까요?

하면 된다! ⟩ 한 번에 셀 범위 선택하기

[주방가전-행사] 시트

단축키를 사용하면 1초면 끝납니다! 셀을 선택하고 단축키 Ctrl + Shift + ↓ 를 누르면 됩니다! 참 간단하죠?

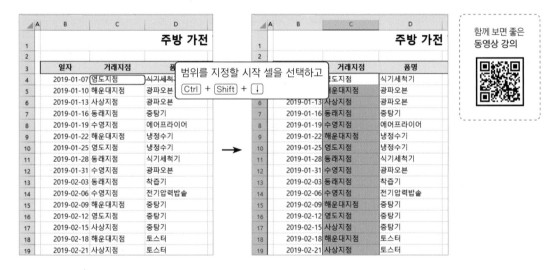

함께 보면 좋은 동영상 강의

데이터를 선택하거나 셀을 이동하는 단축키를 알고 사용하면 엑셀을 편리하게 사용할 수 있습니다. 알아두면 요긴한 단축키를 정리해 봤습니다.

단축키	설명
Ctrl + ↓, ↑, →, ←	현재 선택된 셀에서 방향키 방향으로 데이터가 입력된 마지막 셀로 이동
Ctrl + Home	셀 포인터의 위치가 어디에 있든 [A1] 셀 위치로 이동
Ctrl + *	시작 셀을 기준으로 연속 범위에 입력된 데이터를 모두 선택 이때 숫자 키패드의 * 대신 Shift + 8 을 눌러도 됩니다.
Ctrl + Shift + ↓, ↑, →, ←	현재 선택된 셀에서 방향키 방향으로 데이터가 입력된 셀 전체 선택

그런데 [사은품] 열과 같이 중간중간에 빈 셀이 포함된 경우라면 단축키를 사용해 범위를 제대로 선택할 수 없습니다. 이 경우에는 [이름 상자]에 선택할 셀 주소를 입력하면 됩니다. [이름 상자]에 I4:I123을 입력한 후 Enter 를 누르세요. 데이터의 중간에 빈 셀이 있어도 [사은품] 열의 범위가 빠르게 선택됩니다.

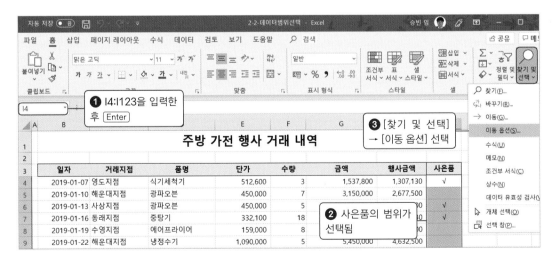

하면 된다! } 많은 양의 데이터에서 빈 셀만 선택하기

사은품 범위에서 빈 셀만 선택하거나 ✓표시가 있는 셀만 선택해야 한다면 어떻게 해야 할까요? 만약 빈 셀이 연속적이지 않고 중간중간에 있다면 Ctrl 을 누른 상태에서 빈 셀을 일일이 선택해야 하므로 너무 번거롭습니다. 지금 소개하는 방법을 따라 해 보세요. 빈 셀만 한 번에 골라 선택할 수 있습니다.

1 [이름 상자]에 I4:I123을 입력한 후 Enter 를 눌러 [사은품] 열을 선택하고 [홈] 탭 → [편집] 그룹 → [찾기 및 선택] → [이동 옵션]을 선택합니다.

2 [이동 옵션] 대화 상자가 나타나면 [빈 셀] 옵션을 선택한 후 [확인] 버튼을 클릭합니다. 이와 반대로 √표시가 입력된 셀만 선택하려면 [상수] 옵션을 선택해야 합니다.

02-3 첫 번째 행은 고정할 수 없을까?

• 실습 파일 2-3-틀고정과창나누기   • 완성 파일 2-3-틀고정과창나누기_완성

많은 양의 데이터를 확인할 때 화면을 아래로 스크롤하면 제목 행이 보이지 않습니다. 제목 행이 항상 화면에 보이도록 고정하면 참 편리하겠지요? 그래서 엑셀은 틀 고정이라는 기능을 제공합니다. 한 가지 더! 데이터를 비교할 때 화면을 나눠 사용하는 방법도 알아 두면 유용합니다.

틀 고정을 사용하면 선택한 셀을 기준으로 왼쪽 열과 위쪽 행이 고정됩니다. 예를 들어, [C4] 셀을 선택한 후 틀 고정을 적용하면 데이터를 아래로 또는 오른쪽으로 스크롤해도 [1:3] 행, [A:B] 열이 항상 화면에 표시됩니다.

색칠된 부분은 스크롤해도 그 자리에 고정돼요!

하면 된다! ⟩ 제목 행 고정하기와 취소하기

[주방가전-행사] 시트

제목 행에 해당하는 3행까지 항상 표시되도록 틀 고정을 해 보겠습니다.

함께 보면 좋은 동영상 강의

1 [A4] 셀을 선택한 후 [보기] 탭 → [창] 그룹 → [틀 고정] → [틀 고정]을 선택합니다. 화면을 스크롤하면 1~3행은 고정되고 나머지 데이터를 스크롤할 수 있습니다.

2 틀 고정을 취소하려면 아무 셀이나 선택한 후 [보기] 탭 → [창] 그룹 → [틀 고정] → [틀 고정 취소]를 선택합니다.

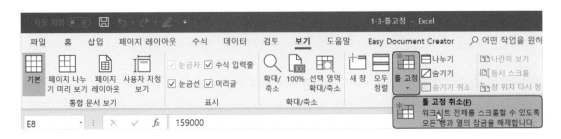

한 시트에서 데이터를 비교하는 방법

많은 양의 데이터에서 특정 데이터를 서로 비교해야 하는 경우가 있습니다. 매번 화면을 위/아래 또는 좌/우로 스크롤해 가며 비교하는 것은 불편합니다. 이때 [나누기] 기능을 사용하면 데이터를 편리하게 비교할 수 있습니다.

하면 된다! } 한 시트에서 데이터를 비교하는 방법

1 [A14] 셀을 선택한 후 [보기] 탭 → [창] 그룹 →. [나누기]를 선택합니다. 14행을 기준으로 화면이 나누어집니다.

주방 가전 행사 거래 내역

일자	거래지점	품명	단가	수량	금액	행사금액	사은품
2019-01-07	영도지점	식기세척기	512,600	3	1,537,800	1,307,130	√
2019-01-10	해운대지점	광파오븐	450,000	7	3,150,000	2,677,500	
2019-01-13	사상지점	광파오븐	450,000	5	2,250,000	1,912,500	√
2019-01-16	동래지점	중탕기	332,100	18	5,977,800	5,081,130	√
2019-01-19	수영지점	에어프라이어	159,000	8	1,272,000	1,081,200	
2019-01-22	해운대지점	냉정수기	1,090,000	5	5,450,000	4,632,500	
2019-01-25	영도지점	냉정수기	1,090,000	5	5,450,000	4,632,500	√
2019-01-28	동래지점	식기세척기	512,600	10	5,126,000	4,357,100	√
		광파오븐	450,000	12	5,400,000	4,590,000	
2019-02-03		착즙기	390,150	6	2,340,900	1,989,765	√
2019-02-06	수영지점	전기압력밥솥	339,000	10	3,390,000	2,881,500	
2019-02-09	해운대지점	중탕기	332,100	15	4,981,500	4,234,275	
2019-02-12	영도지점	중탕기	332,100	20	6,642,000	5,645,700	√
2019-02-15	사상지점	중탕기	332,100	10	3,321,000	2,822,850	√
2019-02-18	해운대지점	토스터	319,000	20	6,380,000	5,423,000	
2019-02-21	사상지점	토스터	319,000	10	3,190,000	2,711,500	
2019-02-24	수영지점	토스터	319,000	10	3,190,000	2,711,500	√
2019-02-27	해운대지점	전자레인지	233,500	20	4,670,000	3,969,500	
2019-03-02	영도지점	전자레인지	233,500	10	2,335,000	1,984,750	

① [A14] 셀 선택

☑ 나누기 기능은 선택한 셀을 기준으로 위쪽, 왼쪽이 나눠집니다. 열 방향으로도 나누기하려면 [A] 열의 셀이 아닌 곳을 선택한 후 [나누기]를 선택해야 합니다.

2 나눠진 창에 같은 데이터가 보이고 개별적으로 스크롤이 가능합니다.

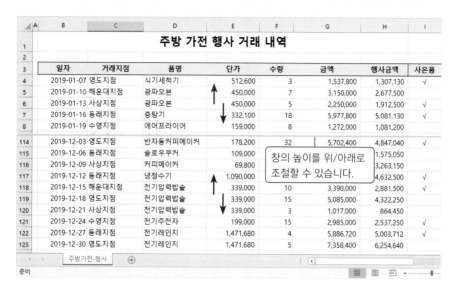

[2-3-미션]

"김신입 씨, 2018년 상반기 내역과 2019년 상반기 내역을 비교 좀 해줄래요? 창을 나누면 된다고 하던데…. 나는 엑셀이 익숙하지 않아서 어렵네. 허허. 부탁해요~"

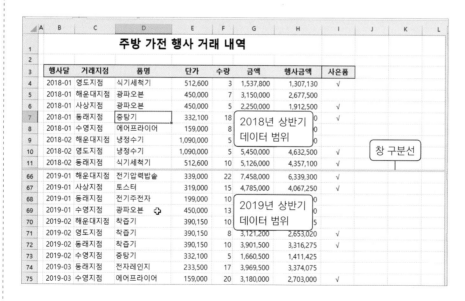

정답 및 해설 [2-3-미션_정답]

02-4 데이터를 보기 쉽게 정렬하기

• 실습 파일 2-4-데이터정렬   • 완성 파일 2-4-데이터정렬_완성

엑셀은 데이터베이스를 관리하는 다양한 기능을 제공합니다. 데이터 목록에서 어느 특정 필드의 값을 기준으로 데이터의 순서를 정하는 것을 정렬이라고 합니다. 정렬 방법에는 오름차순 정렬과 내림차순 정렬, 사용자 정의 정렬 방식이 있습니다. 오름차순 정렬은 ㄱ → ㅎ, A → Z, 작은 수 → 큰 수 순으로 정렬되고, 내림차순 정렬은 오름차순의 역순으로 정렬됩니다.

오름차순/내림차순 정렬

정렬 기준이 하나일 때 정렬할 기준이 되는 필드명을 선택한 후 [텍스트 오름차순 정렬] 또는 [텍스트 내림차순 정렬]을 선택하면 빠르게 정렬할 수 있습니다. 정렬은 [데이터] 탭에 있습니다.

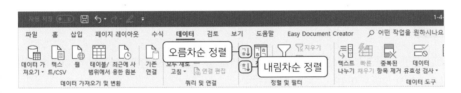

하면 된다! } 금액을 오름차순/내림차순으로 정렬하기

[주방가전-행사] 시트

[G3] 셀을 선택한 후 [데이터] 탭 → [정렬 및 필터] 그룹 → [텍스트 오름차순 정렬]을 선택하세요. 금액이 적은 값 순으로 정렬됩니다. 이와 반대로 [텍스트 내림차순 정렬]을 선택하면 큰 값 순으로 정렬됩니다.

함께 보면 좋은
동영상 강의

정렬 기준이 여러 개인 경우

[텍스트 오름차순 정렬]과 [텍스트 내림차순 정렬]은 빠르게 정렬할 수 있다는 장점이 있지만 '거래지점'을 오름차순으로 정렬해 둔 상태에서 '금액'을 다시 내림차순으로 정렬하면 거래지점으로 정렬된 결과를 무시하고 금액이 내림차순으로 정렬됩니다. 여러 기준에 맞춰 정렬하고 싶다면 [정렬] 기능을 사용해야 합니다.

하면 된다! ⎬ 지점명이 오름차순인 동시에 금액을 내림차순으로 정렬하기

1 정렬할 데이터 내부의 아무 셀이나 선택한 후 [데이터] 탭 → [정렬 및 필터] 그룹 → [정렬]을 선택합니다. [정렬 기준]을 '거래지점'으로 선택한 후 '오름차순' 정렬을 선택합니다.

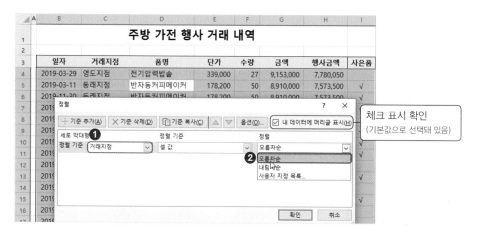

2 [기준 추가] 버튼을 눌러 '금액'을 선택한 후 '내림차순' 정렬을 선택하고 [확인] 버튼을 클릭합니다.

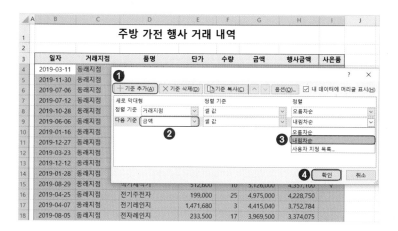

❸ '거래지점'이 오름차순 정렬된 결과 내에서 높은 금액에서 낮은 금액 순으로 정렬됩니다.

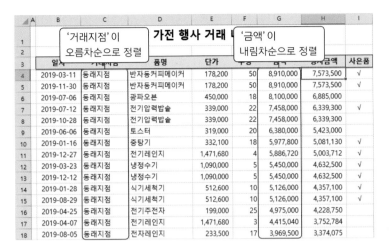

사용자 정의 정렬

이제 시트를 바꿔 [직원현황] 시트에서 작업하겠습니다. 직위를 기준으로 오름차순 정렬을 하면 '과장 → 대리 → 부장…' 순, 내림차순으로 정렬하면 '주임 → 사원 → 부장 …' 순으로 정렬됩니다. 일반적인 '가나다' 순이 아닌 '직위' 순으로 정렬하려면 사용자가 기준을 지정해야 합니다.

하면 된다! } 회사 내 직위 순으로 정렬하기

[직원현황] 시트

❶ 데이터 내의 아무 셀이나 선택한 후 [데이터] 탭 → [정렬 및 필터] 그룹 → [정렬]을 선택합니다. [정렬 기준]은 '직위', '정렬' 방식은 '사용자 지정 목록'을 선택합니다.

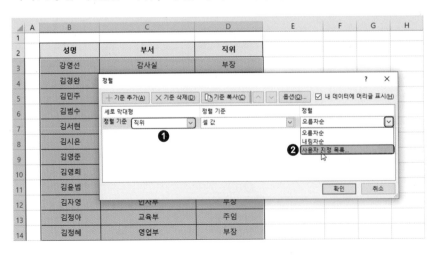

함께 보면 좋은
동영상 강의

2 [사용자 지정 목록] 대화 상자가 나타나면 [목록 항목]에 직위가 높은 **부장, 과장, 대리, 주임, 사원** 순으로 입력한 후 [추가]를 눌러 사용자 지정 목록에 추가합니다.

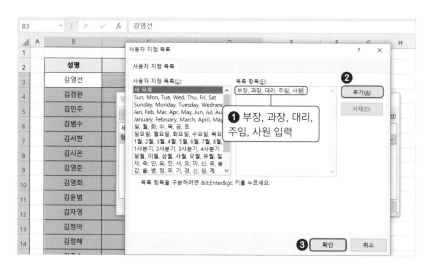

3 '부장, 과장, 대리, 주임, 사원' 정렬 방식을 선택한 후 [확인] 버튼을 클릭하면 이제 직위 순으로 정렬됩니다.

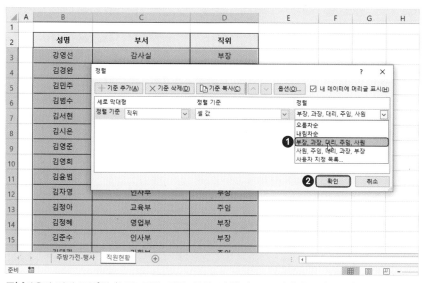

☑ [사용자 지정 목록]에 '부장, 과장, 대리, 주임, 사원' 순으로 정렬하는 방식을 추가하면 반대로 '사원, 주임, 대리, 과장, 부장' 순으로 정렬하는 방식도 자동 추가됩니다.

누군가의 부탁

"김신입 씨가 우리 회사 복덩인가 봐~ 상반기 성과급 지급이 확정됐어요! [상반기실적] 시트에서 직위 순으로 정렬한 후 영업 실적이 높은 순으로 정리 부탁해요~."

① '부장, 과장, 대리, 주임, 사원' 순서를 사용자 지정 목록으로 추가하세요.
② 첫 번째 기준을 '직위'가 높은 순, 두 번째 기준을 '영업 실적'이 높은 순으로 정렬하세요.

	B	C	D
2	**상반기 직위별 실적 현황**		
3			
4	**성명**	**직위**	**영업실적**
5	강영선	부장	45,800,000
6	김경완	과장	38,000,000
7	김영희	대리	11,940,000
8	김윤범	부장	28,440,000
9	김정아	주임	18,000,000
10	김태관	주임	26,440,000
11	문성숙	사원	10,940,000
12	문정환	사원	15,000,000
13	박혜주	대리	26,940,000
14	백귀복	대리	11,740,000
15	손병관	사원	18,000,000
16	연지민	대리	26,740,000
17	윤성진	대리	25,480,000
18	이민정	주임	26,440,000
19	이우준	주임	28,000,000
20	이은희	대리	35,000,000
21	이후일	과장	46,500,000
22	이희숙	주임	11,440,000
23			

→

	B	C	D
2	**상반기 직위별 실적 현황**		
3			
4	**성명**	**직위**	**영업실적**
5	강영선	부장	45,800,000
6	김윤범	부장	28,440,000
7	이후일	과장	46,500,000
8	김경완	과장	38,000,000
9	이은희	대리	35,000,000
10	박혜주	대리	26,940,000
11	연지민	대리	26,740,000
12	윤성진	대리	25,480,000
13	김영희	대리	11,940,000
14	백귀복	대리	11,740,000
15	이우준	주임	28,000,000
16	김태관	주임	26,440,000
17	이민정	주임	26,440,000
18	김정아	주임	18,000,000
19	이희숙	주임	11,440,000
20	손병관	사원	18,000,000
21	문정환	사원	15,000,000
22	문성숙	사원	10,940,000
23			

정답 및 해설 [2-4-미션_정답]

02-5 빈 셀에 데이터 채우기

• 실습 파일 2-5-빈셀채우기   • 완성 파일 2-5-빈셀채우기_완성

회사 내 데이터 중에서 중복되는 데이터를 처음 한 번만 입력하고 그 이후엔 빈 셀로 처리하는 경우가 종종 있습니다. 하지만 빈 셀로 처리된 데이터는 정렬하거나 엑셀에서 제공되는 편리한 데이터 관리 기능을 사용할 수 없습니다.

하면 된다! ﹜ 빈 셀에 바로 위 데이터 값 넣기
[미납학생현황] 시트

최신고등학교
박 계장

학생들의 미납금을 파악해 금액을 청구하기 위한 명단을 정리 중입니다. 학생 시스템에서 자료를 받았는데 학생정보와 이름이 중복되는 경우, 빈 셀로 표시돼 있더라고요! 빈 셀이 있으면 원하는 대로 정렬할 수가 없는데…. 일일이 빈 셀에 데이터를 채워 넣으려니 시간이 오래 걸리고 힘도 많이 듭니다. 좋은 방법이 없을까요?

빈 셀을 선택하는 방법 기억나시죠? 그 방법을 이용해 '학생정보'와 '이름' 범위에서 빈 셀을 먼저 선택한 후 바로 위에 셀에 있는 데이터를 대입하는 수식을 작성하면 됩니다. 순서대로 따라 해 보세요. 쉽게 해결할 수 있습니다.

1 먼저 빈 셀이 포함된 열을 모두 선택하겠습니다. [이름 상자]에 **B4:C77**을 입력한 후 Enter 를 누르세요. [학생정보] 열과 [이름] 열의 데이터 범위가 선택됩니다.

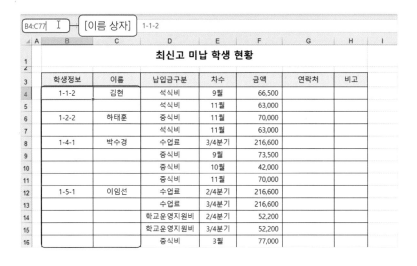

함께 보면 좋은
동영상 강의

2 [홈] 탭 → [편집] 그룹 → [찾기 및 선택] → [이동 옵션]을 선택합니다. [이동 옵션] 대화 상자에서 [빈 셀]을 선택한 후 [확인] 버튼을 클릭합니다.

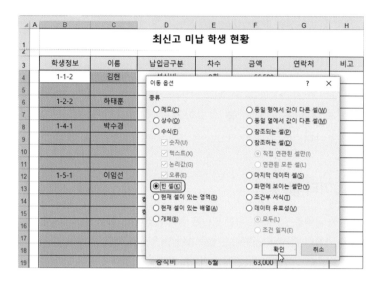

3 범위가 선택된 상태에서 =을 입력한 후 바로 위의 [B4] 셀을 선택합니다. 셀에 =B4가 입력 되면 단축키 Ctrl + Enter 를 누릅니다. 순식간에 빈 셀에 데이터가 채워졌습니다.

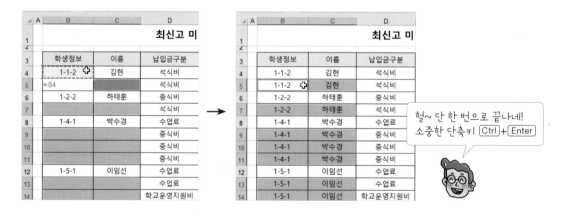

정렬해도 복사한 값이 바뀌지 않게 하려면? — 수식을 값으로 붙여넣기

그런데 Ctrl + Enter 를 눌러 복사된 셀은 실제 값이 아닌 수식이 포함되어 있어 만약 데이터 를 다른 항목을 기준으로 정렬할 경우 값이 변해버리는 문제가 생깁니다.

예를 들어 납입금구분을 기준으로 내림차순 정렬을 했더니 바로 위 셀의 값을 참조하는 수식 때문에 셀의 값이 **학생정보**와 **이름**으로 바뀌어버렸습니다.

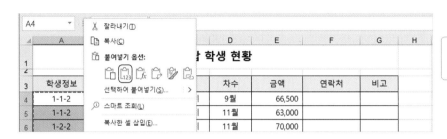

B4		:	×	✓	fx	=B3	

⬚ A	B	C	D	E	F	G	H
3	학생정보	이름	납입금구분	차수	금액	연락처	비고
4	학생정보	이름	학교운영지원비	2/4분기	52,200		
5	학생정보	이름	학교운영지원비	2/4분기	52,200		
6	학생정보	이름	학교운영지원비	3/4분기	52,200		

정렬 순서를 바꿨더니 데이터가 꼬여버렸네요….

다른 기준으로 정렬해도 복사한 값이 바뀌지 않게 만들어 보겠습니다. 먼저 [Ctrl]+[Z]를 눌러 정렬을 취소합니다. 셀 범위 [B4:C77]을 선택하고 마우스 오른쪽 버튼을 눌러 복사한 후 범위가 선택된 상태에서 다시 마우스 오른쪽 버튼을 눌러 [붙여넣기 옵션] → [값]을 선택합니다.

이제 수식이 아닌 값으로 붙여넣기가 되어 다른 항목을 기준으로 정렬해도 값이 바뀌지 않습니다.

A4	▾	

✗ 잘라내기(T)
📋 복사(C)
📋 붙여넣기 옵션:

선택하여 붙여넣기(S)...   ▸
🔍 스마트 조회(L)
복사한 셀 삽입(E)...

학생 현황

⬚	A		D	E	F	G	H
3	학생정보			차수	금액	연락처	비고
4	1-1-2			9월	66,500		
5	1-1-2			11월	63,000		
6	1-2-2			11월	70,000		

실행 취소 단축키는 [Ctrl]+[Z]

누군가의 부탁

[2-5-미션]

"김신입 씨! 보내준 엑셀 파일 살펴봤는데, 중간중간 빈 셀이 있네? 빈 셀을 채워서 다시 제출해 줄래요?"

① 빈 셀을 모두 선택하세요.
② 수식 =을 입력한 후 바로 위 셀을 선택하세요.
③ [Ctrl]+[Enter]를 눌러 비연속 범위에 데이터를 채우세요.

⬚	A	B	C	D
1			주방 가전 거래 내역	
2				
3	기간	거래지점	품명	단가
4	1월	동래지점	식기세척기	512,600
5			중탕기	332,100
6		사상지점	광파오븐	450,000
7		수영지점	광파오븐	450,000
8			에어프라이어	159,000
9		영도지점	냉정수기	1,090,000
10			식기세척기	512,600
11		해운대지점	광파오븐	450,000
12			냉정수기	1,090,000
13	2월	동래지점	착즙기	390,150
14			중탕기	332,100
15			토스터	319,000

→

⬚	A	B	C	D
1			주방 가전 거래 내역	
2				
3	기간	거래지점	품명	단가
4	1월	동래지점	식기세척기	512,600
5	1월	동래지점	중탕기	332,100
6	1월	사상지점	광파오븐	450,000
7	1월	수영지점	광파오븐	450,000
8	1월	수영지점	에어프라이어	159,000
9	1월	영도지점	냉정수기	1,090,000
10	1월	영도지점	식기세척기	512,600
11	1월	해운대지점	광파오븐	450,000
12	1월	해운대지점	냉정수기	1,090,000
13	2월	동래지점	착즙기	390,150
14	2월	동래지점	중탕기	332,100
15	2월	동래지점	토스터	319,000

정답 및 해설 [2-5-미션_정답]

02-6 셀 안에 숨어 있는 빈칸 제거하기

• 실습 파일 2-6-필요없는공백제거 • 완성 파일 필요없는공백제거_완성

같은 단어라도 글자 사이에 빈칸이 포함되면 사람은 같은 데이터로 인식하지만, 엑셀은 다른 데이터로 인식합니다. 예를 들면 '포스트잇', '포스트 잇'과 같은 경우입니다.

하면 된다! } [바꾸기] 기능으로 빈칸 없애기

[소모품대장] 시트

경영지원팀
윤 사원

저는 일주일에 한 번 볼펜, 지우개 등 사내에서 필요한 물품이 적힌 '소모품 대장'을 보고 수량을 헤아려 구매합니다. 그런데 여러 사람이 입력하다 보니 사소한 오타들로 인해 불편합니다. 예를 들어 '포스트잇'을 '포스트 잇'으로 쓰거나 '볼펜' 뒤에 빈칸이 하나 들어 있거나 하는 경우 말이죠. "제발 '포스트잇'은 붙여서 써주세요!"라고 마음속으로만 외치고 있답니다. 이럴 때 좋은 방법 없을까요?

문자와 숫자 데이터에 불필요한 문자가 포함되면 엑셀 작업을 제대로 할 수 없습니다. 정렬도 되지 않고 합계도 구할 수 없죠. 실제 회사에서 겪는 다양한 상황에 따라 처리하는 방법을 소개하겠습니다.

1 [소모품대장] 시트를 선택한 후 '소모품명'의 셀 범위 [B3:B11]을 선택합니다.

2 [홈] 탭 → [편집] 그룹 → [찾기 및 선택] → [바꾸기]를 선택한 후 [찾을 내용] 입력 창에 Spacebar를 한 번 눌러 빈칸을 입력하고 [바꿀 내용] 입력 창은 비워 둔 상태로 [모두 바꾸기]를 누릅니다.

함께 보면 좋은
동영상 강의

'소모품명' 항목의 빈칸이 모두 제거됐습니다.

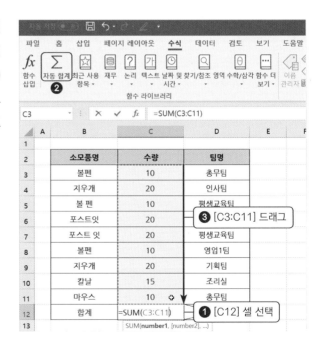

하면 된다! } 눈에 보이지 않는 문자 없애기

인터넷 웹 사이트에서 복사해 온 데이터나 업무용 시스템에서 데이터를 다운로드해 처리하는 경우, 눈에 보이지 않는 알 수 없는 문자가 빈칸으로 포함되는 경우도 있습니다. 이 경우에는 앞에서 배운 방법으로 해결할 수 없습니다.

1 먼저 합계를 구해 봅시다. [C12] 셀을 선택한 후 [수식] 탭 → [자동 합계 Σ]를 선택합니다. 수식 입력줄에 =SUM()이 작성되면 셀 범위 [C3:C11]을 드래그해 선택합니다. 그러면 수식이 완성되고 Enter 를 누르면 합계가 구해집니다.

그런데 결과는 0이 나오네요! 앞에서 배운 대로 [찾기 및 바꾸기]를 사용해 빈칸을 제거해도 여전히 결과는 0이 나옵니다. 어떻게 처리해야 할까요?

2 합계가 0이 나오는 이유는 수량 뒤에 우리 눈에 보이지 않는 문자가 들어 있기 때문입니다. [C3] 셀을 더블클릭한 후 숫자 끝에 우리가 지워야 하는 빈칸을 선택하고 단축키 Ctrl + C 를 눌러 복사합니다.

	A	B	C	D	E
1					
2		소모품명	수량	팀명	
3		볼펜	10	총무팀	← Ctrl + C 를 눌러 복사
4		지우개	20	인사팀	
5		볼 펜	10	평생교육팀	
6		포스트잇	20	기획팀	
7		포스트 잇	20	평생교육팀	
8		볼펜	10	영업1팀	
9		지우개	20	기획팀	
10		칼날	15	조리실	
11		마우스	10	총무팀	
12		합계	0	✕	
13					

3 셀 범위 [C3:C11]을 선택하고 [홈] 탭 → [편집] 그룹 → [찾기 및 선택] → [바꾸기]를 선택합니다. [찾을 내용] 입력 창에 Backspace 를 눌러 기존에 입력돼 있던 빈칸을 지우고 단축키 Ctrl + V 를 눌러 복사한 문자를 붙여 넣습니다. [바꿀 내용] 입력 창은 비워 둔 상태에서 [모두 바꾸기]를 클릭합니다.

	A	B	C	D	E	F	G	H
1								
2		소모품명	수량	팀명				
3		볼펜	10					
4		지우개	20					
5		볼 펜	10					
6		포스트잇	20					
7		포스트 잇	20					
8		볼펜	10					
9		지우개	20	기획팀				
10		칼날	15	조리실				
11		마우스	10	총무팀				
12		합계	0	✕				
13								

찾기 및 바꾸기
찾기(D) | 바꾸기(P)
찾을 내용(N):
바꿀 내용(E):
옵션(T) >>
2 모두 바꾸기(A) | 바꾸기(R) | 모두 찾기(I) | 다음 찾기(F) | 닫기

1 앞에서 연습한 빈칸은 Backspace 를 눌러 지운 후 Ctrl + V 를 눌러 붙여넣기

4 필요 없는 문자가 제거되고 수량의 합계가 정상적으로 구해집니다.

▲	A	B	C	D	E	F	G	H
1								
2		소모품명	수량	팀명				
3		볼펜	10					
4		지우개	20					
5		볼 펜	10					
6		포스트잇	20					
7		포스트 잇	20					
8		볼펜	10					
9		지우개	20	기획팀				
10		칼날	15	조리실				
11		마우스	10	총무팀				
12		합계	135					
13								

(찾기 및 바꾸기 대화상자)
찾기(D) 바꾸기(P)
찾을 내용(N):
바꿀 내용(E):

Microsoft Excel ✕
ⓘ 9개 항목이 바뀌었습니다.
확인

모두 바꾸기(A) 바꾸기(R) 모두 찾기(I) 다음 찾기(F) 닫기
옵션(T) >>

> 불필요한 문자가 제거되고 즉시 결과가 정상적으로 구해집니다.

누군가의 부탁

[2-6-미션]

"황 주임님! 저는 과목수 합을 구했는데 0이 나오네요? 이 파일 한번 봐 줄 수 있어요? 봐주는 김에 생년월일도 계산할 수 있는 형식으로 바꿔주시고요!"

중장년 ICT 특화 과정 신청명단

출석번호	성명	생년월일	과목수
1	박준희	1973.05.26	1
2	김세원	1953.08.14	2
3	한혜경	1968.05.26	1
4	이영미	1972.03.17	2
5	김효린	1973.01.14	2
6	방명호	1960.03.30	1
7	권성호	1971.11.12	2
8	최윤희	1972.08.03	1
9	방현숙	1948.01.15	1
10	김동원	1949.11.04	1
합계			

① '.'으로 구분된 생년월일을 '-'으로 바꿔 날짜 형식으로 변경하세요.
② 과목수의 합계를 구하세요. 만일 합계가 0으로 계산된다면 문제를 해결한 후에 합계를 구하세요.

정답 및 해설 [2-6-미션_정답]

03 데이터 관리
— 전문가의 엑셀이 특별한 이유

어느덧 이지 고등학교에서 맞이하는 두 번째 여름방학. 박 선생님은 오늘도 행정 업무 때문에 머리가 아프다. 왜 사람들은 오타를 내서 정리하기 어렵게 만드는 것일까?
"애초에 오타를 낼 수 없게 만들 방법이 없을까?"

03-1 유효성 검사로 잘못된 데이터 입력을 예방하자!

• 실습 파일 3-1-데이터유효성검사 • 완성 파일 3-1-데이터유효성검사_완성

엑셀은 빈칸 하나만 잘못 들어가도 다른 문자로 인식했던 것 기억하지요? 오타는 말할 것도 없습니다. 소 잃고 외양간 고치는 식의 대처가 아니라 잘못된 입력을 미리 제한하면 업무가 훨씬 수월해질 것입니다.

데이터 유효성 검사 - 목록

데이터 유효성 검사는 셀의 잘못된 데이터 입력을 제한하는 기능입니다. 셀 또는 범위에 유효한 데이터를 미리 설정해 놓고 이것을 벗어나면 입력하지 못하게 하거나 오류 메시지가 나타나도록 설정하는 기능이죠. 먼저 입력할 수 있는 데이터들을 '목록'으로 제한해 잘못된 데이터 입력을 막는 방법을 소개합니다.

하면 된다! ╲ 데이터를 목록상자에서 선택하도록 만들기 [데이터유효성검사-목록] 시트

실습 파일을 열어 보세요. 여름방학 특별활동의 종류와 방과후 과목이 오른쪽에 정리돼 있습니다. 이 목록을 벗어난 데이터를 입력하지 못하도록 먼저 특별활동의 과정명에 유효성 검사를 설정해 보겠습니다.

1 셀 범위 [C5:C15]를 선택한 후 [데이터] 탭 → [데이터 도구] 그룹 → [데이터 유효성 검사]를 선택합니다.

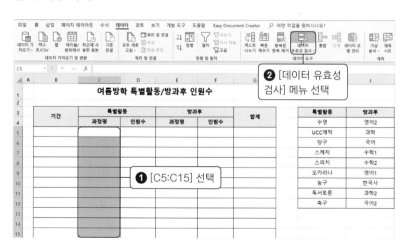

함께 보면 좋은 동영상 강의

2 유효한 데이터들을 직접 입력하기

[데이터 유효성] 대화 상자에서 [설정] 탭 → [제한 대상] → [목록]을 선택한 후 [원본] 입력 창에 **수영, UCC 제작, 당구, 스케치, 스피치, 오카리나, 농구, 독서토론, 축구** 순으로 입력한 후 [확인] 버튼을 클릭합니다.

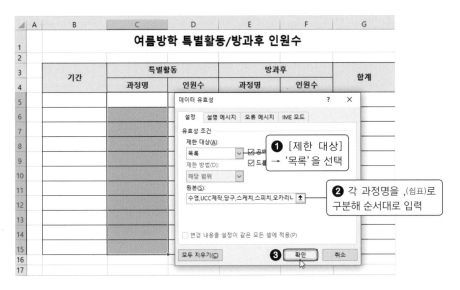

3 과정명을 입력할 셀을 선택하면 드롭다운 ▼이 나타납니다. 드롭다운을 누르면 과정명이 나타나고 과정명을 선택하면 셀에 입력됩니다. 이제 사람들이 과정명을 일일이 키보드로 입력하지 않고 클릭해서 선택하겠지요?

4 만약 과정명을 목록에서 선택하지 않고 잘못된 값을 입력하면 오류 메시지 창이 나타납니다. [다시 시도] 버튼을 클릭하고 목록에서 선택해야 합니다.

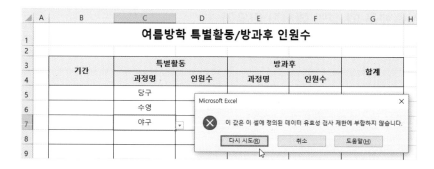

하면 된다! } 입력 가능한 데이터를 셀 범위로 지정하기

원본 입력 창에 값을 직접 입력해도 되지만 원본에 사용될 데이터가 시트에 정리돼 있으면 범위를 원본 내용으로 사용하기가 편리합니다.

1 '방과후 과정명'을 입력할 셀 범위 [E5:E15]를 선택한 후 [데이터] 탭 → [데이터 도구] 그룹 → [데이터 유효성 검사]를 선택합니다.

2 [제한 대상] → '목록'을 선택한 후 [원본] 입력 창을 클릭하고 방과후 과정명을 입력해 둔 셀 범위 [J4:J12]를 지정합니다. 목록을 하나하나 입력하지 않아도 되므로 무척 편리합니다.

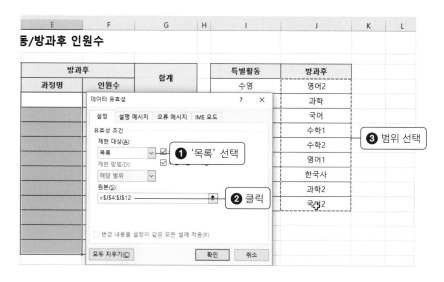

하면 된다! } 셀을 선택했을 때 설명 메시지 띄우기

한 발 더 나아가 목록 중에서 선택할 수 있도록 유의 사항을 메시지로 표시해 봅시다.

1 [데이터 유효성] 대화 상자에서 [설명 메시지] 탭을 선택한 후 [설명 메시지] 입력 창에 **목록에서 선택하세요~**를 입력하고 [확인] 버튼을 클릭합니다.

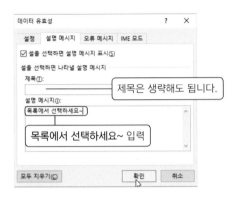

2 이제 과정명을 입력하기 위해 셀을 선택하면 '목록에서 선택하세요~'라는 메시지가 나타납니다.

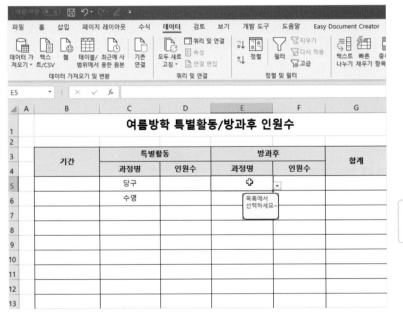

음? 엑셀이 이런 말도 하네? 신기하군!

하면 된다! } 잘못 입력했을 때 오류 메시지 띄우기

설명 메시지 외에도 잘못된 데이터가 입력됐을 때 오류 메시지 창을 띄워 정확한 데이터 입력을 유도할 수도 있습니다.

1 '과정명'을 입력할 셀 범위 [C5:C15]를 선택한 후 [데이터] 탭 → [데이터 도구] 그룹 → [데이터 유효성 검사]를 선택합니다.

2 [오류 메시지] 탭을 선택한 후 [오류 메시지] 입력 창에 **입력 오류입니다. 과정명을 목록에서 선택하세요~**를 입력합니다. 오류 메시지에는 원하는 내용을 입력하면 됩니다.

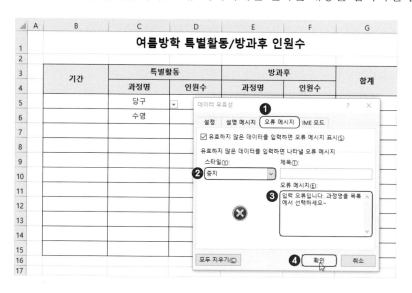

3 오타나 목록에 없는 데이터가 입력되면 오류 메시지로 작성해 뒀던 메시지가 바로 나타납니다.

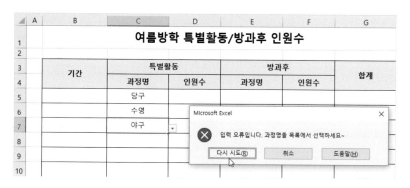

질문 있어요!

오류 메시지 스타일에 대한 설명이 좀 더 필요해요!

오류 메시지에는 세 가지 스타일이 있습니다. 데이터 유효성을 검사하는 기능 자체가 잘못된 데이터를 입력하지 못하도록 차단하는 기능이므로 중지 스타일을 주로 사용하지만 상황에 맞게 사용하세요.

1. 중지 스타일

일단 기본으로 설정돼 있는 중지는 가장 강력한 차단 방법입니다. 중지는 잘못 입력된 데이터를 무조건 차단을 합니다. 조건에 맞지 않은 데이터는 입력 자체를 할 수 없습니다.

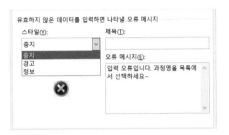

2. 경고 스타일

경고 스타일은 중지보다는 약한 차단 방법입니다. 선택 버튼 중 [예]가 있기 때문이죠. [예] 버튼을 눌러 잘못된 데이터 입력 여부를 선택할 수 있습니다.

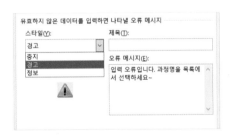

3. 정보 스타일

정보 스타일은 잘못된 데이터를 입력해도 간단한 안내 메시지만 나타납니다.

하면 된다! } 날짜 입력 방식 제한하기

영업팀
황 주임

영업팀에 근무하는 황 주임입니다. 각 지점에서 거래된 데이터를 모아 일자별, 월별 집계표를 작성하는 일을 하죠. 그런데 데이터를 여러 사람이 입력하다 보니 날짜를 다르게 입력하는 경우가 많아요. 예를 들면 2019-8-1처럼 연-월-일 형식으로 입력해야 하는데 2019년 8월 1일, 2019.8.1., 20190801과 같은 다양한 형태로 입력된 날짜가 섞여 있습니다.
날짜를 제가 원하는 형식으로만 입력하도록 하는 방법은 없을까요?

날짜 형식에 관한 사연이네요! 유효성 검사를 사용하면 날짜 데이터도 원하는 형식만 입력하도록 제한할 수 있습니다.

1 날짜가 입력될 셀 범위 [B3:B14]를 선택한 후 [데이터] 탭 → [데이터 도구] 그룹 → [데이터 유효성 검사]를 선택합니다. [설정] 탭을 누른 후 [제한 대상]에서 '날짜'를 선택합니다.

2 [제한 방법]에서 '해당 범위'를 선택한 후 [시작 날짜] 입력 창에 **2019-1-1**을 입력하고 Enter를 누릅니다. [끝 날짜] 입력 창에 **2019-12-31**을 입력하고 [확인] 버튼을 클릭합니다.

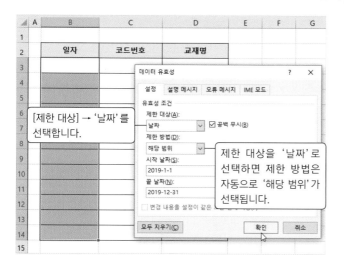

[제한 대상] → '날짜'를 선택합니다.

제한 대상을 '날짜'로 선택하면 제한 방법은 자동으로 '해당 범위'가 선택됩니다.

함께 보면 좋은
동영상 강의

3 이제 셀 범위 [B3:B14]에 입력한 날짜가 2019년 이내가 아니거나 엑셀에서 요구하는 날짜 형식이 아니라면 입력이 제한됩니다.

03 • 데이터 관리 ― 전문가의 엑셀이 특별한 이유 **103**

4 어떤 식으로 날짜를 입력하라는 것인지 안내가 없으면 파일을 연 사람들이 막막하겠네요! 앞에서 배운 내용을 떠올리면서 설명 메시지를 설정해 보겠습니다. '일자' 셀 범위 [B3:B14] 를 선택한 후 다시 [데이터] 탭 → [데이터 도구] 그룹 → [데이터 유효성 검사]를 선택합니다. [데이터 유효성 검사] 대화 상자가 나타나면 [설명 메시지] 탭을 눌러 메시지를 작성합니다.

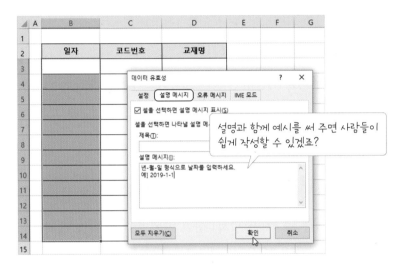

5 이제 날짜를 입력할 셀을 선택하면 입력 방법을 알려 주는 메시지가 나타납니다.

잘못된 데이터 표시하기

데이터 유효성 검사로 잘못된 데이터를 제한하는 것은 좋지만, 이미 많은 양의 데이터가 잘못 입력돼 있다면 어떻게 해야 할까요? 일일이 눈으로 잘못된 데이터를 찾아 고치기는 쉽지 않습니다. 유효성 검사 기능은 잘못된 데이터도 쏙쏙 골라 표시해 준답니다.

하면 된다! } 잘못 입력된 데이터에 빨간색 동그라미 표시하기 [잘못된데이터표시하기] 시트

■1 [C3:C15] 범위를 선택한 후 [데이터] 탭 → [데이터 도구] 그룹 → [데이터 유효성 검사]를 선택합니다.

■2 [설정] 탭을 선택한 후 [제한 대상]에서 '목록'을 선택합니다. [원본] 입력 창에 마우스 커서를 올려놓고 셀 범위 [F3:F9]를 드래그한 후 [드롭다운 표시]의 체크 표시를 해제하고 [확인]을 누릅니다.

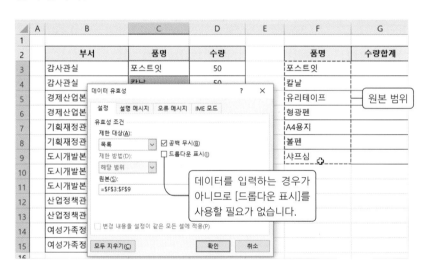

함께 보면 좋은
동영상 강의

■3 [데이터] 탭 → [데이터 도구] 그룹 → [데이터 유효성 검사 드롭다운▼] → [잘못된 데이터]를 선택합니다. 잘못 입력된 데이터 셀에 빨간색 동그라미가 표시돼 한눈에 확인할 수 있습니다. 데이터를 수정하면 유효성 표시(빨간색 동그라미)가 사라집니다.

4 데이터를 수정하지 않고도 유효성 표시를 제거하려면 [데이터] 탭 → [데이터 도구] 그룹 → [데이터 유효성 검사] → [유효성 표시 지우기]를 선택합니다.

[한/영] 키를 누를 필요가 없다! - IME 모드

데이터를 입력하는 모든 사람은 매번 [한/영] 키를 눌러 한글과 영어 중에서 선택해 넣어야 합니다. 항목에 따라 한글 입력 상태 또는 영어 입력 상태로 설정하면 어떨까요? 오자를 줄이면서 입력의 번거로움을 해소해 줄 거예요.

함께 보면 좋은
동영상 강의

하면 된다! 〉 코드 번호는 영어, 교재명은 한글로 입력되게 설정하기 [IME모드] 시트

1 코드 번호를 입력할 셀 범위 [C3:C14]를 선택합니다. [데이터] 탭 → [데이터 도구] 그룹 → [데이터 유효성 검사]를 선택한 후 [IME 모드] 탭을 눌러 입력기 모드를 '영문'으로 지정합니다.

2 **1**과 같은 방법으로 교재명의 입력기 모드를 '한글'로 선택합니다. 직접 한/영 키를 눌러 변환하지 않아도 코드 번호를 입력할 셀을 선택하면 영문 상태, '교재명'을 입력할 셀을 선택하면 한글 상태로 바뀝니다.

일자	코드번호	교재명
2019-09-01	j100011	컴퓨터 기초

누군가의 부탁

[3-1-미션]

"김신입 씨 나 좀 도와줄래요? 행사 품명이 가지각색이야. 눈이 빠지게 찾았는데도 아직도 다른 게 있나봐. 합계가 맞지 않네. 김신입 씨가 나머지 좀 찾아봐 줘요."

일자	거래지점	품명	행사금액	사은품
2018-01-07	영도지점	식기세척기	1,307,130	√
2018-01-10	해운대지점	광파오븐	2,677,500	
2018-01-13	사상지점	광파오븐	1,912,500	√
2018-01-19	수영지점	에어프라이어	1,081,200	
2018-01-22	해운대지점	냉정수기	4,632,500	
2018-01-25	영도지점	정수기	4,632,500	√
2018-01-28	동래지점	식기세척기	4,357,100	√
2018-01-31	수영지점	광파오븐	4,590,000	
2018-02-18	해운대지점	토스터기	5,423,000	
2018-02-21	사상지점	토스터기	2,711,500	
2018-02-24	수영지점	토스터기	2,711,500	√
2018-02-27	해운대지점	전자레인지	3,969,500	
2018-03-02	영도지점	전자레인지	1,984,750	
2018-03-05	사상지점	전자레인지	2,977,125	√

품명	행사금액
식기세척기	8,714,200
광파오븐	9,180,000
에어프라이어	3,784,200
냉정수기	22,236,000
토스터기	13,557,500
전자레인지	12,900,875
커피메이커	5,755,010
전기주전자	16,069,250
멀티블랜더	5,086,400
합계	97,283,435

① 데이터 유효성 검사를 적용해 잘못된 데이터를 골라 내세요.

정답 및 해설 [3-1-미션_정답]

03-2 데이터베이스 작성 규칙에 맞게 데이터 정리하기

• 실습 파일 3-2-데이터정리   • 완성 파일 3-2-데이터정리_완성

02-1절에서 살펴본 데이터베이스의 규칙을 기억하나요? 모든 엑셀 파일이 정리돼 있으면 좋겠지만 현실에선 그렇지 못한 경우가 많습니다. 여기, 실무에서 자주 사용하는 엑셀 정리법이 단계별로 있습니다. 순서대로 따라 해 보세요! 두고두고 써먹을 수 있는 유용한 팁이 될 거에요.

- 1단계 비어 있는 행 삭제
- 2단계 필요 없는 행 삭제
- 3단계 반복되는 제목 행 하나 빼고 모두 삭제
- 4단계 쓸데없이 병합된 열 삭제
- 5단계 숫자 데이터로 일괄 수정

함께 보면 좋은 동영상 강의

하면 된다! 〉 1단계 - 빈 행만 골라 한꺼번에 삭제하기

[학생수납부] 시트

많은 양의 데이터를 다룰 때 수작업으로 빈 행을 제거하기란 쉽지 않습니다. 엑셀의 [이동 옵션]을 사용해 빠르게 빈 셀을 찾으면 그 행 전체를 삭제할 수 있습니다.

1 [A] 열 머리글을 선택한 후 [홈] 탭 → [편집] 그룹 → [찾기 및 선택] → [이동 옵션]을 선택하고 '빈 셀' 옵션을 선택한 다음 [확인] 버튼을 클릭합니다.

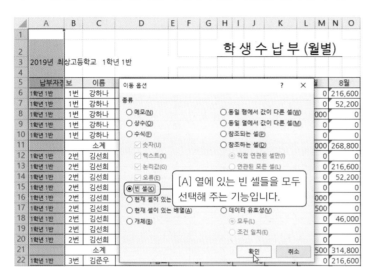

2 [A] 열의 빈 셀이 모두 선택된 후 마우스 오른쪽 버튼을 눌러 [삭제]를 선택합니다. [삭제] 대화 상자가 나타나면 '행 전체'를 선택한 후 [확인] 버튼을 클릭합니다. 중간중간의 빈 행이 모두 제거됩니다.

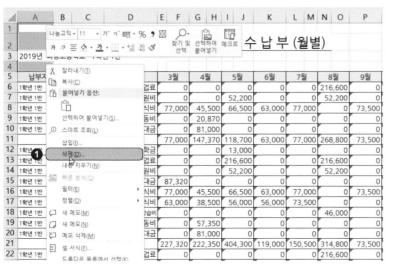

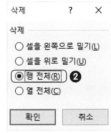

하면 된다! ⟩ 2단계 - 필요 없는 행 삭제하기

빈 행 외에 '소계' 행과 '2019년 최상고등학교~'라고 시작하는 텍스트가 있는 모든 행도 제거해야 합니다. 그런데 엑셀에는 빈 셀을 선택하는 방법은 있지만 특정 문자가 입력된 셀을 찾아 선택하는 방법은 없습니다. 그럼 어떻게 해야 할까요? 기발한 방법이 있습니다. 바로 '소계'와 '2019년 최상고등학교 ~'를 의도적으로 빈 셀로 변경한 후에 제거하는 것이죠!

	A	B	C	D	E F	G H I	J	K	L M N O	P	Q	R	S T
1	2019년 최상고등학교 1학년 1반												
2	납부자정보		이름	납입금	3월	4월	5월	6월	7월	8월	9월	10월	11월	12월
3	1학년 1반	1번	강하나	수업료	0	0	0	0	0	216,600	0	0	216,600	0
4	1학년 1반	1번	강하나	학교운영지원비	0	0	52,200	0	0	52,200	0	0	52,200	0
5	1학년 1반	1번	강하나	중식비	77,000	45,500	66,500	63,000	77,000	0	73,500	42,000	70,000	0
6	1학년 1반	1번	강하나	수련활동비	0	20,870	0	0	0	0	0	0	0	0
7	1학년 1반	1번	강하나	교복대금	0	81,000	0	0	0	0	0	0	0	0
8	소계				77,000	147,370	118,700	63,000	77,000	268,800	73,500	42,000	338,800	0
9	1학년 1반	2번	김선희	입학금	0	0	13,000	0	0	0	0	0	0	0
10	1학년 1반	2번	김선희	수업료	0	0	216,600	0	0	216,600	0	0	216,600	0
11	1학년 1반	2번	김선희	학교운영지원비	0	0	52,200	0	0	52,200	0	0	0	0
12	1학년 1반	2번	김선희	교과서대금	87,320	0	0	0	0	0	0	0	0	0
13	1학년 1반	2번	김선희	중식비	77,000	45,500	66,500	63,000	77,000	0	73,500	42,000	0	0
14	1학년 1반	2번	김선희	석식비	63,000	38,500	56,000	56,000	73,500	0	0	38,500	0	0
15	1학년 1반	2번	김선희	수준별보충학습비	0	0	0	0	0	46,000	0	0	0	0
16	1학년 1반	2번	김선희	수련활동비	0	57,350	0	0	0	0	0	0	0	0
17	1학년 1반	2번	김선희	교복대금	0	81,000	0	0	0	0	0	0	0	0
18	소계				227,320	222,350	404,300	119,000	150,500	314,800	73,500	80,500	216,600	0
19	1학년 1반	3번	김준우	수업료	0	0	0	0	0	216,600	0	0	216,600	0
20	1학년 1반	3번	김준우	학교운영지원비	0	0	52,200	0	0	52,200	0	0	52,200	0

1 [홈] 탭 → [편집] 그룹 → [찾기 및 선택] → [바꾸기]를 선택합니다.

☑ 1단계에서 빈 행이 삭제되더라도 선택 영역은 남게 됩니다. 바꾸기 작업을 하기 전에 아무 셀이나 선택해 선택 영역을 해제해야 합니다.

2 [찾을 내용] 입력 창에 **소계**를 입력한 후 [바꿀 내용] 입력 창은 비워 두고 [모두 바꾸기] 버튼을 클릭합니다. '소계' 텍스트가 있던 셀이 모두 빈 셀로 바뀝니다.

3 **2**와 같은 방법으로 [홈] → [찾기 및 선택]을 실행합니다. [찾을 내용] 입력 창에 **2019년*최상***을 입력한 후 [바꿀 내용] 입력 창은 비워 둔 상태에서 [모두 바꾸기] 버튼을 클릭합니다.

4 이제 빈 셀을 삭제하면 됩니다. [A] 열 머리글을 선택한 후 [홈] 탭 → [편집] 그룹 → [찾기 및 선택] → [이동 옵션]을 선택하고 '빈 셀' 옵션을 선택한 다음 [확인] 버튼을 클릭합니다. 마우스 오른쪽 버튼을 눌러 [삭제]를 선택합니다.

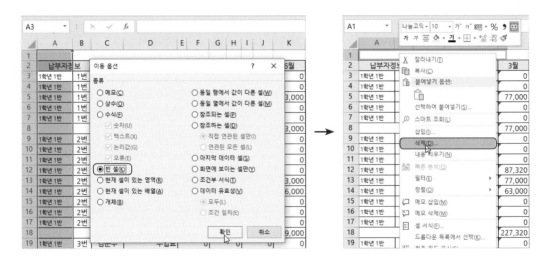

5 [삭제] 대화 상자에서 [행 전체]를 선택한 후 [확인] 버튼을 클릭합니다. '소계'와 '최신고등학교~'가 적힌 행이 없어졌습니다.

하면 된다! } 3단계 - 제목 행은 한 줄만 남기고 나머지 삭제하기

초록색 제목 행이 반복해 들어가 있네요. 한 줄만 남기고 모두 제거하겠습니다. 원리는 앞과 같습니다. 제거할 셀을 '빈 셀'로 만들고 삭제하면 됩니다.

1 셀 범위 [A19:Z19]를 선택한 후 단축키 Ctrl + Shift + ↓ 를 누릅니다. 선택한 셀 범위 아래의 모든 범위가 빠르게 선택됩니다.

2 [홈] 탭 → [편집] 그룹 → [찾기 및 선택] → [바꾸기]를 선택합니다. [찾을 내용] 입력 창에 '납부자정보'를 입력한 후 [바꿀 내용] 입력 창은 빈 셀로 둔 상태에서 [모두 바꾸기] 버튼을 클릭합니다.

13	1학년 1반	2번	김선희	수준별보충학습비	0	0	0	0	0	46,000	0	0	0	0	0
14	1학년 1반	2번	김선희	수련활동비	0	57,350	0	0	0	0	0	0	0	0	0
15	1학년 1반	2번	김선희	교복대금	0	81,000	0	0	0	0	0	0	0	0	0
16	1학년 1반	3번	김준우	수업						0	216,600	0	0		
17	1학년 1반	3번	김준우	학교운영지원						0	52,200	0	0		
18	1학년 1반	3번	김준우	중식					0	42,000	70,000	0	0		
19			이름	납입금							10월	11월	12월	1월	2
20	1학년 1반	3번	김준우	석식						0	0	0	0		
21	1학년 1반	3번	김준우	수준별충학습						0	0	0	0		
22	1학년 1반	3번	김준우	수준별보충학습						0	0	0	0		
23	1학년 1반	3번	김준우	수련활동						0	0	0	0		
24	1학년 1반	3번	김준우	교복대						0	0	0	0		
25	1학년 1반	4번	김병현	수업						0	216,600	0	0		
26	1학년 1반	4번	김병현	학교운영지원비	0	0	52,200	0	0	52,200	0	52,200	0	0	
27	1학년 1반	4번	김병현	중식비	77,000	45,500	66,500	63,000	77,000	0	73,500	42,000	70,000	0	0

찾기 및 바꾸기 　　　　　? ✕

찾기(D)　바꾸기(P)

찾을 내용(N): 납부자정보 ▾

바꿀 내용(E): ▾ 　Microsoft Excel ✕

　　　　　　ⓘ 　9개 항목이 바뀌었습니다.

모두 바꾸기(A)　바꾸기(R)　　　　　　확인　　　　닫기

3 [A] 열 머리글을 선택한 후 [홈] 탭 → [편집] 그룹 → [찾기 및 선택] → [이동 옵션]을 선택하고 '빈 셀' 옵션을 선택한 다음 [확인] 버튼을 클릭합니다. 마우스 오른쪽 버튼을 눌러 [삭제]를 선택합니다.

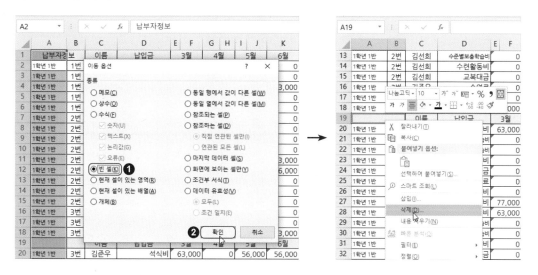

4 [삭제] 대화 상자가 나타나면 '행 전체'를 선택한 후 [확인] 버튼을 클릭합니다. 학생수납부 데이터의 중간중간에 포함된 빈 행과 셀이 제거됐습니다.

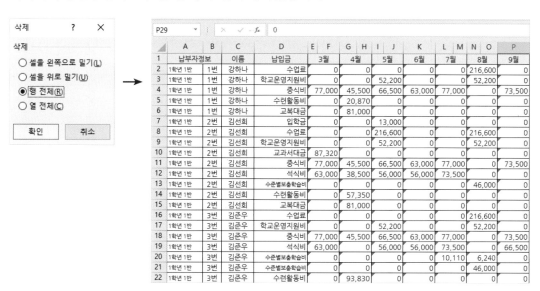

하면 된다! ⟩ 4단계 - 쓸데없이 병합된 열, 하나만 남기기

월별 금액이 입력된 필드를 보면 여러 개의 열이 병합돼 있습니다. 필요 없는 열을 제거한 후 1개의 열에 1개의 데이터가 입력되도록 열을 정리해 보겠습니다.

병합된 2개의 열에 데이터가 입력돼 있네요. 열 1개를 제거하겠습니다.

1 병합된 셀의 앞쪽 [E] 열에 데이터가 입력돼 있기 때문에 [F] 열을 삭제해야 합니다. [F] 열을 선택한 후 마우스 오른쪽 버튼을 눌러 [삭제]를 선택합니다.

☑ 단축키 Ctrl + - 를 눌러도 열이 삭제됩니다.

2 나머지 중첩된 열도 **1**과 같은 방법으로 삭제한 후 [E:P] 열의 머리글을 선택하고 열 너비를 넓혀 일정하게 맞춥니다.

☑ 열 사이를 더블클릭해 너비를 맞출 수도 있습니다.

하면 된다! ⎬ 5단계 - 문자 데이터로 저장된 숫자를 숫자 데이터로 변환하기

숫자 데이터 셀에 오류 표시가 있네요! 일반적으로 숫자가 문자 형식으로 저장돼 있을 때 이런 오류 표시가 나타납니다. 문자 형식의 숫자는 계산되지 않으므로 숫자 데이터로 바꿔 보겠습니다.

	A	B	C	D	E	F	G	H	I	J
1	납부자정보		이름	납입금	3월	4월	5월	6월	7월	8월
2	1학년 1반	1번	강하나	수업료	0	0	0	0	0	216,600
3	1학년 1반	1번	강하나	학교운영지원비		0	52,200	0	0	52,200
4	1학년 1반	1번	강하나	중식비	77,000	45,500	66,500	63,000	77,000	0
5	1학년 1반	1번	강하나	수련활동비	0	20,870	0	0	0	0
6	1학년 1반	1번	강하나	교복대금	0	81,000	0	0	0	0
7	1학년 1반	2번	김선희	입학금	0	0	13,000	0	0	0
8	1학년 1반	2번	김선희	수업료	0	0	216,600	0	0	216,600
9	1학년 1반	2번	김선희	학교운영지원비	0	0	52,200	0	0	52,200
10	1학년 1반	2번	김선희	교과서대금	87,320	0	0	0	0	0

오류 표시

함께 보면 좋은
동영상 강의

오류 표시가 있는 데이터를 모두 선택한 후 노란 느낌표를 눌러 [숫자로 변환]을 선택합니다. 문자 형식으로 저장된 숫자가 모두 숫자로 변환됩니다. 이런 방식으로 계산뿐 아니라 업무에 필요한 데이터 형태로 가공할 수 있습니다.

	A	B	C	D	E	F	G	H	I	J
1	납부자정보		이름	납입금	3월	4월	5월	6월	7월	8월
2	1학년 1반	1번	강하나	수	0	0	0	0	0	216,600
3	1학년 1반	1번	강하나	학교운영			52,200	0	0	52,200
4	1학년 1반	1번	강하나	중			66,500	63,000	77,000	0
5	1학년 1반	1번	강하나	수련활			0	0	0	0
6	1학년 1반	1번	강하나	교복			0	0	0	0
7	1학년 1반	2번	김선희	입			13,000	0	0	0
8	1학년 1반	2번	김선희	수			216,600	0	0	216,600
9	1학년 1반	2번	김선희	학교운영지			52,200	0	0	52,200
10	1학년 1반	2번	김선희	교과서대금	87,320	0	0	0	0	0
11	1학년 1반	2번	김선희	중식비	77,000	45,500	66,500	63,000	77,000	0

(팝업 메뉴)
텍스트 형식으로 저장된 숫자
숫자로 변환(C)
이 오류에 대한 도움말(H)
오류 무시(I)
수식 입력줄에서 편집(F)
오류 검사 옵션(O)...

질문 있어요!

오류 표시가 연속된 범위가 아니라 비연속적으로 나타나면 일일이 선택해 숫자로 변환해야 하나요?

오류가 있는 셀을 시작으로 오류가 없는 셀 범위도 포함해 범위를 선택한 후 첫 번째 셀에 나타나는 [오류 옵션 검사]를 선택해 [숫자로 변환]을 선택하면 됩니다. 한 번으로 처리되지 않을 수도 있지만, 일일이 하나씩 선택할 필요는 없습니다.

누군가의 부탁

"박 계장님! 데이터가 이런 식으로 모아졌네? 엑셀 규칙에 맞게 수정해 주세요~"

① 중간중간의 빈 줄을 제거하세요.

② 데이터베이스의 열 제목(필드명)은 첫 번째 행에만 두고 나머지는 제거하세요.

③ 데이터를 정리한 후 품의 금액 합계를 구해 보세요. 만약 합계가 0이면 품의금액을 숫자로 변환한 후 다시 합계를 구해 보세요.

A	B	C	D	E	F	G	H	I	J	K
1	통계목	유형	사용처	적요	품의금액	품의구분	발의일자	작성자	계약여부	
2	405-01 자산및물품취득비	일반	수영장	국민체육센터 수영장 강사대기실 공기제습기 구입	431790	일반지출	2018-01-16	최윤성	N	
3										
4	201-01 사무관리비	일반	일반	국민체육센터 소방안전협회비 납부	48000	일반지출	2018-01-15	김성헌	N	
5	201-01 사무관리비	일반	일반	국민체육센터 샤워기헤드 외 1종 구입	374900	일반지출	2018-01-15	김성헌	N	
6										
7	201-02 공공운영비	일반	기계실	국민체육센터 가스사고배상책임보험료 지급 의뢰	7000	일반지출	2018-01-29	이세민	N	
8	201-02 공공운영비	일반	수영장	국민체육센터 수영장 내 출입문 정비	990000	일반지출	2018-01-27	이세민	N	
9	201-02 공공운영비	수리/수선	수영장	국민체육센터 수영장 조명등 교체	2035000	일반지출	2018-01-22	이세민	Y	
10	201-01 사무관리비	물품구입	일반	국민체육센터 절수형 자동잠김 샤워기 구입	6020000	일반지출	2018-01-06	이세민	Y	
11	통계목	유형	사용처	적요	품의금액	품의구분	발의일자	작성자	계약여부	
12	401-01 시설비	일반	일반	국민체육센터 체육관 샤워실 강화유리 특수키 설치	132000	일반지출	2019-01-31	최윤성	N	
13	201-02 공공운영비	일반	기계실	국민체육센터 가스사고배상책임보험료 지급 의뢰	10000	일반지출	2019-01-19	최윤성	N	
14	405-01 자산및물품취득비	물품구입	일반	국민체육센터 감시용 CCTV 구입	4994000	일반지출	2019-01-16	최윤성	Y	
15	401-01 시설비	일반	수영장	국민체육센터 수영장 타일 보수	786280	일반지출	2019-01-10	최윤성	N	
16	201-02 공공운영비	수리/수선	수영장	국민체육센터 수영장 내 조명등 교체	3069000	일반지출	2019-01-04	최윤성	Y	
17										
18	206-01 재료비	일반	일반	국민체육센터 조명등 구입	90000	일반지출	2019-01-20	이세민	N	
19	통계목	유형	사용처	적요	품의금액	품의구분	발의일자	작성자	계약여부	
20	401-01 시설비	수리/수선	수영장	국민체육센터 수영장 소방설비 방슬커버 설치작업	1382040	일반지출	2020-01-19	김성헌	Y	
21	201-01 사무관리비	일반	일반	2017년 국민체육센터 소방안전협회비 납부의뢰	48000	일반지출	2020-01-17	김성헌	N	
22	201-01 사무관리비	일반	수영장	국민체육센터 수영장 적외선 온도계 구입	151300	일반지출	2020-01-13	김성헌	N	
23	201-02 공공운영비	수리/수선	수영장	국민체육센터 수영장 공조기 밴텔구동기 및 전동모터 교체	3186700	일반지출	2020-01-12	김성헌	Y	
24										
25	206-01 재료비	일반	기계실	국민체육센터 보일러 관리 약품 구입	792000	일반지출	2020-02-16	최윤성	N	
26	206-01 재료비	일반	기계실	국민체육센터 보일러 연수기 관리용 소금 구입	900000	일반지출	2020-02-16	최윤성	N	
27	206-01 재료비	일반	기계실	국민체육센터 기계실 가스토치 외 15종 구입	859320	일반지출	2020-02-11	최윤성	N	
28	201-02 공공운영비	일반	기계실	국민체육센터 가스사고배상책임보험료 지급 의뢰	20000	일반지출	2020-02-04	최윤성	N	
29				합계						

관리부

↓

A	B	C	D	E	F	G	H	I	J	K
1	통계목	유형	사용처	적요	품의금액	품의구분	발의일자	작성자	계약여부	
2	405-01 자산및물품취득비	일반	수영장	국민체육센터 수영장 강사대기실 공기제습기 구입	431790	일반지출	2018-01-16	최윤성	N	
3	201-01 사무관리비	일반	일반	국민체육센터 소방안전협회비 납부	48000	일반지출	2018-01-15	김성헌	N	
4	201-01 사무관리비	일반	일반	국민체육센터 샤워기헤드 외 1종 구입	374900	일반지출	2018-01-15	김성헌	N	
5	201-02 공공운영비	일반	기계실	국민체육센터 가스사고배상책임보험료 지급 의뢰	7000	일반지출	2018-01-29	이세민	N	
6	201-02 공공운영비	일반	수영장	국민체육센터 수영장 내 출입문 정비	990000	일반지출	2018-01-27	이세민	N	
7	201-02 공공운영비	수리/수선	수영장	국민체육센터 수영장 조명등 교체	2035000	일반지출	2018-01-22	이세민	Y	
8	201-01 사무관리비	물품구입	일반	국민체육센터 절수형 자동잠김 샤워기 구입	6020000	일반지출	2018-01-06	이세민	Y	
9	401-01 시설비	일반	일반	국민체육센터 체육관 샤워실 강화유리 특수키 설치	132000	일반지출	2019-01-31	최윤성	N	
10	201-02 공공운영비	일반	기계실	국민체육센터 가스사고배상책임보험료 지급 의뢰	10000	일반지출	2019-01-19	최윤성	N	
11	405-01 자산및물품취득비	물품구입	일반	국민체육센터 감시용 CCTV 구입	4994000	일반지출	2019-01-16	최윤성	Y	
12	401-01 시설비	일반	수영장	국민체육센터 수영장 타일 보수	786280	일반지출	2019-01-10	최윤성	N	
13	201-02 공공운영비	수리/수선	수영장	국민체육센터 수영장 내 조명등 교체	3069000	일반지출	2019-01-04	최윤성	Y	
14	206-01 재료비	일반	일반	국민체육센터 조명등 구입	90000	일반지출	2019-01-20	이세민	N	
15	401-01 시설비	수리/수선	수영장	국민체육센터 수영장 소방설비 방슬커버 설치작업	1382040	일반지출	2020-01-19	김성헌	Y	
16	201-01 사무관리비	일반	일반	2017년 국민체육센터 소방안전협회비 납부의뢰	48000	일반지출	2020-01-17	김성헌	N	
17	201-01 사무관리비	일반	수영장	국민체육센터 수영장 적외선 온도계 구입	151300	일반지출	2020-01-13	김성헌	N	
18	201-02 공공운영비	수리/수선	수영장	국민체육센터 수영장 공조기 밴텔구동기 및 전동모터 교체	3186700	일반지출	2020-01-12	김성헌	Y	
19	206-01 재료비	일반	기계실	국민체육센터 보일러 관리 약품 구입	792000	일반지출	2020-02-16	최윤성	N	
20	206-01 재료비	일반	기계실	국민체육센터 보일러 연수기 관리용 소금 구입	900000	일반지출	2020-02-16	최윤성	N	
21	206-01 재료비	일반	기계실	국민체육센터 기계실 가스토치 외 15종 구입	859320	일반지출	2020-02-11	최윤성	N	
22	201-02 공공운영비	일반	기계실	국민체육센터 가스사고배상책임보험료 지급 의뢰	20000	일반지출	2020-02-04	최윤성	N	
23				합계	26327330					

정답 및 해설 [3-2-미션_정답]

03-3 많은 양의 데이터를 똑똑하게 인쇄하기

· 실습 파일 3-3-인쇄와페이지설정   · 완성 파일 3-3-인쇄와페이지설정_완성

엑셀에서 작성한 계산표 또는 많은 양의 데이터를 인쇄하기 전에는 꼭 인쇄 미리 보기를 해야 합니다. 용지에 맞게 데이터가 가운데 표시돼 인쇄되는지, 잘려 나오는 부분은 없는지 확인하는 작업이 꼭 필요하죠. 무작정 인쇄해 버리면 용지를 낭비할 수 있습니다.

함께 보면 좋은
동영상 강의

인쇄 미리 보기와 인쇄 설정

인쇄할 데이터 파일을 연 후 [파일] 탭 → [인쇄]를 선택하거나 단축키 Ctrl+P를 누르면 인쇄 화면이 나타납니다. 오른쪽에서 인쇄 상태를 미리 보기할 수 있고 왼쪽에서 인쇄 관련 설정을 바꿀 수 있습니다. 설정 방법을 하나하나 살펴볼까요?

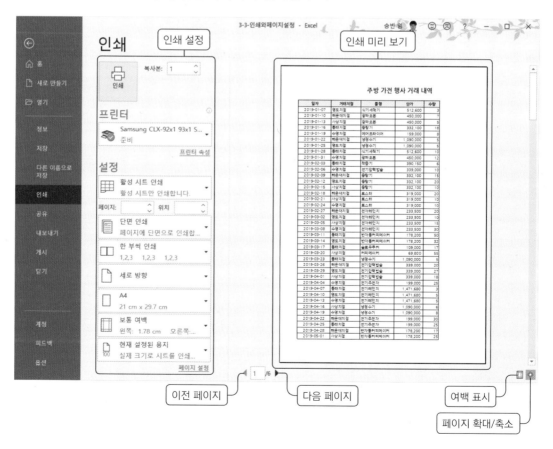

하면 된다! } 원하는 시트 인쇄하기

[인쇄미리보기] 시트

현재 선택된 시트의 문서가 인쇄되는 [활성 시트 인쇄]가 기본값으로 설정돼 있습니다. [전체 통합 문서 인쇄]로 변경해 인쇄하면 통합 문서의 모든 시트가 인쇄되고, [선택 영역 인쇄]로 변경하면 현재 선택된 시트의 문서 내용 중 범위로 지정된 내용만 인쇄됩니다.

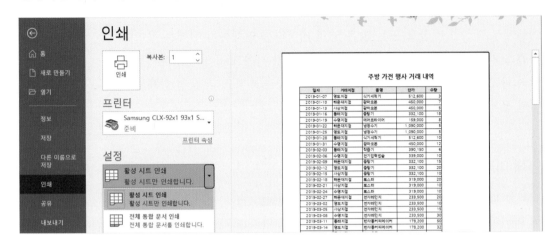

하면 된다! } 데이터의 일부가 잘리지 않게 여백 조정하기

1 인쇄를 실행하기 전에 먼저 표의 열 너비를 적당히 줄입니다. 단, 열 너비를 너무 여유 없이 줄여 데이터가 셀에 꽉 차면 데이터를 읽기가 불편해집니다. 열 너비를 줄였는데도 일부가 잘려 인쇄된다면 여백을 조정해야 합니다. [여백 설정]을 선택한 후 [좁게]를 선택합니다.

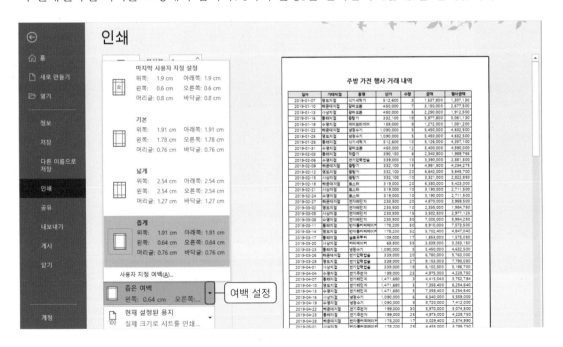

표가 한 폭에 인쇄되긴 했지만 왼쪽으로 치우쳐 보입니다. 페이지의 가운데에 배치되도록 설정하겠습니다.

2 [여백 설정]을 선택한 후 [사용자 지정 여백]을 선택합니다.

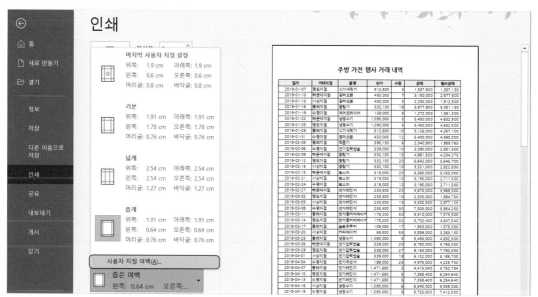

☑ [사용자 지정 여백]을 선택하면 [페이지 설정] 대화 상자에서 직접 위쪽, 아래쪽, 왼쪽, 오른쪽, 머리글, 바닥글 여백을 입력할 수 있습니다.

3 [페이지 설정] 대화 상자가 나타나면 [여백] 탭 → [페이지 가운데 맞춤] → '가로'에 체크 표시를 하고 [확인] 버튼을 클릭합니다.

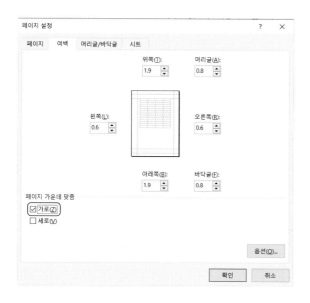

페이지 가운데에 보기 좋게 배치됐습니다.

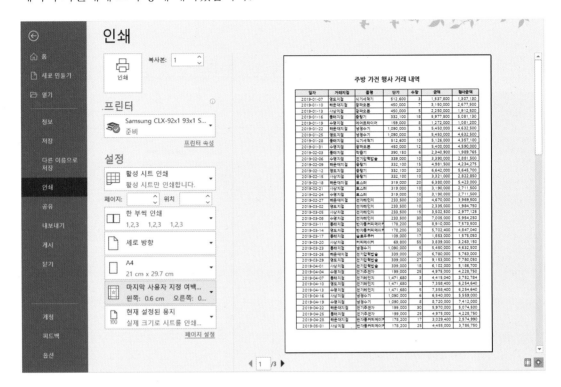

열 너비와 여백을 줄였는데도 데이터 일부가 잘려 인쇄됩니다

인쇄를 할 때 열 너비와 여백을 줄였는데도 데이터 일부가 잘려 인쇄되는 경우에는 [한 페이지에 모든 열 맞추기]로 설정하면 됩니다.

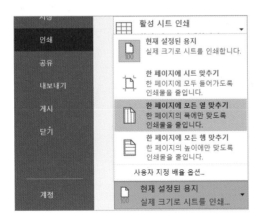

또 다른 설정으로 [한 페이지에 모든 행 맞추기] 또는 [한 페이지에 시트 맞추기] 설정이 있습니다. 이 설정은 한 장의 용지에 모든 행 또는 표의 모든 내용이 인쇄되도록 하는 것입니다.

하지만 무작정 한 페이지에 모든 열 또는 행을 맞춰 인쇄하는 방법은 좋지 않습니다. 예시의 인쇄 미리 보기는 [한 페이지에 시트 맞추기]를 적용한 경우입니다.

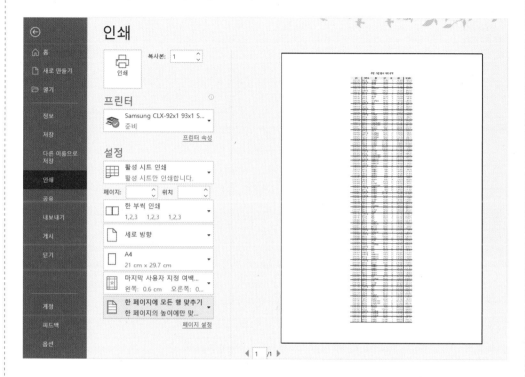

표의 모든 데이터를 한 페이지에 맞춰 넣었더니 상대적으로 표가 축소돼 인쇄됩니다. 그러면 글자 크기가 너무나 작아져 내용을 알아볼 수 없습니다.

하면 된다! ⟩ 용지 방향 가로로 바꾸기
[용지방향바꾸기] 시트

작성한 데이터의 열 개수가 많아 용지의 세로 방향으로 인쇄하기가 적합하지 않다면 무리하게 한 페이지에 열을 맞출 필요가 없습니다. 이때는 용지의 방향을 가로로 바꿔 인쇄하는 것이 좋습니다.

1 [용지 방향 선택▾]을 클릭한 후 [가로 방향]을 선택합니다.

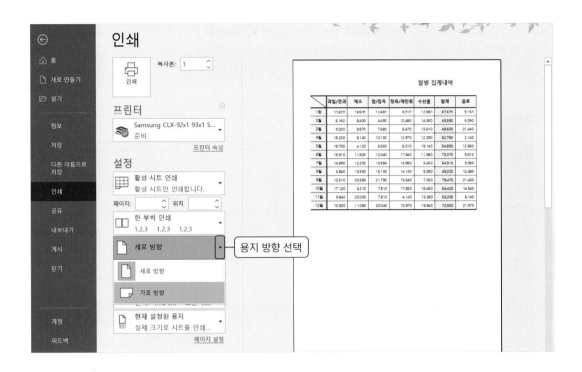

2 인쇄할 데이터를 용지 가운데로 배치해 인쇄하려면 [여백 설정]을 선택한 후 [사용자 지정 여백]을 선택합니다. [페이지 가운데 맞춤] → '가로'에 체크 표시를 하고 [확인] 버튼을 클릭합니다. 데이터가 용지 가운데에 배치돼 보기 좋게 인쇄됩니다.

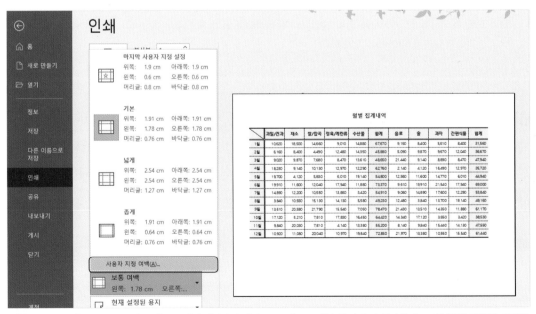

☑ [페이지 설정] 대화 상자 → [여백] 탭 → [가로]와 [세로]에 모두 체크 표시를 하면 용지 한가운데로 데이터를 배치해 인쇄합니다.

하면 된다! ⟩ 페이지 나누기 미리 보기

[페이지나누기미리보기] 시트

페이지 나누기 미리 보기를 사용하면 사용자가 임의대로 페이지를 나눠 인쇄할 수 있습니다.

1 [보기] 탭 → [통합 문서 보기] 그룹 → [페이지 나누기 미리 보기]를 선택하거나 화면 오른쪽 아래에 [페이지 나누기 미리 보기]를 선택하세요.

함께 보면 좋은 동영상 강의

페이지 나누기 미리 보기

2 파란색 실선은 '인쇄 영역'입니다. 인쇄 영역에 포함된 데이터가 인쇄됩니다. 인쇄 영역을 마우스로 드래그해 직접 눈으로 확인하면서 인쇄 범위를 변경할 수 있습니다.

파란색 점선은 '페이지 구분선'입니다. 영역 속에 페이지 번호가 표시되고 사용자가 임의대로 직접 페이지를 나눌 수 있습니다.

	A	B	C	D	E	F	G	H	I	J
1			주방 가전 행사 거래 내역							
2								인쇄 영역		
3	일자	거래지점	품명	단가	수량	금액	행사금액			
13	2019-02-03	동래지점	착즙기	390,150	6	2,340,900	1,989,765			
14	2019-02-06	수영지점	전기압력밥솥	339,000	10	3,390,000	2,881,500			
15	2019-02-09	해운대지점	중탕기	332,100	15	4,981,500	4,234,275			
16	2019-02-12	영도지점	중탕기	332,100	20	6,642,000	5,645,700			
17	2019-02-15	사상지점	중탕기	332,100	10	3,321,000	2,822,850			
18	2019-02-18	해운대지점	토스터	319,000	20	6,380,000	5,423,000			
19	2019-02-21	사상지점	토스터	319,000	10	3,190,000	2,711,500			
20	2019-02-24	수영지점	토스터	319,000	10	3,190,000	2,711,500			
21	2019-02-27	해운대지점	전기레인지	233,500	20	4,670,000	3,969,500			
22	2019-03-02	영도		233,500	10	2,335,000	1,984,750			
23	2019-03-05	사상		233,500	15	3,502,500	2,977,125			
24	2019-03-08	수영		233,500	30	7,005,000	5,954,250			
25	2019-03-11	동래		178,200	50					
26	2019-03-14	영도지점	반자동커피메이커	178,200	32					
27	2019-03-17	동래지점	슬로우쿠커	109,000	17	1,853,000	1,575,050			
28	2019-03-20	사상지점	커피메이커	69,800	55	3,839,000	3,263,150			
29	2019-03-23	동래지점	냉정수기	1,090,000	5	5,450,000	4,632,500			
30	2019-03-26	해운대지점	전기압력밥솥	339,000	20	6,780,000	5,763,000			
31	2019-03-29	영도지점	전기압력밥솥	339,000	27	9,153,000	7,780,050			
32	2019-04-01	사상지점	전기압력밥솥	339,000	18	6,102,000	5,186,700			
33	2019-04-04	수영지점	전기주전자	199,000	25	4,975,000	4,228,750			
34	2019-04-07	동래지점	전기레인지	1,471,680	3	4,415,040	3,752,784			
35	2019-04-10	영도지점	전기레인지	1,471,680	5	7,358,400	6,254,640			
36	2019-04-13	수영지점	전기레인지	1,471,680	5	7,358,400	6,254,640			
37	2019-04-16	사상		1,090,000	6	6,540,000	5,559,000			
38	2019-04-19			1,090,000	8	8,720,000	7,412,000			
39	2019-04-22	해		199,000	30	5,970,000	5,074,500			
40	2019-04-25	동래지점	전기주전자	199,000	25	4,975,000	4,228,750			
41	2019-04-28	해운대지점	반자동커피메이커	178,200	17	3,029,400	2,574,990			
42	2019-05-01	사상지점	반자동커피메이커	178,200	25	4,455,000	3,786,750			
43	2019-05-04	해운대지점	에어프라이어	159,000	20	3,180,000	2,703,000			
44	2019-05-07	영도지점	에어프라이어	159,000	20	3,180,000	2,703,000			
45	2019-05-10	사상지점	에어프라이어	159,000	20	3,180,000	2,703,000			

1 페이지

페이지마다 번호를 확인할 수 있습니다.

페이지 구분선

페이지 구분선

❸ 페이지 구분선을 아래 또는 위로 드래그합니다. 페이지 구분선을 조정하는 것만으로 데이터를 첫 번째 페이지로 또는 두 번째 페이지로 임의대로 변경해 인쇄할 수 있습니다.

	A	B	C	D	E	F	G
1			주방 가전 행사 거래 내역				
2							
3	일자	거래지점	품명	단가	수량	금액	행사금액
19	2019-02-21	사상지점	토스터	319,000	10	3,190,000	2,711,500
20	2019-02-24	수영지점	토스터	319,000	10	3,190,000	2,711,500
21	2019-02-27	해운대지점	전자레인지	233,500	20	4,670,000	3,969,500
22	2019-03-02	영도지점	전자레인지	233,500	10	2,335,000	1,984,750
23	2019-03-05	사상지점	전자레인지	233,500	15	3,502,500	2,977,125
24	2019-03-08	수영지점	전자레인지	233,500	30	7,005,000	5,954,250
25	2019-03-11	동래지점	반자동커피메이커	178,200	50	8,910,000	7,573,500
26	2019-03-14	영도지점	반자동커피메이커	178,200	32	5,702,400	4,847,040
27	2019-03-17	동래지점	슬로우쿠커	109,000	17	1,853,000	1,575,050
28	2019-03-20	사상지점	커피메이커	69,800	55	3,839,000	3,263,150
29	2019-03-23	동래지점	냉정수기	1,090,000	5	5,450,000	4,632,500
30	2019-03-26	해운대지점	전기압력밥솥	339,000	20	6,780,000	5,763,000
31	2019-03-29	영도지점	전기압력밥솥	339,000	27	9,153,000	7,780,050
32	2019-04-01	사상지점	전기압력밥솥	339,000	18	6,102,000	5,186,700
33	2019-04-04	수영지점	전기주전자	199,000	25	4,975,000	4,228,750
34	2019-04-07	동래지점	전기레인지	1,471,680	3	4,415,040	3,752,784
35	2019-04-10	영도지점	전기레인지	1,471,680	5	7,358,400	6,254,640
36	2019-04-13	수영지점	전기레인지	1,471,680	5	7,358,400	6,254,640
37	2019-04-16	사상지점	냉정수기	1,090,000	6	6,540,000	5,559,000
38	2019-04-19	수영지점	냉정수기	1,090,000	8	8,720,000	7,412,000
39	2019-04-22	해운대지점	전기주전자	199,000	30	5,970,000	5,074,500
40	2019-04-25	동래지점	전기주전자	199,000	25	4,975,000	4,228,750
41	2019-04-28	해운대지점	반자동커피메이커	178,200	17	3,029,400	2,574,990
42	2019-05-01			178,200	25	4,455,000	3,786,750
43	2019-05-04				20	3,180,000	2,703,000
44	2019-05-07				20	3,180,000	2,703,000
45	2019-05-10				20	3,180,000	2,703,000
46	2019-05-13	해운대지점	슬로우쿠커	109,000	46	5,014,000	4,261,900

> 페이지 구분선에 마우스 커서를 올려놓고 아래로 드래그합니다.

☑ 인쇄 영역은 제한이 없으며 최대 행 높이와 열 너비만큼 설정할 수 있습니다.

❹ 이번에는 용지보다 문서 내용이 더 많아 [금액]과 [행사금액] 열이 정상적으로 인쇄되지 않네요. 페이지 구분선을 오른쪽으로 드래그해 조정합니다.

	A	B	C	D	E	F	G	H	I	J
1			주방 가전 행사 거래 내역							
2										
3	일자	거래지점	품명	단가	수량	금액	행사금액			
4	2019-01-07	영도지점	식기세척기	512,600	3	1,537,800	1,307,130			
5	2019-01-10	해운대지점	광파오븐	450,000	7	3,150,000	2,677,500			
6	2019-01-13	사상지점	광파오븐	450,000	5	2,250,000	1,912,500			
7	2019-01-16	동래지점	중탕기	332,100	18	5,977,800	5,081,130			
8	2019-01-19	수영지점	에어프라이어	159,000	8	1,272,000	1,081,200			
9	2019-01-22	해운대지점			5	5,450,000	4,632,500			
10	2019-01-25	영도지점			5	5,450,000	4,632,500			
11	2019-01-28	동래지점			10	5,126,000	4,357,100			
12	2019-01-31	수영지점	광파오븐	450,000	12	5,400,000	4,590,000			
13	2019-02-03	동래지점	착즙기	390,150	6	2,340,900	1,989,765			
14	2019-02-06	수영지점	전기압력밥솥	339,000	10	3,390,000	2,881,500			
15	2019-02-09	해운대지점	중탕기	332,100	15	4,981,500	4,234,275			
16	2019-02-12	영도지점	중탕기	332,100	20	6,642,000	5,645,700			
17	2019-02-15	사상지점	중탕기	332,100	10	3,321,000	2,822,850			
18	2019-02-18	해운대지점	토스터	319,000	20	6,380,000	5,423,000			
19	2019-02-21	사상지점	토스터	319,000	10	3,190,000	2,711,500			

> 페이지 구분선에 마우스 커서를 올려놓은 후 오른쪽으로 드래그합니다.

☑ 무작정 페이지 구분선을 조정해 한 페이지에 모두 인쇄하는 것은 좋은 방법이 아닙니다. 두 페이지가량의 내용을 억지로 한 페이지로 페이지 구분선을 조정해 세로 페이지로 인쇄하면 글자 크기가 상대적으로 작게 인쇄돼 버립니다. 이 경우에는 용지 방향을 가로로 변경해 인쇄해야 합니다.

페이지 레이아웃 설정하기

[페이지 레이아웃]은 용지에 인쇄된 모양을 보여 줍니다. 그리고 이곳에서 머리글과 바닥글을 쉽게 추가할 수 있습니다. 데이터 양이 많을 때 제목 행을 고정했듯이, 인쇄할 때에도 제목 행이 페이지마다 보이게 하면 더 친절한 보고서가 되겠죠?

하면 된다! } 페이지마다 제목 행을 반복해 나타내기

[페이지레이아웃설정] 시트

1 [보기] 탭 → [통합 문서 보기] 그룹 → [페이지 레이아웃]을 선택하거나 화면 오른쪽 아래에 있는 [페이지 레이아웃] 아이콘을 클릭합니다. 두 번째 페이지부터 제목 행이 나타나지 않네요. 인쇄되는 모든 페이지에 제목 행을 반복해 표시하겠습니다.

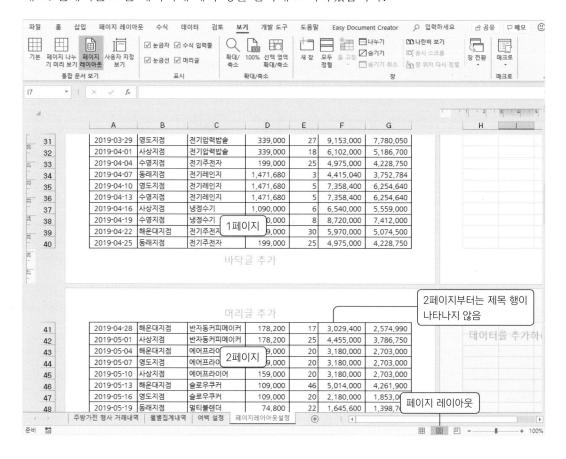

2 [페이지 레이아웃] 탭 → [페이지 설정] 그룹 → [인쇄 제목]을 선택합니다. [인쇄 제목]의 [반복할 행] 입력 창에 마우스 커서를 올려놓은 후 [A3] 셀을 클릭하고 [확인] 버튼을 클릭합니다.

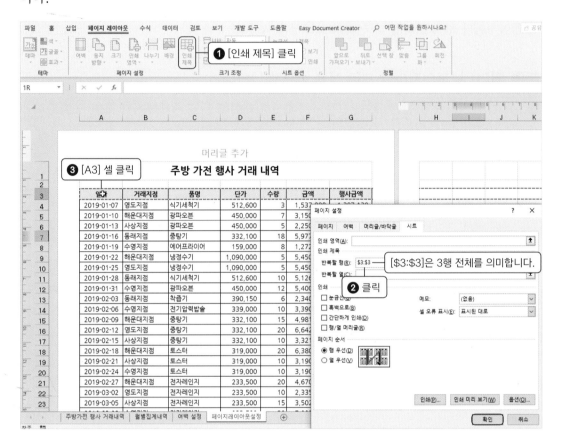

3 스크롤해 다른 페이지를 살펴보면 인쇄 제목이 모든 페이지에 반복적으로 나타납니다.

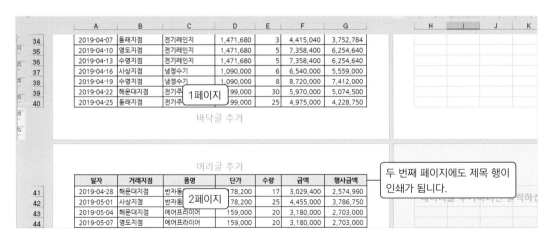

하면 된다! 》 머리글/바닥글 추가하기

[머리글바닥글] 시트

머리글 및 바닥글을 사용하면 문서 모든 페이지에 제목과 페이지 번호, 문서의 작성 날짜 등을 추가할 수 있습니다.

1 [머리글 추가] 오른쪽 영역을 클릭합니다. **2019년 부산지역**을 입력하면 모든 페이지에 머리글이 표시됩니다.

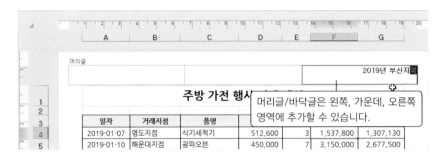

2 [바닥글 추가]의 가운데 영역을 클릭한 후 [머리글/바닥글 도구] → [디자인] → [머리글/바닥글 요소] 그룹 → [페이지 번호]를 선택합니다. **&[페이지 번호]**라고 표시되면서 페이지 번호가 매겨집니다.

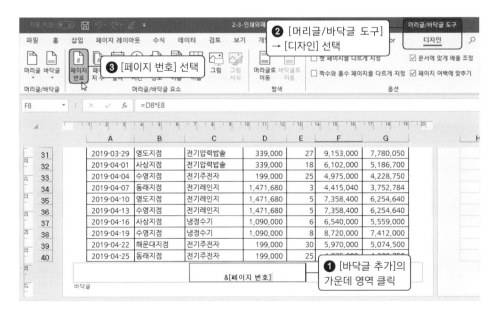

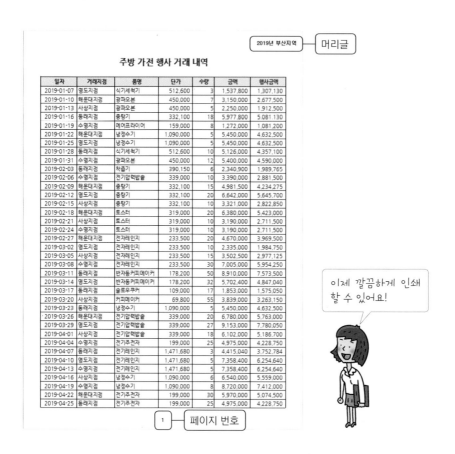

머리글/바닥글 요소 더 알아보기

머리글, 바닥글에 다른 요소도 추가할 수 있습니다. 여러분이 필요한 요소를 찾아 적용해 보세요! 작은 차이지만 훨씬 잘 정리된 문서라고 느낄 거예요.

❶ 페이지 번호

머리글 혹은 바닥글 영역에 마우스 커서가 있을 때 [페이지 번호]를 클릭하면 &[페이지 번호]가 입력됩니다. 셀을 선택하면 현재 페이지 번호가 표시됩니다.

| 2019-04-25 | 동래지점 | 전기주전자 | 199,000 | 25 | 4,975,000 | 4,228,750 |

&[페이지 번호]

바닥글

↓

| 2019-04-22 | 해운대지점 | 전기주전자 | 199,000 | 30 | 5,970,000 | 5,074,500 |
| 2019-04-25 | 동래지점 | 전기주전자 | 199,000 | 25 | 4,975,000 | 4,228,750 |

1

❷ 페이지 수

[바닥글 추가] 영역에 커서가 있을 때 [페이지 수]를 클릭하면 &[전체 페이지 수]가 표시되고 셀을 선택하면 전체 페이지가 삽입됩니다.

[페이지 번호]와 [페이지 수]를 사용해 아래 그림과 같이 **&[페이지 번호] / &[전체 페이지 수]**를 삽입하면 1/3 형태로 페이지 번호를 표시할 수 있습니다.

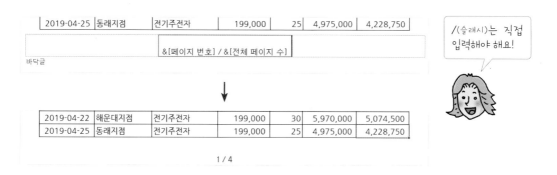

| 2019-04-25 | 동래지점 | 전기주전자 | 199,000 | 25 | 4,975,000 | 4,228,750 |

&[페이지 번호] / &[전체 페이지 수]

바닥글

/(슬래시)는 직접 입력해야 해요!

↓

| 2019-04-22 | 해운대지점 | 전기주전자 | 199,000 | 30 | 5,970,000 | 5,074,500 |
| 2019-04-25 | 동래지점 | 전기주전자 | 199,000 | 25 | 4,975,000 | 4,228,750 |

1 / 4

❸ 현재 날짜/현재 시간

[머리글 추가] 영역에 커서가 있을 때 [현재 날짜]를 클릭하면 &[날짜]가 표시되고 셀을 선택하면 오늘 날짜가 문서에 삽입됩니다. 이와 같은 방법으로 [현재 시간]을 클릭하면 **&[시간]**이라고 표시되고 셀을 선택하면 현재 시간이 삽입됩니다.

다음 그림과 같이 현재 날짜와 시간을 함께 쓰는 것이 좋겠지요?

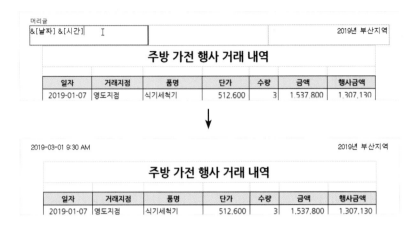

❹ 파일 경로/파일 이름

[파일 경로]를 클릭하면 **&[경로]&[파일]**이라고 표시되고 파일 경로와 파일명이 함께 삽입됩니다. [파일 이름]을 클릭하면 **&[파일]**이라고 표시되고 파일명이 삽입됩니다.

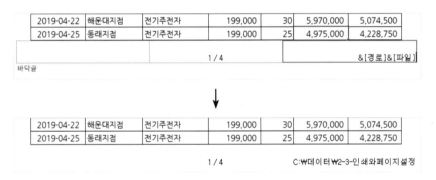

❺ 시트 이름

[시트 이름]을 클릭하면 **&[탭]**이라고 표시되고 현재 시트명이 삽입됩니다.

| 2019-04-22 | 해운대지점 | 전기주전자 | 199,000 | 30 | 5,970,000 | 5,074,500 |
| 2019-04-25 | 동래지점 | 전기주전자 | 199,000 | 25 | 4,975,000 | 4,228,750 |

&[탭]   I   1 / 4   C:₩데이터₩2-3-인쇄와페이지설정
바닥글

↓

| 2019-04-22 | 해운대지점 | 전기주전자 | 199,000 | 30 | 5,970,000 | 5,074,500 |
| 2019-04-25 | 동래지점 | 전기주전자 | 199,000 | 25 | 4,975,000 | 4,228,750 |

페이지레이아웃설정   1 / 4   C:₩데이터₩2-3-인쇄와페이지설정

❻ 그림

머리글 바닥글에 외부 이미지를 가져와 넣을 수 있습니다.

❼ 머리글로 이동/바닥글로 이동

머리글을 바닥글로, 바닥글을 머리글로 변경할 수 있습니다.

하면 된다! } 머리글에 그림 넣기

1 머리글 영역에 마우스 커서를 올려놓고 [머리글/바닥글 도구] → [디자인] 탭 → [머리글/바닥글 요소] 그룹 → [그림]을 선택합니다.

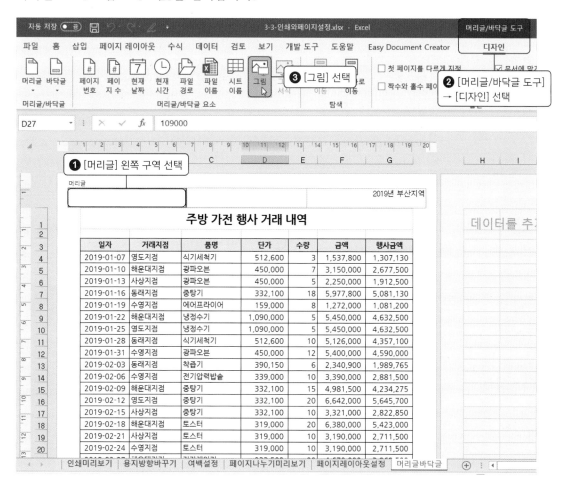

2 [그림 삽입] 대화 상자가 나타나면 [찾아보기]를 클릭합니다.

3 [3장-실습] 폴더의 '로고.png' 파일을 선택한 후 [열기] 버튼을 클릭합니다.

4 &[그림]이라고 표시됩니다. 아무 셀이나 선택하면 로고가 표시됩니다.

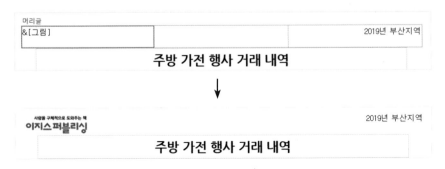

누군가의 부탁

"김신입 씨, 회의 때 필요한 [월별거래내역] 시트 좀 인쇄해 줄래요?"

① 한 페이지에 모든 열이 보이도록 하고 보기 좋게 설정해 주세요.
② 페이지마다 제목 행이 보이도록 설정해 주세요.

월별 거래 내역

	지점명	품명	금액	입금액	미수금액	팀명
1월	울래지점	과자	4,956,000	2,156,000	2,800,000	2팀
1월	울래지점	음료	5,574,000	2,970,000	2,604,000	2팀
1월	사상지점	정육/계란류	7,583,000		7,583,000	1팀
1월	사상지점	과일/건과	4,956,000	3,260,000	1,696,000	3팀
1월	수영지점	과자	4,956,000		4,956,000	1팀
1월	수영지점	음료	7,583,000		7,583,000	1팀
1월	영도지점	정육/계란류	7,583,000	1,573,700	6,009,300	2팀
1월	영도지점	음료	7,583,000		7,583,000	2팀
1월	해운대지점	과일/건과	4,956,000	2,156,000	2,800,000	1팀
1월	해운대지점	음료	5,574,000	2,945,500	2,628,500	1팀
2월	울래지점	과일/건과	4,956,000		4,956,000	2팀
2월	울래지점	수산물	5,745,500		5,745,500	2팀
2월	사상지점	수산물	5,745,500		5,745,500	3팀
2월	사상지점	과자	4,956,000		4,956,000	3팀
2월	수영지점	수산물	5,574,000		5,574,000	1팀
2월	수영지점	음료	5,745,500	2,945,500	2,800,000	1팀
2월	영도지점	과자	4,956,000		4,956,000	2팀
2월	영도지점	음료	5,745,500	3,260,000	2,485,500	2팀
2월	해운대지점	수산물	5,574,000		5,574,000	1팀
2월	해운대지점	정육/계란류	8,521,000	3,260,000	5,261,000	1팀
3월	울래지점	정육/계란류	8,521,000	2,651,500	5,869,500	2팀
3월	울래지점	과자	6,896,000	2,945,500	3,950,500	2팀
3월	사상지점	과자	6,896,000	2,529,000	4,367,000	3팀
3월	사상지점	음료	8,521,000	4,314,000	4,207,000	3팀
3월	수영지점	과일/건과	4,956,000	2,156,000	2,800,000	1팀
3월	수영지점	과자	5,260,000	4,096,000	1,164,000	1팀
3월	영도지점	쌀/잡곡	6,896,000	2,529,000	4,367,000	2팀
3월	영도지점	과자	5,260,000	2,651,500	2,608,500	2팀
3월	영도지점	쌀/잡곡	6,896,000	2,529,000	4,367,000	1팀
3월	해운대지점	음료	8,521,000		8,521,000	1팀
4월	울래지점	과일/건과	5,260,000		5,260,000	2팀
4월	울래지점	정육/계란류	7,114,000		7,114,000	2팀
4월	사상지점	음료	7,114,000	2,220,000	4,894,000	3팀
4월	사상지점	채소	5,450,000	4,096,000	1,354,000	3팀
4월	수영지점	음료	7,114,000	2,220,000	4,894,000	1팀
4월	수영지점	채소	5,450,000		5,450,000	1팀
4월	영도지점	과자	5,450,000	2,220,000	3,230,000	2팀
4월	영도지점	과자	5,450,000		5,450,000	2팀
4월	해운대지점	정육/계란류	7,114,000		7,114,000	1팀
4월	해운대지점	과자	5,260,000	2,700,500	2,559,500	2팀
5월	울래지점	과일/건과	5,020,000	2,357,500	2,662,500	2팀
5월	울래지점	과자	5,020,000	3,979,000	1,041,000	2팀
5월	울래지점	수산물	5,157,500	2,284,000	2,873,500	2팀
5월	사상지점	음료	5,329,000	2,553,500	2,775,500	3팀
5월	사상지점	정육/계란류	6,779,000		6,779,000	3팀
5월	사상지점	정육/계란류	7,650,000	3,260,000	4,390,000	3팀
5월	수영지점	정육/계란류	6,779,000	2,553,500	4,225,500	1팀
5월	수영지점	과자	5,020,000		5,020,000	1팀
5월	수영지점	정육/계란류	7,650,000		7,650,000	1팀
5월	영도지점	음료	5,329,000	2,650,000	2,679,000	2팀
5월	영도지점	음료	6,779,000		6,779,000	2팀
5월	영도지점	수산물	5,329,000		5,329,000	2팀
5월	해운대지점	수산물	5,329,000	4,314,000	1,015,000	1팀
5월	해운대지점	음료	6,779,000	4,314,000	2,465,000	1팀
5월	해운대지점	과일/건과	5,020,000	3,979,000	1,041,000	1팀
6월	울래지점	수산물	5,500,500	4,850,000	650,500	2팀
6월	울래지점	수산물	5,157,500		5,157,500	2팀
6월	사상지점	수산물	5,500,500		5,500,500	3팀
6월	사상지점	채소	5,565,000	4,850,000	715,000	3팀
6월	수영지점	과자	5,549,500		5,549,500	1팀
6월	수영지점	과일/건과	5,180,000		5,180,000	1팀
6월	영도지점	채소	5,565,000	2,357,500	3,207,500	2팀
6월	영도지점	수산물	5,157,500	4,850,000	307,500	2팀
6월	해운대지점	과자	5,157,500		5,157,500	1팀
6월	해운대지점	과일/건과	5,180,000		5,180,000	1팀
7월	울래지점	정육/계란류	7,650,000		7,650,000	2팀
7월	울래지점	음료	8,119,000	2,460,000	5,659,000	2팀
7월	울래지점	과자	8,253,000		8,253,000	2팀
7월	사상지점	과자	5,353,500		5,353,500	3팀
7월	사상지점	과일/건과	5,084,000	2,305,000	2,779,000	3팀
7월	사상지점	쌀/잡곡	6,060,000	2,284,000	3,776,000	3팀
7월	수영지점	과일/건과	5,084,000	2,357,500	2,726,500	1팀
7월	수영지점	수산물	5,549,500	2,460,000	3,089,500	1팀
7월	수영지점	과자	8,253,000	4,850,000	3,403,000	1팀
7월	영도지점	채소	5,151,000	2,357,500	2,793,500	2팀
7월	영도지점	쌀/잡곡	6,060,000		6,060,000	2팀
7월	영도지점	채소	5,105,000	2,284,000	2,821,000	2팀
7월	해운대지점	정육/계란류	7,650,000		7,650,000	1팀
7월	해운대지점	정육/계란류	8,119,000	2,650,000	5,469,000	1팀
7월	해운대지점	채소	5,105,000		5,105,000	1팀
8월	울래지점	정육/계란류	8,588,000	5,721,000	2,867,000	2팀
8월	울래지점	과일/건과	5,100,000		5,100,000	2팀
8월	사상지점	과자	8,588,000	5,721,000	2,867,000	3팀
8월	사상지점	과일/건과	5,100,000	2,305,000	2,795,000	3팀
8월	수영지점	수산물	5,353,500	4,050,000	1,303,500	1팀
8월	수영지점	쌀/잡곡	5,770,000	2,305,000	3,465,000	1팀
8월	영도지점	과일/건과	5,244,000	3,700,000	1,544,000	2팀
8월	영도지점	쌀/잡곡	5,451,500	2,305,000	3,146,500	2팀
8월	해운대지점	과일/건과	5,244,000		5,244,000	1팀

정답 및 해설 [3-3-미션_정답]

03-4 엑셀 문서를 보호하는 다양한 방법

• 실습 파일 3-4-문서보호   • 완성 파일 3-4-문서보호_완성

엑셀 문서는 수치를 다루기 때문에 보안에 신경써야 합니다. 협력사와의 입출금 내역과 같이 비밀이 유지돼야 하는 문서는 아무나 열어 보면 안 되겠죠. 엑셀 문서는 통합 문서이기 때문에 시트별로 암호를 걸거나 특정 기능만 허용할 수 있습니다.

시트 보호하기

시트 보호 기능을 사용하면 시트별로 암호를 걸어 보호하고 특정 셀 또는 범위를 선택적으로 보호할 수 있습니다. 문서를 다른 사람과 공유할 때 내용이 변경되는 걸 방지할 수 있죠.

하면 된다! } 시트 내용을 수정하지 못하도록 보호하기   [정보화교육교재입고내역] 시트

1 보호할 시트를 선택한 후 [검토] 탭 → [보호] 그룹 → [시트 보호]를 선택합니다.

☑ 2013 이전 버전에서는 [검토] 탭 → [변경 내용] 그룹 → [시트 보호]를 선택합니다.

2 [시트 보호 해제 암호] 입력 창에 암호를 입력한 후 [확인] 버튼을 클릭합니다. 그런 다음 암호를 한 번 더 입력하고 [확인] 버튼을 클릭합니다.

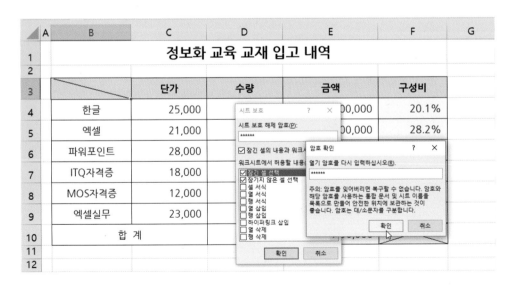

이제 셀 내용을 수정하려고 하면 경고 메시지가 나타나며 수정할 수 없습니다.

함께 보면 좋은
동영상 강의

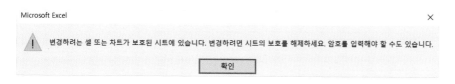

하면 된다! ╲ 시트 보호 해제하기

1 [검토] 탭 → [보호] 그룹 → [시트 보호 해제]를 선택합니다.

2 [시트 보호 해제] 대화 상자가 나타나면 암호를 입력하고 [확인] 버튼을 클릭하면 시트 보호가 해제됩니다.

현재 시트가 보호된 상태인지 아닌지를 메뉴만 보고도 확인할 수 있습니다.

시트가 보호된 메뉴 상태

시트가 보호되지 않은 상태

하면 된다! ╲ 보호된 시트에서 특정 기능만 허용하는 방법

시트가 보호되면 셀에 입력된 내용을 수정할 수 없고 행과 열을 추가, 삭제하거나 셀 또는 행, 열 서식 등을 설정할 수 없습니다. 그런데 누군가 특정 기능만 열어 달라고 요청할 수 있겠지요? 그럴 땐 [워크시트에서 허용할 내용] 항목으로 지정하면 해당 기능을 사용할 수 있습니다.

1 [검토] 탭 → [보호] 그룹 → [시트 보호]를 선택합니다. [시트 보호] 대화 상자에서 [워크시트에서 허용할 내용] → '셀 서식'에 체크 표시를 한 후 [확인] 버튼을 클릭합니다.

2 수량을 수정해 보세요. 수정할 수 없다는 오류 메시지가 나타납니다.

3 내용은 수정할 수 없지만 셀의 색상, 글자 색상 등과 같은 서식은 수정할 수 있습니다.

하면 된다! } 특정 범위를 제외하고 시트 보호하기

인사과
정 과장

저희 회사는 상반기에 직원 정보화 교육을 진행합니다. 평점을 작성한 엑셀 문서를 담당자에게 공유해 과제 제출 여부를 회신받으려고 합니다. 이때 과제 제출 범위를 제외하고 나머지는 문서 내용이 수정되지 않도록 보호할 수 없을까요? 그러지 않길 바라지만 점수를 조작할 수도 있으니까요!

시트 전체가 아닌 일부 범위만 보호할 수도 있습니다. 방법은 간단합니다. 잠그지 않을 셀 범위를 먼저 설정해 둔 상태에서 시트 보호를 실행하면 됩니다. 순서대로 따라 해 보세요.

1 셀 범위 [D4:D13]을 선택한 후 단축키 Ctrl + 1 을 누르면 나타나는 [셀 서식] 대화 상자에서 [보호] 탭을 선택하고 [잠금]에 체크 표시를 해제한 다음 [확인] 버튼을 클릭합니다.

2 [검토] 탭 → [보호] 그룹 → [시트 보호]를 눌러 시트를 보호합니다. 그러면 범위를 제외한 부분이 보호돼 데이터를 입력하거나 수정할 수 없습니다.

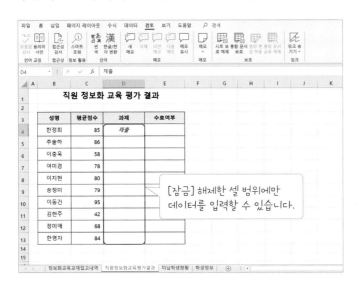

통합 문서 보호

시트 자체를 보이지 않게 숨기는 방법이 있습니다. 예를 들어 개인 정보가 있는 시트는 다른 사람에게 보이지 않도록 숨기는 것이죠. 하지만 사실 숨겨 놓은 시트는 쉽게 취소할 수 있습니다. 의도적으로 숨겨 놓은 시트를 나타내지 못하도록 [통합 문서 보호]를 해 보겠습니다.

하면 된다! } 숨겨놓은 시트를 나타내지 못하도록 문서 보호하기 [학생정보] 시트

먼저 연락처가 있는 [학생정보] 시트를 숨기겠습니다.

1 시트 숨기기

[학생정보] 시트를 선택한 후 마우스 오른쪽 버튼을 눌러 [숨기기]를 선택합니다. [학생정보] 시트가 사라집니다.

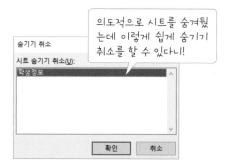

하지만 아무 시트 위에서 마우스 오른쪽 버튼을 눌러 [숨기기 취소]를 하면 숨겨 놓은 시트가 쉽게 나타납니다.

> 의도적으로 시트를 숨겨뒀는데 이렇게 쉽게 숨기기 취소를 할 수 있다니!

2 통합 문서 보호

숨겨 놓은 시트를 다시 꺼내지 못하도록 설정해 보겠습니다.

[검토] 탭 → [보호] 그룹 → [통합 문서 보호]를 선택한 후 암호를 입력합니다. 그런 다음 [확인] 버튼을 클릭하고 확인 암호를 한 번 더 입력한 후 [확인] 버튼을 클릭합니다.

☑ 2013 이전 버전에서는 [검토] 탭 → [변경 내용] 그룹 → [통합 문서 보호]를 선택합니다.

❸ 다시 아무 시트 위에서 마우스 오른쪽 버튼을 눌러 보세요. [숨기기 취소]를 사용할 수 없도록 메뉴가 비활성화됩니다.

함께 보면 좋은 동영상 강의

통합 문서 보호 해제하기

통합 문서 보호를 해제하는 방법은 시트 보호를 해제하는 방법과 비슷합니다. [검토] 탭 → [보호] 그룹 → [통합 문서 보호]를 실행해 암호를 입력하면 문서 보호가 해제됩니다.

누군가의 부탁

[3-4-미션]

"박 주임님! 결과 파일에 총점과 등급에만 작성할 수 있도록 나머지 범위는 보호해 주세요!"

출석번호	성명	연령	지역	평가점수	과제점수	총점	등급
			중장년 ICT 특화 과정 교육 결과				
1	박준회	45	동구	74	20		
2	김세원	65	수영구	67	15		
3	한혜경	50	서구	62	20		
4	이영미	46	동구	58	18		
5	김효린	45	서구	60	20		
6	방명호	58	동래구	66	15		
7	권성호	47	남구	64	16		
8	최윤회	46	동구	51	16		
9	방현숙	70	수영구	52	17		
10	김동원	69	남구	37	20		
11	지현우	68	동래구	43	17		
12	곽세형	55	서구	61	16		
13	강명훈	57	수영구	62	15		
14	이준회	52	동구	52	14		

① 총점과 등급 범위에는 수식을 작성해야 하므로 보호되지 않도록 셀 잠금을 해제해 주세요.

② 시트를 보호할 때 원하는 암호를 입력합니다.

정답 및 해설 [3-4-미션_정답]

첫째마당 통과시험 | **업무에 필요한 양식 만들기**

- -

• 실습 파일 첫째마당통과시험   • 완성 파일 첫째마당통과시험_정답

엑셀의 기초를 배우면서 숨가쁘게 달려왔습니다. 이제 준비는 끝났습니다. 여러분이 스스로 도전해 볼 차례입니다.
아래 이미지를 참고해 [지출기안서]를 만들어 보세요. 잘 모르겠다면 단계별로 천천히 따라 해 보세요!

결재	기안자	팀장	담당자	대표

지출기안서

기안자	

문서번호		전결사항	

기안일자	
시행일자	
시행목적	

아래의 사항에 대하여 지출을 기안하오니 검토후 결재 바랍니다.

항 목	내 용	수량	단가	금액
소모품	아이피타임 스위칭 허브	1	159,000	159,000
소모품	아이피타임 무선 공유기 4개	4	69,000	276,000
합 계			₩	435,000

지출기안서 결재 ⊕

1단계 수식이 필요한 숫자를 제외하고 견적서 안의 글자들을 모두 입력하세요.

2단계 완성된 모양을 보고 열 너비와 행 높이를 조정하세요.

3단계 제목과 '아래의 사항에 대해~'라는 문구가 있는 셀을 병합하고 각 셀의 데이터를 맞춤 설정하세요.

4단계 테두리를 설정한 후 셀에 색상을 적용하세요.

5단계 수량과 단가를 곱해 금액을 구하고 금액의 합계도 구하세요.

'그림으로
붙여 넣기' 강의

6단계 결재란을 작성한 후 '지출기안서'에 그림으로 붙여 넣기하세요.

7단계 지출기안서 양식이 한 페이지에 보기 좋게 인쇄되도록 페이지 설정을 하세요.

▶ 동영상 풀이

혼자서 만들기 어렵거나 중간에 막혔다면 동영상 강의를 보고 확인해 보세요!   링크: http://bit.ly/2RUBj7W

둘째
마당

엑셀의 꽃, 수식과 함수

지금까지 엑셀로 데이터를 입력하고 양식을 만들어 봤습니다.

둘째 마당에서는 앞에서 입력해 본 데이터를 수식과

함수를 활용해 계산하려 합니다.

수식과 함수를 통해 엑셀의 유용한 기능들을 경험하세요!

04 수식과 함수
— 내가 원하는 대로 계산해 주는 엑셀

공무원 최 주임, 중장년 ICT 과정 수료식을 앞두고 있다. 출석부의 동그라미(○) 개수를 세어
수료 여부를 파악해야 한다. 하나, 둘, 셋…. 세다 보니 눈에 동그라미만 보이고
눈이 핑 돈다.
'아~ 누가 나 대신 동그라미 좀 세어 주면 안 되나?'

04-1 수식을 작성하는 기본 공식

• 실습 파일 4-1-수식 • 완성 파일 4-1-수식_완성

많은 양의 데이터를 계산할 때 엑셀의 수식을 이용하면 결과를 간단하게 구할 수 있습니다. 특히 반복해서 계산해야 할 때 수식을 복사하면 결과를 바로 구할 수 있죠.

수식을 입력하는 가장 기본적인 방법

엑셀에서 수식을 작성하는 방법은 아주 간단합니다.

> **1** 수식을 작성할 셀을 먼저 선택한 후
> **2** =을 입력하고
> **3** 계산할 값이 있는 셀 주소와 연산자를 입력합니다.

감이 잡히지 않는다면, 아래 이미지를 살펴볼까요?

함께 보면 좋은
동영상 강의

금액을 구할 [G5] 셀에 =D5*E5*(1-F5)라고 입력돼 있습니다. 이 수식은 **[D5] 셀의 값×[E5] 셀의 값×(1-[F5] 셀의 값)은?**이라고 묻는 것과 같습니다.

수식을 실제 값인 16,000원, 200개, 5%를 이용해 작성할 수도 있지만 이보다는 셀 주소를 사용해 수식을 만드는 게 더 편합니다. 왜냐하면 이후에 셀 값이 변경되더라도 수식 내의 값을 엑셀이 자동으로 인식해 고쳐 주기 때문입니다.

다음 예시 이미지를 살펴보세요. '컴퓨터 입문'의 수량을 '200'에서 '300'으로 변경한 후 Enter 를 누르면 어떻게 될까요?

셀 주소의 숫자를 자동으로 인식해 금액이 수정됩니다.

수식을 작성할 때 빠트릴 수 없는 요소는 바로 '연산자'입니다. 기본적으로 사용되는 연산자로는 산술 연산자, 연결 연산자, 비교 연산자가 있습니다. 아래 표는 산술 연산자와 연결 연산자를 정리한 것입니다. 꼭 기억해 두세요!

연산자	기능	연산자	기능
+	더하기	/	나누기
-	빼기	%	백분율
*	곱하기	&	연결하기

☑ 비교 연산자는 05장에서 다룹니다.

하면 된다! } 수식 작성하기

[정보화교재] 시트

그럼 직접 수식을 입력해 가면서 작성법을 익혀 보겠습니다. '정보화 교육 교재 입고 내역'의 금액부터 구해 봅시다. 금액을 구하는 식은 '단가×수량 ×(1−할인율)'입니다.

1 금액을 구할 셀 [G5]를 선택한 후 수식 **=D5*E5*(1-F5)**를 작성하고 Enter 를 누릅니다. 여기서 1은 100%를 의미합니다. 결과적으로 **단가*수량*95%**가 되는 거죠.

2 결과인 [G5] 셀에서 마우스 오른쪽 버튼을 눌러 [쉼표 스타일 🎦]을 적용해 쉼표를 천 단위마다 표시합니다.

	교재명	출판사	단가	수량	할인율	금액
5	컴퓨터 입문	이한아이티	16,000	200	5%	3040
6	한글	이지스퍼블리싱	18,000	250	10%	

정보화 교육 교재 입고 내역

G5 =D5*E5*(1-F5)

3 채우기 핸들에 마우스 커서를 올려놓은 후 수식을 [G11] 셀까지 채우기합니다.

G5 =D5*E5*(1-F5)

정보화 교육 교재 입고 내역

	교재명	출판사	단가	수량	할인율	금액	구성비
5	컴퓨터 입문	이한아이티	16,000	200	5%	3,040,000	
6	한글	이지스퍼블리싱	18,000	250	10%	4,050,000	
7	엑셀	이지스퍼블리싱	19,000	300	10%	5,130,000	
8	파워포인트	해냄미디어	23,000	180	15%	3,519,000	
9	매크로&VBA	이한아이티	25,000	100	5%	2,375,000	
10	블로그	이지스퍼블리싱	16,000	200	15%	2,720,000	
11	포토샵	해냄미디어	25,000	150	10%	3,375,000	
12	합계						

드래그

수식을 입력할 때 주의해야 할 점!

'정보화 교육 교재 입고 내역'에서 '컴퓨터 입문'의 할인율은 5%입니다. 이때 금액은 단가에 수량을 곱한 결과에서 5%가 할인된 95%를 구하는 겁니다.

흔히 할 수 있는 실수 중에 '단가×수량×할인율'이라고 작성하는 경우가 있는데 이 수식은 5%에 해당하는 값을 나타냅니다. '할인이 적용된 금액'을 써야 하는데 '얼마만큼 할인해 줬는지'가 적힌 셈이죠.

이렇게 계산하면 큰일 납니다! 반드시 할인율을 '1-할인율'로 작성하세요.

할인율 5%
할인율을 뺀 95%

단가	수량	할인율	금액
16,000	200	5%	=D5*E5*F5
18,000	250	10%	
19,000	300	10%	
23,000	180	15%	

정보화 교육 교재 입고 내역

→

단가	수량	할인율	금액
16,000	200	5%	160,000
18,000	250	10%	450,000
19,000	300	10%	
23,000	180	15%	621,000

정보화 교육 교재 입고 내역

조심! 이렇게 계산하면 사장실로 불려가기 십상이에요.

단가×수량의 5% 값

할인율을 잘못 계산한 결과

셀 참조 방식 1. 상대 참조

수식을 입력할 때 알아 둬야 할 개념이 '참조'입니다. 먼저 '상대 참조'부터 살펴보겠습니다. '상대 참조'라는 단어가 어렵게 느껴지나요? 하지만 여러분은 이미 상대 참조를 경험했습니다! 앞에서 계산한 수식을 보면서 설명하겠습니다.

	A	B	C	D	E	F	G
1							
2			정보화 교육 교재 입고 내역				
3							
4		교재명	출판사	단가	수량	할인율	금액
5		컴퓨터 입문	이한아이티	16,000	200	5%	=D5*E5*(1-F5)
6		한글	이지스퍼블리싱	18,000	250	10%	
7		엑셀	이지스퍼블리싱	19,000	300	10%	
8		파워포인트	해냄미디어	23,000	180	15%	
9		매크로&VBA	이한아이티	25,000	100	5%	

함께 보면 좋은
동영상 강의

수식에서 사용된 [D5], [E5], [F5] 셀을 '참조 셀'이라고 합니다. 셀 주소에도 참조된 셀에도 각각 파란색, 빨간색, 보라색으로 구분돼 수식을 알아보기 쉽게 돼 있지요?

앞에서 '컴퓨터 입문' 금액을 구하는 수식만 작성하고 '한글'에서 '포토샵' 금액을 구하는 수식은 따로 작성하지 않고 수식을 채우기해 구했습니다.

	A	B	C	D	E	F	G	H
1								
2			정보화 교육 교재 입고 내역					
3								
4		교재명	출판사	단가	수량	할인율	금액	구성비
5		컴퓨터 입문	이한아이티	16,000	200	5%	3,040,000	
6		한글	이지스퍼블리싱	18,000	250	10%	4,050,000	
7		엑셀	이지스퍼블리싱	19,000	300	10%	5,130,000	
8		파워포인트	해냄미디어	23,000	180	15%	3,519,000	
9		매크로&VBA	이한아이티	25,000	100	5%	2,375,000	
10		블로그	이지스퍼블리싱	16,000	200	15%	2,720,000	
11		포토샵	해냄미디어				5,000	
12			합계					

채우기 핸들에 마우스 커서가 십자
모양으로 변하면 드래그 앤 드롭

이때 수식이 복사되면서 수식에서 참조하는 셀이 복사된 위치에 맞게 변하는데, 이렇게 주소가 변하는 셀 참조 방식을 상대 참조라고 합니다.

어떻게 변했는지 살펴볼까요? [G6] 셀을 더블클릭해 수식을 확인해 보세요. 우리가 입력했던 '컴퓨터 입문' 금액을 구하는 수식은 =D5*E5*(1-F5)였습니다. 복사된 [G6] 셀의 수식은 =D6*E6*(1-F6)이네요!

교재명	출판사	단가	수량	할인율	금액	구성비
컴퓨터 입문	이한아이티	16,000	200	5%	=D5*E5*(1-F5)	
한글	이지스퍼블리싱	18,000	250	10%	=D6*E6*(1-F6)	
엑셀	이지스퍼블리싱	19,000	300	10%	5,130,000	
파워포인트	해냄미디어	23,000	180	15%	3,519,000	
매크로&VBA	이한아이티	25,000	100	5%	2,375,000	

정보화 교육 교재 입고 내역

[G7] 셀의 수식도 확인해 보겠습니다. 참조 셀이 변해 =D7*E7*(1-F7)이 됐네요.

교재명	출판사	단가	수량	할인율	금액	구성비
컴퓨터 입문	이한아이티	16,000	200	5%	3,040,000	
한글	이지스퍼블리싱	18,000	250	10%	4,050,000	
엑셀	이지스퍼블리싱	19,000	300	10%	=D7*E7*(1-F7)	
파워포인트	해냄미디어	23,000	180	15%	3,519,000	
매크로&VBA	이한아이티	25,000	100	5%	2,375,000	

정보화 교육 교재 입고 내역

이렇게 상대 참조로 반복되는 수식을 여러 번 작성하지 않고 수식 복사만으로 결과를 쉽고 빠르게 구할 수 있습니다.

하면 된다! } 구성비 구하기

이번에는 입고된 교재 금액이 전체 금액 중에 몇 %를 차지하는지를 구해 보겠습니다. 구성비를 구하기 전에 전체 금액의 합계를 구해야 합니다. 이왕이면 수량의 합계도 구해 보겠습니다.

1 수량 셀 범위 [E5:E12]를 선택한 후 [Ctrl]을 누른 상태에서 금액 셀 범위 [G5:G12]를 선택합니다. 수량과 금액 범위가 한 번에 선택됐죠? 이때 [수식] 탭 → [함수 라이브러리] → [자동 합계 Σ]를 누릅니다.

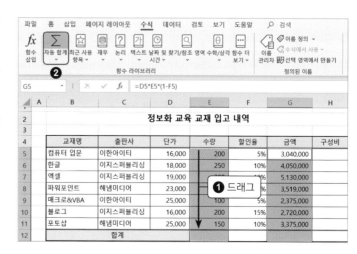

2 구성비를 구하는 식은 '금액÷금액 합계'입니다. 구성비를 구할 [H5] 셀을 선택한 후 수식 =G5/G12를 입력하고 Enter를 누릅니다.

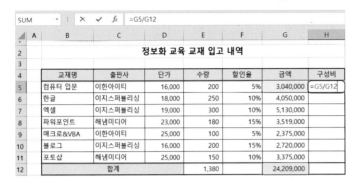

3 구성비를 백분율 스타일로 변경해 보겠습니다. [H5] 셀에서 마우스 오른쪽 버튼을 눌러 [백분율 스타일]을 선택합니다. [자릿수 늘림]을 선택해 소수 첫째 자리까지 나타냅니다.

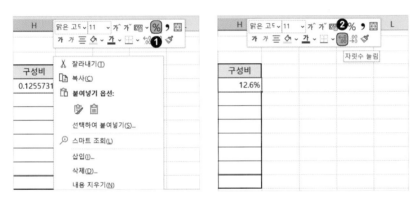

4 구성비 수식을 채우기합니다. 그런데 구성비가 제대로 구해지지 않고 #DIV/0!라는 오류 표시가 나타납니다.

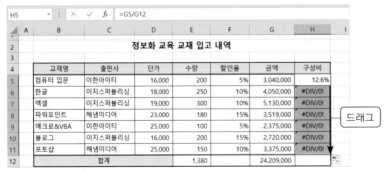

구성비가 구해지지 않고 오류가 나타난 모습

셀 참조 방식 2. 절대 참조

왜 오류 표시가 나타났을까요? 오류 표시가 나타난 첫 번째 셀인 [H6] 셀을 더블클릭해 수식을 확인해 보세요. 구성비를 구하는 수식 =G5/G12이 복사되면서 =G6/G13으로 변했습니다. 앞에서 소개했던 것처럼 상대 참조에 의해 참조 셀도 변한 겁니다. [G5] 셀은 상대 참조돼 [G6] 셀로 변해야 하지만 [G12] 셀은 변하면 안 됩니다. [G13] 셀에 무엇이 있는지 살펴보세요. 빈 셀이지요? 참조된 [G13] 셀이 비어 있기 때문에 오류 표시가 나타날 수밖에 없는 것입니다.

함께 보면 좋은
동영상 강의

	A	B	C	D	E	F	G	H
SUM					fx	=G6/G13		
2		정보화 교육 교재 입고 내역						
3								
4		교재명	출판사	단가	수량	할인율	금액	구성비
5		컴퓨터 입문	이한아이티	16,000	200	5%	3,040,000	12.6%
6		한글	이지스퍼블리싱	18,000	250	10%	4,050,000	=G6/G13
7		엑셀	이지스퍼블리싱	19,000	300	10%	5,130,000	#DIV/0!
8		파워포인트	해냄미디어	23,000	180	15%	3,519,000	#DIV/0!
9		매크로&VBA	이한아이티	25,000	100	5%	2,375,000	#DIV/0!
10		블로그	이지스퍼블리싱	16,000	200	15%	2,720,000	#DIV/0!
11		포토샵	해냄미디어	25,000	150	10%	3,375,000	#DIV/0!
12		합계			1,380		24,209,000	
13								

구성비를 구할 때는 합계금액에 해당하는 [G12] 셀이 수식을 복사했을 때 변하지 않도록 절대 참조를 해야 합니다. 절대 참조를 사용해 수식을 수정해 보겠습니다.

하면 된다! ╎ 수식 수정하기

1 수식을 수정하기 위해 [H5] 셀을 더블클릭합니다. 수식에서 G12를 클릭한 후 F4 를 누릅니다. G12가 $G$12로 바뀝니다. [G12] 셀을 절대 참조한다는 뜻이에요. 간단하죠? Enter 를 눌러 수식을 완성합니다.

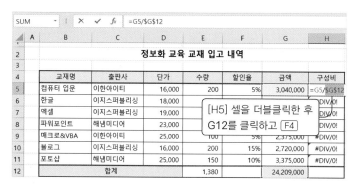

[H5] 셀을 더블클릭한 후
G12를 클릭하고 F4

2 다시 수식을 복사해 보겠습니다. [H11] 셀까지 드래그하면 구성비가 정상적으로 구해집니다. [H6] 셀을 더블클릭해 수식을 확인해 보세요. 절대 참조한 $G$12 셀은 수식을 복사해도 변하지 않는다는 것을 알 수 있습니다.

A	B	C	D	E	F	G	H
						fx	=G6/$G$12

	정보화 교육 교재 입고 내역						
교재명	출판사	단가	수량	할인율	금액	구성비	
컴퓨터 입문	이한아이티	16,000	200	5%	3,040,000	12.6%	
한글	이지스퍼블리싱	18,000	250	10%	4,050,000	=G6/$G$12	
엑셀	이지스퍼블리싱	19,000	300	10%	5,130,000	21.2%	
파워포인트	해냄미디어	23,000	180	15%	3,519,000	14.5%	
매크로&VBA	이한아이티	25,000	100	5%	2,375,000	9.8%	
블로그	이지스퍼블리싱	16,000	200	15%	2,720,000	11.2%	
포토샵	해냄미디어	25,000	150	10%	3,375,000	13.9%	
합계			1,380		24,209,000		

셀 참조 방식 3. 혼합 참조

상대 참조와 절대 참조 모두 이해했나요? 수식을 채우기할 때 참조하는 셀 또한 변하게 하려면 '상대 참조', 변하지 않게 하려면 '절대 참조'해야 합니다. 그런데 셀 참조 방식에는 한 가지가 더 있습니다. 바로 '혼합 참조'입니다.

혼합 참조에는 열 머리글이 절대 참조가 되고 행 머리글이 상대 참조가 되는 모양과 열 머리글이 상대 참조가 되고 행 머리글이 절대 참조가 되는 모양이 있습니다.

기본적으로 수식에서 셀을 참조하면 상대 참조가 됩니다. 여기서 F4를 한 번 누르면 상대 참조에서 절대 참조가 되고 다시 F4를 누르면 혼합 참조가 됩니다.

함께 보면 좋은
동영상 강의

예제를 통해 혼합 참조는 어떻게 사용하는지, 혼합 참조를 왜 사용해야 하는지 알아보겠습니다. 필요성을 느껴야 제대로 익힐 수 있습니다.

하면 된다! } 혼합 참조로 할인금액 구하기

[단가표] 시트

단가표에 각 교재의 단가가 '5%', '10%', '15%' 할인된 결과를 구하려고 합니다.

1 [E5] 셀을 선택한 후 수식 **=D5*(1-E4)**를 입력하고 Enter 를 누릅니다.

함께 보면 좋은
동영상 강의

2 수식을 [E11] 셀까지 채우기한 후 다시 [G11] 셀까지 채웁니다. 그런데 결과가 이상하네요.

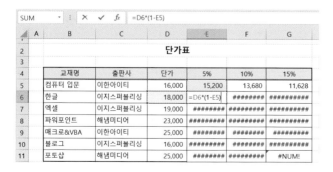

3 복사한 셀의 수식을 확인해 보겠습니다. 먼저 [E6] 셀을 더블클릭합니다. 교재명 항목에서 한글 교재의 5% 할인 단가를 구하는 수식은 **=D6*(1-E4)**가 돼야 하는데 수식이 복사되면서 **=D6*(1-E5)**가 됐습니다. [E4] 셀이 상대 참조돼 [E5] 셀로 변해 버린 것이죠. 그렇다면 [E4] 셀은 절대 참조돼야 할까요? Esc 를 눌러 편집 상태를 취소합니다.

4 [E5] 셀을 더블클릭한 후 수식에서 E4를 선택하고 `F4`를 눌러 절대 참조합니다. 그런 다음 수식을 [E11] 셀까지 채우기하고 [G11] 셀까지 채우기합니다.

5 다시 수식을 확인해 보면 '5%' 할인된 단가를 구하는 수식과 10%와 15% 할인 단가를 구하는 수식이 모두 [E4] 셀을 참조하고 있습니다. 그뿐 아니라 10% 할인 단가를 구하는 수식은 '5%' 할인 단가 셀을 참조하고 있고 15% 할인 단가를 구하는 수식은 '10%' 할인 단가 셀을 참조하고 있습니다. 이렇게 계산하면 안 됩니다. 이 경우 10%와 15% 할인된 단가를 수식 복사만으로 구하려면 '혼합 참조'를 사용해야 합니다.

A	B	C	D	E	F	G
			단가표			
	교재명	출판사	단가	0.05	0.1	0.15
	컴퓨터 입문	이한아이티	16000	=D5*(1-$E$4)	=E5*(1-$E$4)	=F5*(1-$E$4)
	한글	이지스퍼블리싱	18000	=D6*(1-$E$4)	=E6*(1-$E$4)	=F6*(1-$E$4)
	엑셀	이지스퍼블리싱	19000	=D7*(1-$E$4)	=E7*(1-$E$4)	=F7*(1-$E$4)
	파워포인트	해냄미디어	23000	=D8*(1-$E$4)	=E8*(1-$E$4)	=F8*(1-$E$4)
	매크로&VBA	이한아이티	25000	=D9*(1-$E$4)	=E9*(1-$E$4)	=F9*(1-$E$4)
	블로그	이지스퍼블리싱	16000	=D10*(1-$E$4)	=E10*(1-$E$4)	=F10*(1-$E$4)
	포토샵	해냄미디어	25000	=D11*(1-$E$4)	=E11*(1-$E$4)	=F11*(1-$E$4)

이렇게 참조하면 안 되겠구나! 다시 해 봐야겠다!

☑ 단축키 `Ctrl`+`~`를 누르면 결과 값이 아닌 수식을 확인할 수 있습니다. 다시 단축키 `Ctrl`+`~`를 누르면 결과 값을 볼 수 있습니다. 단, 수식 보기 상태에서는 열 너비가 많이 넓어집니다. 위 그림은 열 너비를 임의로 보기 좋게 조정한 상태입니다.

기존에 작성한 수식을 모두 지운 후 수식을 다시 작성해 보겠습니다. 셀 범위 [E5:G11]을 선택한 후 `Delete`를 누릅니다.

6 [E5] 셀을 선택한 후 =을 입력하고 [D5] 셀을 선택합니다. 그런 다음 F4 를 세 번 누르세요. 기본적으로 수식에서 셀을 참조하면 상대 참조가 되는데 여기서 F4 를 한 번 누르면 절대 참조, 다시 F4 를 누르면 혼합 참조가 됩니다. 열 머리글은 고정(절대 참조)되는 혼합 참조로 바뀝니다.

SUM		× ✓ fx	=$D5			
A	B	C	D	E	F	G
2			단가표			
3						
4	교재명	출판사	단가	5%	10%	15%
5	컴퓨터 입문	이한아이티	16,000	=$D5		
6	한글	이지스퍼블리싱	18,000			
7	엑셀	이지스퍼블리싱	19,000			
8	파워포인트	해냄미디어	23,000			
9	매크로&VBA	이한아이티	25,000			
10	블로그	이지스퍼블리싱	16,000			
11	포토샵	해냄미디어	25,000			

☑ 혼합 참조 수식에서 $가 붙은 자리를 보면 어느 부분을 고정해야 할지 알 수 있습니다. 여기서는 D 앞에 붙어 있으므로 열이 고정됩니다.

7 *(1-을 입력한 후 [E4] 셀을 선택하고 F4 를 두 번 눌러 행 머리글이 고정(절대 참조)되도록 혼합 참조로 바꿉니다. 그런 다음 괄호를 닫고 Enter 를 누릅니다.

SUM		× ✓ fx	=$D5*(1-E$4)			
A	B	C	D	E	F	G
2			단가표			
3						
4	교재명	출판사	단가	5%	10%	15%
5	컴퓨터 입문	이한아이티	16,000	=$D5*(1-E$4)		
6	한글	이지스퍼블리싱	18,000			
7	엑셀	이지스퍼블리싱	19,000			
8	파워포인트	해냄미디어	23,000			
9	매크로&VBA	이한아이티	25,000			
10	블로그	이지스퍼블리싱	16,000			
11	포토샵	해냄미디어	25,000			

☑ 4의 앞에 $가 붙으니 행이 고정됩니다.

8 나머지 셀에 수식을 채우기합니다.

E5		× ✓ fx	=$D5*(1-E$4)			
A	B	C	D	E	F	G
2			단가표			
3						
4	교재명	출판사	단가	5%	10%	15%
5	컴퓨터 입문	이한아이티	16,000	15,200	14,400	13,600
6	한글	이지스퍼블리싱	18,000	17,100	16,200	15,300
7	엑셀	이지스퍼블리싱	19,000	18,050	17,100	16,150
8	파워포인트	해냄미디어	23,000	21,850	20,700	19,550
9	매크로&VBA	이한아이티	25,000	23,750	22,500	21,250
10	블로그	이지스퍼블리싱	16,000	15,200	14,400	13,600
11	포토샵	해냄미디어	25,000	23,750	22,500	21,250

단축키 Ctrl + ~ 를 눌러 수식을 확인해 보세요. 10% 할인 단가를 구하는 수식은 [F4] 셀, 15% 할인 단가를 구하는 수식은 [G4] 셀을 참조하고 있음을 알 수 있습니다.

 누군가의 부탁

[4-1-미션]

"우리 회사 제품의 사용료를 기존 사용료를 기준으로 매년 5%씩 인상할 예정인데, 연도별로 정리해 제출해 줄래요?"

① 인상된 사용료를 구하는 수식은 **사용료×(1+인상율)**입니다.

함께 보면 좋은 동영상 강의

정답 및 해설 [4-1-미션_정답]

04-2 엑셀 함수의 필요성

• 실습 파일 4-2-함수   • 완성 파일 4-2-함수_완성

'팀별 매출 현황' 표에서 팀별 월평균 매출을 구하려고 합니다. 단순히 사칙 연산을 사용해 평균을 구한다면 1월에서 12월까지의 팀별 매출을 모두 더한 후 그 결과 값을 12로 나눠 평균을 구해야 합니다. 수식은 아래와 같습니다.

> =('1월 매출'+'2월 매출'+'3월 매출'+'4월 매출'+'5월 매출'+'6월 매출'+'7월 매출'+'8월 매출'+'9월 매출'+'10월 매출'+'11월 매출'+'12월 매출')/12

C4		✕ ✓ fx	=(C4+C5+C6+C7+C8+C9+C10+C11+C12+C13+C14+C15)/12			

	A	B	C	D	E	F	G	H
1			팀별 매출 현황					
2								
3			A팀	B팀	C팀	D팀	E팀	
4		1월	818,600	783,900	762,000	611,800	1,894,100	
5		2월	628,500	522,200	680,500	1,245,100	1,348,000	
6		3월	520,600	950,700	707,100	164,000	1,684,000	
7		4월	957,400	518,200	384,700	561,900	2,370,100	
8		5월	661,800	1,111,000	1,164,100	464,400	1,504,100	
9		6월	672,800	891,800	562,000	501,000	1,232,200	
10		7월	479,800	674,000	881,500	385,100	1,717,200	
11		8월	467,400	856,700	801,800	241,300	1,563,100	
12		9월	390,600	726,400	847,200	591,700	1,901,000	
13		10월	438,000	1,116,500	1,151,500	152,600	1,679,400	
14		11월	803,700	806,000	768,000	155,500	1,431,600	
15		12월	708,500	663,900	339,000	405,400	1,642,600	
16		팀별 평균	=(C4+C5+C6+C7+C8+C9+C10+C11+C12+C13+C14+C15)/12					

평균을 구하는 수식이 이렇게 복잡하다니...

간단한 평균을 계산하는데도 이렇게 수식이 길고 작성하기 불편한데 복잡한 계산을 해야 한다면 수식 작성이 더 어려워지겠죠? 엑셀에서는 어렵고 복잡한 수식도 쉽고 빠르게 작성할 수 있도록 다양한 종류의 '함수'를 제공하고 있습니다.

함께 보면 좋은 동영상 강의

함수 사용 규칙

함수식을 본격적으로 배우기에 앞서 함수식을 작성하는 규칙을 알아보겠습니다. 함수식, 어렵지 않습니다! 다음 순서만 기억하세요.

1 =을 입력하고
2 함수 이름을 입력한 다음
3 괄호()를 입력하고
4 괄호 안에 인수를 입력합니다.

인수란, 함수가 입력을 받아 계산할 값을 말합니다. 인수의 종류에 따라 다음의 작성 규칙을 지켜야 정확한 결과를 얻을 수 있습니다.

간단하게 세 종류의 함수를 살펴보겠습니다.

값	범위
인수와 인수 사이를 ,(콤마)로 구분	인접한 범위를 :(콜론)으로 구분

인수를 입력하는 규칙

1. SUM 함수
합계를 구하는 함수입니다. 연속된 범위가 아닌 값을 인수로 지정할 때 ,(콤마)를 구분자로 사용해 작성합니다.

=SUM(C4,C6,C8,C10,C12)
함수 이름   인수

2. AVERAGE 함수
평균을 구하는 함수입니다. 예시에는 인수로 C4:C12가 입력돼 있습니다. C4셀에서 C12셀까지 범위의 평균을 구하라는 의미입니다.

=AVERAGE(C4:C12)
함수 이름   인수

3. RANK 함수
순위를 구하는 함수입니다. 인수와 인수 사이를 ,(콤마)로 구분한 후 연속 범위의 인수 사이에 :(콜론)을 입력하면 됩니다.

=RANK(C4,C4:C12)
함수 이름   인수

☑ 함수식을 작성할 때 인수를 키보드로 일일이 직접 입력하지 않고 참조 셀 또는 범위를 마우스로 클릭하거나 드래그해 지정해도 됩니다.

함수를 사용하는 방법은 다음 중에서 선택할 수 있습니다.

> **방법 1** [함수 인수] 대화 상자 사용하기
> **방법 2** 함수식을 직접 입력하기

[함수 인수] 대화 상자를 사용하면 함수식을 더 쉽게 작성할 수 있습니다. 모든 함수에 [함수 인수] 대화 상자를 사용할 필요는 없지만 함수 사용이 익숙하지 않으면 [함수 인수] 대화 상자의 도움을 받는 것이 좋습니다.

하면 된다! } [함수 인수] 대화 상자 사용하기

[팀별평균매출] 시트

먼저 비교적 사용하기 쉬운 [함수 인수] 대화 상자를 사용해 평균을 구해 보겠습니다.

1 평균을 구할 [C16] 셀을 선택한 후 =av를 입력하면 함수 라이브러리가 열리고 'AV'로 시작하는 모든 함수를 보여 줍니다. 평균을 구하는 함수 AVERAGE를 더블클릭합니다.

2 수식 입력줄에 함수 =AVERAGE(가 자동으로 입력되면 함수 삽입 버튼 ⓕ 을 누릅니다.

❸ [함수 인수] 대화 상자가 나타납니다. Number1 인수 입력 창을 클릭한 후 셀 범위 [C4:C15]를 선택합니다. C4:C15가 입력되면 [확인] 버튼을 클릭합니다.

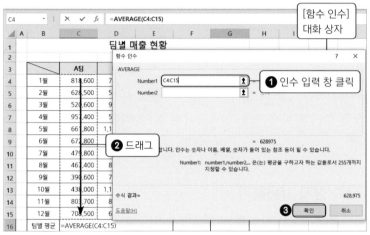

☑ Number1, Number2와 같이 인수 입력 창은 255개까지 사용할 수 있습니다. Number1 입력 창에 C4, Number2 입력 창에 C5 이렇게 C15 셀까지 각각 입력 가능하지만 Number1 인수 입력 창에 C5:C15라고 입력하는 것이 훨씬 효율적입니다.

❹ [C16] 셀을 선택한 후 채우기 핸들에 마우스 커서를 올려놓고 [G16] 셀까지 드래그하세요. 수식이 복사되어 팀별 평균을 구할 수 있습니다.

하면 된다! } 함수식 직접 입력하기

함수 사용이 익숙하다면 함수식을 직접 입력할 수도 있습니다. 함수의 특성상 [함수 인수] 대화 상자를 사용할 수 없거나 함수와 일반 수식을 섞어 사용하는 경우에는 수식을 직접 입력해야 합니다.

인수가 간단한 경우에는 [함수 인수] 대화 상자를 사용하는 것이 오히려 번거로울 수 있습니다. 함수를 직접 입력해 보겠습니다.

1 셀 범위 [C16:G16]을 선택한 후 앞에서 구한 평균을 Delete 를 눌러 지웁니다. 그런 다음 =av를 입력해 함수 라이브러리가 나타나면 AVERAGE를 더블클릭합니다. 물론 직접 =AVERAGE(를 입력해도 됩니다.

2 =AVERAGE(가 입력되면 셀 범위 [C4:C15]를 드래그해 선택하고 Enter 를 누릅니다. 결과를 확인한 후 수식을 복사해 [G16] 셀까지의 결과를 구합니다.

04-3 자동 합계 기능으로 함수 쉽게 사용하기

· 실습 파일 4-3-자동합계   · 완성 파일 4-3-자동합계_완성

아직 '수식'과 '함수' 단어만 봐도 어려워 보이나요? 엑셀은 간단한 수식만 봐도 울렁거리는 사람들을 위해 자주 사용하는 합계와 평균, 개수 등을 쉽게 구하는 [자동 합계 Σ]를 제공합니다. 범위를 선택한 후 [자동 합계 Σ]를 클릭만 하면 됩니다.
그럼 엑셀 사용자가 가장 많이 사용하는 [자동 합계 Σ]를 소개하겠습니다!

하면 된다! } 블록을 지정해 한 번에 합계 구하기
[팀별매출현황] 시트

[팀별매출현황] 시트에서 월별, 팀별 합계를 따로 구할 필요 없이 블록을 지정해 한 번에 구하는 방법을 소개하겠습니다. 셀 범위 [C4:H16]을 선택한 후 [수식] 탭 → [함수 라이브러리] 그룹 → [자동 합계 Σ]를 선택합니다.

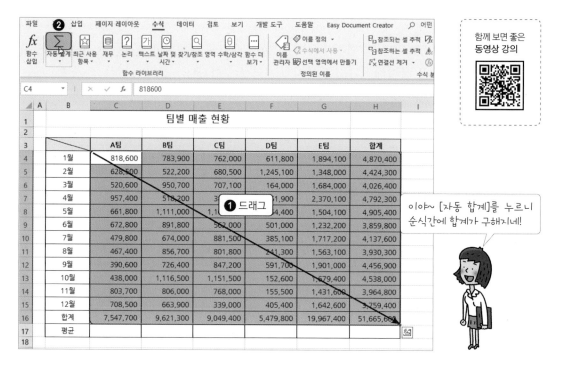

어떤가요? 한 번에 월별, 팀별 합계가 구해졌죠?

하면 된다! } AVERAGE 함수로 평균 구하기

평균은 합계처럼 블록으로 평균을 구할 수 없습니다. 왜냐하면 1월과 평균 범위 사이에 합계
가 포함돼 있기 때문이죠. 하지만 걱정마세요! 엑셀은 상황에 맞게 함수를 작성하는 방법이 있
기 때문에 평균 역시 쉽게 구할 수 있습니다.

9	6월	672,800	891,800	562,000	501,000	1,232,200	3,859,800
10	7월	479,800	674,000	881,500	385,100	1,717,200	4,137,600
11	8월	467,400	856,700	801,800	241,300	1,563,100	3,930,300
12	9월	390,600	726,400	847,200	591,700	1,901,000	4,456,900
13	10월	438,000	1,116,500	1,151,500	152,600	1,679,400	4,538,000
14	11월	803,700	806,000	768,000	155,500	1,431,600	3,964,800
15	12월	708,500	663,900	339,000	405,400	1,642,600	
16	합계	7,547,700	9,621,300	9,049,400	5,479,800	19,967,400	
17	평균						

> 평균을 구할 때 합계가 포함되면
> 안 됩니다.

1 평균을 구할 [C17] 셀을 선택한 후 [수식] 탭 → [함수 라이브러리] 그룹 → [자동 합계 드
롭다운▼] → [평균]을 선택합니다.

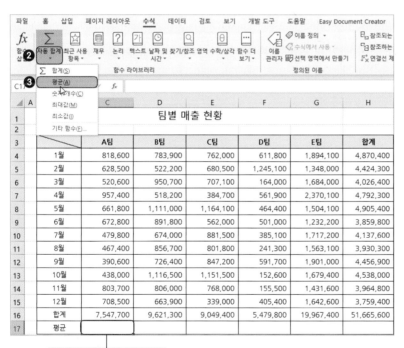

❶ 결과를 입력할 셀 선택

AVERAGE 함수식이 자동으로 입력됩니다. 하지만 평균을 구하는 수식을 확인해 보면 '합계' 인 [C16] 셀을 포함하고 있다는 것을 알 수 있습니다.

◢	A	B	C	D	E	F	G	H	I
1					팀별 매출 현황				
2									
3			A팀	B팀	C팀	D팀	E팀	합계	
4		1월	818,600	783,900	762,000	611,800	1,894,100	4,870,400	
5		2월	628,500	522,200	680,500	1,245,100	1,348,000	4,424,300	
6		3월	520,600	950,700	707,100	164,000	1,684,000	4,026,400	
7		4월	957,400	518,200	384,700	561,900	2,370,100	4,792,300	
8		5월	661,800	1,111,000	1,164,100	464,400	1,504,100	4,905,400	
9		6월	672,800	891,800	562,000	501,000	1,232,200	3,859,800	
10		7월	479,800	674,000	881,500	385,100	1,717,200	4,137,600	
11		8월	467,400	856,700	801,800	241,300	1,563,100	3,930,300	
12		9월	390,600	726,400	847,200	591,700	1,901,000	4,456,900	
13		10월		앗! [C16] 셀이 포함돼 있어요!	51,500	152,600	1,679,400	4,538,000	
14		11월			68,000	155,500	1,431,600	3,964,800	
15		12월			39,000	405,400	1,642,600	3,759,400	
16		합계	7,547,700	9,621,300	9,049,400	5,479,800	19,967,400	51,665,600	
17		평균	=AVERAGE(C4:C16)						
18			AVERAGE(**number1**, [number2], ...)						
19									

2 셀 범위 [C4:C15]까지 드래그한 후 Enter 를 누릅니다. 그러면 괄호 안 인수가 바뀌면서 정확한 평균을 구할 수 있습니다.

◢	A	B	C	D	E	F	G	H	I
1					팀별 매출 현황				
2									
3			A팀	B팀	C팀	D팀	E팀	합계	
4		1월	818,600	783,900	762,000	611,800	1,894,100	4,870,400	
5		2월	628,500	522,200	680,500	1,245,100	1,348,000	4,424,300	
6		3월	520,600	950,700	707,100	164,000	1,684,000	4,026,400	
7		4월	957,400	518,200	384,700	561,900	2,370,100	4,792,300	
8		5월	661,800	1,111,000	1,164,100	464,400	1,504,100	4,905,400	
9		6월	672,800	❶ 셀 범위 [C4:C15] 선택		01,000	1,232,200	3,859,800	
10		7월	479,800			85,100	1,717,200	4,137,600	
11		8월	467,400	856,700	801,800	241,300	1,563,100	3,930,300	
12		9월	390,600	726,400	847,200	591,700	1,901,000	4,456,900	
13		10월	438,000	1,116,500	1,151,500	152,600	1,679,400	4,538,000	
14		11월	803,700	806,000	768,000	155,500	1,431,600	3,964,800	
15		12월	708,500	663,900	339,000	405,400	1,642,600	3,759,400	
16		합계	7,547,700	12R x 1C 1,300	9,049,400	5,479,800	19,967,400	51,665,600	
17		평균	=AVERAGE(C4:C15)						
18			AVERAGE(**number1**, [number2], ...)						
19									

❸ [C17] 셀을 선택한 후 수식을 [H17] 셀까지 채우기합니다.

13	10월	438,000	1,116,500	1,151,500	152,600	1,679,400	4,538,000
14	11월	803,700	806,000	768,000	155,500	1,431,600	3,964,800
15	12월	708,500	663,900	339,0~~00~~	~~4~~05,400	1,642,600	3,759,400
16	합계	7,547,700	9,621,300	9,049,~~000~~ 드래그	~~4~~79,800	19,967,400	51,665,600
17	평균	628,975	801,775	754,117	456,650	1,663,950	4,305,467
18

하면 된다! 〉 MAX, MIN 함수로 최대값과 최소값 구하기

팀별 매출 현황에서 최고 매출 합계와 최소 매출 합계를 계산해 보겠습니다. [자동 합계] →
[최대값], [최소값]을 사용하면 쉽게 구할 수 있습니다.

❶ [K3] 셀을 선택한 후 [수식] 탭 → [함수 라이브러리] 그룹 → [자동 합계 드롭다운▾] →
[최대값]을 선택합니다.

❷ [K3] 셀에 =MAX()가 입력되면 셀 범위 [H4:H15]를 선택한 후 Enter 를 누릅니다.

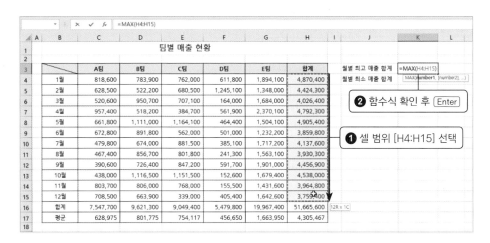

3 [K4] 셀을 선택한 후 [수식] 탭 → [함수 라이브러리] 그룹 → [자동 합계 드롭다운 ⬝] → [최소값]을 선택합니다.

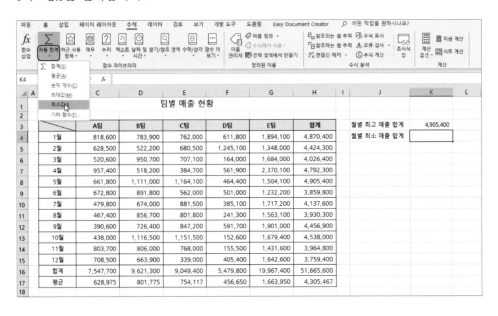

4 =MIN()이 입력되면서 바로 위에 있는 숫자 값을 인수로 자동 인식합니다. 최소값을 구할 범위는 월별 매출 합계 범위이기 때문에 인수를 다시 지정해 주어야 합니다.

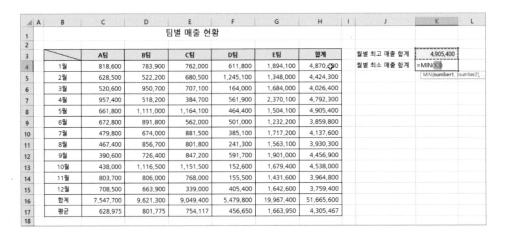

5 셀 범위 [H4:H15]를 선택해 인수를 수정한 후 Enter 를 누르면 됩니다.

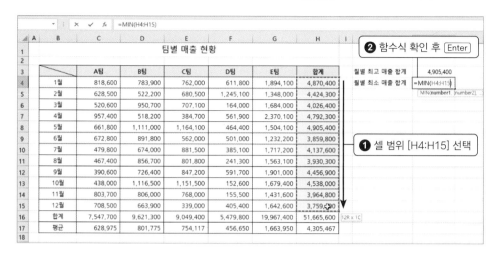

[4-3-미션]

"중장년 ICT 특화 과정을 수료한 교육생의 결과를 정리해 주세요."

① 평균을 구할 인수 범위에 합계가 포함되면 안됩니다.

함께 보면 좋은
동영상 강의

정답 및 해설 [4-3-미션_정답]

04-4 순위를 구하는 함수

• 실습 파일 4-4-RANK함수   • 완성 파일 4-4-RANK함수_완성

RANK 함수

RANK 함수는 순위를 구할 셀과 지정한 범위를 비교해 순위를 구할 수 있습니다. 만약 같은 순위일 경우에는 공동 순위로 매깁니다. 예를 들어 2위가 2명이면 공동 2위, 다음 순위는 3위 없이 4위가 됩니다.

> =RANK(Number, Ref, Order)
> - Number: 순위를 구하려는 수 또는 셀 주소입니다.
> - Ref: 수 목록의 배열 또는 셀 주소입니다. 수 이외의 값은 제외됩니다.
> - Order: 내림차순인지 오름차순인지 순위를 정할 방법을 지정하는 수입니다. 0을 지정하거나 생략하면 내림차순, 0이 아닌 값을 지정하면 오름차순으로 순위가 정해집니다. 즉, 큰 값 순으로 순위를 정하려면 인수를 생략하고, 작은 값 순으로 순위를 정하려면 1을 입력하면 됩니다.

하면 된다! } RANK 함수를 사용해 순위 구하기

[결과] 시트

RANK 함수를 사용해 [결과] 시트에서 점수가 높은 순으로 순위를 구하겠습니다.

1 [I5] 셀을 선택한 후 =RANK()를 입력하고 함수 삽입 버튼 ☒ 을 클릭해 [함수 인수] 대화상자를 실행합니다. Number 인수 입력 창에서 순위를 구할 첫 번째 교육생의 점수인 [H5] 셀을 참조합니다.

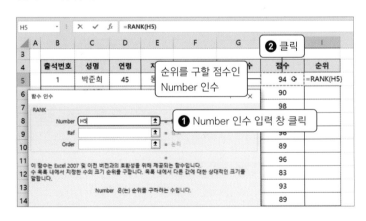

함께 보면 좋은
동영상 강의

2 Ref 인수 입력 창에는 점수 전체 범위에 해당하는 셀 범위 [H5:H14]를 선택한 후 F4 를
눌러 절대 참조합니다. Ref 인수 입력 창에 $H$5:$H$14가 입력됩니다.

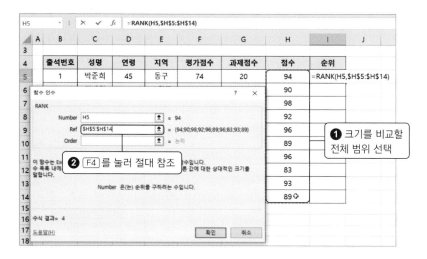

여기서 Ref 인수는 절대 참조해야 합니다. 절대 참조로 하지 않으면, 순위를 구한 후 나머지
교육생의 순위를 구하기 위해 수식을 복사했을 때 Ref 인수가 상대 참조돼 셀 범위 [H5:H14]
가 수식을 복사한 위치에 맞게 [H6:H15]로 변합니다. 그러면 두 번째 교육생의 순위를 구할
때 첫 번째 교육생의 점수와 비교할 수 없습니다. 순위가 잘못될 수밖에 없겠죠?

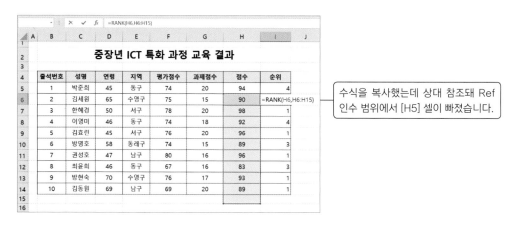

3 마지막 인수 Order는 생략합니다.

앞서 설명했듯이 Order 인수에는 순위를 정하는 방법을 입력합니다. 지금과 같이 큰 값 순서
로 순위를 구하는 내림차순 순위에는 인수를 생략하거나 0을 입력해야 합니다.

하지만 큰 값 순서로만 순위를 구하는 건 아니죠. 예를 들어 마라톤과 같이 기록이 빠른 순서로 순위를 구하는 경우를 생각해 봅시다. 엑셀에서는 빠른 시간을 작은 숫자로 인식하기 때문에 순위를 오름차순으로 매겨야 합니다. 만약 순위를 오름차순으로 구하려면 Order 인수에 1을 입력하면 됩니다.

질문 있어요!

RANK.EQ와 RANK.AVG는 뭔가요?

RANK 함수는 2010 버전 이상부터 RANK.EQ와 RANK.AVG로 구분해 사용할 수 있습니다. 이전 버전과의 호환을 위해 RANK 함수도 제공합니다.

RANK.EQ는 RANK와 동일한 결과를 구하는 함수입니다. 예를 들어 2위가 2명이면 공동 2위가 되고, 그다음 순위는 3위 없이 4위가 됩니다.

RANK.AVG는 공동 순위가 있는 경우 순위의 구간 평균값을 구하는 함수입니다. 예를 들어 1등이 2명이면 1.5등, 2등이 2명이면 2.5등이 됩니다.

점수	순위
94	=rank
90	RANK.AVG
98	RANK.EQ
92	RANK
96	CUBERANKEDMEMBER
89	PERCENTRANK.EXC
	PERCENTRANK.INC
	PERCENTRANK

[4-4-미션]

누군가의 부탁

"신 주임님, 이 수영 기록표 좀 오늘 안으로 순위대로 정리해 주세요."

	A	B	C	D	E	F	G
1							
2				수영 100m			
3		번호	선수	기록	순위		
4		1	니다 센프	1:15:07			
5		2	도리스 하트	1:36:07			
6		3	리 마스텐브룩	1:16:08			
7		4	마리 브라운	1:21:06			
8		5	보니 밀링	1:20:06			
9		6	빌리 덴튀르크	1:22:00			
10		7	시빌 바워	1:26:06			
11		8	엘리너 홈	1:18:02			
12		9	잇 페휄런	1:13:02			
13		10	자밀라 윌러로바	1:35:00			
14		11	코르 킨트	1:13:05			
15		12	필리스 하딩	1:18:06			
16							

① RANK 함수를 이용해 순위를 정해야 합니다.
② Order 인수에 1을 입력해야 오름차순으로 순위가 매겨집니다.

함께 보면 좋은
동영상 강의

정답 및 해설 [4-4-미션_정답]

04-5 숫자 자릿수를 버림하는 함수

• 실습 파일 4-5-ROUNDDOWN함수 • 완성 파일 4-5-ROUNDDOWN함수_완성

ROUNDDOWN 함수

ROUNDDOWN은 숫자 데이터를 지정한 자릿수가 되도록 버림하는 함수입니다. 이와 비슷하게 올림하는 ROUNDUP 함수와 반올림하는 ROUND 함수가 있습니다.

=ROUNDDOWN(Number, Num_digits) 수를 지정한 자릿수로 버림합니다.
• Number: 버림하려는 숫자입니다.
• Num_digits: 버림하려는 자릿수를 지정합니다.

=ROUNDUP(Number, Num_digits) 수를 지정한 자릿수로 올림합니다.
• Number: 올림하려는 숫자입니다.
• Num_digits: 올림하려는 자릿수를 지정합니다.

=ROUND(Number, Num_digits) 수를 지정한 자릿수로 반올림합니다.
• Number: 반올림하려는 숫자입니다.
• Num_digits: 반올림하려는 자릿수를 지정합니다.

Num_digits 인수는 1원 단위, 10원 단위 등의 자릿수를 지정할 때 음수로 입력하고, 소수 이하 자릿수를 지정할 때 양수로 입력합니다.

하면 된다! ⟩ ROUNDDOWN 함수로 1원 단위 버림하기

[지급내역] 시트

인사과
정 과장

아르바이트생의 시간당 임금을 지급하기 위해 내역을 정리 중입니다. 시간당 계산된 금액에 소득세 3.3%를 제외하고 실지급액을 구했더니 1원 단위까지 계산됩니다. 1원 단위를 없애고 싶을 때는 어떻게 사용해야 하나요?

ROUNDDOWN 함수로 실지급액의 1원 단위를 버림하면 0으로 조정할 수 있습니다.

1 [G5] 셀을 선택한 후 =ROUNDDOWN()을 입력하고 함수 삽입 버튼 *fx* 을 클릭해 [함수 인수] 대화 상자를 실행합니다. 첫 번째 인수인 Number 입력 창에 금액인 [E5] 셀을 선택한 후 −(빼기)를 입력하고 소득세인 [F5] 셀을 선택하면 **E5-F5**가 입력됩니다.

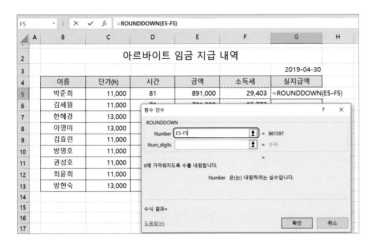

2 첫 번째 인수에서 작성한 **금액-소득세**의 결과는 1원 단위까지 구해집니다. 1원 단위를 버림하기 위해 Num_digits 인수 입력 창에 **-1**을 입력합니다. -1은 '1원 자릿수를 0으로 버림한다'는 의미입니다.

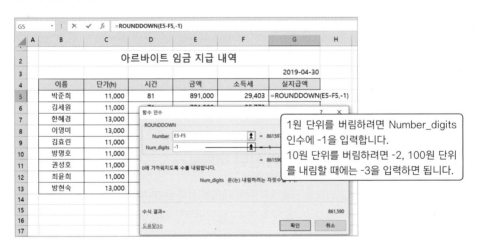

> 1원 단위를 버림하려면 Number_digits 인수에 -1을 입력합니다.
> 10원 단위를 버림하려면 -2, 100원 단위를 내림할 때에는 -3을 입력하면 됩니다.

함께 보면 좋은 동영상 강의

ROUNDDOWN 함수와
ROUNDUP 함수

하면 된다! } 소수 첫째 자리까지 나타내고 나머지 버림하기

[교육결과] 시트

ROUNDDOWN 함수로 소수도 버림할 수 있습니다. [교육결과] 시트에서 교육생들의 각 점수에 대한 평균을 구하고 소수 첫째 자리까지 나타내고 나머지는 버림해 보겠습니다.

1 [I5] 셀을 선택한 후 [수식] 탭 → [함수 라이브러리] 그룹 → [자동 합계 드롭다운 ▼] → [평균]을 선택합니다.

[I5] 셀에 =AVERAGE(F5:H5)가 자동으로 작성됩니다. 평균을 구할 '보고서 이론 ~ 프레젠테이션'까지 범위가 정확하게 선택돼 있으므로 [Enter]를 누릅니다.

2 1번 교육생의 평균을 구했다면 다시 [I5] 셀을 선택하고 채우기 핸들에 마우스 커서를 올려놓은 다음 더블클릭해 보세요. [I24] 셀까지 마우스를 드래그하지 않고도 수식이 채우기됩니다. 단, 열 범위에 수식을 복사할 때만 더블클릭할 수 있고 바로 왼쪽 열에 데이터가 채워져 있는 셀만큼 복사됩니다.

채우기 핸들에 마우스 커서를 맞추고 더블클릭

이렇게 구한 결과는 소수
일곱 번째 자리까지 나타
나 보기가 불편합니다. 소
수 첫째 자리까지 나타내
고 나머지 자릿수는 버림
하겠습니다.

출석번호	성명	연령	지역	보고서 이론	보고서 실무	프레젠테이션	평균
1	박준희	45	동구	94	100	96	96.6666667
2	김세원	65	수영구	95	95	89	93
3	한혜경	50	서구	98	100	95	97.6666667
4	이영미	46	동구	94	98	97	96.3333333
5	김효린	45	서구	96	100	98	98
6	방명호	58	동래구	94	95	96	95
7	권성호	47	남구	100	96	89	95
8	최윤희	46	동구	87	89	95	90.3333333

3 셀 범위 [I5:I24]에 구한 평균을 선택한 후 Delete 를 눌러 제거합니다.

4 이번에는 ROUNDDOWN 함수에 평균을 구하는 AVERAGE 함수를 중첩하겠습니다. [I5]
셀을 선택한 후 =ROUNDDOWN()을 입력하고 함수 삽입 버튼 *fx* 을 눌러 [함수 인수] 대화
상자를 실행합니다.

5 첫 번째 Number 인수 입력 창에 AVERAGE()를 입력합니다. 수식 입력줄에서 AVERAGE
함수를 클릭하세요. [함수 인수] 대화 상자가 AVERAGE를 작성할 수 있는 상태로 변경됩니다.

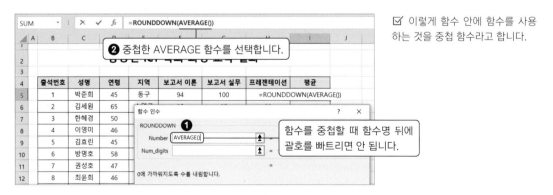

☑ 이렇게 함수 안에 함수를 사용
하는 것을 중첩 함수라고 합니다.

ROUNDDOWN 함수에 AVERAGE 함수를 중첩하는 이유는 '보고서 이론'에서 '프레젠테이션'까지 평균을 구한 후 소수 첫째 자리까지 나타내고 나머지 자릿수를 버림하기 위함입니다.

6 [AVERAGE 함수 인수] 대화 상자의 Number1 인수 입력 창을 클릭하고 셀 범위 [F5:H5]까지 드래그합니다. 그리고 수식 입력줄에서 ROUNDDOWN 함수를 선택합니다.

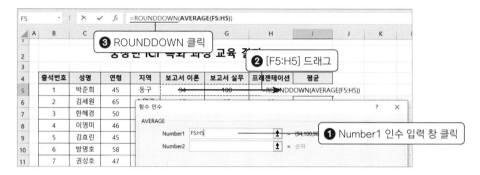

7 [ROUNDDOWN 함수 인수] 대화 상자로 바뀌면 Num_digits 인수에 1을 입력한 후 [확인] 버튼을 클릭합니다.

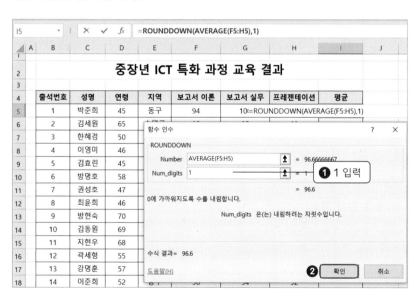

8 [I5] 셀에 소수 첫째 자리까지 표시하는 평균을 구했습니다. 마지막으로 [I5] 셀의 채우기 핸들에 마우스 커서를 올려놓은 후 더블클릭하면 수식이 복사돼 전체 교육생의 평균이 구해집니다.

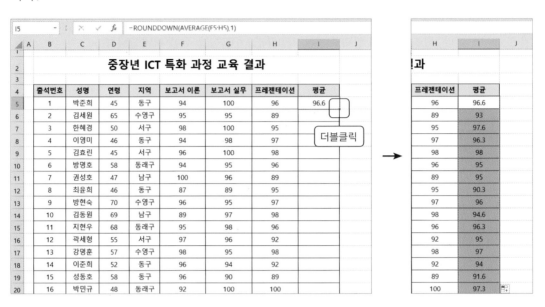

[4-5-미션]

"지난번에 가져왔던 사용료 인상 계획표인데, 100원 단위를 반올림해 줄 수 있나요?"

① 각 인상 사용료 = 사용료 × (1+인상율)
② ROUND 함수를 사용해 100원 단위까지 표시하고 반올림합니다.

	제품명	사용료	2020년	2021년	2022년
			5%	10%	15%
	A 제품	32,000			
	B 제품	35,000			
	C 제품	34,000			
	D 제품	28,000			
	E 제품	54,000			
	F 제품	18,000			
	G 제품	85,000			
	H 제품	43,000			

사용료 인상 계획

2019-10

함께 보면 좋은
동영상 강의

정답 및 해설 [4-5-미션_정답]

04-6 개수를 구하는 함수

• 실습 파일 4-6-COUNT함수 • 완성 파일 4-6-COUNT함수_완성

COUNT와 COUNTA 함수

COUNT와 COUNTA는 범위에서 빈 셀을 제외한 셀의 개수를 세는 함수입니다. COUNT 함수는 숫자가 입력된 셀만 세고, COUNTA 함수는 숫자와 문자가 입력된 셀 모두를 셉니다.

=COUNT(Value1, Value2…)

=COUNTA(Value1, Value2…)
• Value: 개수를 셀 범위

하면 된다! } COUNTA 함수를 사용해 개수 구하기

[중장년ICT특화과정] 시트

공무원
최 주임

저는 중장년 ICT 특화 과정을 담당하고 있습니다. 엑셀로 작성한 출석부를 뽑아 펜으로 체크하고, 컴퓨터에 입력하는 일을 하는데요. 엑셀 기능 중에 'O'의 개수를 세어주는 함수가 있다고 하더라고요. 자세히 알고 싶어요!

먼저 '중장년 ICT 특화 과정 출석부'에서 출석 인원수와 출석 일수를 구해 보겠습니다. 출석 여부는 'O'로 표시해 뒀습니다. 이 경우에는 숫자, 문자를 모두 세는 COUNTA 함수를 사용해야 합니다.

함께 보면 좋은
동영상 강의

1 [F25] 셀을 선택한 후 =COUNTA(를 입력하고 셀 범위 [F5:F24]를 마우스로 선택한 다음 [Enter]를 누릅니다.

	A	B	C	D	E	F	G	H	I	J	K	L	M	N	O	P	Q	R	S	T
1																				
2				중장년 ICT 특화 과정 출석부																
3																				
4		출석번호	성명	연령	지역	7/2	7/3	7/4	7/5	7/6	7/9	7/10	7/11	7/12	7/13	출석 일수		수료 인원/8일 이상		
5		1	박준희	45	동구	O	O													
6		2	김세원	65	수영구	O	❷ 셀 범위 [F5:F24] 선택한 후 [Enter]										지역	수료 인원수	
7		3	한혜경	50	서구	O	O										동구		
8		4	이영미	46	동구	O	O		O	O			O	O	O		수영구		
24		20	최선하	52	동구	🔁		O							O	O			
25		출석인원				=COUNTA(F5:F24			❶ =COUNTA(입력										
26		결석인원				COUNTA(value1, [value2]													

04 • 수식과 함수 — 내가 원하는 대로 계산해 주는 엑셀   175

2 결과를 확인한 후 [O25] 셀까지 수식을 복사해 나머지 인원수도 구합니다.

					7/2	7/3	7/4	7/5	7/6	7/9	7/10	7/11	7/12	7/13		
18	14	이준희	52	동구	○	○	○	○		○	○	○	○			
19	15	성동호	58	동구		○	○	○	○	○	○	○	○			
20	16	박민규	48	동래구	○		○		○	○	○	○	○	○		
21	17	김찬효	49	수영구		○	○	○		○	○	○	○	○		
22	18	한경하	50	남구	○	○	○	○			○	○	○			
23	19	이혜림	50	서구	○	○	○	○	○		○	○	○	○		
24	20	최선하	52	동구	○		○	○		○	○	○	○	○		
25	출석인원				16	14	20	16	12	15	14	20	17	12		
26	결석인원															
27																

3 이번에는 출석 일수를 구해 보겠습니다. [P5] 셀을 선택한 후 =COUNTA(를 입력하고 셀 범위 [F5:O5]를 마우스로 선택한 다음 [Enter]를 누릅니다. 수식을 채우기해 나머지 출석 일수를 구합니다.

빈 셀의 개수를 구하는 COUNTBLANK 함수

COUNTBLANK는 빈 셀의 개수를 구하는 함수입니다. 일자별 결석 인원수를 구해 보겠습니다.

> =COUNTBLANK(Range)
> • Range: 개수를 구할 셀 범위

하면 된다! } COUNTBLANK 함수를 사용해 빈 셀 개수 구하기

1 결과를 구할 [F26] 셀을 선택한 후 =COUNTBLANK(를 입력합니다. 1회차 출석인원 범위인 셀 범위 [F5:F24]를 인수로 지정한 후 [Enter]를 누릅니다.

2 결과를 확인한 후 수식을 채우기해 나머지 결석 인원수를 구합니다.

23	19	이혜림	50	서구	○	○	○	○	○	○	○	○	○	10
24	20	최선하	52	동구	○		○	○		○	○	○	○	8
25		출석인원			16	14	20	16	12	15	14	20	17	12
26		결석인원			4	6	0	4	8	5	6	0	3	8
27														

조건에 맞는 개수를 구하는 COUNTIF와 COUNTIFS 함수

COUNTIF는 하나의 조건에 맞는 개수를 구하는 함수이고 COUNTIFS는 여러 개의 조건과 일치하는 개수를 구하는 함수입니다. 최대 127개의 조건을 적용할 수 있습니다.

> COUNT(개수) + IF(조건) = 조건에 맞는 개수
> COUNT(개수) + IF(조건) + S(복수) = 여러 조건에 맞는 개수

실무에서는 조건이 1개든 여러 개든 COUNTIFS 함수를 사용하면 됩니다. 하지만 자격증을 취득하기 위해 공부하고 있다면 두 함수를 구분해 사용할 수 있어야 합니다.

=COUNTIF(Range, Criteria)
- Range: 조건에 맞는지 검사할 셀 범위
- Criteria: 개수를 셀 조건

=COUNTIFS(Criteria_range1, Criteria1, ⋯ Criteria_range127, Criteria127)
- Criteria_Range1: 조건에 맞는지 검사할 셀 범위
- Criteria1: 개수를 셀 조건

하면 된다! } COUNTIF 함수를 사용해 조건에 맞는 개수 구하기

출석일이 8일 이상 되는 수료 인원수를 구하기 위해 COUNTIF 함수를 사용해 보겠습니다.

1 [S4] 셀을 선택한 후 =COUNTIF()를 입력하고 함수 삽입 버튼 f_x 을 클릭합니다. [함수 인수] 대화 상자가 나타나면 Range 인수 입력 창에 [P5:P24]를 선택합니다.

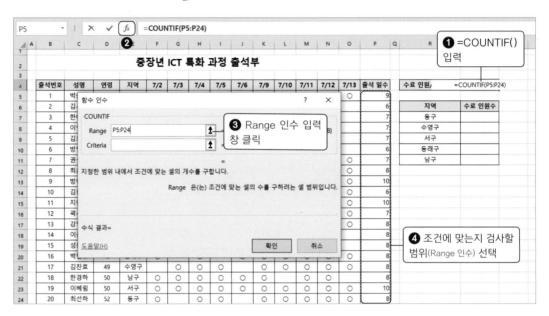

2 Criteria는 조건을 입력하는 인수입니다. 현재의 수료 조건은 출석 일수가 8일 이상이므로 Criteria 인수 입력 창에 조건 ">=8"을 입력하고 [Enter]를 누릅니다.

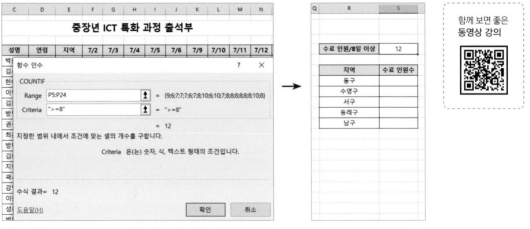

☑ 조건을 입력하는 Criteria 인수에는 문자, 숫자, 수식을 입력해야 합니다. 이때 인수를 입력하는 규칙은 문자와 수식을 ""(큰따옴표)로 묶어 입력하는 것입니다. [함수 인수] 대화 상자를 이용해 인수를 입력하면 자동으로 ""(큰따옴표)가 입력됩니다.

함수를 사용해 구한 수료 인원수에 단위 "명"을 붙이고 싶을 때는 어떻게 해야 하나요?

먼저 숫자에 단위 문자를 붙이려면 단축키 Ctrl + 1 을 눌러 [셀 서식] 대화 상자가 실행되도록 해야 합니다. [표시 형식] 탭의 [범주] → [사용자 지정]을 선택한 후 형식 입력 창에 0"명"을 입력합니다.

숫자에 단위 문자를 표시하려면 숫자를 표시하는 서식 기호 0을 입력한 후 단위 문자를 붙여 주면 됩니다.

하면 된다! } COUNTIFS 함수를 사용해 여러 조건에 맞는 개수 구하기

이번에는 지역별 수료 인원수를 구해 보겠습니다. 지역이 일치하고 출석 일수가 8일 이상인 두 조건에 맞는 결과를 구할 때는 COUNTIFS 함수를 사용합니다.

함께 보면 좋은
동영상 강의

1 먼저 동구 지역의 수료 인원수를 구해 보겠습니다. [S7] 셀을 선택한 후 =COUNTIFS()를 입력하고 [함수 인수] 대화 상자를 실행합니다.

2 첫 번째 조건 '동구'는 지역에 해당합니다. Criteria_range1 인수는 지역 범위인 [E5:E24]를 선택한 후 F4 를 눌러 절대 참조하고 Criteria1 인수로는 [R7]을 지정합니다.

☑ Criteria_range1 인수는 수료 인원수를 구한 수식을 복사하더라도 참조 셀이 변하지 않도록 절대 참조합니다.

이번에는 출석 일수가 8회 이상 되는지를 검사하는 두 번째 조건을 작성해 보겠습니다.

❸ Criteria_range2 인수 입력 창에 출석 일수 범위에 해당하는 [P5:P24]를 선택한 후 F4 를 눌러 절대 참조하고 Criteria2 인수 입력 창에 조건 ">=8"을 입력하고 [확인] 버튼을 클릭합니다.

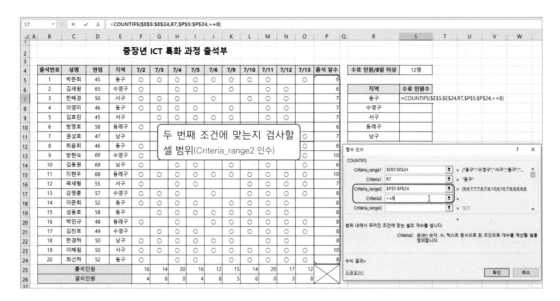

❹ 수식을 복사해 나머지 지역의 수료 인원수를 구합니다. 지역별 수료 인원수에 단위 문자 "명"도 붙여 보세요.

수료 인원/8일 이상	12명
지역	수료 인원수
동구	5명
수영구	3명
서구	1명
동래구	2명
남구	1명

하면 된다! } 연령별 수료 인원수 구하기

마지막으로 연령별 수료 인원수를 구해 보겠습니다. '중장년 ICT 특화 과정' 수강생의 연령은 40세 이상, 70세 미만으로 구성되어 있습니다.

❶ 먼저 다른 표를 참고해 셀 범위 [R13:S16]에 수료 인원수를 집계할 집계표를 만듭니다. [R13] 셀에 **연령**, [S13] 셀에 **수료 인원수**를 입력하세요. 그리고 조건에 해당하는 연령을 입력할 때 **40대**를 직접 셀에 입력하면 엑셀에서는 문자 데이터로 인식해 함수식에서 조건으로 사용할 수 없습니다. 조건으로 사용되는 집계표에는 40, 50, 60과 같이 숫자만 입력해야 합니다.

2 연령을 입력한 범위 [R14:R16]을 선택한 후 단축키 Ctrl + 1 을 눌러 [셀 서식] 대화 상자를 실행합니다. [사용자 지정] 탭에서 [범주] → [사용자 지정]을 선택한 후 [형식] 입력 창에 0"대"를 입력하고 [확인] 버튼을 클릭합니다.

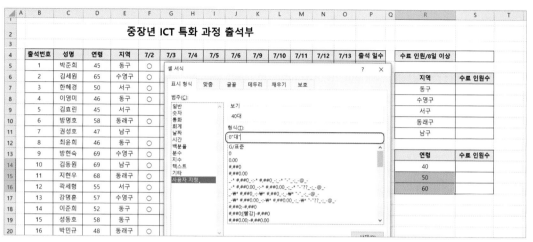

☑ 표의 서식을 복사하는 방법은 184쪽 질문있어요를 참고하세요.

3 먼저 40대 수료 인원수를 구할 셀 [S14]를 선택하고 함수 =COUNTIFS()를 입력한 다음 함수 삽입 대화 상자를 엽니다. Criteria_range1 인수 입력창에 연령 범위에 해당하는 [D5:D24]를 선택하고 F4 를 눌러 절대 참조합니다.

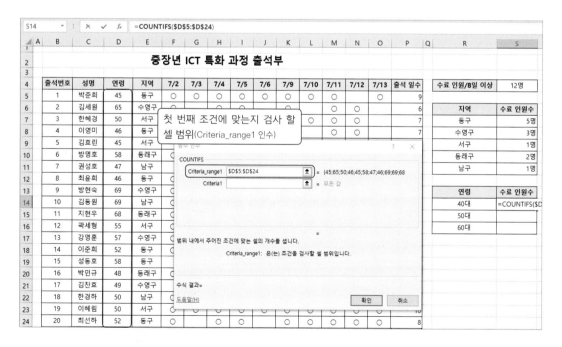

4 Criteria1 인수 입력창에 조건 "$>=$" & R14를 입력해야 합니다. 그렇지 않고 "$>=$R14"라고 한꺼번에 입력하면 엑셀은 R14를 셀 주소가 아닌 문자로 인식해 정확한 결과를 구할 수 없습니다.

5 그리고 50세 미만 조건을 작성해야 합니다. Criteria_range2 인수 입력창에 다시 연령 범위 [D5:D24]를 지정하고 절대 참조한 후 Criteria2 인수 입력창에 조건 "$<$"&R14+10을 입력합니다. 40대 조건은 40세에서 50세 미만에 해당하기 때문에 현재 연령에서 10을 더하는 수식을 조건으로 작성하면 됩니다.

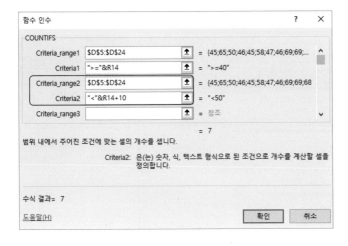

함께 보면 좋은
동영상 강의

6 이번에는 수료 일수가 8일 이상인지 비교하는 조건을 작성하겠습니다. Criteria_range3 인수 입력창에 커서를 두고 출석 일수 [P5:P14] 셀 범위를 지정하고 절대 참조합니다. 그리고 Criteria3 인수 입력창에 "〉=8"을 입력한 후 [확인] 버튼을 클릭합니다.

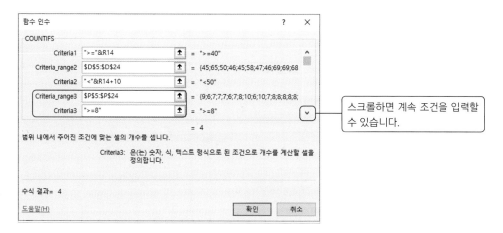

스크롤하면 계속 조건을 입력할 수 있습니다.

연령별 수료 인원수를 구했습니다. 채우기 핸들로 [S16] 셀까지 채우고 셀 서식도 적용해 단위를 붙여 보세요.

출석번호	성명	연령	지역	7/2	7/3	7/4	7/5	7/6	7/9	7/10	7/11	7/12	7/13	출석 일수		수료 인원/8일 이상	12명
1	박준희	45	동구	○	○	○	○	○	○	○		○		9			
2	김세원	65	수영구			○		○		○	○		○	6		지역	수료 인원수
3	한혜경	50	서구	○	○		○		○		○	○	○	7		동구	5명
4	이영미	46	동구	○	○	○		○			○	○	○	7		수영구	3명
5	김효린	45	서구		○	○	○	○	○	○			○	7		서구	1명
6	방명호	58	동래구	○			○		○		○	○	○	6		동래구	2명
7	권성호	47	남구		○	○	○			○	○	○	○	7		남구	1명
8	최윤희	46	동구	○	○	○	○	○		○	○			8			
9	방현숙	69	수영구	○	○	○	○	○	○	○	○	○	○	10		연령	수료 인원수
10	김동원	69	남구	○			○		○		○	○	○	6		40대	4명
11	지현우	68	동래구	○	○	○	○	○	○	○	○	○	○	10		50대	6명
12	곽세형	55	서구	○	○		○	○	○		○		○	7		60대	2명
13	강명훈	57	수영구		○	○	○		○	○	○	○		8			
14	이준희	52	동구	○	○	○		○		○	○	○		8			
15	성동호	58	동구		○	○	○	○	○		○		○	8			
16	박민규	48	동래구	○			○	○		○	○	○	○	8			
17	김찬효	49	수영구		○	○		○	○	○	○	○		8			
18	한경하	50	남구		○	○	○	○	○		○		○	8			
19	이혜림	50	서구	○	○	○	○	○	○	○	○		○	10			
20	최선하	52	동구	○		○		○	○		○	○	○	8			
출석인원																	
결석인원																	

표의 서식을 통일되게 설정하는 방법을 알려주세요.

[서식 복사]를 사용하면 간단하게 서식을 복사할 수 있습니다.

먼저 서식을 복사할 범위를 선택하고 마우스 오른쪽 버튼을 눌러 [서식 복사]를 선택합니다. 그런 다음 적용할 범위 마우스로 드래그해 선택하면 됩니다.

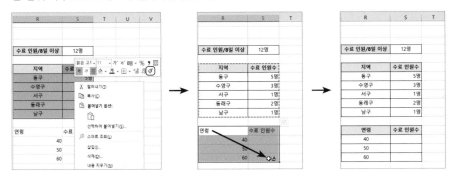

[4-6-미션]

"이번에 진행했던 설문 조사 결과를 정리해 표로 만들어 주세요~"

① COUNTIF 함수를 사용해야 합니다.
② 셀 선택 단축키는 Ctrl + Shift + ↓ 입니다.

함께 보면 좋은
동영상 강의

	A	B	C	D	E	F	G	H	I	J	K	L	M	N	O
1	아이디	시도	연령	성별	문1	문2	문3	문4			설문 조사 결과				
2	10	1	45	2	2	2	3	3							
3	109	1	45	1	2	4	3	1		시도		인원수	성별	인원수	
4	142	17	49	1	2	2	3	1		서울	1		남	1	
5	191	15	22	1	2	4	3	2		부산	2		여	2	
6	219	9	25	1	1	2	1	4		대구	3				
7	279	16	25	2	3	6	3	3		인천	4				
8	298	10	73	1	2	4	4	4		광주	5				
9	315	10	27	2	2	4	3	1		대전	6				
10	363	2	19	1	1	2	2	2		울산	7				
11	382	1	32	1	2	1	3	1		세종	8				
12	400	1	26	2	2	7	1	1		경기	9				
13	433	1	75	1	2	7	3	5		강원	10				
14	460	4	42	1	2	7	3	4		충북	11				
15	465	14	65	1	2	7	1	1		충남	12				
16	468	8	31	1	2	7	4	4		전북	13				
17	469	16	56	2	2	7	3	1		전남	14				
18	487	15	42	1	2	1	3	3		경북	15				
19	507	16	48	1	2	7	3	1		경남	16				
20	534	9	37	1	2	4	4	1		제주	17				
21	625	1	27	1	1	7	1	1							
22	667	3	19	1	2	7	3	1							

설문조사

정답 및 해설 [4-6-미션_정답]

05 논리와 조건
— 똑똑한 엑셀 사용을 위한 기본 소양

"최 주임님! 이번에 ICT 수료하는 분들의 점수에 따라 등급을 매겼나요?" 아차! 어서 해야 지..! 박준희 94점이니까 A, 김세윤 82점이니까 B…. 너무 많다…. 실수를 할 것 같기도 하 고…. 그때 불현듯 최 주임의 머릿속에 함수 하나가 떠오른다.
"내가 원하는 값을 찾거나 등급을 매길 수 있는 VLOOKUP 함수!"

05-1 조건을 판별하는 논리 함수

05-2 조건에 맞는 데이터를 한눈에 확인하는 조건부 서식

05-3 조건에 맞는 데이터를 찾아 주는 VLOOKUP 함수

05-4 VLOOKUP을 뛰어넘는 INDEX+MATCH 함수

05-1 조건을 판별하는 논리 함수

• 실습 파일 5-1-IF함수   • 완성 파일 5-1-IF함수_완성

이번에는 조건을 판별하는 IF, AND, OR 함수를 익혀 보겠습니다. 이 함수들은 엑셀을 잘 사용하기 위해 꼭 필요한 함수이며 특히 IF는 다른 함수와 중첩해 다양한 결과를 구할 수 있어 활용도가 높은 함수입니다.

조건을 판별하는 기본, IF 함수

IF는 조건에 대한 참과 거짓의 결과를 구할 때 사용하는 함수입니다.

> **=IF(Logical_test, Value_if_true, Value_if_false)**
> • Logical_test: 참과 거짓을 판단할 조건을 입력합니다.
> • Value_if_true: 조건에 대한 참의 결과 값입니다.
> • Value_if_false: 조건에 대한 거짓의 결과 값입니다.

수식을 작성할 때 알아 둬야 하는 연산자들, 기억하시지요? 수식과 마찬가지로 조건식을 작성할 때 빠트릴 수 없는 요소가 비교 연산자입니다. 아래 표를 반드시 기억해 두세요!

연산자	기능	연산자	기능
=	같다	<>	같지 않다
>	크다(초과)	<	작다(미만)
>=	크거나 같다(이상)	<=	작거나 같다(이하)

하면 된다! } IF 함수를 사용해 조건에 맞는 참과 거짓의 결과 구하기 [논리함수-IF] 시트

'직원 정보화 교육 평가 결과' 데이터에서 평균에 대한 평가 결과를 구해 보겠습니다. 그전에 다음의 순서도에서 조건을 확인해 보세요.

함께 보면 좋은
동영상 강의

먼저 '평균이 50점 이상인가?'라는 조건을 작성한 후 50점 이상이라면 "우수"라는 참의 결과 값을, 50점 이상이 아니라면 "노력"이라는 결과 값을 작성하면 됩니다.

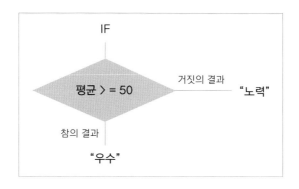

그럼, 조건을 수식으로 그대로 옮겨 보겠습니다.

1 [D4] 셀을 선택한 후 =IF()를 입력하고 [함수 인수] 대화 상자를 실행합니다.

2 Logical_test 인수 입력 창에 조건 **C4>=50**을 입력합니다.

3 Value_if_true 인수 입력 창에 **우수**, Value_if_false 인수 입력 창에 **노력**을 입력합니다. **" "** (큰따옴표)는 자동으로 입력됩니다.

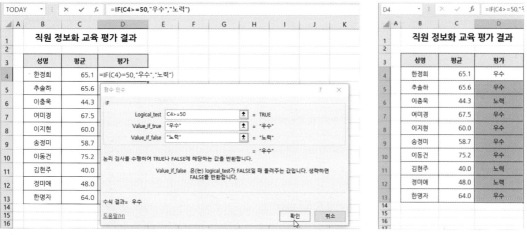

☑ 조건을 작성할 때는 비교 연산자를 정확하게 알고 사용해야 합니다. >(크다), >=(크거나 같다)의 결과는 다릅니다. 예를 들어 50점 이상은 50점을 포함하지만, 50점 초과는 50점을 포함하지 않으니까요.

4 [D4] 셀에 우수라는 결과 값이 잘 나왔다면 [D13] 셀까지 수식을 채워 마무리합니다.

하면 된다! } 결과 값을 빈칸으로 표시하기

조건에 대한 참과 거짓의 결과 값은 문자뿐만 아니라 빈칸, 특수 문자, 수식으로 다양하게 표시할 수 있습니다. 이번에는 조건이 참이면 '우수'를 표시하고 조건이 거짓이면 빈칸 상태로 처리해 보겠습니다.

1 [D4] 셀을 선택한 후 함수 삽입 버튼 f_x 을 누릅니다. [함수 인수] 대화 상자가 나타나면서 수식을 수정할 수 있는 상태가 됩니다.

2 나머지 인수는 그대로 둔 상태에서 Value_if_false 인수 입력 창에 **"노력"** 대신 **""**(큰따옴표)를 입력합니다. 엑셀에서는 빈칸도 문자열로 인식하기 때문에 **""**를 입력해야 합니다.
앞과 마찬가지로 수식을 [D13] 셀까지 채워 보세요. 노력이라고 입력돼 있던 셀이 빈칸으로 모두 바뀌었습니다.

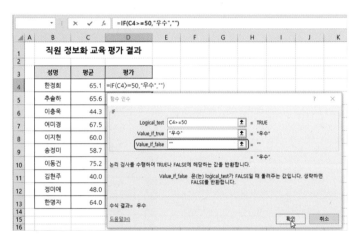

Value_if_false 인수를 생략하면 어떻게 되나요?

Value_if_false 인수를 생략하면 조건이 거짓일 경우의 결과가 빈칸으로 표시되는 것이 아니라 논리 값 FALSE로 표시됩니다.

3	성명	평균	평가
4	한정회	65.1	우수
5	추술하	65.6	우수
6	이충옥	44.3	FALSE
7	여미경	67.5	우수
8	이지현	60.0	우수
9	송경미	58.7	우수
10	이동건	75.2	우수
11	김현주	40.0	FALSE
12	경미애	48.0	FALSE

하면 된다! } 결과 값을 ↗, ↘와 같은 특수 문자로 표시하기

이번에는 참과 거짓의 결과 값을 좀 더 직관적으로 보기 위해 특수 문자를 사용하겠습니다. 평균이 50점 이상이면 ↗(위쪽 화살표), 50점 미만이면 ↘(아래쪽 화살표)로 표시해 보겠습니다.

1 [D4] 셀을 선택한 후 함수 삽입 버튼 *fx* 을 누릅니다. [함수 인수] 대화 상자가 실행되면서 기존 수식을 수정할 수 있는 상태가 됩니다. Logical_test 인수는 그대로 두고 나머지 Value_if_true와 Value_if_false 인수를 수정합니다.

2 Value_if_true 인수 입력 창에 마우스 커서를 올려놓은 후 한글 자음인 ㅁ(미음)을 입력하고 [한자]를 누릅니다. 특수 문자를 선택하는 목록 상자가 실행됩니다. 목록 상자 아래에 있는 보기 변경 버튼 ≫ 을 누르면 목록 상자가 확장됩니다.

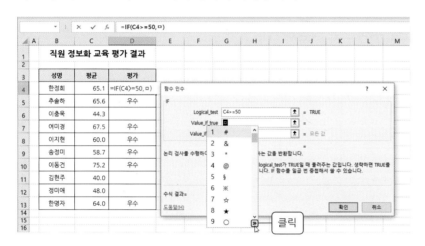

3 확장된 목록 상자에서 ↗를 선택하면 인수 입력 창에 입력됩니다.

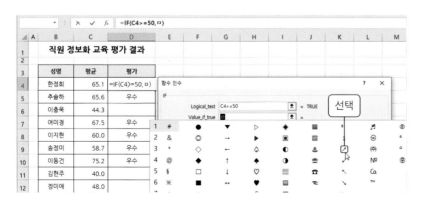

4 **3**과 같은 방법으로 Value_if_false 인수 입력 창에 \를 입력한 후 [확인] 버튼을 클릭합니다. 이때 자동으로 /와 \에 큰따옴표가 입력됩니다.

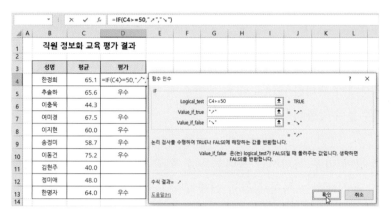

하면 된다! ﹜ 결과 값을 수식으로 작성하기

[결과값을수식으로작성] 시트

이번에는 과제를 제출한 경우 평균 점수에 과제 점수 20을 더해 총점을 구하고 과제를 제출하지 않았다면 과제 점수 없이 평균을 총점으로 하는 결과를 구해 보겠습니다. 아래의 순서도로 조건을 확인해 보세요.

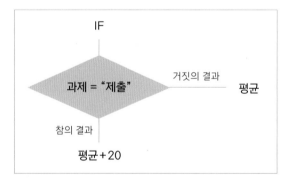

함께 보면 좋은
동영상 강의

1 총점을 구할 [E4] 셀을 선택한 후 함수 =IF()를 입력하고 [함수 인수] 대화 상자를 실행합니다.

2 Logical_test 인수 입력 창에 조건 D4="제출"을 입력합니다.

❸ Value_if_true 인수 입력 창에 **C4+20**을 입력합니다. Value_if_false 인수 입력 창을 클릭한 후 [C4] 셀을 선택하고 [확인] 버튼을 클릭합니다.

❹ 총점 범위를 선택한 후 마우스 오른쪽 버튼을 눌러 소수 첫째 자리까지 표시되도록 [자릿수 줄임]을 클릭합니다.

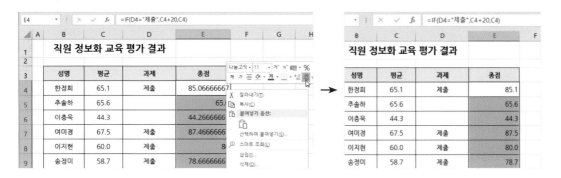

조건이 둘 이상이라면! AND 함수와 OR 함수

IF 함수는 조건이 둘 이상인 경우 두 조건이 모두 참일 때 True를 반환해야 하는지, 둘 중 어느 조건 하나만이라도 참일 때 True를 반환해야 하는지 알지 못합니다. 그래서 그 두 가지 경우를 판단할 수 있는 AND 또는 OR 중 하나를 IF 함수 조건식에 중첩해 작성해야 합니다.

AND는 모든 조건이 참일 때 True를 반환하는 함수, OR는 모든 조건 중에 하나라도 참이면 True를 반환하는 함수입니다.

> =AND(Logical1, Logical2,…)
>
> =OR(Logical1, Logical2,…)
> - Logical1, Logical2…: True, False 값을 갖는 조건. 1~255개까지 지정할 수 있습니다.

조건 1	조건 2	AND 결과	OR 결과
True	True	True	True
True	False	False	True
False	True	False	True
False	False	False	False

AND 함수는 모든 조건이 참이여야 하고, OR 함수는 한 조건만 참이면 True가 되는구나!

두 가지 조건에 따라 AND 함수와 OR 함수가 반환하는 결과 값

하면 된다! } IF 함수에서 조건식을 작성할 때 AND 함수 중첩하기 [AND함수중첩] 시트

인사과
정 과장

우리 회사는 매년 정보화 교육 50시간을 이수하고 그 평가 결과를 인사고과에 반영합니다. 인사과에 근무하는 저는 교육 운영과 평가 결과를 정리해 보고하는 일을 하고 있습니다.
엑셀에서 각 직원의 평균이 70점 이상이면서 과제를 제출한 경우 "수료" 처리를 하는데 이렇게 두 가지 이상의 조건에 맞는 참과 거짓의 결과는 어떻게 구하나요?

위 사연의 경우 조건을 판단하는 IF 함수에 AND 함수를 중첩하면 결과를 구할 수 있습니다. 순서도로 표현하면 다음과 같습니다.

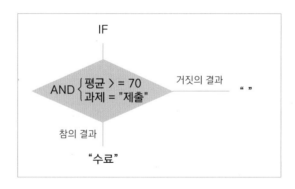

함께 보면 좋은
동영상 강의

1 수료 여부를 구할 [E4] 셀을 선택한 후 =IF()를 입력하고 [함수 인수] 대화 상자를 실행합니다. 첫 번째 조건을 입력하는 Logical_test 인수 입력 창에 AND()를 입력하고 함수를 중첩합니다.

2 수식 입력줄에서 중첩한 AND 함수를 선택합니다. [함수 인수] 대화 상자가 [AND 함수 인수] 대화 상자로 변경됩니다.

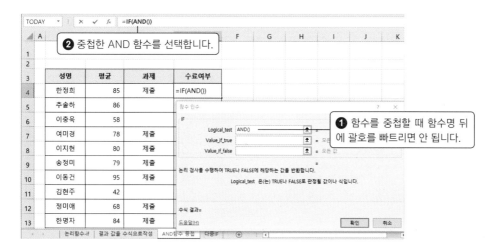

3 Logical1 인수 입력 창에 첫 번째 조건 C4>=70, Logical2 인수 입력 창에 두 번째 조건 D4="제출"을 입력합니다.

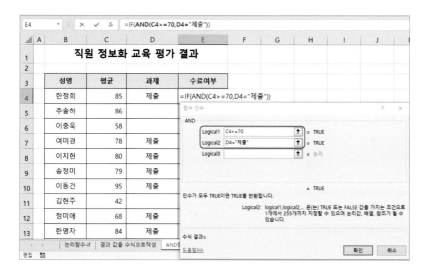

4 AND 함수의 두 조건을 모두 작성했다면 수식 입력줄에서 IF 함수를 선택합니다. [IF 함수 인수] 대화 상자에서 두 번째 인수 Value_if_true 입력 창에 **"수료"**, 세 번째 인수 Value_if_false 입력 창에 **""**(빈칸)을 입력한 후 [확인] 버튼을 클릭합니다.

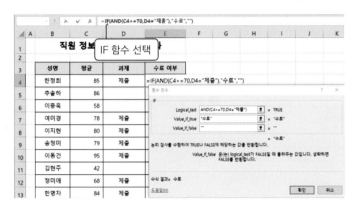 

조건이 참이면 수료 여부에 수료, 조건이 거짓이면 빈칸으로 표시됩니다.

하면 된다! } 두 시트를 비교해 참과 거짓의 결과 구하기 [6월평가] 시트

[3월평가] 시트와 [6월평가] 시트를 비교해 6월 총점이 3월 총점을 초과한 경우 **상승**이라고 표시해 보겠습니다.

1 [6월 평가] 시트 [F4] 셀을 선택한 후 함수 =IF()를 입력하고 [함수 삽입] 버튼 🔎 을 누릅니다. Logical_test 인수 입력 창을 클릭한 후 [E4] 셀을 선택하고 〉(크다)를 입력합니다. 상승 조건은 3월 평균 점수보다 6월 평균 점수가 높아야 합니다. 같은 경우에도 상승은 아닙니다.

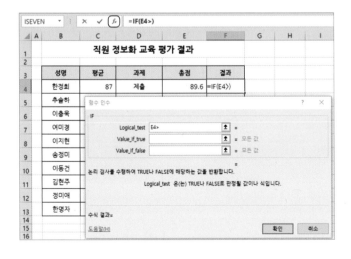

함께 보면 좋은
동영상 강의

2 [3월평가] 시트를 선택한 후 [E4] 셀을 선택합니다. 완성된 조건식은 **E4>'3월평가'!E4**가 됩니다.

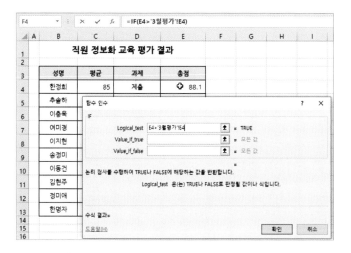

3 Value_if_true 인수 입력 창에 **"상승"**을 입력한 후 Value_if_false 인수 입력 창에 **""**(빈 칸)을 입력하고 [확인] 버튼을 클릭합니다. 수식을 채우기 해 다른 셀에도 결과를 구합니다.

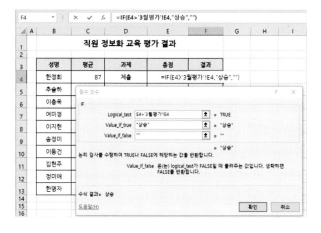

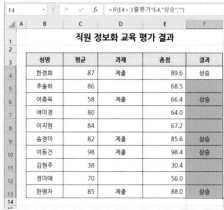

"[3월평가] 시트에서 교육 평가 결과 총점을 구해 주세요! 총점은 평균의 80%와 과제 점수 20점을 포함해 100점 만점으로 계산 부탁해요~"

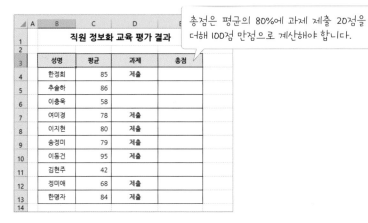

> 총점은 평균의 80%에 과제 제출 20점을 더해 100점 만점으로 계산해야 합니다.

함께 보면 좋은 동영상 강의

"[교육결과] 시트에서 각 과목 중 70점 미만이 한 과목이라도 있다면 과락 열에 '과락'이라고 표시해 주세요!"

정답 및 해설 [5-1-미션_정답]

05-2 조건에 맞는 데이터를 한눈에 확인하는 조건부 서식

• 실습 파일 5-2-조건부서식   • 완성 파일 5-2-조건부서식_완성

셀 강조 규칙과 상위/하위 규칙

05-1에서는 IF 함수를 사용해 평균 60점 이상일 때 ↗, 그렇지 않으면 ↘가 표시되도록 결과를 구했습니다. 이번에는 한발 더 나아가 한눈에 평가가 구분되도록 ↗는 파란색, ↘는 빨간색으로 나타내 보겠습니다. 이때 조건부 서식을 사용하면 쉽습니다.

조건부 서식은 특정 조건에 맞는 데이터를 한눈에 확인하기 위해 셀이나 셀 범위에 채우기 색상, 글자 색상, 진하게 등의 서식을 설정하는 기능입니다.

하면 된다! } 셀 강조 규칙으로 ↗, ↘를 색상으로 구별하기   [셀 강조 규칙] 시트

'직원 정보화 교육 평가 결과' 데이터에서 평가에 표시된 ↗, ↘를 색상으로 구분해 보겠습니다.

1 셀 범위 [D4:D13]을 선택한 후 [홈] 탭 → [스타일] 그룹 → [조건부 서식] → [셀 강조 규칙] → [같음]을 선택합니다.

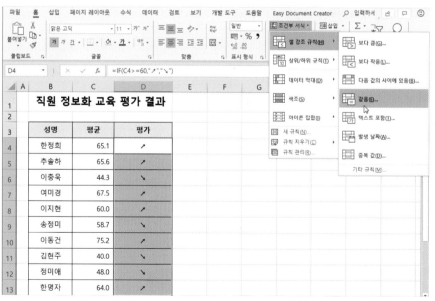

함께 보면 좋은
동영상 강의

☑ 조건부 서식을 적용하려면 서식을 적용할 셀 또는 범위를 먼저 선택해야 합니다.

2 [다음 값과 같은 셀의 서식 지정] 입력 창에 마우스 커서를 올려놓은 후 ㅁ(미음)을 입력하고 [한자]를 누릅니다. 특수 문자를 선택하는 목록 상자가 나타나면 보기 변경 버튼 ▓ 을 눌러 목록 상자를 확장한 후 ↗를 선택합니다.

3 글자색을 파란색으로 변경하기 위해 [적용할 서식 드롭다운🔽]을 누릅니다. 기본 서식에 파란색이 없으므로 [사용자 지정 서식]을 선택합니다.

4 [셀 서식] 대화 상자가 나타나면 [글꼴] 탭 → [색 드롭다운🔽]에서 파란색을 선택합니다.

5 /의 글자색이 파란색으로 변경되면 [확인] 버튼을 클릭합니다.

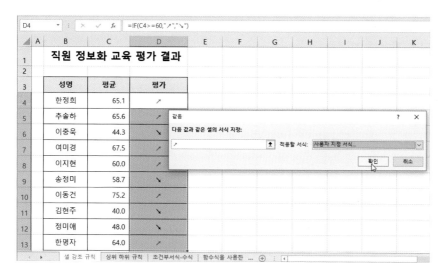

6 위와 같은 방법으로 \를 입력한 후 [적용할 서식 드롭다운⌄]을 누르고 [빨강 텍스트]를 선택한 다음 [확인] 버튼을 클릭합니다.

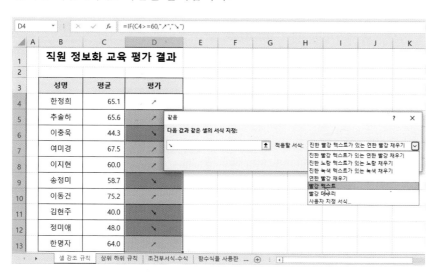

하면 된다! } 상위/하위 규칙으로 총점을 초과한 셀을 색상으로 강조하기 [상위 하위 규칙] 시트

이번에는 직원별 총점이 직원 전체 총점 평균을 초과한 경우 해당 직원의 총점 셀을 색상으로 구분하는 조건부 서식을 적용해 보겠습니다.

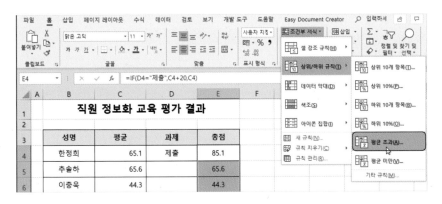

각 직원의 총점이 전체 총점의 평균보다 큰 경우에는 색상으로 강조합니다.

1 총점 셀 범위 [E4:E14]를 선택한 후 [홈] 탭 → [스타일] 그룹 → [조건부 서식] → [상위/하위 규칙] → [평균 초과]를 선택합니다.

2 전체 총점에 대한 평균 값을 초과한 경우, 채우기 색에 [연한 빨강 채우기]를 적용합니다.

하면 된다! 〉 조건부 서식 지우기

조건부 서식으로 적용한 채우기 색상, 글꼴 색상, 크기 등의 서식은 일반적인 방법으로 제거할 수 없습니다. 현재 시트에 조건부 서식이 여러 군데 설정된 경우, 특정 범위의 조건을 제거하려면 해당 범위를 선택한 후 [홈] 탭 → [스타일] 탭 → [조건부 서식] → [선택한 셀의 규칙 지우기]를 선택해야 합니다.

☑ 현재 시트 전체 조건부 서식을 지우려면 [시트 전체에서 규칙 지우기]를 선택해야 합니다.

하면 된다! 〉 조건에 맞는 행 전체를 색상으로 강조하기

[조건부서식-수식] 시트

인사과
정 과장

조건에 해당하는 셀에만 서식을 적용해 강조하는 것이 아니라 그 행 전체에 채우기 색상을 적용하려면 어떻게 해야 하나요? 예를 들어 총점이 70점 이상일 때 총점 셀뿐 아니라 이름을 포함한 그 행 전체를 색상으로 강조하고 싶어요.

조건 범위에 바로 서식을 적용하는 경우라면 앞에서 소개한 [셀 강조 규칙]과 [상위/하위 규칙]으로 충분합니다. 그러나 조건 범위가 아닌 곳에 서식을 적용하려면 이를 사용할 수 없습니다. 이런 경우 수식을 [새 규칙]으로 작성해야 합니다.

1 서식을 적용할 셀 범위 [B4:C13]을 선택한 후 [홈] 탭 → [스타일] 그룹 →[조건부 서식] → [새 규칙]을 선택합니다.

함께 보면 좋은
동영상 강의

2 [새 서식 규칙] 대화 상자가 나타나면 '수식을 사용해 서식을 지정할 셀 결정' 규칙 유형을 선택한 후 [규칙 설정 편집] 영역의 [다음 수식이 참인 값의 서식 지정] 입력 창에 마우스 커서를 올려놓고 수식을 작성합니다.

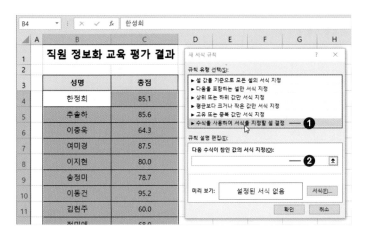

3 [C4] 셀을 선택한 후 F4를 두 번 눌러 $C4(혼합 참조)로 변경합니다. 열 머리글이 고정되는 혼합 참조로 변경됩니다. 그런 다음 조건 >=70을 입력합니다.

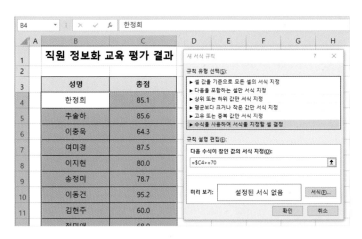

수식에 대한 설명을 덧붙여 보겠습니다. 첫 번째 총점 [$C4] 셀이 70점 이상인지 비교한 다음 조건에 일치하면 그 행 전체에 색상을 채웁니다. 그리고 다음 행인 [$C5] 셀이 70점 이상인지 비교합니다. 조건에 일치하면 그 행 전체에 색상을 채웁니다.

열 머리글을 고정하고 있기 때문에 [C] 열인 총점만 조건을 비교하고 조건부 서식은 종료됩니다.

4 [서식] 버튼을 클릭한 후 [셀 서식] 대화 상자가 나타나면 [채우기] 탭에서 색상을 선택하고 [확인] 버튼을 클릭합니다.

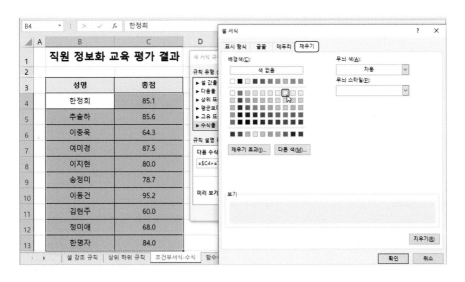

조건부 서식은 IF 함수의 논리를 기반으로 하고 있으므로 조건과 일치하면 서식을 적용하고 조건에 일치하지 않으면 서식을 적용하지 않습니다.

조건부 서식을 사용하지 않고 IF 함수를 사용해 "합격"이라는 문자로 결과를 표시해도 되지만 조건부 서식을 사용해 색상으로 표시하면 합격 정보를 한눈에 확인할 수 있는 장점이 있습니다. 데이터가 복잡하고 방대한 경우, IF 함수보다 조건부 서식이 더 효율적입니다.

IF 함수를 사용해 합격을 나타낸 경우   조건부 서식을 사용해 합격을 나타낸 경우

색상으로 구분하니 보기 편하네!

하면 된다! } AND 함수를 사용해 두 조건에 맞는 행 전체를 색상으로 강조하기

[함수식을사용한조건] 시트

평균 점수가 60점 이상이면서 과제를 제출한 경우, 데이터 행 전체에 채우기 색상을 적용해 보겠습니다.

1 먼저 서식을 적용할 셀 범위 [B4:D13]을 선택합니다. [홈] 탭 → [스타일] 그룹 → [조건부 서식] → [새 규칙]을 선택합니다. [새 서식 규칙] 대화 상자가 나타나면 '수식을 사용하여 서식을 지정할 셀 결정' 규칙 유형을 선택합니다.

함께 보면 좋은 동영상 강의

☑ 조건이 둘 이상인 경우 조건이 모두 맞는 경우에 서식을 적용할 것인지, 조건 중 하나라도 일치하면 서식을 적용할 것인지 판단하는 AND 또는 OR 함수를 사용합니다.

2 이제 [규칙 설정 편집] 영역의 [다음 수식이 참인 값의 서식 지정] 입력 창에 조건 수식 =AND($C4>=60, $D4="제출")을 입력한 후 [서식] 버튼을 클릭합니다.

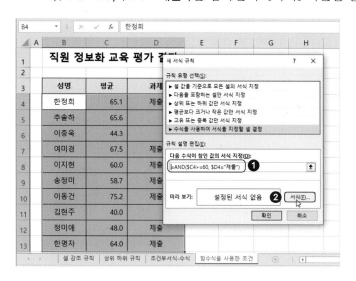

현재 조건은 모든 조건이 맞는 경우에 서식을 적용해야 합니다. AND 함수를 사용해야겠죠?

❸ [채우기] 탭에서 배경 색상을 선택한 후 [확인] 버튼을 클릭하고 새 서식 규칙 상자에서 [확인] 버튼을 클릭합니다.

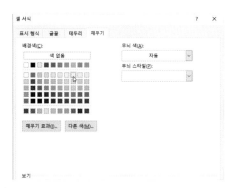

이처럼 수식과 함수를 잘 다룰 줄 알면 조건부 서식 기능과 조합해 다양하게 활용할 수 있습니다.

[5-2-미션]

"[주방가전행사] 시트에서 수량이 20건 초과 거래된 데이터만 보이게 색상으로 강조해 줄래요?"

	일자	거래지점	품명	단가	수량	금액
		주방 가전 행사 거래 내역				
4	2019-01-16	동래지점	중탕기	332,100	18	5,977,800
5	2019-01-28	동래지점	식기세척기	512,600	10	5,126,000
6	2019-02-03	동래지점	착즙기	390,150	6	2,340,900
7	2019-03-11	동래지점	반자동커피메이커	178,200	50	8,910,000
8	2019-03-17	동래지점	슬로우쿠커	109,000	17	1,853,000
9	2019-03-23	동래지점	냉정수기	1,090,000	5	5,450,000
10	2019-04-07	동래지점	전기레인지	1,471,680	3	4,415,040
11	2019-04-25	동래지점	전기주전자	199,000	25	4,975,000

함께 보면 좋은
동영상 강의

"그리고 [사은품행사] 시트에서 행사금액이 500만 원 이상, 사은품이 제공된 데이터 행 전체를 색상으로 강조해 주세요~"

	일자	거래지점	품명	단가	수량	금액	행사금액	사은품
		주방 가전 행사 거래 내역						
4	2019-01-16	동래지점	중탕기	332,100	18	5,977,800	5,081,130	y
5	2019-01-28	동래지점	식기세척기	512,600	10	5,126,000	4,357,100	y
6	2019-02-03	동래지점	착즙기	390,150	6	2,340,900	1,989,765	y
7	2019-03-11	동래지점	반자동커피메이커	178,200	50	8,910,000	7,573,500	y
8	2019-03-17	동래지점	슬로우쿠커	109,000	17	1,853,000	1,575,050	
9	2019-03-23	동래지점	냉정수기	1,090,000	5	5,450,000	4,632,500	y
10	2019-04-07	동래지점	전기레인지	1,471,680	3	4,415,040	3,752,784	

정답 및 해설 [5-2-미션_정답]

05-3 조건에 맞는 데이터를 찾아 주는 VLOOKUP 함수

• **실습 파일** 5-3-VLOOKUP 함수   • **완성 파일** 5-3-VLOOKUP 함수_완성

VLOOKUP은 조건에 맞는 값을 지정한 테이블의 첫 열에서 검색해 해당하는 열의 값을 찾아 오는 함수입니다. 설명이 조금 어렵죠? 아래 그림을 참고해 보세요. 소모품 구입현황의 단가를 구하기 위해 테이블의 첫 열에서 조건(품명)에 맞는 값을 찾아 두 번째 열에 있는 단가를 가져옵 니다. 이 함수를 사용하려면 조건에 맞는 값을 정리해 놓은 테이블이 반드시 있어야 합니다.

	A	B	C	D	E	F	G	H	I
				소모품 구입현황				단가표	
3		날짜	품명	수량	단가	판매가격		품명	단가
4		2019-04-05	포스트잇	50	3,000	150,000		포스트잇	3,000
5		2019-04-05	볼펜	80	1,000	80,000		볼펜	1,000
6		2019-04-05	유리테이프	30	1,500	45,000		유리테이프	
7		2019-04-05	형광펜	70	3,000	210,000		형광펜	
8		2019-04-05	칼날	40	1,000	40,000		A4용지	8,000
9		2019-04-05	샤프심	10	1,500	15,000		칼날	1,000
10		2019-05-15	A4용지	50	8,000	400,000		샤프심	1,500

조건(품명)에 맞는 값 찾기   테이블   두 번째 열에 있는 값 (단가) 가져오기

=VLOOKUP(Lookup_value, Table_array, Col_index_num, Range_lookup)
- **Lookup_value**: 테이블의 첫 열에서 검색할 조건이 되는 값입니다.
- **Table_array**: 조건에 해당하는 값을 검색하고 값을 추출하려는 테이블입니다.
- **Col_index_num**: Table_array 내의 열 번호입니다. Table_array 인수 첫 열은 1이 됩니다.
- **Range_lookup**: 정확하게 맞는 값을 찾으려면 0, 비슷하게 맞는 값을 찾으려면 생략하거나 1을 입력해야 합니다.

하면 된다! } VLOOKUP 함수를 사용해 조건에 맞는 값 찾아보기   [소모품구입현황] 시트

1 결과를 구할 [E4] 셀을 선택한 후 =VLOOKUP()을 입력하고 [함수 인수] 대화 상자를 실행합니다. Lookup_value 인수 입력 창에 [C4] 셀을 지정합니 다. Lookup_value 인수는 단가표 테이블에서 찾으려는 값으로, 조건에 해당 하는 값이 됩니다.

함께 보면 좋은
동영상 강의

② Table_array 인수 입력 창에 셀 범위 [H4:I10]을 지정한 후 F4를 눌러 절대 참조합니다.

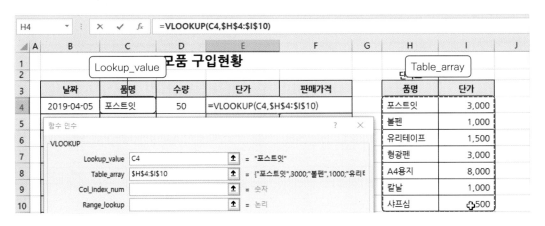

③ Col_index_num 인수 입력 창에 2를 입력합니다. Table_array 인수에서 지정한 테이블의 범위는 첫 번째 열부터 1, 2, … 순으로 번호가 매겨집니다. 지금은 단가를 찾을 것이기 때문에 2를 입력해야 합니다.

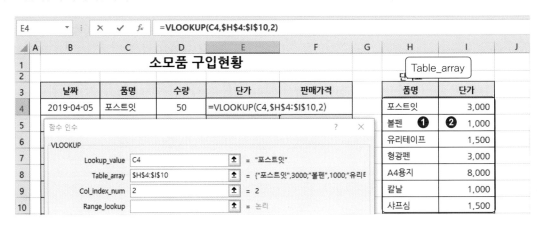

④ Range_lookup 인수 입력 창에 0을 입력합니다.

정확하게 맞는 값을 찾으려면 0, 비슷하게 맞는 값을 찾으려면 인수를 생략하거나 1을 입력해야 합니다.

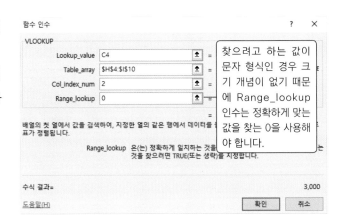

5 [E25] 셀까지 수식을 복사해 나머지 단가를 구합니다. 그런 다음 판매가격을 구할 [F4] 셀에 =D4*E4를 입력하고 Enter 를 누릅니다.

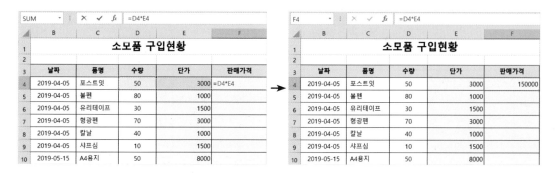

HLOOKUP 함수

테이블에 정리해 놓은 데이터의 방향에 따라 VLOOKUP 함수가 아닌 HLOOKUP 함수를 사용해 값을 찾아야 하는 경우가 있습니다. 다음 예를 들어 소개하겠습니다.

두 함수를 구분하기 위해 단가표 테이블 2개를 준비했습니다. 테이블의 데이터가 열 방향으로 입력된 경우에는 VLOOKUP 함수, 행 방향으로 입력된 경우에는 HLOOKUP 함수를 사용합니다. VLOOKUP 함수의 V는 Vertical(열), HLOOKUP 함수의 H는 Horizontal(행)을 의미합니다.

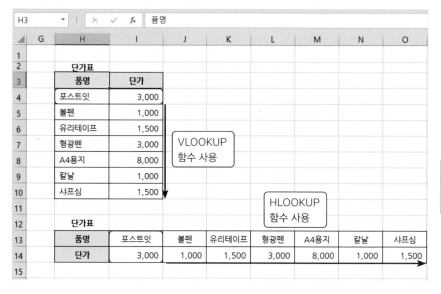

아래로 향하면 VLOOKUP, 옆으로 향하면 HLOOKUP!

HLOOKUP 함수도 VLOOKUP 함수 사용법과 크게 다르지 않습니다. VLOOKUP 함수는 표의 첫 열에서 값을 찾아 지정한 열의 값을 가져오고, HLOOKUP 함수는 표의 첫 행에서 값을 찾아 지정한 행의 값을 가져온다는 차이뿐이죠.

=HLOOKUP(Lookup_value, Table_array, Row_index_num, Range_lookup)
- Lookup_value: 테이블의 첫 행에서 검색할 조건이 되는 값입니다.
- Table_array: 조건에 해당하는 값을 검색하고 값을 추출하려는 테이블입니다.
- Row_index_num: Table_array 내의 행 번호입니다. Table_array 인수 첫 행은 1이 됩니다.
- Range_lookup: 정확하게 맞는 값을 찾으려면 0, 비슷하게 맞는 값을 찾으려면 생략하거나 1을 입력합니다.

하면 된다! ⟩ HLOOKUP 함수를 사용해 조건에 맞는 값 찾아보기

앞서 구했던 단가와 판매가격의 값을 지운 후 HLOOKUP 함수를 이용해 다시 구해보겠습니다.

1 단가를 구할 [E4] 셀을 선택한 후 함수 =HLOOKUP()을 입력하고 [함수 인수] 대화 상자를 실행합니다. Lookup_value 인수 입력 창에 [C4] 셀을 지정한 후 Table_array 인수 입력 창에 셀 범위 [I14:O15]를 지정하고 F4 를 눌러 절대 참조합니다.

2 Row_index_num 인수 입력 창에 2, Range_lookup 인수 입력 창에 0을 입력한 후 [확인] 버튼을 클릭합니다.

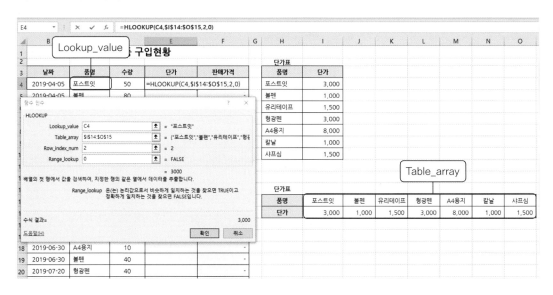

엑셀에서 행/열을 한꺼번에 바꿀 수 있나요?

우리가 평소 익숙하게 사용하는 것은 [표1]의 형태입니다. 엑셀에서는 [표2]를 [표1]과 같이 방향을 바꿔 사용하고자 할 때 간단하게 처리할 수 있습니다.

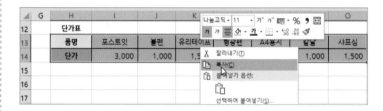

1. 셀 범위 [H13:O14]를 선택한 후 마우스 오른쪽 버튼을 눌러 [복사]를 선택합니다.

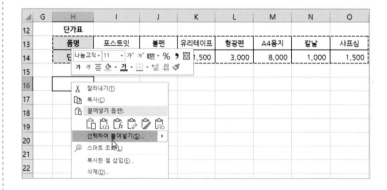

2. 붙여 넣을 [H16] 셀을 선택한 후 마우스 오른쪽 버튼을 눌러 [선택하여 붙여넣기]를 선택합니다.

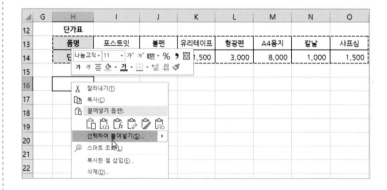

3. [선택하여 붙여넣기] 대화 상자가 나타나면 [행/열 바꿈]에 체크 표시를 한 후 [확인] 버튼을 클릭합니다.

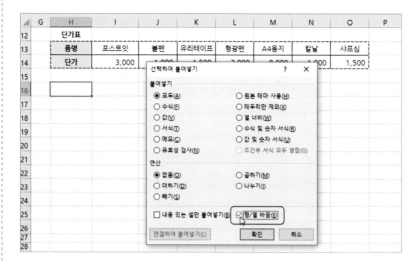

단가표의 행/열이 간단한 방법으로 변경됐습니다.

#N/A 오류를 잡아라! - IFERROR 함수

VLOOKUP 함수의 결과 중에 #N/A 오류가 생길 수 있습니다. #N/A는 테이블에서 찾으려고 하는 값을 찾지 못한 경우에 생기는 오류입니다.

다음 이미지는 [C6] 셀에 입력된 '유리 테이프'가 글자 사이에 빈칸이 있어 단가표의 '유리테이프'와 다른 값으로 인식해 값을 찾을 수 없는 경우입니다. 단가표에 작성된 품명에 맞게 소모품 구입현황에 잘못 입력된 데이터를 수정하면 오류는 사라지고 제대로 된 단가가 표시됩니다.

	B	C	D	E	F	G	H	I
1			소모품 구입현황				단가표	
2								
3	날짜	품명	수량	단가	판매가격		품명	단가
4	2019-04-05	포스트잇	50	3,000	150,000		포스트잇	3,000
5	2019-04-05	볼펜	80	1,000	80,000		볼펜	1,000
6	2019-04-05	유리 테이프	30	#N/A	#N/A		유리테이프	1,500
7	2019-04-05	형광펜	70	3,000	210,000		형광펜	3,000
8	2019-04-05	칼날	40	1,000	40,000		A4용지	8,000
9	2019-04-05	샤프심	10	1,500	15,000		칼날	1,000
10	2019-05-15	A4용지	50	8,000	400,000		샤프심	1,500

띄어쓰기 때문에 오류가 나다니...

하면 된다! } IFERROR 함수를 사용해 #N/A 오류 해결하기   [IFERROR함수] 시트

재무과
송 사원

VLOOKUP 함수를 사용해 여기까지는 원하는 대로 처리를 했지만 아직 품명이 입력되지 않은 단가와 판매가격에 #N/A라는 오류가 표시돼 보기가 싫습니다.
오류가 나지 않으면서도 품명을 입력하면 단가와 판매가격이 자동으로 작성될 수 있도록 하는 방법은 없을까요?

이 경우에는 IFERROR 함수의 도움을 받으면 됩니다. IFERROR는 계산된 결과 값에 오류가 생기면 오류 대신 사용자가 원하는 값을 반환받을 수 있도록 처리하는 함수입니다.

> **=IFERROR(Value, Value_if_error)**
> - Value: 수식 또는 참조 셀입니다.
> - Value_if_error: 오류 대신 반환할 값입니다.

IFERROR 함수와 VLOOKUP 함수를 중첩해 단가를 구해 보겠습니다.

함께 보면 좋은
동영상 강의

1 단가를 구할 [E4] 셀을 선택한 후 함수 =IFERROR()를 입력하고 함수 삽입 버튼 fx 을 눌러 [함수 인수] 대화 상자를 실행합니다.

2 Value 인수 입력 창에 VLOOKUP()을 입력하고 수식 입력줄에서 중첩한 VLOOKUP 함수 를 선택합니다. [함수 인수] 대화 상자가 VLOOKUP 함수 작성 상태로 바뀝니다.

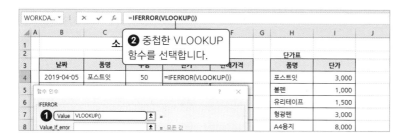

3 VLOOKUP 함수의 첫 번째 인수 Lookup_value 인수 입력 창에 품명 [C4] 셀을 지정한 후 Table_array 인수 입력 창에 셀 범위 [H4:I10]을 지정하고 F4 를 눌러 절대 참조합니다.

4 Col_index_num 인수 입력 창에 2를 입력하고 Range_lookup 인수 입력 창에 0을 입력 합니다.

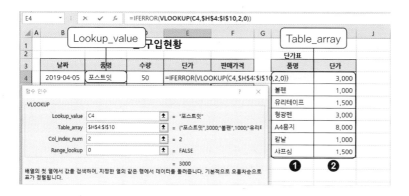

5 VLOOKUP 함수 인수의 작성이 끝나면 다시 수식 입력줄에서 IFERROR 함수를 선택합니다. [IFERROR 함수 인수] 대화 상자로 바뀌면 Value_if_error 인수에 0을 입력하고 [확인] 버튼을 클릭합니다.

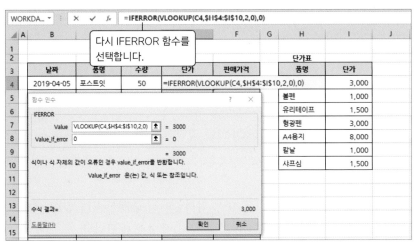

☑ Value_if_error 인수에 0 대신 빈칸을 지정할 수도 있지만 0이 아닌 빈칸을 지정하면 판매가격의 결과에 오류(#VALUE!)가 생깁니다. 판매가격을 구하는 수식에서 오류가 생기는 이유는 빈칸이 문자 형식이기 때문입니다.

6 [E4] 셀에서 작성한 수식을 [E25] 셀까지 채운 후 [쉼표 스타일]을 적용합니다.

7 [F4] 셀을 선택한 후 수량과 단가를 곱하는 수식 =D4*E4를 입력하고 Enter 를 누른 다음 수식을 복사해 표를 완성하세요.

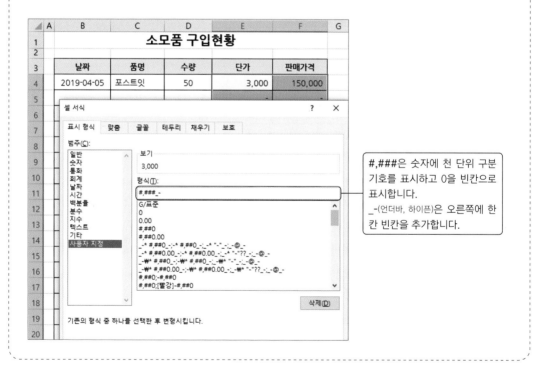

0을 빈칸으로 표시하고 싶어요!

0을 회계 표시 형식으로 적용했을 때는 -(하이픈)으로 표시됩니다. -(하이픈)이 아닌 빈 셀로 표시하고 싶다면 단축키 Ctrl + 1 을 눌러 [셀 서식] 대화 상자 → [표시 형식] 탭 → [사용자 지정] 범주를 선택한 후 [형식] 입력 창에 #,###_-을 입력합니다.

> #,###은 숫자에 천 단위 구분 기호를 표시하고 0을 빈칸으로 표시합니다.
> _-(언더바, 하이픈)은 오른쪽에 한 칸 빈칸을 추가합니다.

테이블 작성

VLOOKUP 함수에서 참조하는 테이블은 직장 내에서 이미 사용하고 있던 단가표, 고객명단, 직원명단과 같은 데이터베이스가 될 수 있습니다. 또한 앞서 소개한 단가표처럼 사용자가 직접 테이블을 작성해 사용할 수도 있습니다.

앞에서 실습했던 단가표에서는 '포스트잇'이라는 정확하게 일치하는 값을 찾았습니다. 그러나 경우에 따라 비슷하게 맞는 값을 찾아야 할 때가 있습니다.

정확하게 맞는 값을 찾는 경우라면 테이블을 작성하는 특별한 규칙은 없습니다. 하지만 비슷하게 맞는 값을 찾는 경우라면 사용 규칙에 맞게 테이블을 작성해야 합니다.

비슷하게 일치하는 값을 찾는 경우의 테이블 작성 규칙

일단 '비슷하게 일치'라는 말이 조금 어렵죠? 비슷하게 일치하는 값을 찾는 경우란 무엇인지, 그리고 테이블을 작성하는 규칙을 예를 들어 소개하겠습니다.

'중장년 ICT 특화 과정 교육 결과'에서 총점을 기준으로 등급을 A~F까지 매기려고 합니다.

중장년 ICT 특화 과정 교육 결과

출석번호	성명	연령	지역	평가점수	과제점수	총점	등급
1	박준희	45	동구	74	20	94	A
2	김세원	65	수영구	67	15	82	B
3	한혜경	50	서구	62	20	82	B
4	이영미	46	동구	58	18	76	C
5	김효린	45	서구	60	20	80	B
6	방명호	58	동래구	66	15	81	B
7	권성호	47	남구	64	16	80	B

총점	등급
100~90	A
89~80	B
79~70	C
69~60	D
59~0	F

총점 90~100점은 A에 해당하고 점수 간격이 1점인 경우라고 가정하면 90, 91, 92, 93…100점이 A에 해당합니다. 그러나 이 점수들을 모두 테이블에 입력할 필요는 없습니다.

테이블에는 90~100점 사이의 총점 중 제일 낮은 90점을 테이블의 첫 열에 입력하고 90점에 맞는 등급을 입력합니다. 80~89점은 B에 해당합니다. 이와 마찬가지로 총점 중 제일 낮은 80점을 테이블에 입력합니다. C, D도 같은 방법으로 작성하고 F도 0~59점 중 제일 낮은 총점 0점을 테이블에 입력하면 됩니다.

그리고 테이블에 값을 입력할 때 반드시 낮은 총점에서 높은 총점
순인 오름차순 방식으로 작성해야 합니다.

총점	등급
0	F
60	D
70	C
80	B
90	A

오름차순 방식으로 작성된 테이블

함께 보면 좋은 동영상 강의

VLOOKUP 함수
테이블 작성 방법

하면 된다! } VLOOKUP 함수로 비슷하게 일치하는 값 찾아오기 [교육 결과] 시트

1 아래 그림과 같이 [K4:L9]에 등급표 테이블을 작성합니다.

2 등급을 구할 [I5] 셀을 선택한 후 =VLOOKUP()를 입력하고 [함수 인수] 대화 상자를 실행
합니다.

3 Lookup_value 인수 입력 창에 [H5] 셀을 참조합니다. Table_array 인수 입력 창에 셀 범위
[K5:L9]를 선택하고 F4 를 눌러 절대 참조합니다.

4 Col_index_num 인수 입력 창에 2를 입력합니다.

5 Range_lookup 인수는 생략(또는 1)합니다. 생략하면 비슷하게 일치하는 값을 찾습니다.
[확인]을 눌러 작성을 완료합니다.

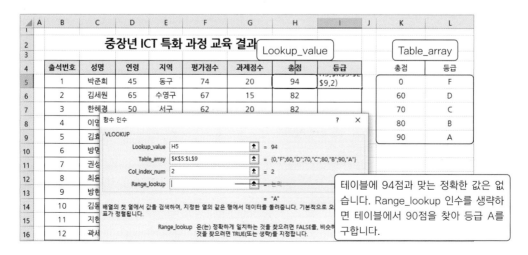

6 [I5] 셀에서 작성한 수식을 [I24] 셀까지 복사해 표를 완성하세요.

출식번호	성명	연령	지역	평가점수	과제점수	총점	등급
			중장년 ICT 특화 과정 교육 결과				
출식번호	성명	연령	지역	평가점수	과제점수	총점	등급
1	박준희	45	동구	74	20	94	A
2	김세원	65	수영구	67	15	82	
3	한혜경	50	서구	62	20	82	
4	이영미	46	동구	58	18	76	
5	김효린	45	서구	60	20	80	
6	방명호	58	동래구	66	15	81	
7	권성호	47	남구	64	16	80	

총점	등급
	결과
총점	등급
94	A
82	B
82	B
76	C
80	B
81	B
80	B

하면 된다! } VLOOKUP 함수를 사용해 다른 시트에서 값 찾아오기 [미납 학생 명단] 시트

최신고등학교
박 계장

[학생정보] 시트에서 학생의 학부모 연락처를 찾아 [미납 학생 명단] 시트를 정리하려고 합니다. 현재는 [학생정보] 시트에서 학생 이름으로 찾기 기능을 사용해 일일이 찾아 연락처를 복사하고 있는데 찾아야 할 학생 수가 많다 보니 시간이 오래 걸리고 힘이 드네요. 찾기 기능 외에 함수를 사용하는 방법은 없을까요?

수많은 데이터 속에서 학생에 맞는 학부모 연락처를 [찾기] 기능으로 일일이 찾기란 쉽지 않습니다. 이런 경우 VLOOKUP 함수를 사용하면 빠르게 찾을 수 있습니다.

1 이름 정의

수식에서 참조하는 셀 또는 범위가 다른 시트에 있거나 데이터가 너무 많은 경우 이름 정의 기능을 사용하면 수식도 간단하고 작성하기도 편리합니다.

먼저 학생정보 범위를 이름 정의하겠습니다. [학생정보] 시트에서 학생정보 데이터 내부에 있는 셀을 아무 곳이나 선택한 후 Ctrl + * 를 눌러 데이터를 모두 선택합니다.

2 [이름 상자]를 클릭한 후 **학생정보**를 입력하고 Enter 를 누릅니다.

학생정보 → [이름 상자]에 학생정보 입력

	A	B	C	D	E	F
1	학생정보	이름	학생연락처	학부모연락처		
2	1-1-1	강준상	010-3744-9130	010-5770-5544		
3	1-1-2	김현	010-3846-7265	010-2470-3235		
4	1-1-3	김미경	010-4143-3670	010-3874-4741		
5	1-1-4	김선화	010-4443-7669	010-5573-6191		
6	1-1-5	김인화	010-4547-2038	010-7378-9599		
7	1-1-6	박찬우	010-5342-2269	010-8574-6782		

3 VLOOKUP 함수식 작성

[미납학생명단] 시트로 돌아와 [D4] 셀을 선택한 후 함수 =VLOOKUP()을 입력하고 [함수 인수] 대화 상자를 실행합니다. Lookup_value 인수 입력 창을 클릭하고 첫 번째 학생의 학생정보인 [A4] 셀을 선택합니다.

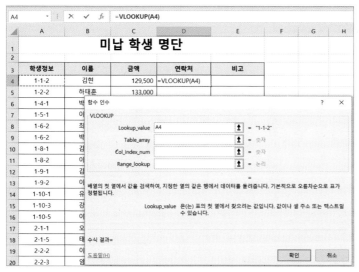

☑ 동명이인이 있을 수 있기 때문에 이름을 Lookup_value 인수로 사용하기에는 적합하지 않습니다. 실습에서는 고유 데이터에 해당하는 '학생정보'를 사용하겠습니다.

4 Table_array 인수 입력 창에 **학생정보**를 입력합니다. 여기서 입력한 학생정보는 앞에서 이름으로 정의해 둔 [학생정보] 시트의 데이터 범위입니다.

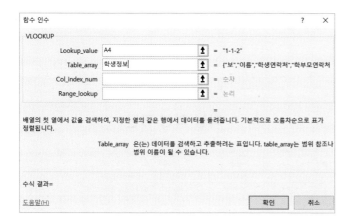

5 Col_index_num 인수 입력 창에 4를 입력합니다. 학부모 연락처는 [학생정보] 시트에 있는 테이블의 네 번째에 위치한 열입니다.

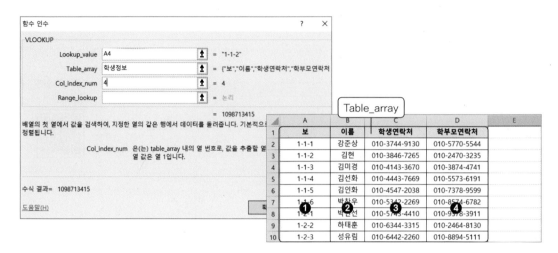

6 마지막 Range_lookup 인수 입력 창에 0을 입력합니다. 학생정보는 고유한 값이기 때문에 정확하게 맞는 값인 0을 입력해야 합니다.

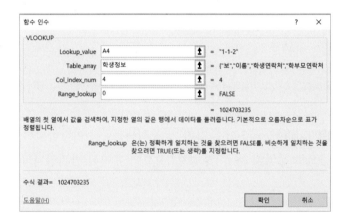

7 나머지 학생의 연락처도 채우기 합니다.

학생정보	이름	금액	연락처	비고
1-1-2	김현	129,500	010-2470-3235	
1-2-2	하태훈	133,000	010-2464-8130	
1-4-1	박수경	402,100	010-2264-3315	
1-5-1	이임선	1,052,100	010-8775-5222	
1-6-2	최윤지	727,000	010-3479-0122	
1-6-2	박주리	70,000	010-3479-0122	
1-8-1	김미리	427,000	010-6371-1334	
1-8-2	이혜강	133,000	010-6570-5721	
1-9-1	김규리	63,000	010-6573-2367	

 누군가의 부탁

"[주방가전] 시트에서 VLOOKUP 함수를 사용해 단가와 금액을 채워 주세요~"

① VLOOKUP 함수를 사용해 단가표에서 품명에 맞는 단가를 찾아 셀 범위 [E4:E21]에 가져오세요.
② 단가와 수량을 곱해 금액을 구하는 수식을 셀 범위 [G4:G21]에 작성하세요.

	일자	거래지점	품명	단가	수량	금액		품명	단가
1			주방 가전 거래 내역						
2									
3	일자	거래지점	품명	단가	수량	금액		품명	단가
4	2019-01-07	영도지점	식기세척기		3			식기세척기	512,600
5	2019-01-10	해운대지점	광파오븐		7			광파오븐	450,000
6	2019-01-13	사상지점	광파오븐		5			중탕기	332,100
7	2019-01-16	동래지점	중탕기		18			에어프라이어	159,000
8	2019-01-19	수영지점	에어프라이어		8			냉정수기	1,090,000
9	2019-01-22	해운대지점	냉정수기		5			착즙기	390,150
10	2019-01-25	영도지점	냉정수기		5			전기압력밥솥	339,000
11	2019-01-28	동래지점	식기세척기		10			토스터	319,000
12	2019-01-31	수영지점	광파오븐		12			전자레인지	233,500
13	2019-02-03	동래지점	착즙기		6				

"[교육결과] 시트에서 VLOOKUP 함수를 사용해 '중장년 ICT 특화 과정 교육 결과'에 등급 매기는 것도 부탁해요! 90점 이상 '우수', 70점 이상 '보통', 나머지는 '노력'으로요!"

① 과목 합계가 90이상 '우수', 70이상 '보통', 나머지 '노력'으로 등급 표를 작성하세요.
② VLOOKUP 함수를 사용해 작성한 등급표에서 합계에 맞는 등급을 찾아오는 수식을 작성하세요.

	출석번호	성명	연령	지역	보고서 이론	보고서 실무	프레젠테이션	합계	등급
4	출석번호	성명	연령	지역	보고서 이론	보고서 실무	프레젠테이션	합계	등급
5	1	박준희	45	동구	94	100	96	97.2	
6	2	김세원	65	수영구	95	95	88	92.2	
7	3	한혜경	50	서구	78	68	52	63.6	
8	4	이영미	46	동구	70	60	55	60.0	
9	5	김효린	45	서구	96	100	98	98.4	
10	6	방명호	58	동래구	85	65	78	74.2	
11	7	권성호	47	남구	100	75	89	85.6	
12	8	최윤희	46	동구	87	89	95	91.0	
13	9	방현숙	70	수영구	84	95	80	86.8	

함께 보면 좋은
동영상 강의

정답 및 해설 [5-3-미션_정답]

05-4 VLOOKUP을 뛰어넘는 INDEX + MATCH 함수

• 실습 파일 5-4-INDEX+MATCH함수 • 완성 파일 5-4-INDEX+MATCH함수_완성

INDEX, MATCH 함수는 모두 특정 값 또는 조건에 맞는 데이터를 테이블에서 찾습니다. 하지만 그 역할이 이전에 소개한 VLOOKUP 함수와 비슷해서 VLOOKUP 함수를 사용해야 하는지, INDEX 함수와 MATCH 함수를 사용해야 하는지 구분하기가 어려울 수 있습니다. 각 함수의 규칙과 사용법만 제대로 알고 있다면 상황에 맞게 사용할 수 있습니다.

예를 들어 두 함수를 비교해 보겠습니다. [파견명단] 시트의 주민등록번호로 이름, 소속, 직위, 입사일을 [직원명부] 시트에서 찾아오려고 합니다.

[파견명단] 시트   [직원명부] 시트

이런 상황에서는 VLOOKUP 함수를 사용해 일치하는 주민등록번호를 조회해 이름을 찾아올 수 없습니다. 왜냐하면 VLOOKUP 함수는 테이블의 첫 열에서 맞는 값을 조회해 두 번째 열부터 값을 찾기 때문이죠. 이름뿐만 아니라 소속과 직위는 주민등록번호의 왼쪽에 배치돼 있어 찾아올 수 없습니다.

이런 경우 INDEX 함수와 MATCH 함수를 사용하면 원하는 값을 가져올 수 있습니다. 두 함수와 사용법을 개별적으로 익힌 후 두 함수를 조합해 원하는 값을 가져오는 실습을 진행하겠습니다.

하면 된다! ⟩ INDEX 함수를 사용해 위치 값으로 데이터 찾기 [직원명부] 시트

INDEX는 데이터에서 행과 열이 맞는 값을 반환하는 함수입니다. INDEX 함수 인수는 아래와 같습니다.

> **=INDEX(Array, Row_num, Column_num)**
> - Array: 조건에 맞는 값을 정리해 놓은 데이터 범위
> - Row_num: 조건과 맞는 행 번호
> - Column_num: 조건과 맞는 열 번호

INDEX 함수를 사용해 [직원명부] 시트에서 '김현수'를 찾는 함수식을 작성해 보겠습니다.

1 [J3] 셀을 선택한 후 =INDEX()를 입력하고 함수 삽입 버튼 ⨍ 을 누르면 [인수 선택] 대화상자가 실행됩니다. 인수 목록 중에서 'array,row_num,column_num'을 선택한 후 [확인] 버튼을 클릭합니다.

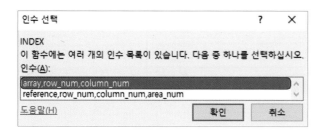

함께 보면 좋은
동영상 강의

2 Array 인수 입력 창에 마우스 커서를 올려놓은 후 셀 범위 [B3:H52]를 선택합니다. Array 인수 범위의 첫 번째 열에 해당하는 [B] 열부터 Column_num 1, 2, 3 …이 되고 첫 번째 행에 해당하는 [3] 행부터 Row_num 1, 2, 3 …이 됩니다.

❸ Row_num 인수 입력 창에 7, Colum_num 인수 입력 창에 2를 입력합니다. 7행 2열에 있는 **김현수**를 찾습니다.

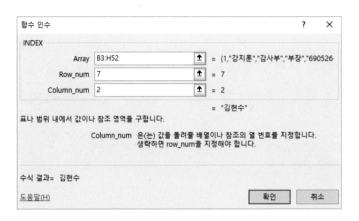

위에서 설명한 것처럼 사용자가 직접 행 또는 열 번호를 알고 값을 찾는다면 함수를 사용하는 의미가 없겠죠? 그리고 찾으려는 값이 많은 경우는 더욱 힘이 듭니다. 그래서 값이 맞는 행과 열 번호를 찾도록 INDEX 함수에 MATCH 함수를 중첩해 사용해야 합니다.

하면 된다! ﹜ MATCH 함수를 사용해 데이터 위치 값 찾기

MATCH 함수는 셀 범위에서 지정된 항목을 검색한 후 범위에서 해당 항목이 차지하는 상대 위치를 반환하는 함수입니다.

> =MATCH(Lookup_value, Lookup_array, Match_type)
> - Lookup_value: 데이터 범위에서 찾으려고 하는 값입니다.
> - Lookup_array: 찾으려고 하는 값을 검색할 데이터의 범위입니다.
> - Match_type: 찾는 방법을 지정하는 숫자. 1 또는 생략하거나 0, -1을 입력합니다. 0은 Lookup_value와 맞는 첫 번째 값을 찾습니다.

이번에는 MATCH 함수를 사용해 '김현수'가 있는 행 번호를 찾아보겠습니다.

1 [J4] 셀을 선택한 후 =MATCH()를 입력하고 [함수 인수] 대화 상자를 실행합니다. 첫 번째 인수 Lookup_value 입력 창에 **"김현수"**를 입력합니다.

2 Lookup_array 인수 입력 창에 마우스 커서를 올려놓은 후 이름 범위에 해당하는 셀 범위 [C3:C52]를 선택합니다.

3 Match_type 인수 입력 창에 0을 입력합니다.

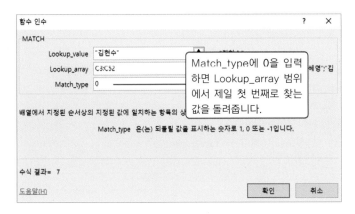

4 김현수가 입력된 셀의 행 번호 7을 구했습니다.

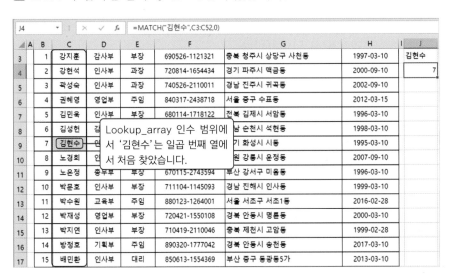

하면 된다! } INDEX, MATCH 함수를 중첩해 자동으로 정보 채우기 [파견명단] 시트

INDEX, MATCH 함수 사용법을 익혔다면 두 함수를 함께 사용해 '파견 근무 직원 명단' 표에
주민등록번호에 해당하는 '이름', '소속', '직위', '입사일'을 찾아 완성해 보겠습니다.

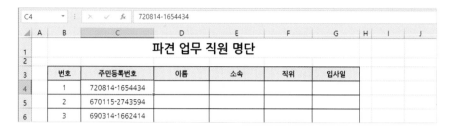

함께 보면 좋은
동영상 강의

1 이름 정의

[직원명부] 시트에서 번호부터 입사일에 해당하는 셀 범위 [B3:H52]를 선택한 후 [이름 상자]
를 선택하고 **직원명부**를 입력한 다음 (Enter)를 누릅니다.

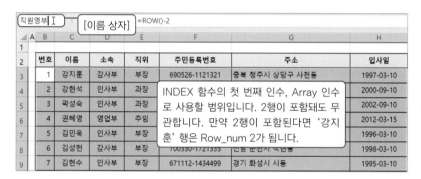

INDEX 함수의 첫 번째 인수, Array 인수
로 사용할 범위입니다. 2행이 포함돼도 무
관합니다. 만약 2행이 포함된다면 '강지
훈' 행은 Row_num 2가 됩니다.

2 이번에는 주민등록번호 셀 범위 [F3:F52]를 선택한 후 [이름 상자] 입력 창에 **주민등록번호**
를 입력한 다음 (Enter)를 누릅니다.

[이름 상자] 주민등록번				690526-1121321		
번호	이름	소속	직위	주민등록번호	주소	입사일
1	강지훈	감사부	부장	690526-1121321	충북 청주시 상당구 사천동	1997-03-10
2	강현석	인사부	과장	720814-1654434	경기 파주시 맥금동	2000-09-10
3	곽성숙	인사부	과장	740526-2110011	경남 진주시 귀곡동	2002-09-10
4	권혜영	영업부	주임	840317-2438718	서울 중구 수표동	2012-03-15
5	김민욱	인사부	부장	680114-1718122	전북 김제시 서암동	1996-03-10
6	김성헌	감사부	부장	700330-1721335	전남 순천시 석현동	1998-03-10
7	김현수	인사부	부장	671112-1434499	경기 화성시 시동	1995-03-10
8	노경희	인사부	대리	790803-2149111	강원 강릉시 운정동	2007-09-10
9	노은정	총무부	부장	670115-2743594	부산 강서구 미음동	1996-03-10

3 INDEX + MATCH 함수식 작성

[파견명단] 시트로 돌아와 [D4] 셀을 선택한 후 =INDEX()를 입력하고 함수 삽입 버튼 *fx*을 누릅니다. [인수 선택] 대화 상자가 나타나면 인수 목록에서 'array,row_num,column_num'을 선택한 후 [확인] 버튼을 클릭합니다.

4 INDEX 함수의 첫 번째 인수 Array 입력 창에 이름으로 정의해 둔 **직원명부**를 입력합니다. Row_num 인수 입력 창에서 주민등록번호에 해당하는 행 번호를 찾기 위해 MATCH()를 입력해 함수를 중첩하고, 수식 입력줄에서 MATCH 함수를 선택합니다.

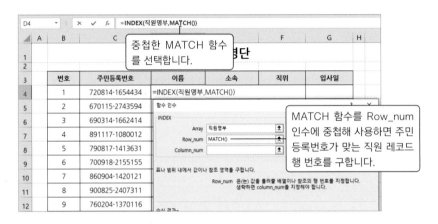

5 [함수 인수] 대화 상자가 MATCH 함수로 변경되면 첫 번째 인수 Lookup_value 입력 창에 [C4] 셀을 선택합니다. Lookup_array 인수 입력 창에 **주민등록번호**라고 정의해 놓은 이름을 입력합니다.

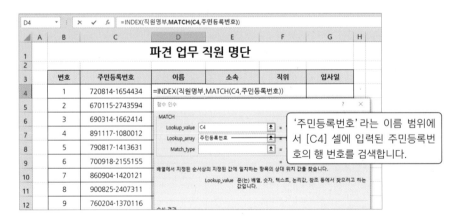

6 Match_type 인수 입력 창에 0을 입력한 후 수식 입력줄에서 INDEX 함수를 선택합니다.

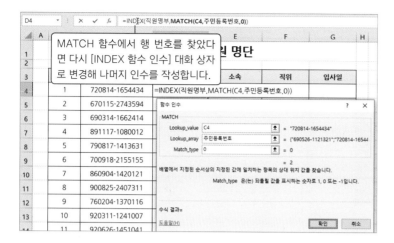

7 [INDEX 함수 인수] 대화 상자로 변경되면 Column_num 인수 입력 창에 2를 입력합니다. 이름 열이 '직원명부'의 두 번째 열에 있으므로 Column_num은 2가 됩니다.

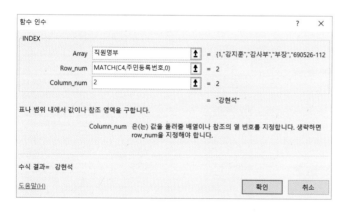

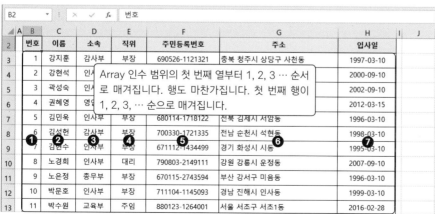

8 수식을 복사해 나머지 이름도 구합니다. 위와 같은 방법으로 소속, 직위, 입사일도 직접 구해 보세요.

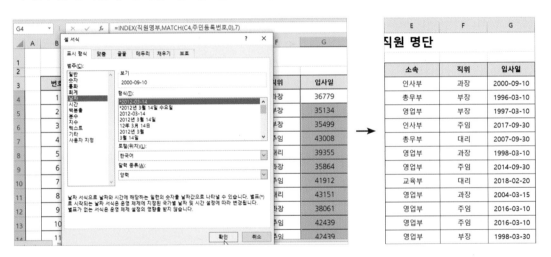

9 입사일의 경우 날짜가 숫자 값으로 표시됐네요. 이 경우에는 단축키 Ctrl + 1 을 눌러 날짜 범주를 선택한 후 형식을 '연-월-일'로 선택합니다.

누군가의 부탁

"재직증명서에 주민등록번호만 입력하면 [직원명부] 시트에서 나머지 정보들을 가져와 자동으로 입력되는 시트로 만들어야 해요. 도와주세요!"

① 셀 범위 [B3:H52]에 '직원명부', 셀 범위 [F3:F52]에 '주민등록번호'라고 이름을 정의하세요.

번호	이름	소속	직위	주민등록번호	주소	입사일
1	강지준	감사부	부장	690526-1121321	충북 청주시 상당구 사천동	1997-03-10
2	강현석	인사부	과장	720814-1654434	경기 파주시 맥금동	2000-09-10
3	곽성숙	인사부	과장	740526-2110011	경남 진주시 귀곡동	2002-09-10
4	권혜영	영업부	주임	840317-2438718	서울 중구 수표동	2012-03-15
5	김민욱	인사부	부장	680114-1718122	전북 김제시 서암동	1996-03-10
6	김성헌	감사부	부장	700330-1721335	전남 순천시 석현동	1998-03-10
7	김현수	인사부	부장	671112-1434499	경기 화성시 시동	1995-03-10
8	노경회	인사부	대리	790803-2149111	강원 강릉시 운정동	2007-09-10
9	노은정	충무부	부장	670115-2743594	부산 강서구 미음동	1996-03-10
10	박문호	인사부	부장	711104-1145093	경남 진해시 인사동	1999-03-10
11	박수원	교육부	주임	880123-1264001	서울 서초구 서초1동	2016-02-28
12	박재성	영업부	부장	720421-1550108	경북 안동시 명륜동	2000-03-10
13	박지연	인사부	부장	710419-2110046	충북 제천시 고암동	1999-02-28
14	방정호	기획부	주임	890320-1777042	경북 안동시 송천동	2017-03-10

[직원명부] 시트

② INDEX, MATCH 함수를 사용해 주민등록번호를 입력하면 모든 정보가 자동으로 입력되도록 만들어야 합니다.
③ 수식을 작성할 때 [직원명부] 시트에 정의해 둔 이름을 사용해야 합니다.
④ 재직기간은 입사일을 구한 다음 표시 형식을 적용해 봅시다. ㉑ 2018-2-20 ~ 현재까지

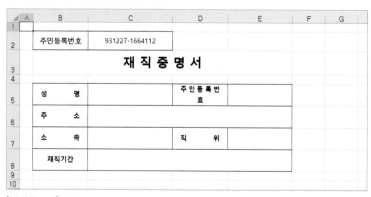

[재직증명서] 시트

함께 보면 좋은 동영상 강의

정답 및 해설 [5-4-미션_정답]

06 텍스트
— 문자 데이터를 다루는 방법

"김신입 씨! 조사한 명단 잘 받았어요! 근데 개인정보 보호 때문에 이름의 가운데 글자랑 주민 등록번호 뒷자리는 *로 바꿔 제출해야 해요. 다시 제출할 수 있나요?" 김신입 군은 공부했던 기억을 떠올려 본다. '문자를 바꿀 때는 REPLACE 함수!'

06-1 하나의 셀에 합쳐져 있던 텍스트 나누기

• 실습 파일 6-1-텍스트나누기   • 완성 파일 6-1-텍스트나누기_완성

텍스트 나누기는 각각의 셀에 입력돼야 하는 데이터가 의도치 않게 하나의 셀에 입력된 경우, 텍스트를 나눠 정리해주는 기능입니다. 텍스트를 나눌 때는 데이터의 유형을 보고 방식을 선택해야 합니다.

첫 번째 방식은 탭이나 세미콜론, 쉼표, 빈칸 등의 구분 기호에 따라 데이터를 나누는 [구분 기호로 분리됨] 방식입니다.

	A
1	학생정보
2	1-1-1 강준상
3	1-1-2 김현
4	1-1-3 김미경
5	1-1-4 김선화

→

	A	B	C	D
1	학년	반	번호	이름
2	1	1	1	강준상
3	1	1	2	김현
4	1	1	3	김미경
5	1	1	4	김선화

[구분 기호로 분리됨] 방식

두 번째 방식은 데이터의 글자 수가 같아 구분선을 이용해 데이터를 나눌 수 있는 [너비가 일정함] 방식이 있습니다.

3	교육생 정보
4	A조강준상
5	A조박민선
6	A조하태훈

→

	조별 이름	이름
3		
4	A조	강준상
5	A조	박민선
6	A조	하태훈

[너비가 일정함] 방식

두 가지 방식을 알아두고, 필요에 따라 텍스트를 쉽고 빠르게 나눠 보세요.

☑ 만약 두 가지 방법으로도 나눌 수 없다면 함수를 사용해야 합니다.

함께 보면 좋은
동영상 강의

구분 기호로 분리하기

하면 된다! } 텍스트가 빈칸으로 구분돼 있을 때 나누는 방법

[학생 연락처] 시트

최신고등학교
최 선생

학생 연락처에서 학년반별로 데이터를 따로 뽑아 봐야 할 일이 자주 있는데 학생정보의 학년, 반, 번호, 성명이 모두 하나의 셀에 입력돼 있어 무척 불편합니다. 성명을 별도의 셀에 분리할 수 없을까요?

학생정보 데이터는 학년, 반, 번호가 −(하이픈), 이름은 띄어쓰기로 구분돼 있습니다. 이 경우 텍스트 나누기의 구분 기호로 분리하는 방법을 사용하면 간단하게 분리할 수 있습니다. 먼저 이름을 별도의 열에 분리해 볼까요?

1 먼저 [A] 열에서 분리한 이름이 들어갈 열을 하나 추가해야 합니다. [B] 열 머리글을 선택한 후 마우스 오른쪽 버튼을 누르고 [삽입]을 선택해 열을 추가합니다. 단축키 `Ctrl` + `+`를 눌러 열을 추가할 수도 있습니다.

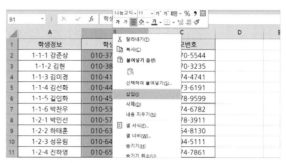

☑ '학생정보'와 '학생번호' 열 사이에 새로운 열을 추가하지 않고 텍스트 나누기를 실행하면 오른쪽에 입력된 학생번호 열에 분리된 이름이 덮어쓰기 되므로 주의해야 합니다.

2 '학생정보' 데이터 셀 범위 [A2:A88]을 선택한 후 [데이터] 탭 → [데이터 도구] 그룹 → [텍스트 나누기]를 선택합니다.
텍스트를 나눌 때는 총 3단계에 걸쳐 텍스트를 분리합니다. 먼저 1단계에서는 [구분 기호로 분리됨]을 선택한 후 [다음] 버튼을 클릭합니다.

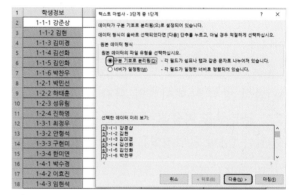

☑ 만약 선택할 데이터 행의 양이 많을 경우 앞에서 배웠던 단축키를 사용하면 편리합니다. 시작 셀을 선택한 후 단축키 `Ctrl` + `Shift` + `↓`를 누릅니다.

3 2단계는 구분 기호를 선택하는 단계입니다. 이름은 빈칸으로 분리돼 있으므로 '공백'에 체크 표시를 합니다. [데이터 미리 보기] 창을 확인해 보면 이름이 구분선으로 분리된 것을 알 수 있습니다. [다음] 버튼을 클릭합니다.

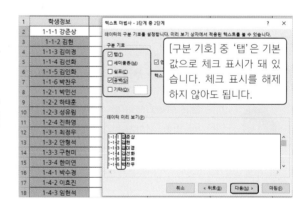

[구분 기호] 중 '탭'은 기본 값으로 체크 표시가 돼 있습니다. 체크 표시를 해제하지 않아도 됩니다.

4 3단계는 각 필드의 데이터 형식을 지정하는 단계입니다. 일단 '일반'으로 그대로 둔 후 [마침] 버튼을 클릭해 보세요.

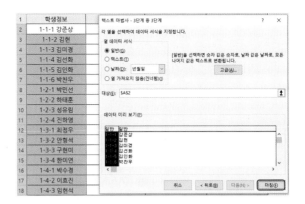

5 '해당 영역에 이미 데이터가 있습니다. 기존 데이터를 바꾸시겠습니까?'라는 메시지 창이 나타나면 [확인] 버튼을 클릭합니다.

6 추가한 [B] 열로 이름이 분리됐습니다. 그런데 '학생정보'가 날짜로 변환됐네요.

7 분리되기 전에 텍스트 형식이었던 학생정보('1-1-1 강준상')가 '1-1-1'로 분리되면서 날짜 형식으로 변환돼 '2001-1-1'이 표시된 겁니다. [실행 취소]를 눌러 분리되기 전 상태로 되돌린 후 다시 텍스트 나누기를 해 보겠습니다.

실행 취소 단축키는 Ctrl + Z !

8 다시 [A2:A88] 셀을 선택한 후 [데이터] 탭 → [데이터 도구] 그룹 → [텍스트 나누기]를 선택합니다. 텍스트 마법사 1단계와 2단계는 앞에서 설명한 방법과 똑같이 지정하고 3단계에서 [데이터 미리 보기] 창에 첫 번째 열을 선택한 후 [열 데이터 서식]을 '텍스트'로 선택하고 [마침] 버튼을 클릭합니다.

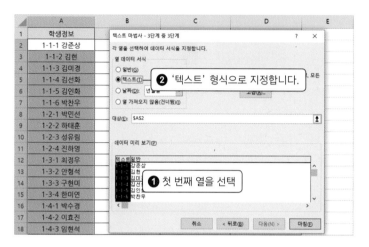

9 메시지 창이 나타나면 [확인] 버튼을 클릭합니다.

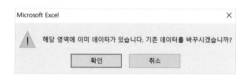

10 정확하게 '학년, 반, 번호'가 이름과 분리됐죠? [B1] 셀을 선택한 후 **이름**을 입력합니다.

	A	B	C	D	E
1	학생정보	이름	학생번호	학부모번호	
2	1-1-1	강준상	010-3744-9130	010-5770-5544	
3	1-1-2	김현	010-3846-7265	010-2470-3235	
4	1-1-3	김미경	010-4143-3670	010-3874-4741	
5	1-1-4	김선화	010-4443-7669	010-5573-6191	
6	1-1-5	김인화	010-4547-2038	010-7378-9599	
7	1-1-6	박찬우	010-5342-2269	010-8574-6782	
8	1-2-1	박민선	010-5743-4410	010-9378-3911	
9	1-2-2	하태훈	010-6344-3315	010-2464-8130	
10	1-2-3	성유림	010-6442-2260	010-8894-5111	
11	1-2-4	진하영	010-6542-7781	010-9374-7861	
12	1-3-1	최정우	010-8843-4944	010-8872-3679	
13	1-3-2	안형석	010-9043-5220	010-3878-7781	
14	1-3-3	구현미	010-9043-6191	010-9273-2682	
15	1-3-4	한미연	010-9248-9214	010-4574-7265	
16	1-4-1	박수경	010-4064-0582	010-2264-3315	
17	1-4-2	이효진	010-7494-8778	011-8384-5430	
18	1-4-3	임현석	010-8434-8431	010-5294-4410	

 질문 있어요!

셀 왼쪽 위에 초록색 표시가 나타나요!

'학생정보' 셀 왼쪽 위에 초록색 삼각형은 오류 표시입니다. 엑셀
은 ○-○-○ 형식으로 입력된 데이터를 날짜로 인식합니다. 텍스
트를 분리할 때 텍스트 마법사 3단계에서 [학생정보] 열을 '텍스
트' 형식으로 지정한 것 기억하시죠?

오류 표시

	A	B
1	학생정보	이름
2	1-1-1	강준상
3	1-1-2	김현
4	1-1-3	김미경

[오류 표시 옵션]을 선택하면 학생정보를 날짜 형식으로 변환하는 방법을 제시합니다. 학생정보는 날짜가
아니므로 [오류 무시]를 눌러 오류 표시를 제거하면 됩니다.

[오류 표시 옵션] 선택

	A	B	C	D	E
1	학생정보	이름	학생번호	학부모번호	
2	1-1-1	! 강준상	010-3744-9130	010-5770-5544	
3	1-1-2	텍스트 날짜를 2자리 연도로 표시	846-7265	010-2470-3235	
4	1-1-3	XX을(를) 19XX(으)로 변환(C)	143-3670	010-3874-4741	
5	1-1-4	XX을(를) 20XX(으)로 변환(V)	443-7669	010-5573-6191	
6	1-1-5	오류 무시	547-2038	010-7378-9599	
7	1-1-6	수식 입력줄에서 편집(F)	342-2269	010-8574-6782	
8	1-2-1	오류 검사 옵션(O)... 박민선	010-5743-4410	010-9378-3911	

☑ 만일 자동으로 오류 표시하는 기능이 거슬린다면 [파일] → [옵션] → [수식]의 [오류 검사]
항목에 있는 '다른 작업을 수행하면서 오류 검사' 옵션의 체크 표시를 해제하면 됩니다.

하면 된다! } 텍스트가 특정 기호로 구분돼 있을 때 나누는 방법

이번에는 학생정보 필드에 학년-반-번호를 각각의 셀에 분리해 보겠습니다.

1 '반'과 '번호'가 분리될 열을 추가합니다. 2개의 열을 한 번에 추가하려면 [B:C] 열 머리글
을 선택한 후 마우스 오른쪽 버튼을 눌러 [삽입]을 선택하면 됩니다.

	A	B	C	D	E
1	학생정보	이름	학생번호	✂ 잘라내기(T)	
2	1-1-1	강준상	010-3744-9	📋 복사(C)	544
3	1-1-2	김현	010-3846-	📋 붙여넣기 옵션:	235
4	1-1-3	김미경	010-4143-	📋	741
5	1-1-4	김선화	010-4443-	선택하여 붙여넣기(S)...	191
6	1-1-5	김인화	010-4547-	삽입(I)	599
7	1-1-6	박찬우	010-5342-	삭제(D)	782
8	1-2-1	박민선	010-5743-	내용 지우기(N)	911
9	1-2-2	하태훈	010-6344-	셀 서식(F)...	130
10	1-2-3	성유림	010-6442-	열 너비(W)...	111
11	1-2-4	진하영	010-6542-	숨기기(H) 숨기기 취소(U)	861
12	1-3-1	최정우	010-8843-4944	010-8872-3679	

2 '학생정보'에 해당하는 셀 범위 [A2:A88]을 선택한 후 [데이터] 탭 → [데이터 도구] 그룹 → [텍스트 나누기]를 선택합니다. 1단계에서 [원본 데이터 형식]을 '구분 기호로 분리됨'을 선택한 후 [다음] 버튼을 클릭합니다.

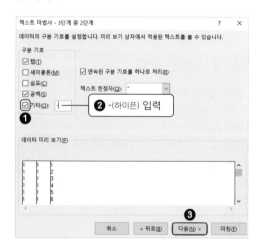

3 2단계는 구분 기호를 선택하거나 입력하는 단계입니다. 나누려고 하는 '학년-반-번호'가 -(하이픈)으로 구분돼 있으므로 [구분기호] 항목의 [기타]에 체크 표시를 하고 -(하이픈)을 입력한 다음 [다음] 버튼을 클릭합니다.

3단계에서는 서식을 따로 변경할 필요가 없으므로 기본 설정 그대로 두고 [마침] 버튼을 클릭합니다.

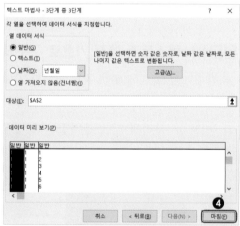

4 메시지 창이 나타나면 [확인] 버튼을 클릭합니다.

5 [A1:C1] 셀에 순서대로 **학년, 반, 번호**를 입력한 후 열 너비도 보기 좋게 줄입니다.

	A	B	C	D	E	F	G
1	학년	반	번호	이름	학생번호	학부모번호	
2	1	1	1	강준상	010-3744-9130	010-5770-5544	
3	1	1	2	김현	010-3846-7265	010-2470-3235	
4	1	1	3	김미경	010-4143-3670	010-3874-4741	
5	1	1	4	김선화	010-4443-7669	010-5573-6191	
6	1	1	5	김인화	010-4547-2038	010-7378-9599	

너비가 일정함

이번에는 '수련회 명단' 시트를 살펴봅시다. '교육생 정보' 열에 조와 이름이 하나의 셀에 입력돼 있네요. 각 셀에 조와 이름을 분리해 보겠습니다.

이번 텍스트는 구분 기호로 분리돼 있지 않지만 조의 글자 수가 일정하므로 [너비가 일정함] 유형으로 분리할 수 있습니다.

하면 된다! } 텍스트 너비가 일정할 때 나누는 방법   [수련회 명단] 시트

1 [B] 열 머리글을 선택한 후 마우스 오른쪽 버튼을 눌러 [삽입]을 선택해 열을 추가합니다.

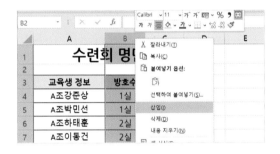

2 '교육생 정보' 데이터 셀 범위 [A4:A15]를 선택한 후 [데이터] 탭 → [데이터 도구] 그룹 → [텍스트 나누기]를 실행합니다. 그런 다음 [너비가 일정함]을 선택하고 [다음] 버튼을 클릭합니다.

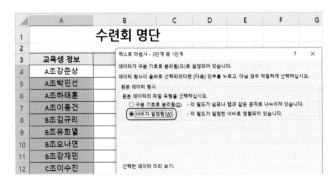

3 2단계의 [데이터 미리 보기] 창에서 '조'와 '이름' 사이를 클릭합니다. 그러면 구분선이 추가됩니다. 구분선에 마우스 커서를 올려놓고 좌우로 드래그하면 구분선의 위치를 바꿀 수 있습니다. 만약 잘못 추가한 구분선을 제거하려면 더블클릭하면 됩니다.

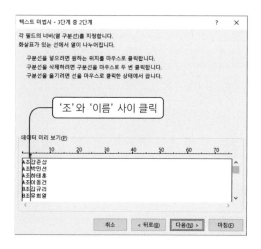

4 3단계는 데이터 서식을 지정하는 단계입니다. 나뉜 데이터가 모두 텍스트 형식이므로 서식을 따로 지정할 필요가 없습니다. [마침] 버튼을 클릭합니다.

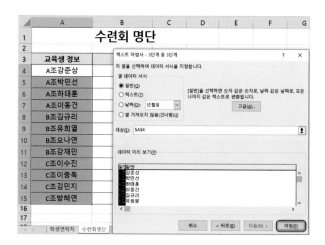

5 메시지 창이 나타나면 [확인] 버튼을 클릭합니다. 지정했던 구분선을 기준으로 '조'와 '이름'이 나눠졌습니다. [A3:B3]에 **조별 이름, 이름**을 입력합니다.

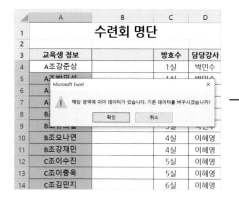

[6-1-미션]

"합쳐 있는 학생정보 데이터를 학년, 반, 번호, 이름으로 나눠 주세요~"

	A	B	C	D	E	F	G
1	학생정보	반	번호	이름	학생번호	학부모번호	
2	1-1-1 강준상				010-3744-9130	010-5770-5544	
3	1-1-2 김현				010-3846-7265	010-2470-3235	
4	1-1-3 김미경				010-4143-3670	010-3874-4741	
5	1-1-4 김선화				010-4443-7669	010-5573-6191	
6	1-1-5 김인화				010-4547-2038	010-7378-9599	
7	1-1-6 박찬우				010-5342-2269	010-8574-6782	
8	1-2-1 박민선				010-5743-4410	010-9378-3911	
9	1-2-2 하태훈				010-6344-3315	010-2464-8130	
10	1-2-3 성유림				010-6442-2260	010-8894-5111	
11	1-2-4 진하영				010-6542-7781	010-9374-7861	
12	1-3-1 최정우				010-8843-4944	010-8872-3679	
13	1-3-2 안형석				010-9043-5220	010-3878-7781	
14	1-3-3 구현미				010-9043-6191	010-9273-2682	
15	1-3-4 한미연				010-9248-9214	010-4574-7265	
16	1-4-1 박수경				010-4064-0582	010-2264-3315	
17	1-4-2 이효진				010-7494-8778	011-8384-5430	
18	1-4-3 임현석				010-8434-8431	010-5294-4410	
19	1-4-4 변휘현				010-8624-8109	010-5364-2138	

정답 및 해설 [6-1-미션_정답]

06-2 텍스트를 추출하는 LEFT, RIGHT, MID 함수

• **실습 파일** 6-2-문자를추출하는함수 • **완성 파일** 6-2-문자를추출하는함수_완성

문자를 단순하게 분리하는 것이 목적이라면 앞에서 소개한 텍스트 나누기를 사용하면 됩니다.
하지만 문자 일부를 추출해 수식에 문자를 사용할 목적이라면 함수를 사용해야 합니다.

LEFT, RIGHT, MID 함수

=LEFT(Text, Num_chars) 문자열의 왼쪽에서 지정한 수만큼 추출합니다.
• Text: 추출하려는 문자가 포함된 문자열입니다.
• Num_chars: 추출할 문자 개수를 지정합니다. 생략하면 1이 됩니다.

=RIGHT(Text, Num_chars) 문자열의 오른쪽에서 지정한 수만큼 문자를 추출합니다.
• Text: 추출하려는 문자가 포함된 문자열입니다.
• Num_chars: 추출할 문자 개수를 지정합니다. 생략하면 1이 됩니다.

=MID(Text, Start_num, Num_chars) 문자열의 지정한 위치에서 지정한 개수만큼 문자를 추출합니다.
• Text: 추출할 문자가 포함된 문자열입니다.
• Start_num: 추출할 문자열의 첫 번째 문자의 위치입니다. 문자열의 첫 문자는 1이 됩니다.
• Num_chars: 문자열에서 추출할 개수입니다.

하면 된다! 〉 LEFT 함수와 &(연결 연산자)를 사용해 주민등록번호 뒤 여섯 자리를 *로 바꾸기

[명단] 시트

보건소
최 선생

독감 예방 접종 명단을 정리 중인데 개인 정보 보호를 위해 주민등록번호를 성별을 구분하는 자리까지 표시하고 나머지 여섯 자리를 *로 표시해야 합니다. 텍스트 나누기를 해도 한 번에 원하는 결과를 얻을 수가 없는데 이런 경우 함수를 사용해야 하나요? 일일이 ******를 붙이려고 하니까 처리할 데이터가 많아 시간이 오래 걸리는데, 좋은 방법이 있으면 알려 주세요.

이런 경우, 텍스트 나누기보다는 함수를 사용하는 것이 좋습니다. LEFT 함수를 사용해 왼쪽에서 8개의 문자를 추출한 후 "******"를 연결하면 간단하게 처리됩니다.

1 결과를 구할 [E3] 셀을 선택한 후 **=LEFT()**를 입력하고 함수 삽입 버튼 *fx*을 눌러 [함수 인수] 대화 상자를 실행합니다.

2 첫 번째 인수 Text 입력 창에 마우스 커서를 올려놓은 후 주민등록번호가 입력된 [D3] 셀을 선택하고 Num_chars 인수 입력 창에 **8**을 입력합니다.

	A	B	C	D	E	F	G	H	I
E3					=LEFT(D3,8)				
2		No	성명	주민등록번호	주민등록번호	주민등록번호 뒷자리	성별 구분	주소1	주소2
3		1	고세현	920314-1662414	=LEFT(D3,8)			서울특별시 중구	난계로 169-3
4		2	공병운	050613-3554369					
5		3	김민준	800526-1121321					
6		4	김태원	880123-1264001					
7		5	남미래	831112-2434499					
8		6	민진한	840320-3777042					
9		7	박민지	780114-2718122					
10		8	박봉순	901104-2145093					
11		9	박태석	880814-1654434					
12		10	방경현	790419-2110046					
13		11	백영호	850501-1120001					
14		12	서정민	040807-3664022				서울특별시 중구	난계로 169-3

함수 인수

LEFT

Text D3 = "920314-1662414"
Num_chars 8 = 8

= "920314-1"

텍스트 문자열의 시작 지점부터 지정한 수만큼의 문자를 반환합니다.

Num_chars 은(는) 왼쪽에서부터 추출할 문자 수를 지정합니다. 생략하면 1이 됩니다.

수식 결과= 920314-1

도움말(H) 확인 취소

3 LEFT 함수를 사용해 주민등록번호에서 성별을 구분하는 문자까지 추출했습니다. 결과 셀을 더블클릭한 후 나머지 수식을 입력합니다.

	A	B	C	D	E	F	G	H	I
E3					=LEFT(D3,8)				
2		No	성명	주민등록번호	주민등록번호	주민등록번호 뒷자리	성별 구분	주소1	주소2
3		1	고세현	920314-1662414	920314-1			서울특별시 중구	난계로 169-3
4		2	공병운	050613-3554369				서울특별시 중구	다산로 22길 53
5		3	김민준	800526-1121321				서울특별시 중구	난계로 11길 18-27
6		4	김태원	880123-1264001				서울특별시 중구	남대문로 6-4

4 &"*****"를 입력한 후 Enter 를 누릅니다. 수식을 복사해 나머지 명단의 결과를 구합니다.

	A	B	C	D	E	F	G	H	I
REPT				fx	=LEFT(D3,8)&"*****"				
2		No	성명	주민등록번호	주민등록번호	주민등록번호 뒷자리	성별 구분	주소1	주소2
3		1	고세현	920314-1662414	=LEFT(D3,8)&"*****"			서울특별시 중구	난계로 169-3
4		2	공병운	050613-3554369				서울특별시 중구	다산로 22길 53
5		3	김민준	800526-1121321				서울특별시 중구	난계로 11길 18-27
6		4	김태원	880123-1264001				서울특별시 중구	남대문로 6-4

☑ 수식에 포함되는 문자열은 반드시 큰따옴표로 묶어 표시해야 합니다. 그렇지 않으면 연산자나 셀 주소 등의 수식의 요소로 인식합니다. 예) "*****"

LEFT 함수 외에도 문자를 추출할 때 사용되는 함수에는 RIGHT, MID가 있습니다.

하면 된다! } RIGHT 함수로 주민등록번호 뒷자리 추출하기 [명단] 시트

RIGHT는 문자를 오른쪽부터 지정한 개수만큼 추출하는 함수입니다. 주민등록번호 뒤 일곱 자리를 추출해 보겠습니다.

1 결과를 구할 [F3] 셀을 선택한 후 =RIGHT()를 입력하고 함수 삽입 버튼 fx 을 눌러 [함수 인수] 대화 상자를 실행합니다.

2 첫 번째 인수 Text 입력 창에 마우스 커서를 올려온 후 주민등록번호가 입력된 [D3] 셀을 선택하고 Num_chars 인수 입력 창에 **7**을 입력합니다.

F3				fx	=RIGHT(D3,7)				
	A	B	C	D	E	F	G	H	I
2		No	성명	주민등록번호	주민등록번호	주민등록번호 뒷자리	성별 구분	주소1	주소2
3		1	고세현	920314-1662414	920314-1*****	=RIGHT(D3,7)		서울특별시 중구	난계로 169-3
4		2	공병운	050613-3554369	050613-				53
5		3	김민준	800526-1121321	800526				18-27
6		4	김태원	880123-1264001	880123				
7		5	남미래	831112-2434499	831112-				57

함수 인수

RIGHT
Text D3 = "920314-1662414"
Num_chars 7 = 7

3 채우기 핸들을 더블클릭해 셀에 수식을 채우기합니다.

F3				fx	=RIGHT(D3,7)				
	A	B	C	D	E	F	G	H	I
2		No	성명	주민등록번호	주민등록번호	주민등록번호 뒷자리	성별 구분	주소1	주소2
3		1	고세현	920314-1662414	920314-1*****	1662414		서울특별시 중구	난계로 169-3
4		2	공병운	050613-3554369	050613-3*****	3554369		서울특별시 중구	다산로 22길 53
5		3	김민준	800526-1121321	800526-1*****	1121321		서울특별시 중구	난계로 11길 18-27
6		4	김태원	880123-1264001	880123-1*****	1264001		서울특별시 중구	남대문로 6-4

하면 된다! ⟩ MID 함수로 성별을 구분하는 문자 추출하기

MID는 문자를 지정한 위치에서 지정한 개수만큼 추출하는 함수입니다. 주민등록번호 중간의 성별을 구하는 문자를 추출해 보겠습니다.

▲	A	B	C	D
2		No	성명	주민등록번호
3		1	고세현	920314-1662414

> 주민등록번호에서 여덟 번째 위치의 문자가 성별을 구분합니다.

1 결과를 구할 [G3] 셀을 선택한 후 =MID()를 입력하고 함수 삽입 버튼 f_x 을 눌러 [함수 인수] 대화 상자를 실행합니다.

2 첫 번째 인수 Text 입력 창에 주민등록번호가 입력된 [D3] 셀을 선택합니다. Start_num 인수는 추출할 문자의 시작 위치입니다. 8을 입력합니다. 나머지 Num_chars 인수에는 1을 입력합니다. 그러면 문자 1개를 추출하게 됩니다.

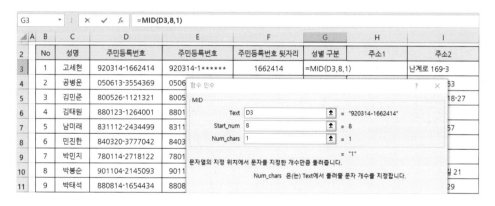

3 수식을 복사해 나머지 결과도 구합니다.

▲	A	B	C	D	E	F	G	H	I
2		No	성명	주민등록번호	주민등록번호	주민등록번호 뒷자리	성별 구분	주소1	주소2
3		1	고세현	920314-1662414	920314-1******	1662414	1	서울특별시 중구	난계로 169-3
4		2	공병운	050613-3554369	050613-3******	3554369	3	서울특별시 중구	다산로 22길 53
5		3	김민준	800526-1121321	800526-1******	1121321	1	서울특별시 중구	난계로 11길 18-27
6		4	김태원	880123-1264001	880123-1******	1264001	1	서울특별시 중구	남대문로 6-4
7		5	남미래	831112-2434499	831112-2******	2434499	2	서울특별시 중구	난계로 11길 57
8		6	민진한	840320-3777042	840320-3******	3777042	3	서울특별시 중구	다산로 103
9		7	박민지	780114-2718122	780114-2******	2718122	2	서울특별시 중구	남대문로7
10		8	박봉순	901104-2145093	901104-2******	2145093	2	서울특별시 중구	남대문시장4길 21
11		9	박태석	880814-1654434	880814-1******	1654434	1	서울특별시 중구	난계로 11길 29

CHOOSE 함수

MID 함수로 구한 결과는 성별을 구분하는 1에서 4까지의 숫자로 표시됩니다. 1과 3은 남자, 2와 4는 여자로 나타내고 싶다면 CHOOSE와 MID 함수를 중첩해 사용하면 됩니다.

> =CHOOSE(Index_num, Value1, Value2⋯ Value254)
> - Index_num: 1부터 254까지의 숫자입니다.
> - Value1~Value254: 입력받는 수에 맞게 결과 값을 작성해 두면 됩니다. 예를 들어 Index_num 인수가 1이면 Value1 인수의 값, 2면 Value2의 값을 구하게 됩니다.

하면 된다! ﹜ 남자 또는 여자로 성별을 제대로 표시하기 [명단] 시트

1 셀 범위 [G3:G22]를 선택한 후 MID 함수로 구한 결과 값을 지웁니다.

2 [G3] 셀을 선택한 후 =CHOOSE()를 입력하고 [함수 인수] 대화 상자를 실행합니다. 첫 번째 Index_num 인수 입력 창에 MID()를 입력하고 수식 입력줄에서 MID()를 선택합니다.

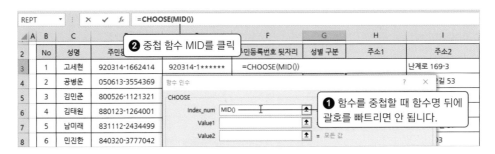

3 [MID 함수 인수] 대화 상자로 변경되면 첫 번째 인수 Text 입력 창에 '고세현'의 주민등록번호인 [D3] 셀을 선택합니다. Start_num 인수 입력 창에 추출할 문자의 시작 위치인 8을 입력합니다. Num_Chars 인수 입력 창에 추출할 문자 개수 1을 입력합니다.
그런 다음 다시 수식 입력줄에서 CHOOSE 함수를 선택해 [CHOOSE 함수 인수] 대화 상자로 변경합니다.

4 Index_num 인수에서 중첩한 MID 함수로 추출할 값이 1이면 성별이 '남자'가 되도록 Value1 인수 입력 창에 **남자**, Value2 인수 입력 창에 **여자**를 입력합니다. 3과 4는 2000년 이후에 출생한 남자와 여자에 해당하는 값입니다. Value3 인수 입력 창에 **남자**, Value4 인수 입력 창에 **여자**를 입력한 후 [확인] 버튼을 클릭합니다.

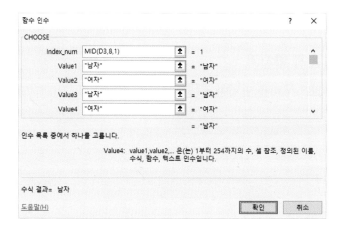

5 수식을 복사해 나머지 명단의 성별도 구합니다.

G3 | =CHOOSE(MID(D3,8,1),"남자","여자","남자","여자")

No	성명	주민등록번호	주민등록번호	주민등록번호 뒷자리	성별 구분	주소1	주소2
1	고세현	920314-1662414	920314-1★★★★★★	1662414	남자	서울특별시 중구	난계로 169-3
2	공병운	050613-3554369	050613-3★★★★★★	3554369	남자	서울특별시 중구	다산로 22길 53
3	김민준	800526-1121321	800526-1★★★★★★	1121321	남자	서울특별시 중구	난계로 11길 18-27
4	김태원	880123-1264001	880123-1★★★★★★	1264001	남자	서울특별시 중구	남대문로 6-4
5	남미래	831112-2434499	831112-2★★★★★★	2434499	여자	서울특별시 중구	난계로 11길 57
6	민진한	840320-3777042	840320-3★★★★★★	3777042	남자	서울특별시 중구	다산로 103
7	박민지	780114-2718122	780114-2★★★★★★	2718122	여자	서울특별시 중구	남대문로7
8	박봉순	901104-2145093	901104-2★★★★★★	2145093	여자	서울특별시 중구	남대문시장4길 21
9	박태석	880814-1654434	880814-1★★★★★★	1654434	남자	서울특별시 중구	난계로 11길 29
10	방정현	790419-2110046	790419-2★★★★★★	2110046	여자	서울특별시 중구	다산로 101-3
11	백영호	850501-1120001	850501-1★★★★★★	1120001	남자	서울특별시 중구	다동길 21

흩어져 있는 문자를 합치는 방법

앞에서 소개했던 텍스트 나누기 기능과 LEFT, RIGHT, MID 함수가 문자를 나누고 추출하는
방법이라면 흩어져 있는 문자를 합칠 때는 &(연결 연산자)나 CONCATENATE 함수를 사용하
면 됩니다. 명단의 주소가 주소1과 주소2로 나뉘어 입력돼 있습니다. 주소를 하나의 셀에 합
쳐 보겠습니다.

	E	F	G	H	I	J	K
2	주민등록번호	주민등록번호 뒷자리	성별 구분	주소1	주소2	주소	
3	920314-1******	1662414	남자	서울특별시 중구	난계로 169-3		
4	050613-3******	3554369	남자	서울특별시 중구	다산로 22길 53		
5	800526-1******	1121321	남자	서울특별시 중구	난계로 11길 18-27		
6	880123-1******	1264001	남자	서울특별시 중구	남대문로 6-4		
7	831112-2******	2434499	여자	서울특별시 중구	난계로 11길 57		
8	840320-3******	3777042	남자	서울특별시 중구	다산로 103		

하면 된다! 〉 &(연결 연산자)를 사용해 문자 합치기

1 결과를 구할 [J3] 셀을 선택한 후 =H3&" "&I3을 입력하고 Enter 를 누릅니다.

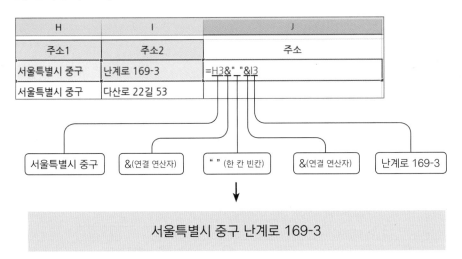

2 수식을 복사한 후 열 너비를 늘립니다.

J3	▼ : × ✓ fx	=H3&" "&I3					

열 머리글과 열 머리글 사이의 경계선에 마우스를 양방향 화살표 모양이 되도록 맞추고 더블클릭합니다.

⊿	E	F	G				J	
2	주민등록번호	주민등록번호 뒷자리	성별 구분				주소	
3	920314-1******	1662414	남자	서울특별시 중구	난계로 169-3		서울특별시 중구 난계로 169-3	
4	050613-3******	3554369	남자	서울특별시 중구	다산로 22길 53		서울특별시 중구 다산로 22길 53	
5	800526-1******	1121321	남자	서울특별시 중구	난계로 11길 18-27		서울특별시 중구 난계로 11길 18-27	
6	880123-1******	1264001	남자	서울특별시 중구	남대문로 6-4		서울특별시 중구 남대문로 6-4	
7	831112-2******	2434499	여자	서울특별시 중구	난계로 11길 57		서울특별시 중구 난계로 11길 57	
8	840320-3******	3777042	남자	서울특별시 중구	다산로 103		서울특별시 중구 다산로 103	

질문 있어요!

행이나 열을 추가할 때 자동으로 서식을 채워 주는 기능은 없나요?

연결 연산자를 사용해 '주소1'과 '주소2'를 합친 주소 열의 서식을 동일하게 설정하는 가장 간단한 방법은 '서식 복사'입니다.

1. 먼저 서식을 복사할 셀 범위 [I2:I22]를 선택한 후 마우스 오른쪽 버튼을 눌러 [서식 복사]를 선택합니다. 그러면 내용 외의 서식, 즉 채우기 색, 테두리 등이 복사됩니다.

2. 이번에는 복사한 서식을 적용해야 합니다. 셀 범위 [J2:J22]를 드래그합니다. 이때 마우스 커서에는 서식 복사 아이콘이 표시됩니다. 채우기 색, 테두리가 한 번에 설정됐습니다.

	I		J			I		J
	주소2		주소			주소2		주소
	난계로 169-3		서울특별시 중구 난계로 169-3			난계로 169-3		서울특별시 중구 난계로 169-3
	다산로 22길 53		서울특별시 중구 다산로 22길 53			다산로 22길 53		서울특별시 중구 다산로 22길 53
	난계로 11길 18-27		서울특별시 중구 난계로 11길 18-27			난계로 11길 18-27		서울특별시 중구 난계로 11길 18-27
	남대문로 6-4		서울특별시 중구 남대문로 6-4			남대문로 6-4		서울특별시 중구 남대문로 6-4
	난계로 11길 57		서울특별시 중구 난계로 11길 57			난계로 11길 57		서울특별시 중구 난계로 11길 57
	다산로 103		서울특별시 중구 다산로 103			다산로 103		서울특별시 중구 다산로 103
	남대문로7		서울특별시 중구 남대문로7			남대문로7		서울특별시 중구 남대문로7
	남대문시장4길 21		서울특별시 중구 남대문시장4길 21			남대문시장4길 21		서울특별시 중구 남대문시장4길 21
	난계로 11길 29		서울특별시 중구 난계로 11길 29			난계로 11길 29		서울특별시 중구 난계로 11길 29

하면 된다! } CONCATENATE 함수를 사용해 문자 합치기

CONCATENATE는 흩어져 있는 여러 문자를 하나의 문자로 합쳐 주는 함수입니다.

> **=CONCATENATE(Text1, Text2··· Text255)**
> - Text1 : text1, text2,···는 하나로 합치려는 문자를 255개까지 지정합니다.

1 셀 범위 [J3:J22]를 선택한 후 결과 값을 지웁니다.

2 [J3] 셀을 선택한 후 함수 =CONCATENATE()를 입력하고 [함수 인수] 대화 상자를 실행합니다.

3 Text1 인수 입력 창에 마우스 커서를 올려놓은 후 [H3] 셀을 선택하고 Text2 인수 입력 창에 " "를 입력합니다. 큰따옴표 안에 (Spacebar)를 한 번 눌러 빈칸을 입력해야 합니다. Text3 인수 입력 창에 [I3] 셀을 선택하고 [확인] 버튼을 클릭합니다.

결과는 연결 연산자를 사용하는 방법과 같습니다. 지금 실습한 것처럼 연결할 데이터가 많지 않으면 &(연결 연산자)를 사용하는 것이 간편합니다. 그러나 합칠 데이터가 여러 개라면 CONCATENATE 함수를 사용해야 수식도 짧고 작성하기가 더 편리합니다.

06-3 텍스트 변경엔 REPLACE, SUBSTITUTE 함수

• 실습 파일 6-3-다른문자로변경   • 완성 파일 6-3-다른문자로변경_완성

REPLACE 함수

문서를 다른 사람과 공유할 때 개인정보 보호를 위해 성명, 상호, 주민등록번호 등의 데이터 일
부를 비공개해야 하는 경우가 있습니다. REPLACE 함수를 사용하면 데이터의 특정 문자를 *로
변경할 수 있습니다.

> =REPLACE(Old_text, Start_num, Num_chars, New_text)
> • Old_text: 바꾸려는 문자입니다.
> • Start_num: 바꾸기할 문자의 시작 위치입니다. 왼쪽에서 1, 2, … 순서가 됩니다.
> • Num_chars: Old_text에서 바꾸려는 문자의 개수를 지정합니다.
> • New_text: 대체할 새 문자입니다.

하면 된다! } REPLACE 함수로 이름 가운데 글자를 *로 표시하기 [직원정보] 시트

데이터 중 이름의 가운데 글자를 *로 바꿔 보겠습니다.

A		*로 변경할 문자		E
1			D	
2	No	성명	성명	소속
3	1	강지훈		감사부
4	2	강석		인사부

1 [D3] 셀을 선택한 후 함수 =REPLACE()를 입력하고 [함수 인수] 대화 상자를 실행합니다.
Old_text 인수 입력 창에 [C3] 셀을 참조합니다.

2 Start_num 인수에 바꿀 문자의 시작 위치인 2를 입력합니다. Num_chars 인수에 바꿀 문자 개수인 1을 입력합니다. New_text 인수 입력 창에 *를 입력한 후 [확인] 버튼을 클릭합니다.

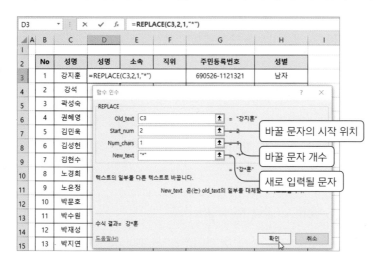

3 수식을 복사한 후 마우스 오른쪽 버튼을 눌러 [가운데 맞춤]을 선택합니다.

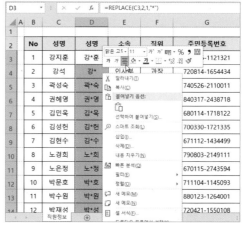

함께 보면 좋은 동영상 강의

REPLACE 함수

주민등록번호 뒤 여섯 자리를 *로 변경했던 것처럼 수식을 작성해도 될 것 같은데 REPLACE 함수를 꼭 사용해야 하나요?

문자를 추출하는 LEFT, RIGHT 함수를 사용해 이름 가운데 글자를 *로 만들어 보세요. 이름이 세 글자일 경우에는 문제가 없지만, 이름이 두 글자라면 문제가 생깁니다.

이렇게 작성한 수식은 아래와 같이 엉터리 결과를 구하게 됩니다. 그래서 REPLACE 함수를 사용해야 합니다.

D3		× ✓ fx	=LEFT(C3,1)&"*"&RIGHT(C3,1)					
A	B	C	D	E	F	G		
1								
2	No	성명	성명	소속	직위	주민등록번호		
3	1	강지훈	=LEFT(C3,1)&"*"&RIGHT(C3,1)			690526-1121321		
4	2	강석		인사부	과장	720814-1654434		

LEFT 함수를 사용해 왼쪽에서 한 문자를 추출한 후 *를 연결하고 RIGHT 함수로 오른쪽에서 한 문자를 추출해 연결합니다.

D3		× ✓ fx	=LEFT(C3,1)&"*"&RIGHT(C3,1)					
A	B	C	D	E	F	G		
1								
2	No	성명	성명	소속	직위	주민등록번호		
3	1	강지훈	강*훈	감사부	부장			
4	2	강석	강*석	인사부	과장			

이름이 두 글자인 경우 첫 번째 글자와 두 번째 글자 사이에 *가 포함돼 있으므로 세 글자와 같은 결과가 나타납니다.

하면 된다! } REPLACE 함수로 주민등록번호 뒤 여섯 자리를 *로 변경하기

1 먼저 [H] 열을 선택한 후 마우스 오른쪽 버튼을 눌러 [삽입]을 선택합니다. 추가된 열의 [H2] 셀에 **주민등록번호**를 입력합니다.

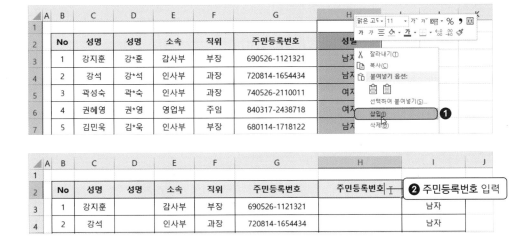

2 [H3] 셀을 선택한 후 함수 =REPLACE()를 입력하고 [함수 인수] 대화 상자를 실행합니다. Old_text 인수에 주민등록번호 [G3] 셀을 참조합니다. Start_num 인수에 9, Num_chars 인수에 6을 입력합니다. New_text 인수에 대체할 새 문자인 "******"를 입력합니다.

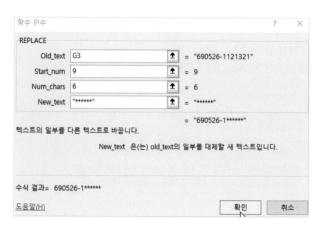

☑ 이때 대체할 문자 개수만큼 *를 입력해야 합니다. 만일 *를 1개만 입력하면 주민등록번호 뒤 여섯 자가 * 한 문자로 대체되기 때문에 주의해야 합니다.

값으로 붙여넣기

[직원정보] 시트에서 REPLACE 함수를 사용해 성명과 주민등록번호 일부를 *로 표시해 봤습니다. 이 문서를 타인과 공유할 때 원본에 해당하는 성명과 주민등록번호는 보이지 않도록 삭제해야겠죠?

그런데 기존 성명과 주민등록번호를 삭제하면 새로 구한 성명과 주민등록번호 셀에 #REF!라는 오류가 생깁니다. #REF!는 참조 셀 오류입니다. 수식에서 참조하던 셀이 제거됐기 때문이죠.

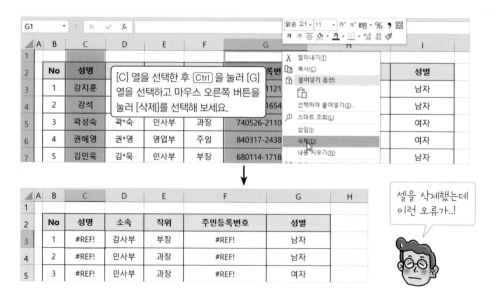

그럼 기존 성명과 주민등록번호 행을 삭제하더라도 오류가 생기지 않게 하려면 어떻게 해야 할까요? 일단 단축키 Ctrl + Z 를 눌러 [C], [G] 열을 삭제하기 전 상태로 작업 되돌리기를 하세요.

하면 된다! } 수식이 아닌 값으로 붙여넣기

1 먼저 새로 구한 성명 열의 셀 범위 [D3:D52]를 선택한 후 마우스 오른쪽 버튼을 눌러 [복사]를 선택합니다.

2 선택된 영역을 해제하지 않고 마우스 오른쪽 버튼을 눌러 [선택하여 붙여넣기]를 선택합니다.

3 [선택하여 붙여넣기] 대화 상자가 실행되면 [붙여넣기] 항목의 '값'을 선택한 후 [확인] 버튼을 클릭합니다.

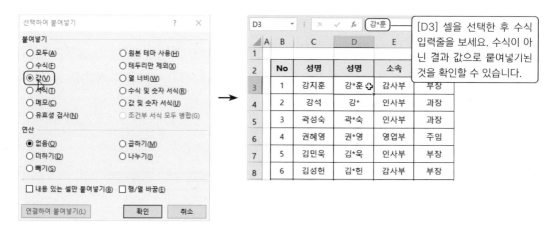

4 위와 같은 방법으로 주민등록번호 셀 범위 [H3:H52]도 수식이 아닌 '값'으로 붙여넣기합니다.

5 원본을 삭제하기 위해 [C] 열을 선택한 후 Ctrl 을 누른 상태에서 [G] 열을 선택하고 마우스 오른쪽 버튼을 눌러 [삭제]를 선택합니다.

열을 삭제해도 * 처리된 성명과 주민등록번호는 정상적으로 표시됩니다.

No	성명	소속	직위	주민등록번호	성별
1	강*훈	감사부	부장	690526-1******	남자
2	강*	인사부	과장	720814-1******	남자
3	곽*숙	인사부	과장	740526-2******	여자
4	권*영	영업부	주임	840317-2******	여자
5	김*욱	인사부	부장	680114-1******	남자
6	김*헌	감사부	부장	700330-1******	남자
7	김*수	인사부	부장	671112-1******	남자
8	노*희	인사부	대리	790803-2******	여자

수정을 마친 후 주의해야 할 점이 한 가지 있습니다. 이렇게 수정한 자료를 그대로 저장하면 원본 데이터에 덮어쓰게돼 원본 정보를 잃어버리게 됩니다. 수정한 자료는 꼭 다른 이름으로 저장해 사용하세요!

SUBSTITUTE 함수

SUBSTITUTE는 특정 문자를 새로운 문자로 바꿔 주는 함수입니다. 여기서 잠깐! SUBSTITUTE 함수가 앞에서 배운 REPLACE와 무엇이 다를까요?

두 함수를 구분해 보면 REPLACE 함수는 텍스트에서 지정한 위치를 기준으로 지정한 개수만큼 새로운 문자로 바꿔 줍니다. 반면 SUBSTITUTE 함수는 텍스트에서 특정 문자를 새로운 텍스트로 바꿔 주는 함수입니다.

=SUBSTITUTE(Text, Old_text, New_text, Instance_num)
- Text: 찾기 및 바꾸기의 대상이 되는 텍스트입니다.
- Old_text: New 텍스트로 바꿀 텍스트입니다.
- New_text: Old_text와 바꾸려는 새로운 텍스트입니다.
- Instance_num: 몇 번째의 Old_text를 바꿀 것인지 지정합니다.

하면 된다! ▶ SUBSTITUTE 함수로 특정 문자 제거하기

공무원
한 계장

[사업자정보] 시트

개인 사업자 데이터베이스를 업무 시스템에서 다운로드해 필요에 맞게 정리 중입니다. 데이터에 사업자정보 열(필드)에 사업자 번호와 사업주의 주민등록번호가 입력돼 있는데 이 번호들이 '-'이 있는 것도 있고 없는 것도 있어서 이를 정리하려고 합니다.
그런데 데이터 수가 너무 많아 일일이 '-'을 제거하기가 쉽지 않네요. 데이터를 제공할 수 없어 간단하게 입력해봤습니다. 좋은 방법이 있으면 알려 주세요.

엑셀에는 이미 입력된 데이터의 일부를 일괄적으로 제거할 수 있는 기능이 없습니다. 주민등록번호에서 '-'을 제거하려면 '-'을 빈칸으로 바꿔 '-'이 제거된 것과 같은 효과를 내면 됩니다. 이때 제일 먼저 머릿속에 떠오르는 것이 바꾸기 기능일 겁니다.

그러나 데이터에 따라 다릅니다. 아래 이미지를 보세요. '-'을 제거하자 문자 형식이던 데이터가 숫자 형식으로 되면서 지수로 변하기도 하고 앞자리 0이 제거된 데이터도 있네요.

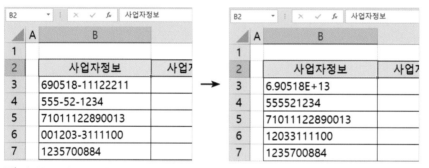

함께 보면 좋은
동영상 강의

☑ 엑셀은 12자리를 초과한 숫자는 지수로 표시하고, 숫자 앞자리에 있는 0은 제거합니다.

바꾸기 기능이 사용하기는 쉽지만 데이터에 따라 원하는 결과를 얻지 못할 수 있습니다. 이 경우 '-'이 제거되더라도 결과가 텍스트 형식으로 표시되도록 SUBSTITUTE 함수를 사용해야 합니다.

1 [C3] 셀을 선택한 후 함수 =SUBSTITUTE()를 입력하고 [함수 인수] 대화 상자를 실행합니다. Text 인수 입력 창에 마우스 커서를 올려놓고 첫 번째 사업자정보에 해당하는 [B3] 셀을 선택합니다. Old_text 인수 입력 창에 -을 입력한 후 New_text 인수 입력 창에 ""을 입력합니다.

2 Instance_num 인수를 생략한 후 [확인] 버튼을 클릭합니다.

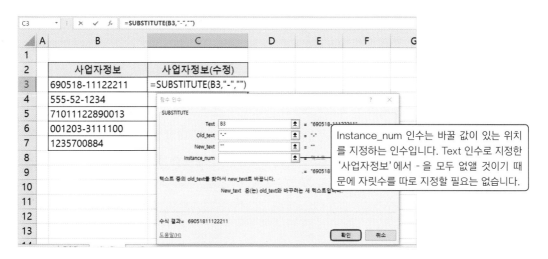

Instance_num 인수는 바꿀 값이 있는 위치를 지정하는 인수입니다. Text 인수로 지정한 '사업자정보'에서 - 을 모두 없앨 것이기 때문에 자릿수를 따로 지정할 필요는 없습니다.

3 사업자 정보에서 '-'만 빠졌습니다. 열 너비를 넓히고 수식을 복사한 후 나머지 결과도 구합니다.

이처럼 SUBSTITUTE 함수는 텍스트 함수에 속하기 때문에 그 결과 값이 텍스트 형식으로 표시됩니다. 그래서 앞자리 0과 12자리 이상의 숫자가 그대로 표시됩니다.

06-4 글자 수를 구하는 LEN 함수와 위치를 찾는 FIND 함수

• 실습 파일 6-4-LEN과FIND함수 • 완성 파일 6-4-LEN과FIND함수_완성

주민등록번호를 입력할 때 정확한 형식을 지켜 입력하도록 유효성 검사 기능을 사용해 잘못된 입력을 제한해 보겠습니다. 예를 들어 주민등록번호 일곱 번째 위치에 −(하이픈)이 있어야 하고 이를 포함해 전체 14자리가 돼야만 입력되도록 설정한다고 생각해 봅시다.

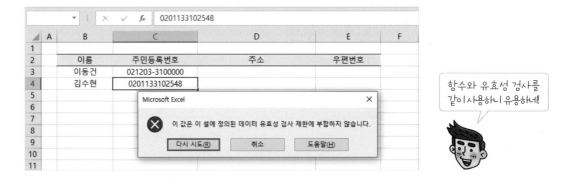

☑ 유효성 검사 기능이 기억나지 않는다면 03-1절을 다시 확인해 보세요.

만일 위의 조건을 어긴다면 데이터를 입력할 수 없다는 메시지 창이 나타나면서 입력을 제한하는 거죠.

자! 그럼 어떻게 유효성 검사에 들어갈 조건을 만들지 설명하겠습니다. FIND 함수를 사용해 입력된 주민등록번호에 −(하이픈)의 위치 값을 구하고, LEN 함수를 사용해 입력한 주민등록번호의 글자 수도 구합니다.

−(하이픈)의 위치 값이 0이면 입력된 주민등록번호에 −(하이픈)은 포함돼 있지 않은 겁니다. 그리고 글자 수가 14가 아니라면 주민등록번호 자릿수가 부족하거나 많이 입력된 겁니다.

LEN 함수와 FIND 함수

=LEN(Text) 문자의 개수를 구합니다.
- Text: 개수를 구할 문자입니다. 빈칸도 문자 개수에 포함됩니다.

=FIND(Find_text, Within_text, Start_num) 문자열에서 찾으려고 하는 문자의 위치를 구합니다.
- Find_text: 찾으려는 문자
- Within_text: 찾으려는 문자가 포함된 문자입니다.
- Start_num: 찾기 시작할 문자의 위치

조건을 만들기 전에 LEN 함수와 FIND 함수 사용법을 살펴보겠습니다.

하면 된다! } LEN 함수와 FIND 함수 연습하기

[함수연습] 시트

1 [C2] 셀에 함수 **=LEN(B2)**을 입력하고 Enter를 누르세요. 주민등록번호의 글자 수를 세어 14를 구합니다.

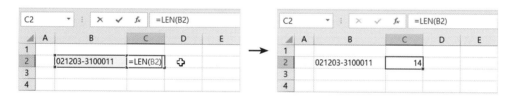

2 이번에는 [D2] 셀을 선택하고 수식 **=FIND("-",B2)**를 작성합니다. -(하이픈)이 주민등록번호의 일곱 번째 위치에 있다고 알려 줍니다.

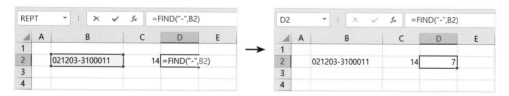

그럼 위 두 함수를 사용해 정확한 형식의 주민등록번호를 입력받기 위한 데이터 유효성을 설정해 보겠습니다.

하면 된다! } 주민등록번호 유효성 검사 기능으로 입력 제한하기

[회원관리] 시트

1 주민등록번호를 입력할 셀 범위 [C3:C20]을 선택한 후 [데이터] 탭 → [데이터 도구] 그룹 → [데이터 유효성 검사]를 선택합니다. [데이터 유효성] 대화 상자가 나타나면 [설정] 탭 → [제한 대상] 항목의 '사용자 지정'을 선택합니다.

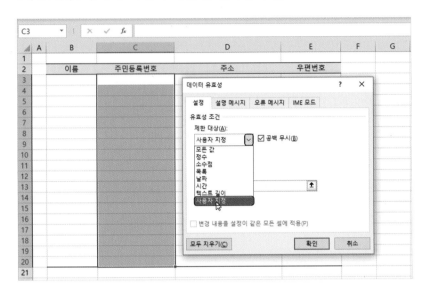

함께 보면 좋은
동영상 강의

2 [수식] 입력 창에 =AND(FIND("-",C3)=7, LEN(C3)=14)를 입력한 후 [확인] 버튼을 클릭합니다.

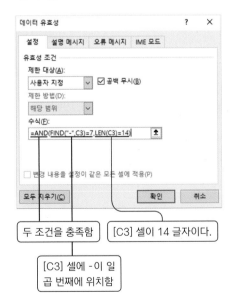

수식 입력 창에서는 [함수 인수]
대화 상자를 사용할 수 없으니
수식을 직접 입력해야겠군!

두 조건을 충족함

[C3] 셀이 14 글자이다.

[C3] 셀에 - 이 일
곱 번째에 위치함

3 주민등록번호를 입력할 범위에 아직 데이터가 입력 돼있지 않아 오류 메시지 창이 나타납니다. 무시하고 [예] 버튼을 클릭합니다.

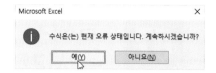

4 이제 주민등록번호를 입력할 때 -(하이픈)을 포함 하고 총 14자리를 입력하 면 오류가 생기지 않고 정 상적으로 입력됩니다. 하지 만 -(하이픈)을 빠트렸거나 개수가 맞지 않으면 오류 메시지 창이 나타납니다.

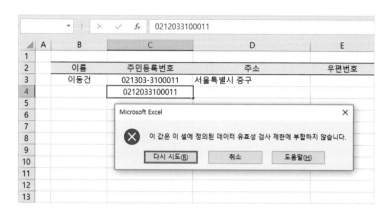

누군가의 부탁

[6-4-미션]

"강 선생님! 이 시트 이름에 가운데 *처리 좀 부탁해요~"

① IF, LEN, REPLACE 함수를 사용해야 합니다.
② 이름이 두세 자일 경우에 두 번째 자리 글자 1개를 *, 이름이 네 자일 경우에는 가운데 2개를 **로 처리 해야 합니다.

→

정답 및 해설 [6-4-미션_정답]

07 날짜와 시간
— 시간 계산은 엑셀이 빠르고 정확하다

새로 시작하는 교육과정 신청자를 반에 배정해야 하는 최 주임. 나이별로 반을 나눠야 하는데, 생년월일이라서 나이가 헷갈린다. 정확한 나이 계산이 필요한데…. 선배가 지나가면서 던지는 한 마디. "나이? 현재 연도-생년+1로 쉽게 계산하면 되잖아?"

07-1 함수를 사용해 날짜를 입력하는 이유는 뭘까?

• 실습 파일 7-1-날짜함수를사용하는이유   • 완성 파일 7-1-날짜함수를사용하는이유_완성

현재 날짜를 입력할 때 직접 2019-9-1을 입력하면 되는데 왜 어렵게 함수를 사용할까요? 함수로 입력한 날짜는 실시간으로 반영되기 때문입니다. 예를 들어 기준일에 맞게 대여 기간을 계산하는 현황표를 작성해야 한다면 현황표를 열어 볼 때마다 그 날짜에 맞는 대여 기간이 계산돼야 합니다.

이런 경우 TODAY 함수를 사용해 기준일을 작성한 후 대여 기간을 계산하면 현황표를 열어 보는 날짜에 맞게 대여 기간을 확인할 수 있습니다.

TODAY와 NOW 함수

TODAY, NOW는 현재 날짜를 표시하는 함수입니다. 현재 날짜와 시간을 표시하고 싶다면 NOW 함수를 사용하면 됩니다. 두 함수 모두 인수가 필요 없습니다. 함수를 사용해 작성한 엑셀 문서는 해당 날짜에 맞춰 날짜를 표시하고 계산에 자동으로 반영됩니다.

TODAY, NOW 함수의 사용법은 다음과 같습니다.

=TODAY( ) 현재 날짜를 표시합니다.
=NOW( ) 현재 날짜와 시간을 표시합니다.

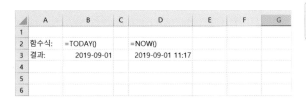

TODAY는 현재 날짜, NOW는 현재 날짜+시간!

함께 보면 좋은 동영상 강의

TODAY 함수와 NOW 함수

하면 된다! ﹜ TODAY 함수를 사용해 대여 기간 계산하기 [대여현황] 시트

1 [C4] 셀을 선택한 후 =TODAY()를 입력하고 [Enter]를 누릅니다. 기준일에는 현재 날짜가 표시됩니다.

TODAY	▼	:	×	✓	*fx*	=TODAY()

◢	A	B	C	D
1				
2				장난감 무료
3				
4		기준일	=TODAY()	
5		◺	성명	연락처
6		1	박선화	010-2354-1256
7		2	최지영	010-8408-2758
8		3	한현숙	010-3800-6543

→

E6	▼	:	×	✓	*fx*	=TODAY()

◢	A	B	C	D
1				
2				장난감 무료
3				
4		기준일	2019-09-01	
5		◺	성명	연락처
6		1	박선화	010-2354-1256
7		2	최지영	010-8408-2758
8		3	한현숙	010-3800-6543

2 대여 기간은 기준일에서 대여일을 빼면 됩니다. [F6] 셀에 =$C$4-E6을 입력합니다. 나머지 셀의 대여 기간은 수식을 복사해 구합니다.

TODAY	▼	:	×	✓	*fx*	=$C$4-E6

◢	A	B	C	D	E	F	G	H
1								
2				장난감 무료 대여 현황				
3								
4		기준일	2019-09-01			강서구 장난감 도서관		
5		◺	성명	연락처	대여일	대여기간	반납일	
6		1	박선화	010-2354-1256	2019-08-04	=$C$4-E6		
7		2	최지영	010-8408-2758	2019-08-05			
8		3	한현숙	010-3800-6543	2019-08-08			

☑ 수식을 작성할 때 기준일 셀은 [F4]를 눌러 절대 참조합니다. 그렇지 않고 수식을 복사하면 기준일 셀이 상대 참조돼 주소가 변합니다.

3 대여 기간에 단위 '일'을 붙여 보겠습니다. 셀 범위 [F6:F15]를 선택한 후 단축키 [Ctrl]+[1]을 눌러 [표시 형식] 탭 → [범주] → [사용자 지정]을 선택하고 [형식] 입력 창에 0"일"을 입력합니다.

현재 작성한 장난감 무료 대여 현황 문서를 다음 날 또는 그 다음 날에 열어 보면 대여 기간이 28일이 아닌 29, 30일로 자동 계산됩니다. 만약 기준일을 2019-9-1이라고 직접 입력했다면 대여일은 계속 28일이 됩니다.

07-2 날짜 함수 활용하기

• 실습 파일 7-2-날짜함수활용 • 완성 파일 7-2-날짜함수활용_완성

YEAR와 MONTH, DAY 함수

YEAR, MONTH, DAY 함수는 날짜에서 연, 월, 일을 구합니다.

함께 보면 좋은
동영상 강의

	A	B	C	D	E
1					
2		2019-09-01 기준			
3		함수	=YEAR("2019-09-01")	=MONTH("2019-09-01")	=DAY("2019-09-01")
4		결과 값	2019	9	1
5					

=YEAR(Serial_number)
=MONTH(Serial_number)
=DAY(Serial_number)
• Serial_number: 엑셀에서 사용하는 날짜-시간

날짜 함수의 인수를 세 가지 방법으로 입력할 수 있습니다.
• =YEAR("2019-09-01"): 날짜를 큰따옴표로 묶어 입력하기
• =YEAR(TODAY()): 함수 중첩하기
• =YEAR(D6): 셀 참조하기

생년월일에서 연, 월, 일을 구분하는 실습을 해 보겠습니다.

하면 된다! ╎ YEAR, MONTH, DAY 함수로 날짜에서 연, 월, 일 추출하기

[YEAR,MONTH,DAY함수] 시트

1 연도를 구할 [E6] 셀을 선택한 후 함수 =YEAR(를 입력하고 [D6] 셀을 인수로 지정한 후
Enter 를 누릅니다.

A	B	C	D	E	F	G	H	I
1								
2		중장년 ICT 특화 과정 신청명단						
3								
4	기준일 :		2019-09-01					
5	출석번호	성명	생년월일	년	월			
6	1	박준희	1973-05-26	=year(D6)				
7	2	김세원	1953-08-14					

인수가 1개일 경우, 함수식을 직접
입력하는 방법이 간편합니다.

2 월을 구할 [F6] 셀을 선택한 후 =MONTH(를 입력합니다. 그런 다음 [D6] 셀을 인수로 지정하고 Enter 를 누릅니다.

출석번호	성명	생년월일	년	월	일
1	박준희	1973-05-26	1973	=MONTH(D6)	
2	김세원	1953-08-14	1953		
3	한혜경	1968-05-26	1968		
4	이영미	1972-03-17	1972		

중장년 ICT 특화 과정 신청명단
기준일 : 2019-09-01

3 일을 구할 [G6] 셀을 선택한 후 =DAY(를 입력합니다. 그런 다음 [D6] 셀을 인수로 지정하고 Enter 를 누릅니다.

중장년 ICT 특화 과정 신청명단
기준일 : 2019-09-01

출석번호	성명	생년월일	년	월	일
1	박준희	1973-05-26	1973	5	=DAY(D6)
2	김세원	1953-08-14	1953	8	
3	한혜경	1968-05-26	1968	5	
4	이영미	1972-03-17	1972	3	

하면 된다! ⟩ 나이 계산하기

[나이계산] 시트

신청 명단의 생년월일로 기준일에 맞는 나이를 계산하려고 합니다. 나이를 구하는 수식은 **현재 연도-생년+1**입니다.

나이를 구할 [E6] 셀을 선택한 후 **=YEAR($C$4)-YEAR(D6)+1**을 입력하고 Enter 를 누릅니다.

중장년 ICT 특화 과정 신청명단
기준일 : 2019-09-01

출석번호	성명	생년월일	나이
1	박준희	1973	=YEAR($C$4)-YEAR(D6)+1
2	김세원	1953-08-14	
3	한혜경	1968-05-26	
4	이영미	1972-03-17	
5	김효린	1973-01-14	

☑ 기준일 대신 YEAR(TODAY())를 사용해도 됩니다.

 질문 있어요!

나이가 1900-02-15와 같이 날짜 형식으로 나와요

날짜 연산을 하면 종종 형식이 날짜로 나타나는 경우가 있습니다. 이런 경우에는 단축키 Ctrl + 1 을 눌러 셀 서식을 실행하세요.

[표시 형식] 탭에서 범주 [일반]을 선택한 후 [확인] 버튼을 클릭하면 결과가 정상적으로 표시됩니다.

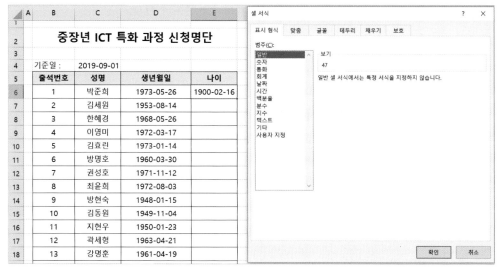

☑ 만약 나이에 "세"라는 단위 문자를 붙이려면 [셀 서식] → [표시 형식] 탭 → [사용자 지정] 범주를 선택한 후 형식 입력 창에 0"세"를 입력하고 [확인] 버튼을 클릭합니다.

DATE 함수

DATE 함수는 정수 값을 날짜 형식으로 나타냅니다. DATE 함수를 사용해 주민등록번호로 생년월일을 구할 수 있습니다. 주민등록번호 앞 여섯 자리가 생년월일에 해당하기 때문에 LEFT, RIGHT, MID 함수를 사용해 추출한 후 DATE 함수를 사용하면 원하는 결과를 얻을 수 있습니다.

> =DATE(Year, Month, Day)
> - Year: 연도를 나타내는 1900에서 9999까지의 숫자입니다.
> - Month: 해당 연도의 달을 나타내는 1부터 12까지의 숫자입니다.
> - Day: 해당 월의 날짜를 나타내는 1부터 31까지의 숫자입니다.

하면 된다! ⟩ DATE 함수를 사용해 주민등록번호로 생년월일 구하기

1 생년월일을 구할 [E5] 셀을 선택한 후 =DATE( )를 입력하고 [함수 인수]
대화 상자를 실행합니다.

함께 보면 좋은
동영상 강의

2 Year 인수 입력 창에 LEFT(D5,2)를 입력합니다. 주민등록번호에서 왼쪽
부터 두 자리를 추출합니다. Month 인수 입력 창에 MID(D5,3,2)를 입력합
니다. 주민등록번호의 세 번째 위치에서 두 자리를 추출합니다. 마지막으로 Day 인수 입력 창
에 MID(D5,5,2)를 입력합니다. 주민등록번호 다섯 번째 위치에서 두 자리를 추출합니다.

	A	B	C	D	E	F	G	H	I	J
1										
2			**중장년 ICT 특화 과정 신청명단**							
3										
4		출석번호	성명	주민등록번호	생년월일	지역				
5		1	박준희	730526-1121321	=DATE(LEFT(D5,2),MID(D5,3,2),MID(D5,5,2))					
6		2	김세원	530814-1654434						
7		3	한혜경	680526-2110011						
8		4	이영미	720317-2438718						
9		5	김효린	730114-1718122						
10		6	방명호	600330-1721335						
11		7	권성호	711112-1434499						
12		8	최윤희	720803-2149111						
13		9	방현숙	480115-2743594						
14		10	김동원	491104-1145093						
15		11	지현우	500123-1264001						
16		12	곽세형	630421-1550108						
17		13	강명훈	610419-2110046						
18		14	이준희	660320-1777042						
19		15	성동호	600613-1554369						

함수 인수 대화 상자:

DATE
Year LEFT(D5,2)   = 73
Month MID(D5,3,2)   = 5
Day MID(D5,5,2)   = 26
= 26810
Microsoft Excel의 날짜-시간 코드에서 날짜를 나타내는 수를 구합니다.
Year 은(는) 통합 문서의 날짜 체계에 따른 1900 또는 1904부터 9999까지의 숫자입니다.
수식 결과= 1973-05-26
도움말(H)   확인   취소

↓

	A	B	C	D	E	F	G
1							
2			**중장년 ICT 특화 과정 신청명단**				
3							
4		출석번호	성명	주민등록번호	생년월일	지역	
5		1	박준희	730526-1121321	1973-05-26	동구	
6		2	김세원	530814-1654434	1953-08-14	수영구	
7		3	한혜경	680526-2110011	1968-05-26	서구	
8		4	이영미	720317-2438718	1972-03-17	동구	
9		5	김효린	730114-1718122	1973-01-14	서구	
10		6	방명호	600330-1721335	1960-03-30	동래구	
11		7	권성호	711112-1434499	1971-11-12	남구	
12		8	최윤희	720803-2149111	1972-08-03	동구	
13		9	방현숙	480115-2743594	1948-01-15	수영구	
14		10	김동원	491104-1145093	1949-11-04	남구	
15		11	지현우	500123-1264001	1950-01-23	동래구	

하면 된다! 〉 주민등록번호로 나이 계산하기

[주민등록번호로나이계산하기] 시트

이번에는 주민등록번호로 나이 계산을 해 보겠습니다. 이때 생년월일을 무조건 구한 후 나이를 다시 계산할 필요는 없습니다. 수식을 단계별로 설명하면서 작성해 보겠습니다. 나이를 구하는 식은 **현재 연도-생년+1**입니다. YEAR 함수는 날짜에서 연도를 추출합니다. YEAR 함수의 인수로 TODAY 함수를 중첩하면 현재 연도를 구할 수 있습니다.

1 [E5] 셀에 =YEAR(TODAY())-를 입력합니다.

	A	B	C	D	E	F	G
1							
2			중장년 ICT 특화 과정 신청명단				
3							
4		출석번호	성명	주민등록번호	나이	지역	
5		1	박준희	730526-1121321	=YEAR(TODAY())-	동구	
6		2	김세원	530814-1654434		수영구	
7		3	한혜경	680526-2110011		서구	
8		4	이영미	720317-2438718		동구	

2 주민등록번호 앞 두 자리가 생년에 해당하죠? LEFT 함수로 주민등록번호 왼쪽에서 두 문자를 추출합니다. =YEAR(TODAY())- 뒤에 LEFT(D5,2)를 입력한 후 Enter 를 누릅니다.

첫 번째 신청자 '박준희'의 나이가 1946으로 구해졌네요. 주민등록번호 앞 두 자리를 추출한 73은 실제로 1973이 됩니다. 결과 값에서 1900을 빼야 합니다.

	A	B	C	D	E	F
1						
2			중장년 ICT 특화 과정 신청명단			
3						
4		출석번호	성명	주민등록번호	나이	지역
5		1	박준희	730526-1121321	=YEAR(TODAY())-LEFT(D5,2)	
6		2	김세원	530814-1654434		
7		3	한혜경	680526-2110011		서구
8		4	이영미	720317-2438718		동구

	E	F
	정 신청명단	
	나이	지역
	1946	동구
		수영
		서구
		동구

3 =YEAR(TODAY())-LEFT(D5,2) 뒤에 -1900+1을 입력하면 수식이 완성됩니다.

	A	B	C	D	E	F	G
1							
2			중장년 ICT 특화 과정 신청명단				
3							
4		출석번호	성명	주민등록번호	나이	지역	
5		1	박준희	730526-1121321	=YEAR(TODAY())-LEFT(D5,2)-1900+1		
6		2	김세원	530814-1654434			
7		3	한혜경	680526-2110011		서구	
8		4	이영미	720317-2438718		동구	
9		5	김효린	730114-1718122		서구	
10		6	방명호	600330-1721335		동래구	

4 나머지 셀에 수식을 채웁니다.

출석번호	성명	주민등록번호	나이	지역
		중장년 ICT 특화 과정 신청명단		
출석번호	성명	주민등록번호	나이	지역
1	박준희	730526-1121321	47	동구
2	김세원	530814-1654434	67	수영구
3	한혜경	680526-2110011	52	서구
4	이영미	720317-2438718	48	동구
5	김효린	730114-1718122	47	서구
6	방명호	600330-1721335	60	동래구
7	권성호	711112-1434499	49	남구
8	최윤희	720803-2149111	48	동구
9	방현숙	480115-2743594	72	수영구
10	김동원	491104-1145093	71	남구
11	지현우	500123-1264001	70	동래구
12	곽세형	630421-1550108	57	서구
13	강명훈	610419-2110046	59	수영구
14	이준희	660320-1777042	54	동구

엑셀이 나이 계산을 해 주니 편하군!

[7-2-미션]

누군가의 부탁

"[대여현황] 시트에 이번 정수기 대여 연장 신청자들 정리해 뒀어요. 48개월 후 연장일이 언제인지 계산해 줄래요?"

정수기 대여 현황

대여기간 : 48개월

	성명	연락처	대여일	연장일
1	박선화	010-2354-1256	2019-02-08	
2	최지영	010-8408-2758	2019-02-09	
3	한현숙	010-3800-6543	2019-02-12	
4	이미경	010-5828-7534	2019-02-12	
5	김태선	010-8108-1675	2019-02-16	
6	박주연	010-9210-1235	2019-02-18	
7	임경화	010-3571-8854	2019-02-21	
8	유명진	010-2721-1133	2019-02-25	
9	강소영	010-5845-5544	2019-02-27	
10	배진아	010-2274-1285	2019-03-05	

연장일
2021-02-08
2022-05-09
2021-08-12
2023-09-12
2022-02-16
2021-02-18
2022-02-21
2023-02-25
2021-02-27
2023-03-05

정답 및 해설 [7-2-미션_정답]

07-3 기간을 계산하는 DATEDIF 함수

• 실습 파일 7-3-DATEDIF함수   • 완성 파일 7-3-DATEDIF함수_완성

DATEDIF는 두 날짜 사이의 일, 월 또는 연수를 계산할 수 있는 함수입니다. 인수 사용을 제대로 익혀 실무에 활용해 봅시다.

DATEDIF는 함수 라이브러리에 없는 함수이기 때문에 직접 수식을 입력해야 합니다. 그래서 함수 규칙에 신경써야 합니다. 인수와 인수 사이를 ,(콤마)로 구분하고 Unit 인수를 입력할 때 ""(큰 따옴표) 표시를 빠트리면 안 됩니다.

> **=DATEDIF(Start_date, End_date, Unit)**
> - Start_date: 시작 날짜
> - End_date: 끝 날짜
> - Unit: Start_date와 End_date 사이의 간격
> - "y": 두 날짜 사이의 경과된 연수를 계산
> - "m": 두 날짜 사이의 경과된 개월 수를 계산
> - "d": 두 날짜 사이의 경과된 일수를 계산
> - "ym": 두 날짜 사이에서 연수를 제외한 월수를 계산
> - "md": 두 날짜 사이에서 개월 수를 제외한 일수를 계산
> - "yd": 두 날짜 사이에서 연수를 제외한 일수를 계산

하면 된다! } 만 나이 구하기

[만나이구하기] 시트

1 [E6] 셀을 선택한 후 함수 =DATEDIF(D6,$C$4,"y")를 입력하고 [Enter]를 누릅니다. 첫 번째 인수 Start_date는 생년월일 [D6] 셀을 참조하고 두 번째 인수 End_date는 기준일 [C4] 셀에서 [F4]를 눌러 절대 참조합니다. 마지막으로 Unit 인수는 연수, 개월처럼 단위를 의미합니다. 나이 계산이므로 연수에 해당하는 단위 "y"를 입력합니다.

E6	▼	:	× ✓ fx	=DATEDIF(D6,$C$4,"y")	
▲ A	B	C	D	E	F
1					
2		**중장년 ICT 특화 과정 신청명단**			
3					
4	기준일 :	2019-09-01			
5	출석번호	성명	생년월일	만 나이	
6	1	박준희	1973	=DATEDIF(D6,$C$4,"y")	
7	2	김세원	1953-08-14		
8	3	한혜경	1968-05-26		
9	4	이영미	1972-03-17		

2 [E6] 셀을 선택한 후 단축키 `Ctrl`+`1`을 눌러 [셀 서식] 대화 상자를 실행합니다. [표시 형식] → [사용자 지정]을 선택한 후 형식 입력 창에 0"세"를 입력하고 [확인] 버튼을 클릭합니다.

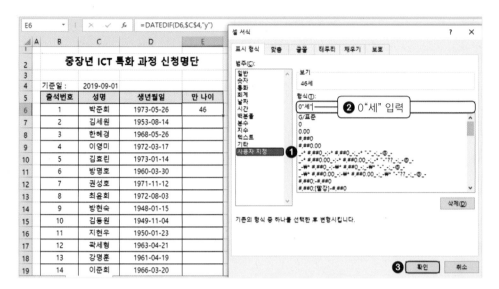

3 수식을 복사해 나머지 신청자의 만 나이도 구합니다.

출석번호	성명	생년월일	만 나이
1	박준회	1973-05-26	46세
2	김세원	1953-08-14	66세
3	한혜경	1968-05-26	51세
4	이영미	1972-03-17	47세
5	김효린	1973-01-14	46세
6	방명호	1960-03-30	59세
7	권성호	1971-11-12	47세
8	최윤회	1972-08-03	47세
9	방현숙	1948-01-15	71세
10	김동원	1949-11-04	69세
11	지현우	1950-01-23	69세
12	곽세형	1963-04-21	56세
13	강명훈	1961-04-19	58세
14	이준회	1966-03-20	53세

함께 보면 좋은 **동영상** 강의

DATEDIF 함수

하면 된다! } 물품별 내용연수와 개월 수 구하기

[내용연수,개월수구하기] 시트

'자동차 학과 물품 대장'에서 현재 날짜를 기준으로 물품별 내용연수를 구해 보겠습니다.

1 [G5] 셀을 선택한 후 =DATEDIF(C5,TODAY(),"y")를 입력합니다. 첫 번째 인수 Start_date는 두 날짜 중 이른 날짜에 해당하는 취득일 [C5] 셀을 지정하고 두 번째 인수 End_date는 현재 날짜를 구하는 TODAY 함수를 중첩합니다. 세 번째 Unit 인수는 연수를 구하는 "y"를 입력합니다.

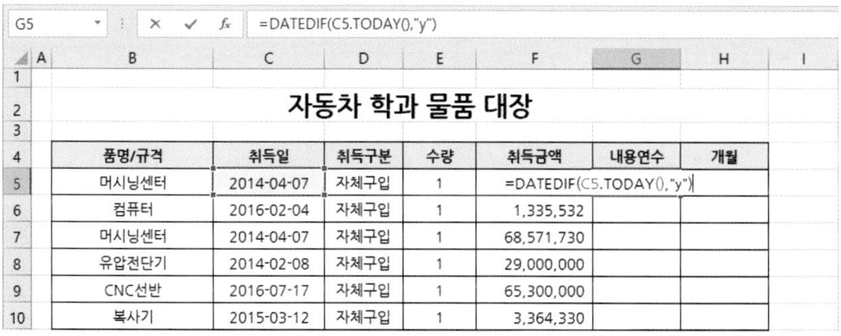

G5 =DATEDIF(C5,TODAY(),"y")

자동차 학과 물품 대장

품명/규격	취득일	취득구분	수량	취득금액	내용연수	개월
머시닝센터	2014-04-07	자체구입	1	=DATEDIF(C5,TODAY(),"y")		
컴퓨터	2016-02-04	자체구입	1	1,335,532		
머시닝센터	2014-04-07	자체구입	1	68,571,730		
유압전단기	2014-02-08	자체구입	1	29,000,000		
CNC선반	2016-07-17	자체구입	1	65,300,000		
복사기	2015-03-12	자체구입	1	3,364,330		

☑ TODAY 함수를 사용하기 때문에 실습 날짜에 따라 내용연수가 달라질 수 있습니다.

2 [G5] 셀을 더블클릭한 후 수식 맨 뒤에 &"년"을 입력합니다.

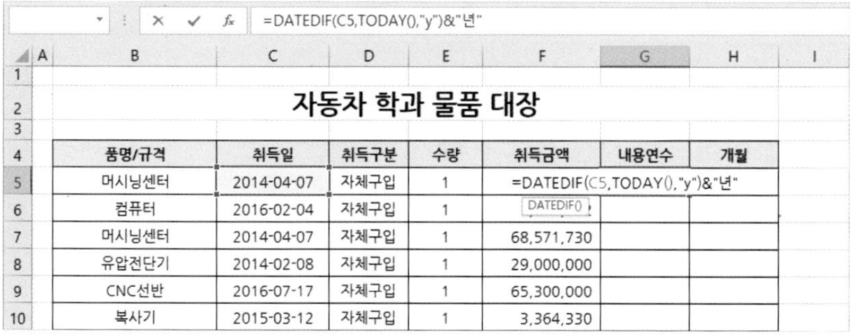

=DATEDIF(C5,TODAY(),"y")&"년"

자동차 학과 물품 대장

품명/규격	취득일	취득구분	수량	취득금액	내용연수	개월
머시닝센터	2014-04-07	자체구입	1	=DATEDIF(C5,TODAY(),"y")&"년"		
컴퓨터	2016-02-04	자체구입	1	DATEDIF()		
머시닝센터	2014-04-07	자체구입	1	68,571,730		
유압전단기	2014-02-08	자체구입	1	29,000,000		
CNC선반	2016-07-17	자체구입	1	65,300,000		
복사기	2015-03-12	자체구입	1	3,364,330		

↓

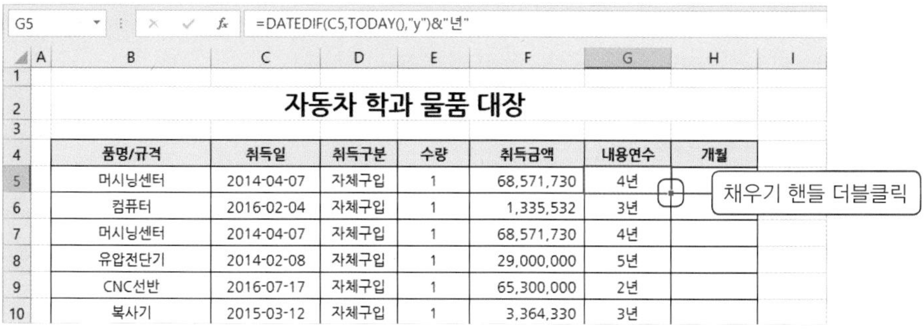

G5 =DATEDIF(C5,TODAY(),"y")&"년"

자동차 학과 물품 대장

품명/규격	취득일	취득구분	수량	취득금액	내용연수	개월
머시닝센터	2014-04-07	자체구입	1	68,571,730	4년	
컴퓨터	2016-02-04	자체구입	1	1,335,532	3년	
머시닝센터	2014-04-07	자체구입	1	68,571,730	4년	
유압전단기	2014-02-08	자체구입	1	29,000,000	5년	
CNC선반	2016-07-17	자체구입	1	65,300,000	2년	
복사기	2015-03-12	자체구입	1	3,364,330	3년	

채우기 핸들 더블클릭

❸ 이번에는 개월을 구해 보겠습니다. [H5] 셀에 =DATEDIF(C5,TODAY(),"ym")&"개월"을 입력합니다.

unit 인수 "ym"은 두 날짜 사이에서 구한 개월 수에서 연수를 제외한 결과를 구할 때, "md"는 두 날짜 사이에서 구한 일수에서 개월 수를 제외한 결과를 구할 때 사용합니다.

H5	fx	=DATEDIF(C5,TODAY(),"ym")&"개월"						

자동차 학과 물품 대장

품명/규격	취득일	취득구분	수량	취득금액	내용연수	개월
머시닝센터	2014-04-07	자체구입	1	68,5 =DATEDIF(C5,TODAY(),"ym")&"개월"		
컴퓨터	2016-02-04	자체구입	1	1,335,532	3년	
머시닝센터	2014-04-07	자체구입	1	68,571,730	4년	
유압전단기	2014-02-08	자체구입	1	29,000,000	5년	
CNC선반	2016-07-17	자체구입	1	65,300,000	2년	
복사기	2015-03-12	자체구입	1	3,364,330	3년	

H5	fx	=DATEDIF(C5,TODAY(),"ym")&"개월"						

자동차 학과 물품 대장

품명/규격	취득일	취득구분	수량	취득금액	내용연수	개월
머시닝센터	2014-04-07	자체구입	1	68,571,730	4년	10개월
컴퓨터	2016-02-04	자체구입	1	1,335,532	3년	1개월
머시닝센터	2014-04-07	자체구입	1	68,571,730	4년	10개월
유압전단기	2014-02-08	자체구입	1	29,000,000	5년	0개월
CNC선반	2016-07-17	자체구입	1	65,300,000	2년	7개월
복사기	2015-03-12	자체구입	1	3,364,330	3년	11개월

"m"을 입력하면 총 사용 개월이 나오니 "ym"을 입력해야 하는구나!

하면 된다! } ○년 ○개월 형식으로 사용기간 구하기   [사용기간] 시트

○년 ○개월 ○일 형식으로 사용기간을 구할 때는 &(연결 연산자)를 사용합니다. [사용기간] 시트를 선택한 후 사용기간을 구할 [G5]셀을 선택하고 아래와 같이 수식을 작성합니다.

> =DATEDIF(C5,TODAY(),"y")&"년"&DATEDIF(C5,TODAY(),"ym")&"개월"

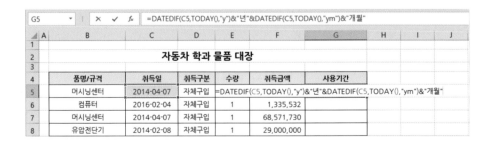

G5	fx	=DATEDIF(C5,TODAY(),"y")&"년"&DATEDIF(C5,TODAY(),"ym")&"개월"							

자동차 학과 물품 대장

품명/규격	취득일	취득구분	수량	취득금액	사용기간
머시닝센터	2014-04-07	자체구입	=DATEDIF(C5,TODAY(),"y")&"년"&DATEDIF(C5,TODAY(),"ym")&"개월"		
컴퓨터	2016-02-04	자체구입	1	1,335,532	
머시닝센터	2014-04-07	자체구입	1	68,571,730	
유압전단기	2014-02-08	자체구입	1	29,000,000	

품명/규격	취득일	취득구분	수량	취득금액	사용기간
머시닝센터	2014-04-07	자체구입	1	68,571,730	4년10개월
컴퓨터	2016-02-04	자체구입	1	1,335,532	3년1개월
머시닝센터	2014-04-07	자체구입	1	68,571,730	4년10개월
유압전단기	2014-02-08	자체구입	1	29,000,000	5년0개월
CNC선반	2016-07-17	자체구입	1	65,300,000	2년7개월
복사기	2015-03-12	자체구입	1	3,364,330	3년11개월
광택기	2014-04-17	자체구입	1	1,916,500	4년10개월

이렇게 DATEDIF 함수는 연수, 개월 수, 일수를 구할 수 있으므로 만 나이, 근무 연수, 사용기간 등을 구할 때 사용합니다.

[7-3-미션]

"증명서를 발급한 명단을 정리 중인데, 이 중에 30일이 초과한 사람에게 동그라미 표시 좀 부탁해요!"

① IF 함수와 DATEDIF 함수를 사용해야 합니다.
② 작성일자를 기준으로 신청일이 30일을 초과한 경우, ○ 표시를 해야 합니다.

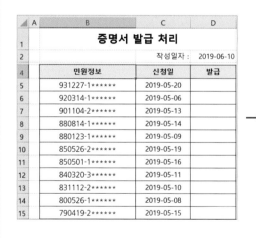

정답 및 해설 [7-3-미션_정답]

07-4 공휴일을 제외한 날짜를 구하는 WORKDAY 함수

• 실습 파일 7-4-WORKDAY함수   • 완성 파일 7-4-WORKDAY함수_완성

날짜에 특정 일수를 더하면 며칠인지를 쉽게 구할 수 있습니다. 그런데 주말(토요일, 일요일)과 휴일을 제외하고 날짜 계산을 하고 싶다면 어떻게 해야 할까요? 바로 WORKDAY 함수를 사용하면 됩니다.

> **=WORKDAY(Start_date, Days, [Holidays])**
> - Start_date: 시작 날짜입니다.
> - Days: 날짜 수를 입력합니다. days 값이 양수이면 앞으로의 날짜, 음수이면 지나간 날짜입니다.
> - Holidays: 국경일, 공휴일, 임시 공휴일과 같이 작업 일수에서 제외되는 날짜 목록입니다. 입력을 생략할 수 있습니다.

하면 된다! } 종강일 구하기

[WORKDAY] 시트

[WORKDAY] 시트에 있는 '피트니스 센터 개인 회원 현황'을 보면 회원별로 개강일과 강습일수가 모두 다릅니다. 주말(토요일, 일요일)과 공휴일을 제외하고 종강일을 WORKDAY 함수를 사용해 구하겠습니다. 단, 공휴일은 사용자가 직접 목록을 작성해 둬야 합니다.

1 [E4] 셀을 선택한 후 =WORKDAY()를 입력하고 [함수 인수] 대화 상자를 실행합니다.

2 Start_date 인수로 개강일 [B4] 셀을 참조하고 Days 인수는 강습일수 [D4] 셀을 참조합니다. Holidays 인수에 휴일을 정리해 둔 셀 범위 [H3:H12]를 F4 를 눌러 절대 참조하고 [확인] 버튼을 클릭합니다.

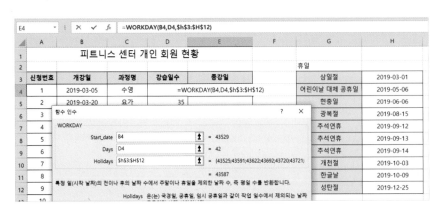

함께 보면 좋은 동영상 강의

개강일과 강습일수 사이에 주말(토요일, 일요일)과 휴일을 제외한 일자가 구해졌습니다. 하지만 종강일을 구하려면 일자에서 1을 빼야 합니다. 왜냐하면, WORKDAY 함수는 42일째 되는 날짜를 구하는 것이 아니라 42일이 지난 다음 날을 구합니다. 그래서 종강일에서 1을 빼야 하는 거죠.

③ [E4] 셀을 더블클릭한 후 수식 맨 뒤에 -1을 입력합니다.

WORKDAY.INTL 함수

앞에서 소개한 WORKDAY 함수는 날짜 계산에서 주말(토요일, 일요일)을 무조건 제외합니다. 만약 작업 일수에서 주말(토요일, 일요일)이 아닌 특정 요일을 제외하고 싶다면 WORKDAY. INTL 함수를 사용하면 됩니다. WORKDAY.INTL 함수는 엑셀 2010 버전 이상부터 사용할 수 있습니다.

=WORKDAY.INTL(Start_date, Days, [Weekend], [Holidays])
- Start_date: 시작 날짜입니다.
- Days: 날짜 수를 입력합니다. days 값이 양수이면 앞으로의 날짜, 음수이면 지나간 날짜입니다.
- Weekend: 주말을 지정하는 숫자 또는 문자로 일수에서 제외됩니다.
- Holidays: 국경일, 공휴일, 임시 공휴일과 같이 작업 일수에서 제외되는 날짜 목록입니다. 입력을 생략할 수 있습니다.

WORKDAY.INTL 함수는 휴일을 Weekend 인수로 지정할 수 있습니다. 아래 표를 참고하세요. 주말을 토, 일이 아닌 특정 요일을 일수에서 제외하고 싶다면 해당 숫자를 인수로 지정하면 됩니다.

Weekend 숫자	요일	Weekend 숫자	요일
1 또는 생략	토요일, 일요일	11	일요일만
2	일요일, 월요일	12	월요일만
3	월요일, 화요일	13	화요일만
4	화요일, 수요일	14	수요일만
5	수요일, 목요일	15	목요일만
6	목요일, 금요일	16	금요일만
7	금요일, 토요일	17	토요일만

하면 된다! } WORKDAY.INTL 함수로 종강일 구하기   [WORKDAY.INTL] 시트

피트니스 센터의 주말을 일요일, 월요일로 하는 종강일을 구해 보겠습니다.

1 종강일을 구할 [E4] 셀을 선택한 후 함수 =WORKDAY.INTL()을 입력하고 [함수 인수] 대화 상자를 실행합니다.

2 첫 번째 인수 Start_date는 개강일 [B4] 셀, Days 인수는 강습일수 [D4] 셀을 참조합니다. Weekend 인수에는 일요일, 월요일을 주말로 하는 2를 입력하고 Holidays 인수는 정리해 둔 휴일 셀 범위 [H3:H12]에 F4를 눌러 절대 참조합니다.

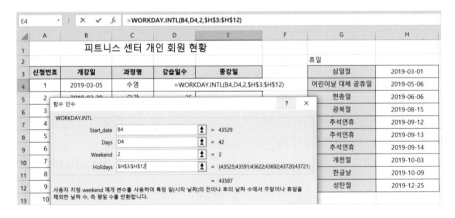

❸ 종강일을 구하는 것이므로 –1을 해야겠죠? [E4] 셀을 더블클릭한 후 수식 맨 뒤에 -1을 입력합니다.

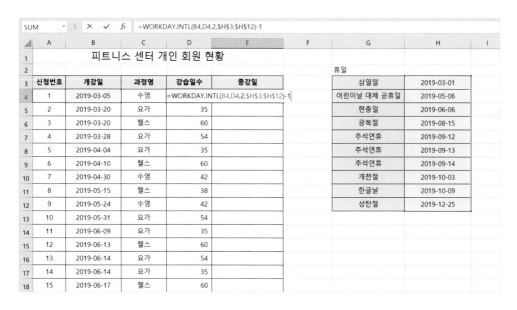

일요일, 월요일, 휴일 목록에 작성된 날짜를 제외한 종강일이 계산됐습니다. Holidays 인수는 생략할 수 있으며 법정 공휴일이 아닌 휴일을 사용자가 직접 정할 수 있습니다.

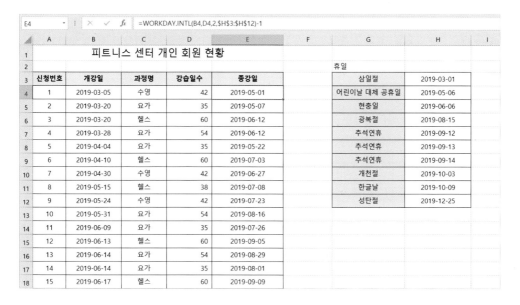

질문 있어요!

만약 토요일, 일요일, 월요일 이렇게 3일을 주말로 지정해야 한다면 어떻게 해야 하나요?

그럴때는 Weekend 인수로 문자열 1000011을 지정하면 됩니다. 문자열은 월요일부터 시작해 각 분자가 요일을 나타내는 일곱 자리로 구성됩니다. 1은 휴일, 0은 휴일이 아님을 나타냅니다. 문자열 1000011은 첫 번째 문자가 월요일임을 의미하고 1이기 때문에 월요일은 휴일이 됩니다. 두 번째~다섯 번째가 화, 수, 목, 금을 의미하고 0이기 때문에 휴일이 아닙니다. 나머지 여섯 번째, 일곱 번째는 1이므로 휴일이 됩니다. 그래서 토요일, 일요일, 월요일이 휴일에 해당하는 겁니다.

이중 월, 토, 일이 휴일이라면?

↓

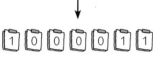

1은 휴일, 0은 휴일이 아님!

그럼 토요일, 일요일, 월요일을 Weekend로 처리하고 Holidays 없이 종강일을 구해 보겠습니다.

1. [E4] 셀을 선택한 후 함수 =WORKDAY.INTL()를 입력하고 [함수 인수] 대화 상자를 실행합니다.

2. 첫 번째 인수 Start_date는 개강일 [B4] 셀, Days 인수는 강습일수 [D4] 셀을 참조합니다.

3. Weekend 인수는 토요일, 일요일, 월요일을 주말로 설정하기 위해 문자열 "1000011"을 입력합니다. 인수를 문자열로 지정할 때는 ""(큰따옴표)를 반드시 입력해야 합니다. Holidays 인수는 생략합니다.

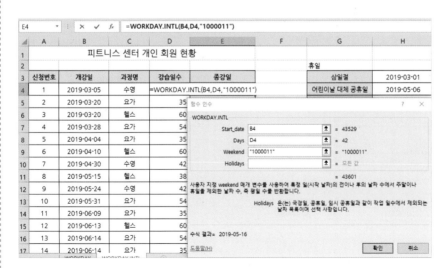

4. [E4] 셀을 더블클릭한 후 수식의 맨 뒤에 -1을 입력합니다.

TODAY	▼	:	×	✓	fx	=WORKDAY.INTL(B4,D4,"1000011")-1

▲	A	B	C	D	E	F	G	H
1		피트니스 센터 개인 회원 현황						
2							휴일	
3	신청번호	개강일	과정명	강습일수	종강일		삼일절	2019-03-01
4	1	2019-03-05	수영	=WORKDAY.INTL(B4,D4,"1000011")-1			어린이날 대체 공휴일	2019-05-06
5	2	2019-03-20	요가	35			현충일	2019-06-06
6	3	2019-03-20	헬스	60			광복절	2019-08-15
7	4	2019-03-28	요가	54			추석연휴	2019-09-12
8	5	2019-04-04	요가	35			추석연휴	2019-09-13
9	6	2019-04-10	헬스	60			추석연휴	2019-09-14
10	7	2019-04-30	수영	42			개천절	2019-10-03
11	8	2019-05-15	헬스	38			한글날	2019-10-09
12	9	2019-05-24	수영	42			성탄절	2019-12-25
13	10	2019-05-31	요가	54				
14	11	2019-06-09	요가	35				
15	12	2019-06-13	헬스	60				

토요일, 일요일, 월요일을 주말로 설정한 결과 값이 구해졌습니다.

E4	▼	:	×	✓	fx	=WORKDAY.INTL(B4,D4,"1000011")-1

▲	A	B	C	D	E	F	G	H
1		피트니스 센터 개인 회원 현황						
2							휴일	
3	신청번호	개강일	과정명	강습일수	종강일		삼일절	2019-03-01
4	1	2019-03-05	수영	42	2019-05-15		어린이날 대체 공휴일	2019-05-06
5	2	2019-03-20	요가	35	2019-05-20		현충일	2019-06-06
6	3	2019-03-20	헬스	60	2019-07-02		광복절	2019-08-15
7	4	2019-03-28	요가	54	2019-07-01		추석연휴	2019-09-12
8	5	2019-04-04	요가	35	2019-06-04		추석연휴	2019-09-13
9	6	2019-04-10	헬스	60	2019-07-23		추석연휴	2019-09-14
10	7	2019-04-30	수영	42	2019-07-10		개천절	2019-10-03
11	8	2019-05-15	헬스	38	2019-07-18		한글날	2019-10-09
12	9	2019-05-24	수영	42	2019-08-06		성탄절	2019-12-25
13	10	2019-05-31	요가	54	2019-09-03			
14	11	2019-06-09	요가	35	2019-08-07			
15	12	2019-06-13	헬스	60	2019-09-25			

07-5 공휴일을 제외한 일수를 구하는 NETWORKDAYS 함수

• 실습 파일 7-5-NETWORKDAY함수   • 완성 파일 7-5-NETWORKDAY함수_완성

단순하게 =날짜-날짜 연산을 하거나 DATEDIF 함수를 사용해 쉽게 기간, 일수 계산이 가능했었습니다. 하지만 주말(토요일, 일요일)이나 공휴일 또는 임시 휴일을 제외하고 일수 계산을 하고 싶다면 NETWORKDAYS 함수를 사용하면 됩니다.

> **=NETWORKDAYS(Start_date, End_date, [Holidays])**
> • Start_date: 시작 날짜입니다.
> • End_date: 종료 날짜입니다.
> • Holidays: 국경일, 공휴일, 임시 공휴일과 같이 작업 일수에서 제외되는 날짜 목록입니다. 입력을 생략할 수 있습니다.

하면 된다! } 주말과 휴일을 제외한 근무 일수 구하기

[NETWORKDAYS] 시트

1 [E4] 셀을 선택한 후 =NETWORKDAYS()를 입력하고 [함수 인수] 대화 상자를 실행합니다.

2 Start_date 인수에 시작일 [C4] 셀을 참조한 후 End_date 인수에 종료일 [D4] 셀을 참조합니다. 휴일을 제외하기 위해 Holidays 인수에 셀 범위 [H3:H9]를 참조합니다. Holidays 인수 범위는 F4를 눌러 절대 참조합니다. 이때 공휴일 목록은 사용자가 직접 표로 작성해 둬야 합니다.

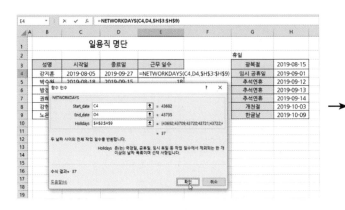

NETWORKDAYS.INTL 함수

NETWORKDAYS 함수는 날짜 계산에서 주말(토요일, 일요일)을 무조건 제외합니다. 만약 근무 일수에서 주말(토요일, 일요일)이 아닌 특정 요일을 제외하고 싶다면 NETWORKDAYS.INTL 함수를 사용합니다. NETWORKDAYS.INTL 함수는 엑셀 2010 버전 이상부터 사용할 수 있습니다.

> =NETWORKDAYS.INTL(Start_date, End_date, [Weekend], [Holidays])
> - Start_date: 시작 날짜입니다.
> - End_date: 종료 날짜입니다.
> - Weekend: 주말을 지정하는 숫자 또는 문자로 일수에서 제외됩니다.
> - Holidays: 국경일, 공휴일, 임시 공휴일과 같이 작업 일수에서 제외되는 날짜 목록입니다. 입력을 생략할 수 있습니다.

Weekend 인수로 휴일을 지정할 수 있습니다. 아래 표를 참고하세요. 주말을 토, 일이 아닌 특정 요일을 일수에서 제외하고 싶다면 해당 숫자를 인수로 지정하면 됩니다.

Weekend 숫자	요일	Weekend 숫자	요일
1 또는 생략	토요일, 일요일	11	일요일만
2	일요일, 월요일	12	월요일만
3	월요일, 화요일	13	화요일만
4	화요일, 수요일	14	수요일만
5	수요일, 목요일	15	목요일만
6	목요일, 금요일	16	금요일만
7	금요일, 토요일	17	토요일만

하면 된다! } 특정일을 주말로 하는 근무 일수 구하기   [NETWORKDAYS.INTL] 시트

일요일을 주말로 계산하는 근무 일수를 구해 보겠습니다.

1 [E4] 셀을 선택한 후 =NETWORKDAYS.INTL()을 입력하고 [함수 인수] 대화 상자를 실행합니다.

2 Start_date 인수에 시작일 [C4] 셀을 참조하고 End_date 인수에 종료일 [D4] 셀을 참조합니다. Weekend 인수 입력 창에 일요일만 주말로 하는 11을 입력합니다.

3 Holidays 인수의 셀 범위 [H3:H9]에 F4를 눌러 절대 참조합니다.

4 나머지 사람들의 근무 일수는 채우기 핸들을 더블클릭해 채워 넣습니다.

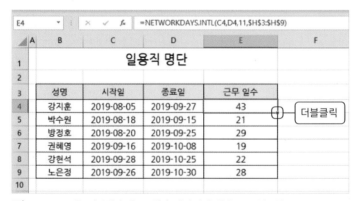

☑ Weedend를 정리해 놓은 표에서 제시되지 않은 토요일, 일요일, 월요일을 주말로 지정해야 한다면 282쪽 [질문 있어요!]에서 WORKDAY.INTL을 참고하세요.

07-6 날짜에 해당하는 요일을 구하는 WEEKDAY 함수

• **실습 파일** 7-6-WEEKDAY함수 • **완성 파일** 7-6-WEEKDAY함수_완성

WEEKDAY는 날짜에 맞는 요일을 구하는 함수입니다. 단순하게 요일만 나타내고 싶다면 [셀 서식] 대화 상자를 실행한 후 표시 형식을 지정하면 됩니다. 그러나 요일을 구해 함수식이나 조건부 서식에서 값을 참조하는 경우라면 무조건 WEEKDAY 함수를 사용해야 합니다. 먼저 표시 형식으로 간단하게 요일을 구하는 방법을 소개하겠습니다.

하면 된다! ╏ 요일을 구하는 가장 간단한 방법 [9월] 시트

1 셀 범위 [B5:B34]의 일자를 셀 범위 [C5:C34]에 복사합니다. 복사한 범위를 선택한 후 단축키 Ctrl + 1 을 눌러 [셀 서식] 대화 상자를 실행합니다. [표시 형식] → [사용자 지정] 범주를 선택한 후 [형식] 입력 창에 aaaa를 입력하고 [확인] 버튼을 클릭합니다.

함께 보면 좋은
동영상 강의

어떤가요? 아주 쉽게 날짜를 요일로 변환할 수 있죠?

일자	요일	직원명	부서명
2019-09-01	일요일	강영선	감사부
2019-09-02	월요일	김경완	인사부
2019-09-03	화요일	김범수	영업부
2019-09-04	수요일	김서현	인사부

이번에는 WEEKDAY 함수 기본 사용법을 익히고 사례를 들어 활용하는 방법을 소개하겠습니다. 함수에서 입력받는 인수는 다음과 같습니다.

=WEEKDAY(Serial_number, [Return_type])
- Serial_number: 날짜를 인수로 입력합니다.
- Return_type: 요일을 결정하는 수입니다. 생략하면 1이 됩니다.
  - 1: 일요일(1) ~ 토요일(7)
  - 2: 월요일(1) ~ 일요일(7)
  - 3: 월요일(0) ~ 일요일(6)

하면 된다! } WEEKDAY 함수 연습하기 [10월] 시트

1 요일을 구할 [C5] 셀을 선택한 후 함수 =WEEKDAY()를 입력하고 [함수 인수] 대화 상자를 실행합니다.

2 Serial_number 인수 입력 창에 [B5] 셀을 참조합니다. Return_type 인수에 1을 입력한 후 [확인] 버튼을 클릭합니다. Return_type 인수는 일요일이 1, 월요일이 2, … 토요일이 7로 요일을 결정합니다.

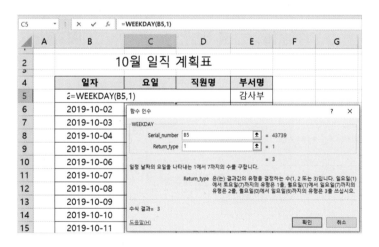

함께 보면 좋은 동영상 강의

2019-10-1은 화요일이라서 결과 값이 3이 됩니다. 하지만 우리가 원하는 결과는 '월요일', '화요일', '수요일'과 같이 숫자가 아닌 요일입니다.

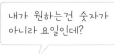
내가 원하는건 숫자가 아니라 요일인데?

이때 IF 또는 CHOOSE 함수와 함께 사용하면 원하는 결과를 구할 수 있습니다. 하지만 여러 개의 정수 값에 맞는 결과 값을 얻고자 하면 IF 함수보다 CHOOSE 함수를 사용하는 것이 간편합니다.

하면 된다! 〉 날짜에 해당하는 요일 구하기

WEEKDAY 함수로 구한 결과 값 1~7까지를 CHOOSE 함수를 사용해 1일 때 '일요일', 2일 때 '월요일', 순서대로 7일 때 '토요일'이 표시되도록 하려고 합니다.

1 앞에서 실습한 결과를 지웁니다. [C5] 셀을 선택한 후 함수 =CHOOSE()를 입력하고 [함수 인수] 대화 상자를 실행합니다. index_num 인수 입력 창에 일자에 해당하는 요일 값을 구하기 위해 WEEKDAY()를 입력해 함수를 중첩합니다. 수식 입력줄에서 중첩한 WEEKDAY 함수를 클릭하면 [함수 인수] 대화 상자가 WEEKDAY 함수로 변경됩니다.

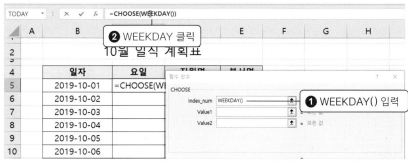

☑ CHOOSE 함수 설명은 246쪽 실습 [하면 된다!} 남자 또는 여자로 성별을 제대로 표시하기]를 참고하세요.

2 WEEKDAY 함수의 첫 번째 인수 Serial_number 입력 창에 [B5] 셀을 지정한 후 Return_type 인수 입력 창에 1을 입력합니다. 현재까지는 요일에 따라 숫자 1~7까지의 결과가 구해집니다.

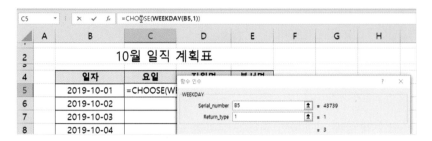

3 수식 입력줄에서 다시 CHOOSE 함수를 누릅니다. Value1 인수 입력 창에 **일요일**, Value2 인수 입력 창에 **월요일**을 순서대로 입력한 후 스크롤바를 내려 Value5, Value6, Value7 인수 입력 창에 **목요일**, **금요일**, **토요일**을 입력합니다.

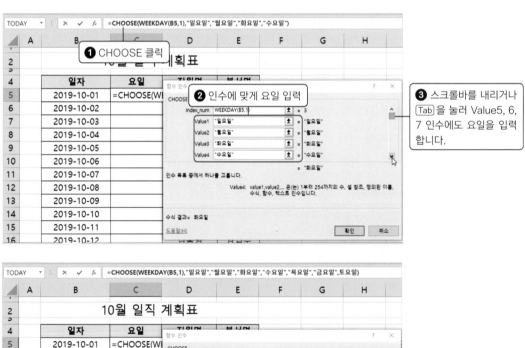

① CHOOSE 클릭

② 인수에 맞게 요일 입력

③ 스크롤바를 내리거나 Tab을 눌러 Value5, 6, 7 인수에도 요일을 입력합니다.

숫자 1에서 7로 표시되던 요일이 CHOOSE 함수를 중첩해 사용하니 '일요일~월요일'로 표시됐습니다.

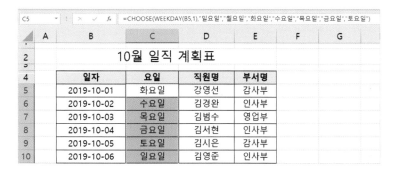

[7-6-미션]

누군가의 부탁

"근무 현황표를 만들어야 하는데, 토요일과 일요일에 색상을 넣어 만들어 줄 수 있나요?"

① WEEKDAY 함수로 토요일은 파란색, 일요일은 빨간색으로 구분하는 조건부 서식을 적용해야 합니다.

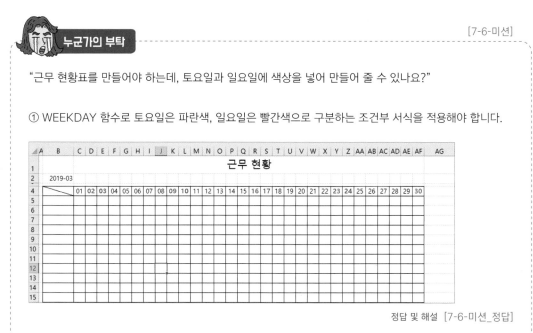

정답 및 해설 [7-6-미션_정답]

함수를 활용해 편리한 견적서 만들기

• 실습 파일 둘째마당통과시험 • 완성 파일 둘째마당통과시험_정답

첫째 마당과 둘째 마당까지 숨차게 달려왔습니다. 배우고 익힌 기능으로 품명을 입력하면 단가와 공급가액, 세액, 합계가 자동으로 계산돼 표시되는 편리한 견적서를 완성해 보세요. 1장에서 견적서 양식을 만들어 본 경험이 있을 겁니다. 이 견적서를 유용하게 사용할 수 있도록 완성해 보겠습니다.

[견적서] 양식

NO.							
		견 적 서					
2019년 3월 1일			등록번호	1234-07-53467			
		공급자	상호(법인명)	이한아이티	성명	이대표	
	한 공급 귀하		사업장주소	부산시 해운대구 미포로 34			
			업태	서비스	품목	교육	
아래와 같이 견적합니다.			연락처	051-1234-3567			
합계금액 (공급가액+세액)		이천이백칠십칠만 원정		₩22,770,000			
품명	규격	수량	단가	공급가액	세액	비고	
노트북 2	1.0~1.3kg	10	1,080,000	10,800,000	1,080,000		
PC 2	i5	10	990,000	9,900,000	990,000		
합계				20,700,000	2,070,000		

[단가표] 시트

	A	B	C	D	E
1					
2				VAT 별도	
3		**품명**	**규격**	**단가**	
4		PC 1	i7	1,170,000	
5		PC 2	i5	990,000	
6		PC 3	i3	810,000	
7		PC 4	Pentium	630,000	
8		노트북 1	1kg 미만	1,260,000	
9		노트북 2	1.0~1.3kg	1,080,000	
10		노트북 3	1.3~2.0kg	720,000	
11		노트북 4	2.0kg 이상	630,000	
12		모니터 1	24인치	180,000	
13		모니터 2	27인치	270,000	
14		모니터 3	30인치	540,000	
15		모니터 4	게이밍	432,000	
16		복합기 1	흑백	253,800	
17		복합기 2	칼라	324,000	
18		키보드 1	멤브레인	18,000	
19		키보드 2	기계식	45,000	
20		마우스 1	유선	13,500	
21		마우스 2	무선	21,600	
22		마우스 3	블루투스	27,000	
23		외장하드 1	USB 2.0	36,000	
24		외장하드 2	USB 3.0	58,500	
25		공유기	기가비트	72,000	
26		PC스피커	2채널	135,000	
27					

1단계 [단가표] 시트에서 셀 범위 [B4:B26]을 '품명', [B4:D26]을 '단가표'라는 이름으로 정의하세요.

2단계 [견적서] 시트에서 셀 범위 [B12:B21]에 데이터 유효성 검사 목록을 '품목'으로 제한하세요.

3단계 규격과 단가는 VLOOKUP 함수를 사용해 자동으로 입력하도록 설정하세요.

4단계 공급가액과 세액을 구하세요. 세액은 공급가액의 10%입니다.

5단계 [H22], [J22]에 합계를 구하세요.

혼자서 만들기 어렵거나 중간에 막혔다면 동영상 강의를 보고 확인해 보세요!

▶ 동영상 풀이
링크: http://bit.ly/2OYoOYt

셋째
마당

보고서에 필수!
데이터 집계와 시각화

빈 셀에 데이터를 채우고 데이터에 수식과 함수를 적용해

원하는 값을 구하는 것까지 배웠습니다.

셋째 마당에서는 구한 데이터를 요약하고 시각화하는 방법을 알아봅니다.

이것까지 익히면 여러분은 이제부터 엑셀 전문가!

08 데이터 집계
─ 보고서를 작성하기 위한 첫 단추

"지점별로 매출 현황을 정리해 전달해 주세요." 지점별 매출 현황 정리를 담당하게 된 김신입.
'부산점, 대구점, 제주점⋯ 이 많은 지점이 시트로 나뉘어 있으니 매출이 한 번에 그려지지 않
는 걸? 엑셀이라면 왠지 한 번에 정리하는 방법이 있을 것 같은데⋯.'
하나의 시트에 집계하는 방법은 없을까?

08-1 조건에 맞는 합계 및 평균 구하기

08-2 여러 시트에 입력된 데이터를 집계하는 3차원 수식

08-3 여러 시트 또는 통합 문서를 하나로 집계하는 통합

08-4 특정 필드를 그룹화해 데이터를 요약하는 부분합

08-1 조건에 맞는 합계 및 평균 구하기

• 실습 파일 8-1-SUMIF와AVERAGEIF함수 • 완성 파일 8-1-SUMIF와AVERAGEIF함수_완성

SUMIF와 AVERAGEIF 함수

SUMIF 함수와 AVERAGEIF 함수는 데이터에서 조건에 맞는 합과 평균을 구하는 함수입니다. 조건이 여러 개일 경우에는 SUMIFS와 AVERAGEIFS 함수를 사용할 수 있습니다. 실무에서는 조건이 1개든, 여러 개든 SUMIFS와 AVERAGEIFS 함수를 사용하면 되지만 자격증 시험을 준비하고 있다면 함수 사용법을 모두 익혀 둬야 합니다.

아래 그림과 같이 일자별로 정리된 주방 가전 행사 거래 내역에서 '해운대지점'의 행사금액의 합계와 평균을 구하려고 합니다. 이 경우, 조건에 맞는 합계와 평균을 구하는 SUMIF와 AVERAGEIF 함수를 사용합니다.

먼저 SUMIF와 AVERAGEIF 함수를 소개하겠습니다.

> =SUMIF(Range, Criteria, Sum_range)
> =AVERAGEIF(Range, Criteria, Average_range)
> 　주어진 조건에 의해 지정된 셀들의 합계 또는 평균을 구합니다.
> • Range: 조건에 맞는지 검사할 범위
> • Criteria: 조건
> • Sum_range/Average_range: 실제 합 또는 평균을 구할 범위

하면 된다! ⟩ SUMIF 함수로 조건에 맞는 합계 구하기

[주방가전행사거래내역] 시트

1 해운대지점 행사금액의 합계를 구해 보겠습니다. 합계를 구할 [I5] 셀을 선택한 후 =SUMIF( )를 입력하고 [함수 인수] 대화 상자를 실행합니다.

2 Range 인수 입력 창에 해운대지점이 맞는지 검사할 거래지점 범위 [B4:B123]을 지정합니다. 이때 선택할 범위의 시작 셀을 선택하고 단축키 Ctrl + Shift + ↓를 누르면 쉽고 빠르게 선택할 수 있습니다.

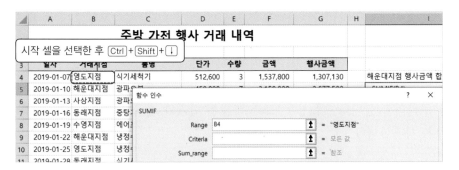

3 Criteria 인수 입력 창의 조건에 **"해운대지점"**을 입력합니다. Sum_range 인수 입력 창에 실제 합계를 구할 범위로 행사금액의 셀 범위 [G4:G123]을 지정한 후 [확인] 버튼을 클릭합니다.

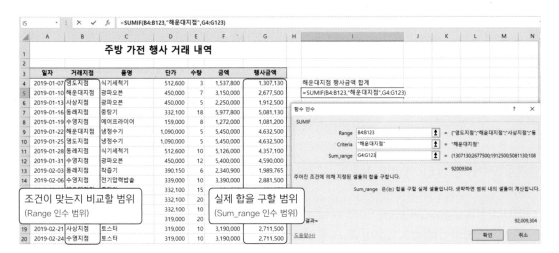

하면 된다! } AVERAGEIF 함수로 조건에 맞는 평균 구하기

1 [I8] 셀을 선택한 후 =AVERAGEIF( )를 입력하고 [함수 인수] 대화 상자를 실행합니다.
Range 인수 입력 창에 거래지점의 셀 범위 [B4:B123]을 입력합니다.

2 Criteria 인수 입력 창에 조건 **"해운대지점"**을 입력합니다. Average_range 인수 입력 창에 행
사금액의 셀 범위 [G4:G123]을 입력하고 [확인] 버튼을 클릭합니다.

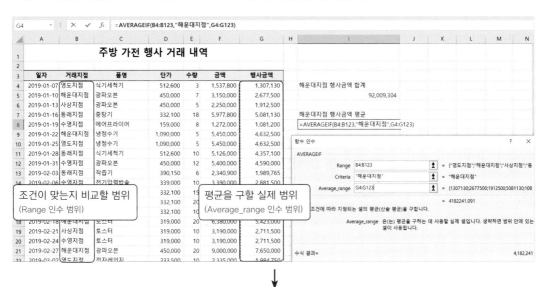

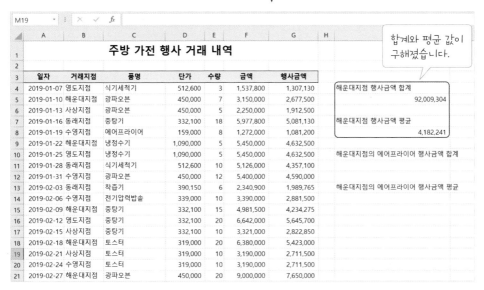

SUMIFS와 AVERAGEIFS 함수

SUMIFS와 AVERAGEIFS 함수는 둘 이상의 조건에 맞는 합계와 평균을 구합니다. 함수에서 입력받는 인수부터 소개하겠습니다.

> =SUMIFS(Sum_range, Criteria_Range1, Criteria1…)
> =AVERAGEIFS(Average_range, Criteria_Range1, Criteria1…)
> - Sum_range / Average_range: 실제 합 또는 평균을 구할 범위
> - Criteria_Range1: 조건 1에 맞는지 검사할 범위
> - Criteria1: 조건 1 …
> - Criteria_Range127: 조건 127에 맞는지 검사할 범위
> - Criteria127: 조건 127

☑ SUMIFS, AVERAGEIFS 함수는 엑셀 2010 버전에서부터 사용할 수 있습니다.

하면 된다! } SUMIFS 함수로 둘 이상의 조건에 맞는 합계 구하기

1 [I11] 셀을 선택한 후 =SUMIFS()를 입력하고 [함수 인수] 대화 상자를 실행합니다. Sum_range 인수 입력 창에 행사금액의 셀 범위 [G4:G123]을 입력합니다.

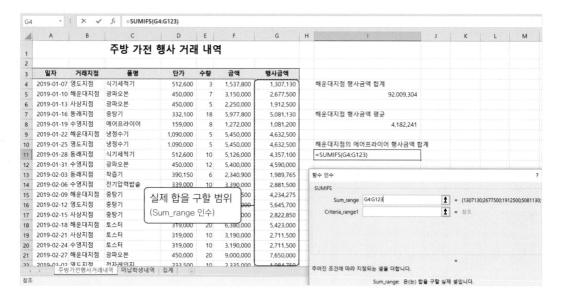

2 Criteria_range1 인수에는 조건에 맞는지 검사할 셀 범위를 입력해야 합니다. 인수 입력 창에 거래지점의 셀 범위 [B4:B123]을 입력합니다. Criteria1 인수 입력 창에 조건 **"해운대지점"**을 입력합니다.

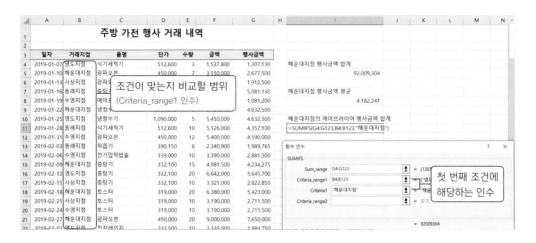

3 이번에는 두 번째 조건을 작성해 보겠습니다. Criteria_range2 인수 입력 창에 품명의 셀 범위 [C4:C123]을 입력하고 Criteria2 인수 입력 창에 조건 **"에어프라이어"**를 입력합니다.

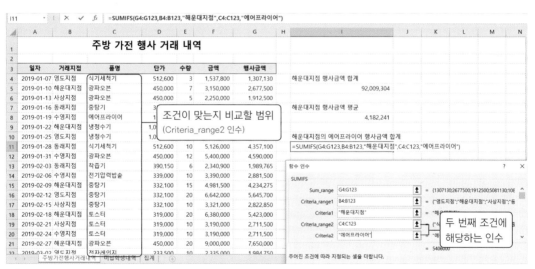

☑ 조건을 작성할 때 순서는 상관없습니다. 거래지점이 맞는지에 대한 조건을 먼저 작성해도 되고 품명이 맞는지에 대한 조건을 먼저 작성해도 됩니다.

하면 된다! } AVERAGEIFS 함수로 다중 조건에 맞는 평균 구하기

1 [I14] 셀을 선택한 후 =AVERAGEIFS()를 입력하고 [함수 인수] 대화 상자를 실행합니다. Average_range 인수 입력 창에 금액의 셀 범위 [G4:G123]을 입력합니다.

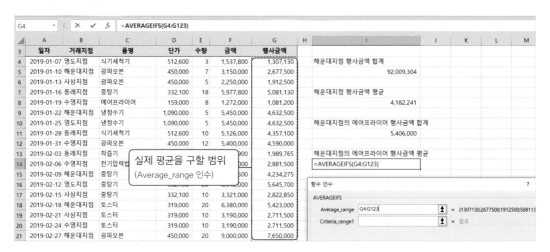

2 Criteria_range1 인수 입력 창에 조건에 맞는지 검사할 거래지점의 셀 범위 [B4:B123]을 입력합니다. Criteria1 인수 입력 창에 조건 **"해운대지점"**을 입력합니다.

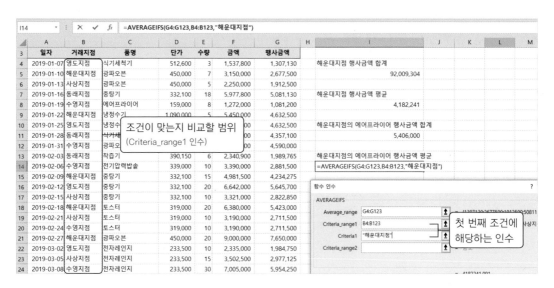

❸ 이번에는 두 번째 조건을 작성하겠습니다. Criteria_range2 인수 입력 창에 품명의 셀 범위 [C4:C123]을 입력합니다. Criteria2 인수 입력 창에 조건 "에어프라이어"를 입력합니다.

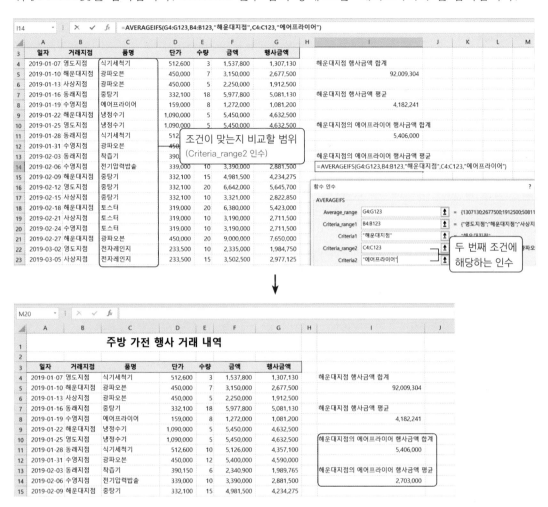

함께 보면 좋은 **동영상 강의**

SUMIF, AVERAGEIF 함수

하면 된다! } SUMIFS 함수를 활용해 학생별 미납금 집계하기

최신고등학교
박 계장

저는 매년 12월이 되면 학생들의 미납금 내역을 정리하고 합계를 계산하는 업무를 담당하고 있습니다. 학생 한 명당 3월에서 11월까지의 수업료, 중식비, 석식비 등 여러 미납금 항목을 정리한 후 총액을 구해야 하는데 데이터가 많아 작업이 어렵고 시간이 오래 걸리네요. 좋은 방법이 있으면 알려 주세요.

학년, 반, 번호를 조건으로 해서 조건에 맞는 학생별 미납금 합계를 구할 수 있는 SUMIFS 함수를 추천합니다.

1️⃣ 미납금 합계를 구할 집계표 만들기

학년, 반, 번호, 이름의 셀 범위 [A1:D170]를 [집계] 시트의 [B2] 셀에 복사합니다.

[미납학생내역] 시트

[집계] 시트

복사한 데이터를 살펴보면 같은 학생이 여러 번 입력돼 있는 것을 볼 수 있습니다. 한 학생당 납입금 항목이 여러 개이기 때문이죠. 중복으로 입력된 학생정보를 제거한 후 한 건씩만 나타나도록 중복 값 제거 기능을 적용해 보겠습니다.

302　셋째 마당 • 보고서에 필수! 데이터 집계와 시각화

2 [집계] 시트에 복사된 데이터를 모두 선택한 후 [데이터] 탭 → [데이터 도구] 그룹 → [중복된 항목 제거]를 선택합니다. [중복 값 제거] 대화 상자가 실행되면 학년, 반, 번호, 이름의 열에 체크 표시돼 있는 기본 상태 그대로 두고 [확인] 버튼을 클릭합니다.

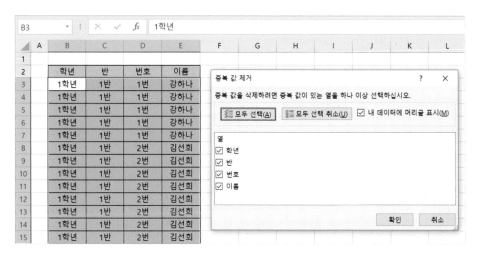

동일한 학년, 반, 번호, 이름을 한 건만 남고 중복된 데이터가 모두 제거됐습니다.

3 [F2] 셀에 **미납금**을 입력한 후 셀 범위 [F2:F24]를 선택하고 마우스 오른쪽 버튼을 눌러 [모든 테두리]를 선택합니다.

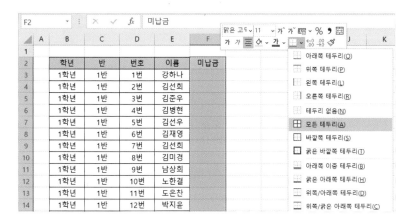

4 이름 정의

수식에서 사용할 셀 범위를 이름으로 정의해 보겠습니다. [미납학생내역] 시트에서 이름으로 정의할 학년, 반, 번호, 미납금총액의 범위를 선택합니다. 데이터가 많아 마우스로 범위를 선택하기가 불편하죠? 이와 같이 선택할 데이터양이 많고 연속 범위가 아닌 경우, 단축키를 사용해 범위를 선택하면 편리합니다.

셀 범위 [A1:D1]을 선택한 후 Ctrl + Shift + ↓ 을 누릅니다. 그러면 학년, 반, 번호 범위가 모두 선택됩니다. 그런 다음 Ctrl 을 누른 상태에서 [O1] 셀을 선택한 후 Shift + ↓ 을 누르면 미납금총액의 범위까지 선택됩니다.

5 범위를 선택하면 [수식] 탭 → [정의된 이름] 그룹 → [선택 영역에서 만들기]를 실행한 후 [선택 영역에서 이름 만들기] 대화 상자가 실행되면 '첫 행' 옵션에 체크 표시를 하고 [확인] 버튼을 클릭합니다.

'첫 행' 옵션에 체크 표시를 하면 범위를 지정한 첫 행이 정의할 이름으로 지정되고 첫 행 이후의 데이터 범위가 이름으로 정의된 범위가 됩니다.

6 이름이 제대로 정의됐는지 확인해 보겠습니다. [이름 상자 드롭 다운]를 선택하면 '미납금총액, 반, 번호, 이름, 학년'이라고 정의된 이름을 확인할 수 있습니다.

7 SUMIFS 함수를 사용해 미납금 구하기

결과를 구할 집계표도 작성해 놓았고 수식에서 사용할 셀 범위도 이름으로 정의해 놓았습니다. 이제 SUMIFS 함수를 사용해 미납금 합계를 구하는 수식을 작성해 보겠습니다.

[집계] 시트의 [F3] 셀을 선택한 후 **=SUMIFS()**를 입력하고 [함수 인수] 대화 상자를 실행합니다. Sum_range 인수 입력 창에 정의해 놓은 이름인 **미납금총액**을 입력합니다.

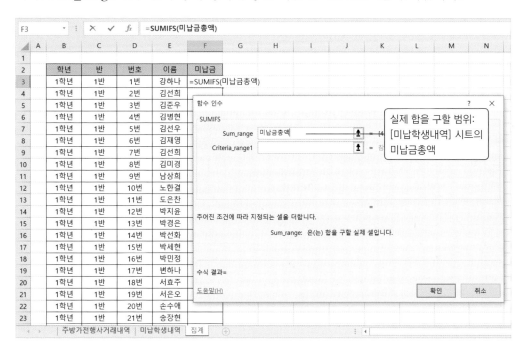

이번에는 고유 번호에 해당하는 학년, 반, 번호가 맞는 경우의 조건을 작성하겠습니다.

❽ Criteria_range1 인수 입력 창에 **학년**을 입력한 후 Criteria1 인수 입력 창에 [B3] 셀을 입력합니다. 바로 [미납학생내역] 시트의 '학년' 범위에서 첫 번째 학생의 학년에 해당하는 '1학년'인지 조건을 비교합니다.

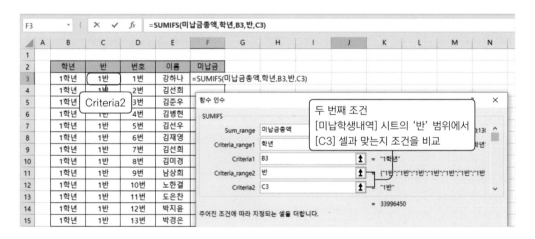

❾ Criteria_range2 인수 입력 창에 **반**을 입력한 후 Criteria2 인수 입력 창에 [C3] 셀을 입력합니다.

❿ [함수 인수] 대화 상자 오른쪽에 있는 스크롤바를 아래로 내린 후 Criteria_range3 인수 입력 창에 이름으로 정의해 둔 **번호**를 입력합니다. 그런 다음 Criteria3 인수 입력 창에 첫 번째 학생의 번호에 해당하는 [D3] 셀을 입력합니다.

11 조건이 모두 작성됐습니다. [확인] 버튼을 클릭해 결과를 확인합니다.

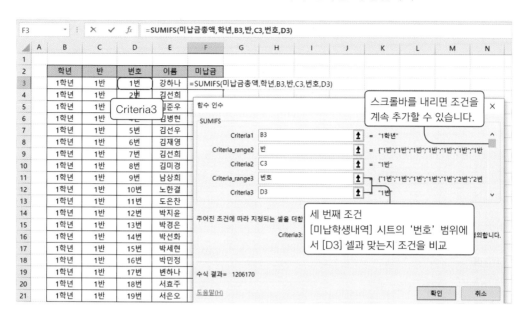

12 결과 셀에서 마우스 오른쪽 버튼을 눌러 [쉼표 스타일 ﹐]을 선택한 후 수식을 복사합니다.

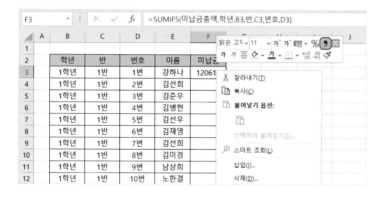

이처럼 셀 주소 대신 이름을 참조해 수식을 작성하면 수식이 간단해지고 작성도 훨씬 쉬워집니다.

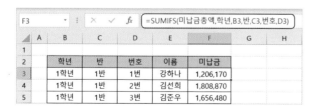

함께 보면 좋은
동영상 강의

누군가의 부탁

"[미납학생내역] 시트의 데이터를 갖고 각 납입금별로 미납금총액과 학생별 미납금총액을 [집계] 시트에 채워 줄래요?"

① [미납학생내역] 시트에서 전체 데이터를 선택한 후 [선택 영역에서 만들기] 방법으로 각 열(필드)의 이름을 정의하세요.

	A	B	C	D	E	F	G	H	I	J	K	L	M	N	O	P
1	학년	반	번호	이름	납입금	3월	4월	5월	6월	7월	8월	9월	10월	11월	미납금총액	
2	1학년	1반	1번	강하나	수업료	0	0	0	0	0	216,600	0	0	216,600	433,200	
3	1학년	1반	1번	강하나	학교운영지원비	0	0	52,200	0	0	52,200	0	0	52,200	156,600	
4	1학년	1반	1번	강하나	중식비	77,000	45,500	66,500	63,000	77,000	0	73,500	42,000	70,000	514,500	
5	1학년	1반	1번	강하나	수련활동비	0	20,870	0	0	0	0	0	0	0	20,870	
6	1학년	1반	1번	강하나	교복대금	0	81,000	0	0	0	0	0	0	0	81,000	
7	1학년	1반	2번	김선희	입학금	0	0	13,000	0	0	0	0	0	0	13,000	
8	1학년	1반	2번	김선희	수업료	0	0	216,600	0	0	216,600	0	0	216,600	649,800	
9	1학년	1반	2번	김선희	학교운영지원비	0	0	52,200	0	0	52,200	0	0	0	104,400	
10	1학년	1반	2번	김선희	교과서대금	87,320	0	0	0	0	0	0	0	0	87,320	
11	1학년	1반	2번	김선희	중식비	77,000	45,500	66,500	63,000	77,000	0	73,500	42,000	0	444,500	
12	1학년	1반	2번	김선희	석식비	63,000	38,500	56,000	56,000	73,500	0	0	38,500	0	325,500	
13	1학년	1반	2번	김선희	수준별보충학습비	0	0	0	0	0	46,000	0	0	0	46,000	
14	1학년	1반	2번	김선희	수련활동비	0	57,350	0	0	0	0	0	0	0	57,350	
15	1학년	1반	2번	김선희	교복대금	0	81,000	0	0	0	0	0	0	0	81,000	
16	1학년	1반	3번	김준우	수업료	0	0	0	0	0	216,600	0	0	216,600	433,200	
17	1학년	1반	3번	김준우	학교운영지원비	0	0	52,200	0	0	52,200	0	0	52,200	156,600	
18	1학년	1반	3번	김준우	중식비	77,000	45,500	66,500	63,000	77,000	0	73,500	42,000	70,000	514,500	
19	1학년	1반	3번	김준우	석식비	63,000	0	56,000	56,000	73,500	0	66,500	0	0	315,000	
20	1학년	1반	3번	김준우	수준별보충학습비	0	0	0	0	10,110	6,240	0	0	0	16,350	
21	1학년	1반	3번	김준우	수준별보충학습비	0	0	0	0	0	46,000	0	0	0	46,000	
22	1학년	1반	3번	김준우	수련활동비	0	93,830	0	0	0	0	0	0	0	93,830	
23	1학년	1반	3번	김준우	교복대금	0	81,000	0	0	0	0	0	0	0	81,000	
24	1학년	1반	4번	김병현	수업료	0	0	0	0	0	216,600	0	0	216,600	433,200	
25	1학년	1반	4번	김병현	학교운영지원비	0	0	52,200	0	0	52,200	0	0	52,200	156,600	
26	1학년	1반	4번	김병현	중식비	77,000	45,500	66,500	63,000	77,000	0	73,500	42,000	70,000	514,500	
27	1학년	1반	4번	김병현	석식비	63,000	38,500	56,000	56,000	73,500	0	66,500	0	0	353,500	
28	1학년	1반	4번	김병현	수준별보충학습비	0	0	0	0	8,660	6,240	0	0	0	14,900	
29	1학년	1반	4번	김병현	수준별보충학습비	0	0	0	0	0	46,000	0	0	0	46,000	

미납학생내역 | 집계 | +

② [집계] 시트를 선택한 후 SUMIF와 SUMIFS 함수를 사용해 [표1]과 [표2]의 '미납금총액'을 구하세요.

	A	B	C	D	E	F	G	H	I	J	K
1		[표1]			[표2]						
2		납입금	미납금총액		학생정보			미납금총액			
3		수업료			1학년	1반	4번				
4		학교운영지원비			1학년	1반	9번				
5		중식비			1학년	1반	13번				
6		수련활동비									
7		교복대금									
8		입학금									
9		교과서대금									
10		석식비									
11		수준별보충학습비									
12											
13											
14											
15											
16											
17											

미납학생내역 | 집계 | +

정답 및 해설 [8-1-미션_정답]

08-2 여러 시트에 입력된 데이터를 집계하는 3차원 수식

· 실습 파일 8-2-3차원수식   · 완성 파일 8-2-3차원수식_완성

집계할 시트 수가 많다면 3차원 수식을 사용하는 것이 좋습니다. 3차원 수식이란 수식을 작성할 때 다른 시트에 있는 셀이나 범위를 수식에 참조하는 것을 말합니다.

예를 들어 1월에서 12월까지 지점별 매출 집계내역을 하나의 시트에 모아 합계를 구하려고 합니다. 이때 3차원 수식을 사용하면 시트 수가 아무리 많아도 합계를 바로 구할 수 있습니다. 단, 3차원 수식을 사용하려면 월별 시트에 입력된 데이터의 지점명과 품목의 순서가 모두 같아야 합니다.

	A	B	C	D	E	F	G	H	I	J
1				지점별 매출 집계내역						
2								[단위: 천 원]		
3		과일/견과	채소	쌀/잡곡	정육/계란류	수산물	음료	과자		
4	해운대지점			149,400	186,000	133,950	137,600	100,030		
5	동래지점	시트마다 행과 열이		165,780	186,820	154,420	161,110	149,520		
6	남천지점	일치해야 합니다.		151,020	143,470	84,840	179,230	174,060		
7	연제지점	151,730	175,580	139,900	134,950	145,460	152,910	175,590		
8	영도지점	123,110	172,870	166,370	169,070	112,720	152,320	157,400		
9	금정지점	125,480	157,160	154,130	126,380	148,340	197,560	149,440		
10	수영지점	146,550	154,870	182,540	137,940	148,140	177,110	155,930		
11	중구지점	150,920	193,150	154,790	175,980	154,400	172,550	106,370		
12	부평지점	12개의 시트에 작성된 매출		690	150,690	137,720	132,640	170,260		
13	서구지점	집계를 [지점별집계내역]		440	162,190	168,460	164,310	137,720		
14	동구지점	시트에 합계를 구합니다.		980	144,000	135,540	146,900	133,290		
15	서동지점			030	136,400	127,220	145,180	163,410		
16	사상지점	165,980	134,700	175,490	187,420	91,700	161,360	165,240		
17										

지점별집계내역 | 1월 | 2월 | 3월 | 4월 | 5월 | 6월 | 7월 | ...

☑ 시트마다 지점명과 품목이 입력된 순서가 다르면 3차원 수식을 사용해 정확한 결과를 구할 수 없습니다. 입력된 순서가 다를 경우, 08-3에서 배우는 통합 기능을 참고하세요.

하면 된다! 〉 3차원 수식 작성하기

[지점별집계내역] 시트

경영지원팀
황 주임

저는 매월 말일이 되면 전체 250개의 시트에 작성된 데이터를 하나의 시트에 집계하는 일을 하고 있습니다. 각 시트의 행과 열은 일치하며 값만 다릅니다. 실제 데이터는 비공개 데이터라서 보여드릴 수는 없고, 많은 시트의 합계를 구하는 방법을 알려 주세요.

3차원 수식을 사용해 여러 시트의 데이터를 집계해 보겠습니다.

함께 보면 좋은
동영상 강의

1 [지점별집계내역] 시트에서 [B4] 셀을 선택한 후 [수식] 탭 → [함수 라이브러리] 그룹 → [자동 합계 Σ]를 선택합니다. =SUM()이 자동으로 입력됩니다.

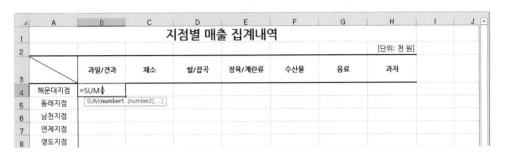

2 [1월] 시트를 선택한 후 Shift 를 누른 상태에서 12월 시트를 선택합니다. 수식 입력줄을 확인하면 =SUM('1월:12월'!)이라고 작성돼 있는데 **'1월:12월'!**은 [1월]에서 [12월] 시트까지라는 의미입니다.

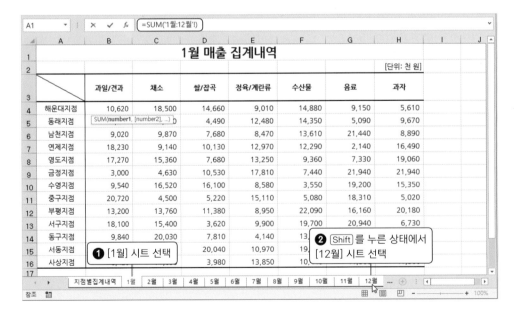

3 이 상태에서 [B4] 셀을 선택한 후 Enter 를 누릅니다.

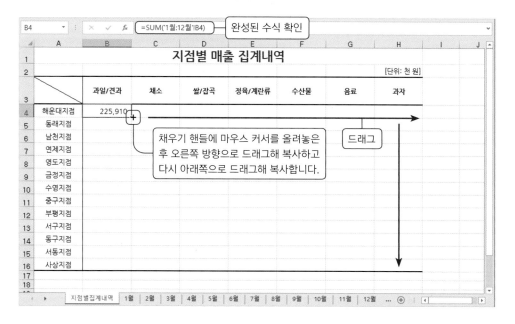

B4	▼	:	×	✓	fx	=SUM('1월:12월'!B4)		

1월 매출 집계내역

[단위: 천 원]

	과일/견과	채소	쌀/잡곡	정육/계란류	수산물	음료	과자
해운대지점	10,620	18,500	14,660	9,010	14,880	9,150	5,610
동래지점			4,490	12,480	14,350	5,090	9,670
남천			7,680	8,470	13,610	21,440	8,890
연제			0,130	12,970	12,290	2,140	16,490
영도			7,680	13,250	9,360	7,330	19,060
금정			0,530	17,810	7,440	21,940	21,940
수영			6,100	8,580	3,550	19,200	15,350
중구지점	20,720	4,500	5,220	15,110	5,080	18,310	5,020
부평지점	13,200	13,760	11,380	8,950	22,090	16,160	20,180
서구지점	18,100	15,400	3,620	9,900	19,700	20,940	6,730
동구지점	9,840	20,030	7,810	4,140	13,380	8,140	15,440
서동지점	10,920	11,080	20,040	10,970	19,840	21,970	10,550
사상지점	8,420	11,650	3,980	13,850	10,440	11,580	11,500

> 만일 SUM 함수 도움말 상자가 셀을 가려 셀을 선택할 수 없다면 도움말 상자를 오른쪽으로 드래그하면 됩니다.

4 이제 다시 [지점별집계내역] 시트의 [B4] 셀을 선택해 보세요. 1월부터 12월의 합계 값이 구해지고, 수식 입력줄에서도 완성된 수식을 확인할 수 있습니다. [쉼표 스타일 ,]을 적용한 후 수식을 복사해 나머지 결과도 구합니다.

지점별 매출 집계내역

[단위: 천 원]

	과일/견과	채소	쌀/잡곡	정육/계란류	수산물	음료	과자
해운대지점	225,910						
동래지점							
남천지점							
연제지점							
영도지점							
금정지점							
수영지점							
중구지점							
부평지점							
서구지점							
동구지점							
서동지점							
사상지점							

완성된 수식 확인 =SUM('1월:12월'!B4)

> 채우기 핸들에 마우스 커서를 올려놓은 후 오른쪽 방향으로 드래그해 복사하고 다시 아래쪽으로 드래그해 복사합니다.

드래그

5 그런데 수식과 함께 테두리까지 복사돼 보기가 좋지 않습니다. 이 경우에는 복사 후에 나타나는 [자동 채우기 옵션 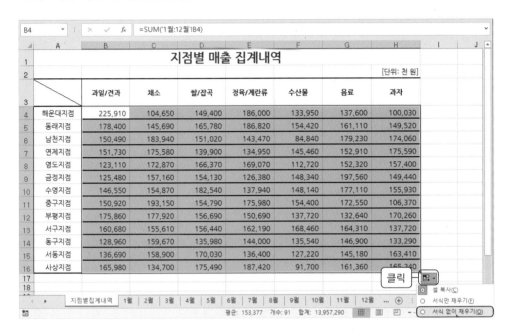]을 선택한 후 [서식 없이 채우기]를 선택하면 됩니다.

이렇게 3차원 수식을 이용해 데이터를 집계했습니다.

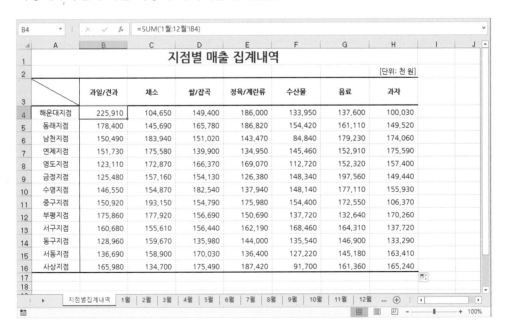

08-3 여러 시트 또는 통합 문서를 하나로 집계하는 통합

• 실습 파일 8-3-통합   • 완성 파일 8-3-통합_완성

여러 시트에 저장된 데이터를 하나로 합치기 위해 3차원 수식을 배웠습니다. 그러나 3차원 수식은 동일한 양식에서만 사용할 수 있다는 한계를 갖고 있습니다.

그 한계를 뛰어넘는 방법이 '통합'입니다. 통합 기능을 사용하면 시트마다 데이터의 순서가 달라도 하나의 시트로 집계할 수 있습니다. 그뿐만 아니라 통합에서는 합계와 평균 외에도 총 11가지 함수를 사용할 수 있습니다.

하면 된다! } 통합 기능으로 여러 시트 항목 평균 구하기

[집계] 시트

영업팀
송 사원

내년 매출 계획을 세우기 위해 자료를 정리 중입니다. 지난 3년간의 매출 자료로 평균을 구하려고 하는데, 한 가지 문제는 제가 갖고 있는 데이터가 시트마다 지점과 품목의 순서가 다르게 입력돼 있어서 앞에서 배운 3차원 수식을 사용해 보니 결과가 이상하게 나옵니다. 좋은 방법이 없을까요?

1 [B2] 셀을 선택한 후 [데이터] 탭 → [데이터 도구] 그룹 → [통합]을 선택합니다. [함수]를 '합계'에서 '평균'으로 변경합니다.

함께 보면 좋은 동영상 강의

통합 기능 익히기

2 [참조] 입력 창에 마우스 커서를 올려놓은 후 [2018년] 시트를 선택하고 셀 범위 [B3:I23]을 선택한 다음 [추가] 버튼을 클릭합니다. [모든 참조 영역]에 범위가 추가돼 표시됩니다.

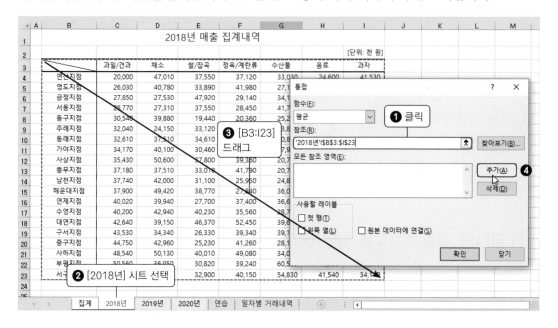

3 위와 같은 방법으로 2019년, 2020년 시트에 있는 매출 집계내역 범위를 선택해 추가합니다. [사용할 레이블]의 '첫 행'과 '왼쪽 열' 그리고 '원본 데이터 연결'에 체크 표시를 한 후 [확인] 버튼을 클릭합니다. [사용할 레이블]의 '첫 행'과 '왼쪽 열'에 체크 표시를 해야만 각 시트마다 품목과 지점명의 순서가 달라도 해당 품목끼리, 지점끼리 집계를 내는 역할을 하게 됩니다.

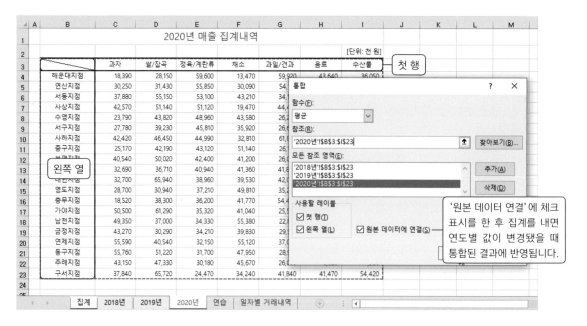

3년간의 데이터 평균이 구해졌습니다. 왼쪽 윤곽기호 ⊞를 누르면 지점별 세부 데이터(2018년, 2019년, 2020년)를 표시할 수 있고 다시 ⊟를 누르면 세부 데이터를 감출 수 있습니다.

		A	B	C	D	E	F	G	H	I	J	K	L	M
1						채소	쌀/잡곡	정육/계란류	수산물	음료	과자			
						35,107	35,807	41,347	34,310	35,170	35,600			
						40,580	39,263	43,517	25,750	40,603	36,543			
14			금정지점		29,250	38,430	35,060	30,057	37,143	47,077	37,123			
18			서동지점		33,563	36,010	45,183	35,707	38,447	39,420	38,517			
22			동구지점		30,063	40,137	35,377	32,337	33,210	30,030	35,110			
26			주례지점		27,780	38,853	41,667	42,743	45,593	39,787	34,043			
30			동래지점		39,673	36,673	39,347	45,000	39,670	41,730	34,733			
34			가야지점		30,250	42,103	40,843	36,427	39,223	42,690	36,647			
38			사상지점		40,523	38,410	41,450	45,433	23,347	39,053	40,890			
42			충무지점		40,997	43,863	34,390	37,687	24,887	34,640	23,977			
46			남천지점		34,077	50,450	35,397	32,080	24,147	41,520	43,510			
50			해운대지점		53,483	32,233	34,360	42,700	32,770	34,927	24,893			
54			연제지점		35,947	40,537	32,937	33,913	34,997	33,643	41,840			
58			수영지점		36,860	38,427	44,313	38,130	31,000	48,523	39,610			
62			대연지점		46,660	38,913	54,057	47,503	36,957	38,607	39,743			
66			구서지점		41,877	43,747	41,547	32,087	48,013	41,877	34,120			
70			중구지점		37,160	49,403	36,003	45,723	36,927	40,423	24,200			
74			사하지점		48,813	41,787	38,017	43,473	44,543	36,553	38,317			
78			부평지점		44,370	44,390	42,113	38,607	36,070	34,267	41,970			
82			서구지점		39,310	34,603	37,057	38,747	42,933	38,083	31,937			

⊞ 버튼을 클릭하면 세부 내역이 표시됩니다.

집계 | 2018년 | 2019년 | 2020년 | 연습 | 일자별 거래내역

		A	B	C	D	E	F	G	H	I	J	K	L	M
1														
2					과일/견과	채소	쌀/잡곡	정육/계란류	수산물	음료	과자			
3			7-3-통합		20,000	47,010	37,550	37,120	33,030	24,600	41,530			
4			7-3-통합		36,660	28,220	38,440	31,070	49,420	37,910	35,020			
5			7-3-통합		54,110	30,090	31,430	55,850	20,480	43,000	30,250			
6			연산지점		36,923	35,107	35,807	41,347	34,310	35,170	35,600			
10			영도지점		27,380	40,5		25,750	40,603	36,543				
						38,4		37,143	47,077	37,123				
						36,0		38,447	39,420	38,517				
						40,137	35,377	32,337	33,210	30,030	35,110			
26			주례지점		27,780	38,853	41,667	42,743	45,593	39,787	34,043			
30			동래지점		39,673	36,673	39,347	45,000	39,670	41,730	34,733			
34			가야지점		30,250	42,103	40,843	36,427	39,223	42,690	36,647			

연산 지점의 2018년, 2019년, 2020년 데이터

⊟ 버튼을 클릭하면 세부 데이터를 감출 수 있습니다.

하면 된다! } 특정 항목에 해당하는 통합 결과 구하기 [연습] 시트

같은 방법으로 특정 항목만 골라 통합할 수도 있습니다. '영도지점', '주례지점', '동래지점', '해운대지점'의 '과일/견과', '채소', '쌀/잡곡'에 대한 합계를 구하고 싶다면 결과를 구할 집계 표를 미리 작성한 후 통합하면 됩니다.

1 [연습] 시트의 셀 범위 [B2:E6]을 선택한 후 [데이터] 탭 → [데이터 도구] 그룹 → [통합] 을 선택합니다.

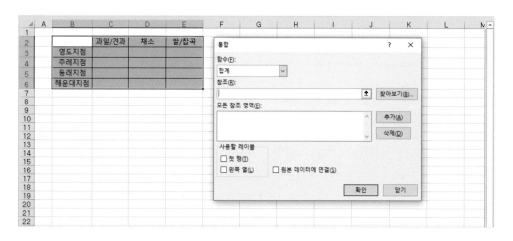

2 [참조] 입력 창을 클릭한 후 [2018년] 시트를 선택하고 셀 범위 [B3:I23]을 선택한 다음 [추가] 버튼을 클릭합니다. 이와 같은 방법으로 [2019년], [2020년] 시트를 선택한 후 셀 범위 [B3:I23]을 선택하고 [추가] 버튼을 클릭합니다.

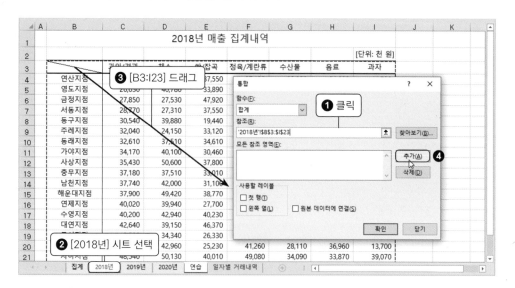

❸ [사용할 레이블]의 '첫 행'과 '왼쪽 열'과 '원본 데이터에 연결' 옵션에 체크 표시를 한 후 [확인] 버튼을 클릭합니다.

❹ 특정 항목에 해당하는 통합 결과를 구했습니다.

	과일/견과	채소	쌀/잡곡
영도지점	82,140	121,740	117,790
주례지점	83,340	116,560	125,000
동래지점	119,020	110,020	118,040
해운대지점	160,450	96,700	103,080

하면 된다! ⎬ 통합 문서 파일로 나뉜 6개의 지점별 집계내역 통합하기 [지점별집계내역] 폴더

영업팀
송 사원

여러 시트를 하나로 합치는 통합 기능은 배웠는데, 이번에는 경우가 조금 달라요. 제가 담당하고 있는 6개의 지점에서 월별 집계내역을 정리한 파일을 하나의 문서로 통합해야 합니다. 각각의 파일을 일일이 열어 시트를 모으지 않고 데이터를 통합하는 방법도 있나요?

데이터를 통합하려고 할 때, 한 통합 문서에 모든 시트가 있어야 할까요? 아닙니다. 통합 기능을 사용하면 각 통합 문서 파일에 저장된 시트를 일일이 하나의 통합 문서에 모으지 않고도 데이터를 합칠 수 있습니다.

1 파일 탐색기를 실행한 후 [8장-실습] → [지점별집계내역] 폴더를 열고 [금정점.xlsx]에서 [주례점.xlsx] 파일을 모두 연 다음 엑셀 창에서 [파일] → [새로 만들기] → [새 통합 문서]를 선택합니다.

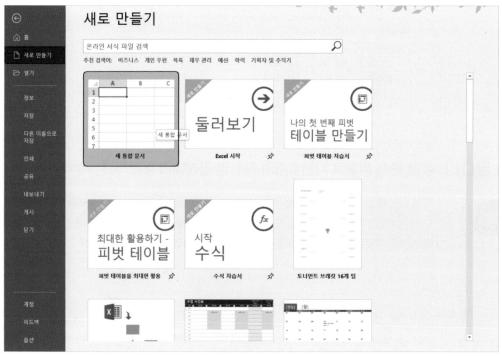

2 [보기] 탭 → [창] 그룹 → [창 전환]을 선택하면 현재 열려 있는 통합 문서를 모두 확인할
수 있습니다.

3 [B2] 셀을 선택한 후 [데이터] 탭 → [데이터 도구] 그룹 → [통합]을 선택합니다. [참조] 입
력 창을 클릭하고 [보기] 탭 → [창] 그룹 → [창 전환]을 선택한 후 통합할 첫 번째 통합 문서
인 [주례점.xlsx]를 선택합니다.

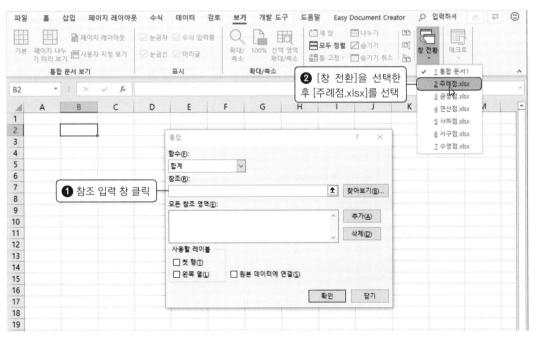

☑ 창 전환이 되지 않는다면 다른 파일들이 '제한된 보기' 상태인지 확인해 보세요. '제한된 보기' 상태라면 [편집 사용] 버튼
을 누른 후 실습을 진행해야 합니다.

4 엑셀 창이 [주례점.xlsx] 통합 문서로 전환되면 셀 범위 [A3:H15]를 드래그 해 선택한 후 [추가] 버튼을 클릭합니다.

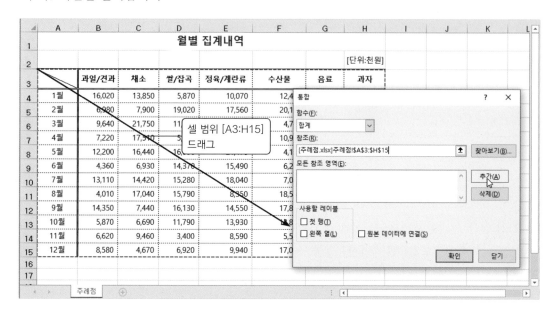

5 위와 같은 방법으로 [금정점.xlsx]에서 [수영점.xlsx] 파일을 열어 데이터 범위를 추가합니다. 모든 참조 영역이 추가되면 [사용할 레이블] '첫 행'과 '왼쪽 열'에 체크 표시를 합니다.

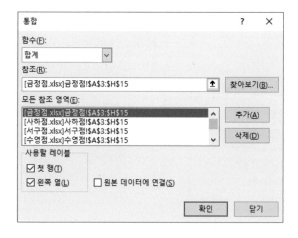

함께 보면 좋은
동영상 강의

6 이렇게 여러 통합 문서의 내역도 통합할 수 있습니다.

	과일/견과	채소	쌀/잡곡	정육/계란류	수산물	음료	과자
1월	100,530	83,230	74,930	68,500	62,260	61,140	56,290
2월	77,180	68,660	81,330	94,060	76,650	83,250	71,510
3월	79,420	95,970	69,190	61,910	42,340	68,780	81,180
4월	70,750	66,490	58,270	69,590	70,320	70,350	69,930
5월	83,790	97,000	58,920	71,790	89,620	84,160	64,520
6월	97,890	77,210	96,230	103,550	74,960	61,680	86,530
7월	68,560	89,820	64,870	76,860	54,040	59,850	53,410
8월	50,010	75,230	75,990	68,190	82,450	62,510	76,550
9월	84,550	92,550	67,600	85,430	83,070	73,390	72,530
10월	57,280	70,890	77,670	98,050	88,800	72,740	58,980
11월	61,280	72,460	54,910	65,310	59,760	72,100	49,570
12월	66,520	64,820	80,400	54,020	77,370	60,670	77,670

[8-3-미션]

 누군가의 부탁

"통합 기능을 활용해 1월에서 6월 시트의 각 부서별 비용 합계를 [집계] 시트에 구해 주세요."

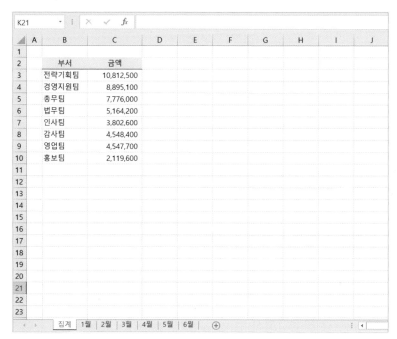

부서	금액
전략기획팀	10,812,500
경영지원팀	8,895,100
총무팀	7,776,000
법무팀	5,164,200
인사팀	3,802,600
감사팀	4,548,400
영업팀	4,547,700
홍보팀	2,119,600

정답 및 해설 [8-3-미션_정답]

08-4 특정 필드를 그룹화해 데이터를 요약하는 부분합

• 실습 파일 8-4-부분합   • 완성 파일 8-4-부분합_완성

월별 행사 거래 내역을 거래지점별로 수량, 금액, 행사금액 합계를 요약하려고 합니다. 거래지점별로 정렬하고 따로 행을 추가해 합계를 구하지 않아도 부분합 기능을 사용하면 결과를 간단하게 구할 수 있습니다. 부분합은 특정 필드를 기준으로 그룹화해 각 그룹에 대한 합계, 평균, 개수 등 11가지 방식으로 요약할 수 있는 기능입니다. 부분합을 사용할 때에는 그룹화를 할(기준) 열을 먼저 정렬해 둬야 합니다.

3	행사달	거래지점	품명	단가	수량	금액	행사금액
4	1월	해운대지점	광파오븐	450,000	7	3,150,000	2,677,500
5	1월	사상지점	광파오븐	450,000	5	2,250,000	1,912,500
6	1월	수영지점	광파오븐	450,000	12	5,400,000	4,590,000
7	1월	해운대지점	냉정수기	1,090,000	5	5,450,000	4,632,500
8	1월	영도지점	냉정수기	1,090,000	5	5,450,000	4,632,500
9	1월	영도지점	식기세척기	512,600	3	1,537,800	1,307,130
10	1월	동래지점	식기세척기	512,600	10	5,126,000	4,357,100
11	1월	수영지점	에어프라이어	159,000	8	1,272,000	1,081,200
12	1월	동래지점	중탕기	332,100	18	5,977,800	5,081,130
13	2월	수영지점	전기압력밥솥	339,000	10	3,390,000	2,881,500
14	2월	해운대지점	전자레인지	233,500	20	4,670,000	3,969,500
15	2월	해운대지점	중탕기	332,100	15	4,981,500	4,234,275
16	2월	영도지점	중탕기	332,100	20	6,642,000	5,645,700
17	2월	사상지점	중탕기	332,100	10	3,321,000	2,822,850
18	2월	동래지점	착즙기	390,150	6	2,340,900	1,989,765
19	2월	해운대지점	토스터	319,000	20	6,380,000	5,423,000

함께 보면 좋은
동영상 강의

↓

3	행사달	거래지점	품명	단가	수량	금액	행사금액
4		총합계			1,976	493,748,950	419,686,608
5		동래지점 요약			471	119,061,910	101,202,624
32		사상지점 요약			346	72,015,300	61,213,005
54		수영지점 요약			364	94,418,700	80,255,895
79		영도지점 요약			413	117,096,800	99,532,280
107		해운대지점 요약			382	91,156,240	77,482,804

행을 따로 만들지 않아도 쉽게 정리해 주는 부분합!

하면 된다! } 품명별 부분합 구하기

[주방가전행사거래내역] 시트

1 데이터 정렬

[품명] 열을 기준으로 부분합을 구하기 위해서는 먼저 [품명] 열을 오름차순 또는 내림차순으로 정렬해야 합니다. [C3] 셀을 선택한 후 [데이터] 탭 → [정렬 및 필터] 그룹 → [텍스트 오름차순 정렬]을 선택합니다.

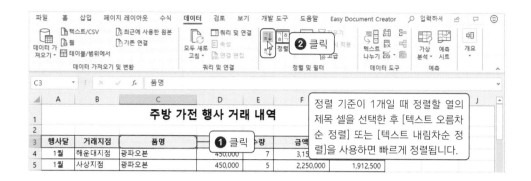

정렬 기준이 1개일 때 정렬할 열의 제목 셀을 선택한 후 [텍스트 오름차순 정렬] 또는 [텍스트 내림차순 정렬]을 사용하면 빠르게 정렬됩니다.

2 부분합

데이터가 정렬됐다면 데이터 내부에 아무 곳이나 선택한 후 [데이터] 탭 → [개요] 그룹 → [부분합]을 선택합니다. [부분합] 대화상자가 실행되면 [그룹화할 항목 드롭다운▼]을 눌러 '품명'을 선택합니다.

정렬해 놓은 열이 그룹화할 항목이 됩니다.

☑ 2013 이전 버전에서는 [부분합]이 [개요] 그룹이 아니라 [윤곽선] 그룹에 있습니다.

3 [사용할 함수]는 '합계'에 그대로 둔 후 [부분합 계산 항목]에서 '수량', '금액', '행사금액' 항목을 체크 표시를 하고 [확인] 버튼을 클릭합니다.

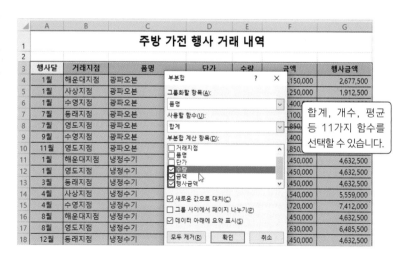

합계, 개수, 평균 등 11가지 함수를 선택할 수 있습니다.

품명별 수량, 금액, 행사금액의 합계가 구해졌습니다.

	행사달	거래지점	품명	단가	수량	금액	행사금액
7	9월	수영지점	광파오븐	450,000	12	5,400,000	4,590,000
8	7월	영도지점	광파오븐	450,000	13	5,850,000	4,972,500
9	11월	영도지점	광파오븐	450,000	13	5,850,000	4,972,500
10	1월	해운대지점	광파오븐	450,000	7	3,150,000	2,677,500
11			광파오븐 요약		80	36,000,000	30,600,000
12	3월	동래지점	냉정수기	1,090,000	5	5,450,000	4,632,500
13	12월	동래지점	냉정수기	1,090,000	5	5,450,000	4,632,500
14	4월	사상지점	냉정수기	1,090,000	6	6,540,000	5,559,000
15	4월	수영지점	냉정수기	1,090,000	8	8,720,000	7,412,000
16	1월	영도지점	냉정수기	1,090,000	5	5,450,000	4,632,500
17	8월	영도지점	냉정수기	1,090,000	7	7,630,000	6,485,500
18	1월	해운대지점	냉정수기	1,090,000	5	5,450,000	4,632,500
19	8월	해운대지점	냉정수기	1,090,000	5	5,450,000	4,632,500
20			냉정수기 요약		46	50,140,000	42,619,000
21	5월	동래지점	멀티블렌더	74,800	22	1,645,600	1,398,760
22	10월	동래지점	멀티블렌더	74,800	22	1,645,600	1,398,760

제목: 주방 가전 행사 거래 내역

시트: 주방가전 행사 거래내역 / 보고서

4 수준별로 결과 확인하기

왼쪽에 윤곽기호 3개가 보입니다. 하나씩 클릭해 보세요. 윤곽기호 3 은 모든 거래 내역이 보이는 상태, 2 는 품명별 부분합이 표시됩니다.

	행사달	거래지점	품명	단가	수량	금액	행사금액
11			광파오븐 요약		80	36,000,000	30,600,000
20			냉정수기 요약		46	50,140,000	42,619,000
29			멀티블렌더 요약		164	12,267,200	10,427,120
37			반자동커피메이커 요약		226	40,273,200	34,232,220
46			슬로우쿠커 요약		226	24,634,000	20,938,900
53			식기세척기 요약		45	23,067,000	19,606,950
64			에어프라이어 요약		176	27,984,000	23,786,400
72			전기레인지 요약		30	44,150,400	37,527,840
83			전기압력밥솥 요약		157	53,223,000	45,239,550
91			전기주전자 요약		130	25,870,000	21,989,500
99			전자레인지 요약		114	26,619,000	22,626,150
109			중탕기 요약		123	40,848,300	34,721,055
120			착즙기 요약		99	38,624,850	32,831,123
130			커피메이커 요약		260	18,148,000	15,425,800
138			토스터 요약		100	31,900,000	27,115,000
139			총합계		1,976	493,748,950	419,686,608

윤곽기호 1 을 누르면 전체 합계가 표시됩니다.

	행사달	거래지점	품명	단가	수량	금액	행사금액
3	행사달	거래지점	품명	단가	수량	금액	행사금액
139			총합계		1,976	493,748,950	419,686,608

5 윤곽기호 ② 를 눌러 부분합을 표시한 후 맨 위의 ⊞ 버튼을 눌러 보세요. 광파오븐이 거래된 내역을 자세히 볼 수 있습니다. 다시 ⊟버튼을 누르면 세부 데이터를 감춰지고 광파오븐의 부분합만 표시됩니다.

1 2 3		A	B	C	D	E	F	G	H	I
	1			주방 가전 행사 거래 내역						
	2									
	3	행사달	거래지점	품명	단가	수량	금액	행사금액		
	4	1월	해운대지점	광파오븐	450,000	7	3,150,000	2,677,500		
	5	1월	사상지점	광파오븐	450,000	5	2,250,000	1,912,500		
	6	1월	수영지점	광파오븐	450,000	12	5,400,000	4,590,000		
	7	7월	동래지점	광파오븐	450,000	18	8,100,000	6,885,000		
	8	7월	영도지점	광파오븐	450,000	13	5,850,000	4,972,500		
	9	9월	수영지점	광파오븐	450,000	12	5,400,000	4,590,000		
	10	11월	영도지점	광파오븐	450,000	13	5,850,000	4,972,500		
-	11			광파오븐 요약		80	36,000,000	30,600,000		
+	20			냉정수기 요약		46	50,140,000	42,619,000		
+	29			멀티블렌더 요약		164	12,267,200	10,427,120		
+	37			반자동커피메이커 요약		226	40,273,200	34,232,220		
+	46			슬로우쿠커 요약		226	24,634,000	20,938,900		
+	53			식기세척기 요약		45	23,067,000	19,606,950		
+	64			에어프라이어 요약		176	27,984,000	23,786,400		

질문 있어요!

부분합 결과를 데이터의 위로 표시할 순 없나요?

부분합은 기본적으로 아래쪽에 표시됩니다. [데이터 아래에 요약 표시] 옵션을 해제하면 지점별 부분합이 위쪽에 표시됩니다.

데이터 아래에 요약 표시

데이터 위에 요약 표시

하면 된다! } 부분합 제거하기

부분합을 제거하려면 부분합 데이터 내부의 셀 중 아무 곳이나 선택한 후 [데이터] 탭 → [개요] 그룹 → [부분합]을 선택하고 [부분합] 대화 상자에서 [모두 제거] 버튼을 클릭합니다.

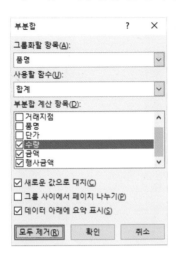

하면 된다! } 월별 행사금액 합계와 평균 구하기

이번에는 '행사달' 열을 기준으로 합계와 평균을 구해 보겠습니다. 부분합을 구하기 전에 기준이 되는 열을 먼저 정렬해 둬야 합니다.

1️⃣ 데이터 정렬

'행사달' 제목 [A3] 셀을 선택한 후 [데이터] 탭 → [정렬 및 필터] → [텍스트 오름차순 정렬]을 선택합니다.

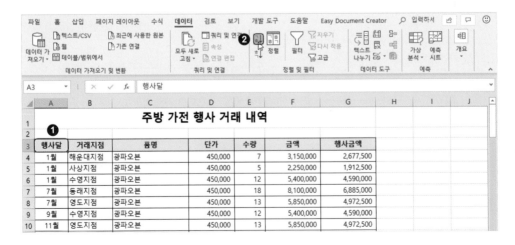

2 부분합

정렬해 놓은 데이터 내부의 아무 곳이나 선택한 후 [데이터] 탭 → [개요] 그룹 → [부분합]을
선택합니다. 그룹화할 항목으로 '행사달'을 선택하고 '수량', '금액', '행사금액'을 계산할 항목
이 체크 표시된 상태에서 [확인] 버튼을 클릭합니다.

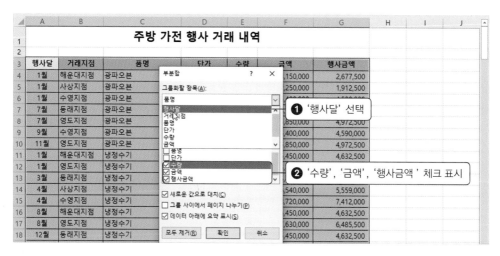

각 품명별 '수량', '금액', '행사금액'의 합이 구해졌습니다.

3 이번에는 평균을 구하기 위해 다시 [데이터] 탭 → [개요] 그룹 → [부분합]을 선택합니다.
[사용할 함수] 선택 목록에서 '평균'을 선택합니다.
합계와 평균을 동시에 표시하려고 할 때는 [새로운 값으로 대치] 옵션의 체크 표시를 해제해
야 합니다. [새로운 값으로 대치] 옵션의 체크 표시를 해제한 후 [확인] 버튼을 클릭합니다.

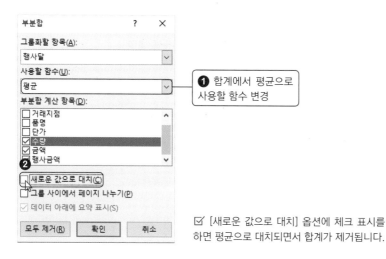

☑ [새로운 값으로 대치] 옵션에 체크 표시를
하면 평균으로 대치되면서 합계가 제거됩니다.

4 '행사달'을 기준으로 합계(요약)와 평균을 함께 구했습니다.

1 2 3 4	A	B	C	D	E	F	G	H	I
1			주방 가전 행사 거래 내역						
2									
3	행사달	거래지점	품명	단가	수량	금액	행사금액		
4	1월	해운대지점	광파오븐	450,000	7	3,150,000	2,677,500		
5	1월	사상지점	광파오븐	450,000	5	2,250,000	1,912,500		
6	1월	수영지점	광파오븐	450,000	12	5,400,000	4,590,000		
7	1월	해운대지점	냉정수기	1,090,000	5	5,450,000	4,632,500		
8	1월	영도지점	냉정수기	1,090,000	5	5,450,000	4,632,500		
9	1월	영도지점	식기세척기	512,600	3	1,537,800	1,307,130		
10	1월	동래지점	식기세척기	512,600	10	5,126,000	4,357,100		
11	1월	수영지점	에어프라이어	159,000	8	1,272,000	1,081,200		
12	1월	동래지점	중탕기	332,100	18	5,977,800	5,081,130		
13	1월 평균				8	3,957,067	3,363,507		
14	1월 요약				73	35,613,600	30,271,560		
15	2월	수영지점	전기압력밥솥	339,000	10	3,390,000	2,881,500		
16	2월	해운대지점	전자레인지	233,500	20	4,670,000	3,969,500		
17	2월	해운대지점	중탕기	332,100	15	4,981,500	4,234,275		
18	2월	영도지점	중탕기	332,100	20	6,642,000	5,645,700		
19	2월	사상지점	중탕기	332,100	10	3,321,000	2,822,850		

주방가전 행사 거래내역

하면 된다! } 그룹별로 나눠 인쇄하기

부분합을 인쇄하면 그룹별 구분 없이 인쇄됩니다. 그룹별로 페이지를 나눠 인쇄하는 방법을 소개하겠습니다. 거래지점별 평균이 포함된 데이터를 인쇄해 보겠습니다.

1 거래지점별로 페이지를 나눠 인쇄하기 위해 먼저 기존 부분합의 결과를 모두 제거합니다.

2 그런 다음 [B3]을 선택하고 '거래지점'을 기준으로 오름차순 정렬합니다.

3 정렬해 놓은 데이터 내부의 아무 곳이나 선택한 후 [데이터] 탭 → [개요] 그룹 → [부분합]을 선택합니다. [그룹화할 항목]을 '거래지점'으로 선택합니다. '그룹 사이에서 페이지 나누기' 옵션과 '새로운 값으로 대치' 옵션에 체크 표시를 하고 [확인] 버튼을 클릭합니다.

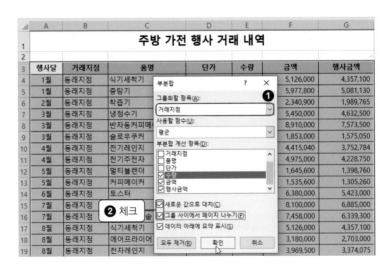

4 [파일] → [인쇄]를 선택하면 거래지점별로 각 페이지에 나눠 인쇄 미리 보기된 것을 확인할 수 있습니다.

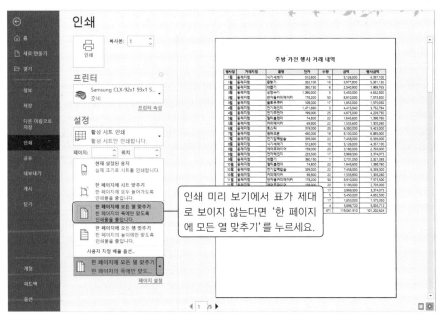

☑ 페이지를 나눠 인쇄하면 두 번째 페이지부터 제목 행이 인쇄되지 않습니다. 모든 페이지에 제목 행을 인쇄하려면 인쇄 제목을 반복할 행으로 지정해야 합니다. 이 부분은 125쪽을 참고하세요.

하면 된다! } 화면에 보이는 셀만 복사하기

영업팀
송 사원

이번 가전 행사 이후 거래지점별 수량, 금액, 순매출의 합계를 부분합을 사용해 구했더니 참 편리했습니다. 그런데 부분합 결과를 복사한 후 다른 시트에 보고용으로 정리해 결재를 받으려고 하는데 부분합 결과만 복사되는 것이 아니라 숨어 있던 세부 데이터까지 복사됩니다. 부분합의 결과만 복사하는 방법이 있나요?

'화면에 보이는 셀만 선택'이라는 방법으로 부분합의 결과만 선택해 복사하면 숨어 있는 데이터가 복사되지 않습니다.

1 먼저 보고서를 정리할 새 시트 하나를 추가합니다.

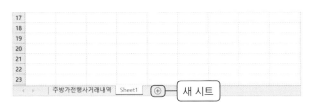

함께 보면 좋은
동영상 강의

2 [주방가전행사거래내역] 시트를 선택한 후 윤곽기호 ②를 눌러 지점별 평균 부분합 결과가 화면에 나타나도록 합니다. 거래지점의 셀 범위 [B3:B129]과 수량에서 행사금액의 셀 범위 [E3:G129]까지 선택합니다.

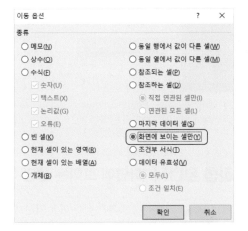

		A	B	C	D	E	F	G	H	I
	1				주방 가전 행사 거래 내역					
	2									
	3	행사달	거래지점	품명	단가	수량	금액	행사금액		
+	30		동래지점 평균			18	4,579,304	3,892,409		
+	52		사상지점 평균			16	3,429,300	2,914,905		
+	77		수영지점 평균			15	3,934,113	3,343,996		
+	105		영도지점 평균			15	4,336,919	3,686,381		
+	128		해운대지점 평균			17	4,143,465	3,521,946		
−	129		전체 평균			16	4,114,575	3,497,388		
	130									

② 거래지점 범위 선택

③ Ctrl 를 누른 상태에서 수량 범위에서 행사금액 범위까지 선택

☑ 부분합 요약을 위 또는 아래로 표시했느냐에 따라 예시 그림과 다르게 보일 수 있습니다.

3 [홈] 탭 → [찾기 및 선택] 그룹 → [이동 옵션] → [화면에 보이는 셀만] 옵션을 선택한 후 [확인] 버튼을 클릭합니다.

4 범위가 선택되면 마우스 오른쪽 버튼을 눌러 [복사]를 클릭합니다.

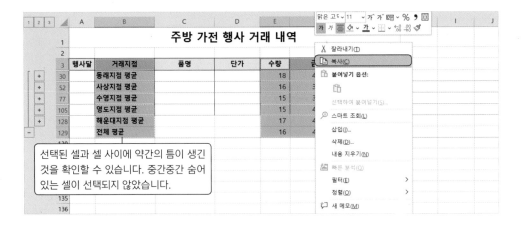

선택된 셀과 셀 사이에 약간의 틈이 생긴 것을 확인할 수 있습니다. 중간중간 숨어 있는 셀이 선택되지 않았습니다.

5 [Sheet1] 시트로 들어가 [B2] 셀을 선택한 후 마우스 오른쪽 버튼을 눌러 [붙여넣기] 합니다. [B:E] 열 너비를 늘인 후 시트 이름을 **보고서**라고 변경합니다.

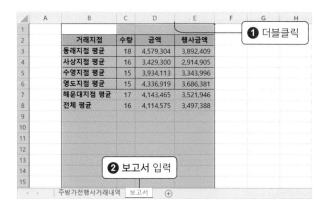

6 이제 요약한 부분합 결과를 보고서에 넣어 인쇄할 수 있습니다.

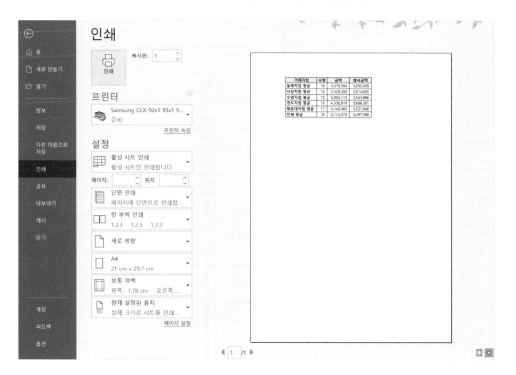

누군가의 부탁

"김신입 씨! 부서별 비용 사용 내역을 정리해 뒀으니 보고용으로 만들어 주세요. 부분합 기능 기억하죠?"

① 부서별 부분합의 결과를 [부서별비용합계] 시트에 복사하세요.

	일자	부서	항목	금액	지불
3	2019-01-01	전략기획팀	식대	141,100	현금
4	2019-01-02	경영지원팀	차량유지비	95,400	카드
5	2019-01-02	총무팀	기타	124,700	카드
6	2019-01-02	법무팀	기타	88,700	현금
7	2019-01-02	인사팀	간식대	80,000	카드
8	2019-01-02	감사팀	출장비	70,900	현금
9	2019-01-02	경영지원팀	식대	97,700	현금
10	2019-01-03	경영지원팀	교통비	119,000	현금
11	2019-01-04	경영지원팀	소모품비	138,200	현금
12	2019-01-04	총무팀	홍보비	148,200	현금
13	2019-01-05	전략기획팀	간식대	140,700	카드
14	2019-01-05	인사팀	홍보비	85,200	현금
15	2019-01-05	총무팀	소모품비	113,400	카드
16	2019-01-05	인사팀	차량유지비	36,600	현금
17	2019-01-06	영업팀	기타	71,700	카드
18	2019-01-06	영업팀	기타	15,700	현금
19	2019-01-07	총무팀	접대비	36,000	현금

	일자	부서	항목	금액	지불
53		감사팀 요약		4,548,400	
162		경영지원팀 요약		8,895,100	
231		법무팀 요약		5,164,200	
283		영업팀 요약		4,547,700	
327		인사팀 요약		3,802,600	
462		전략기획팀 요약		10,812,500	
552		총무팀 요약		7,776,000	
580		홍보팀 요약		2,119,600	
581		총합계		47,666,100	

→

	부서	금액
3	감사팀 요약	4,548,400
4	경영지원팀 요약	8,895,100
5	법무팀 요약	5,164,200
6	영업팀 요약	4,547,700
7	인사팀 요약	3,802,600
8	전략기획팀 요약	10,812,500
9	총무팀 요약	7,776,000
10	홍보팀 요약	2,119,600
11	총합계	47,666,100

정답 및 해설 [8-4-미션_정답]

09 필터링
— 값을 찾아보는 방법

숙자와의 싸움에서 지친 김신입. 데이터가 쌓일수록 행과 열 찾기가 더 힘들어진다. 수많은
데이터 중에서 내가 보고 싶은 건 이 지점에 이 물건이 얼마나 팔렸나인데….
'필터 기능으로 내가 원하는 데이터만 찾아볼 수 있다!'

09-1 조건에 맞는 데이터만 화면에 표시하기

• 실습 파일 9-1-필터   • 완성 파일 9-1-필터_완성

필터

방대한 데이터 중 특정 조건과 맞는 데이터만 화면상에 나타내고 싶다면 필터를 사용해 보세요. 마우스를 한두 번 클릭하는 것만으로도 필요한 데이터를 순식간에 뽑아 볼 수 있답니다. 날짜, 숫자, 텍스트로 작성된 데이터에 다양한 조건을 쉽게 적용할 수도 있습니다. 데이터를 다루는 업무를 할 때 반드시 알아 둬야 할 필수 기능입니다.

하면 된다! } 필터 기본 사용법 익히기 [주방가전-행사] 시트

먼저 간단한 조건을 적용해 보면서 필터 사용법을 익혀 보겠습니다.

1 데이터 내에 있는 셀 중 아무 곳이나 선택한 후 [데이터] 탭 → [정렬 및 필터] 그룹 → [필터]를 선택합니다. 각 필드 이름 옆에 [필터] 버튼 ▾이 나타납니다.

2 만약 화면에 '해운대지점' 거래 내역만 표시하고 싶다면 '거래지점' 필드의 [필터] 버튼 ▾을 클릭합니다. 현재 데이터는 모든 지점의 거래 내역이 표시돼 있습니다. '(모두 선택)'의 체크 표시를 해제한 후 '해운대지점'에만 체크 표시를 하고 [확인] 버튼을 클릭합니다.

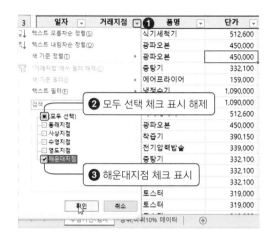

그러면 해운대지점의 거래 내역만 필터링되고 나머지 데이터는 화면에서 숨겨집니다.

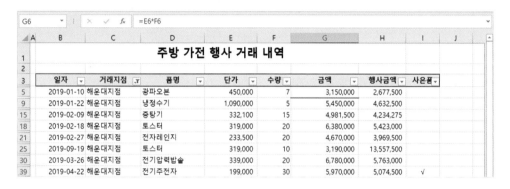

3 이번에는 해운대지점의 거래 내역이 표시된 결과에서 '슬로우쿠커'가 거래된 내역을 필터링해 보겠습니다. '품명' 필드의 [필터] 버튼▼을 클릭한 후 '(모두 선택)'의 체크 표시를 해제합니다. 그런 다음 '슬로우쿠커'에 체크 표시를 하고 [확인] 버튼을 클릭합니다.

해운대지점의 슬로우쿠커 행사 거래 내역만 표시되고 조건에 일치하지 않는 데이터는 숨겨집니다.

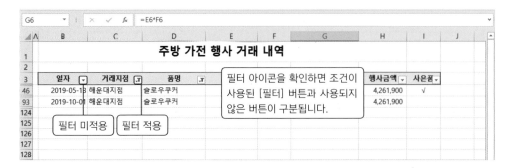

하면 된다! } 필터에 적용된 조건 지우기

1 일부 필터 삭제

'거래지점'의 결과는 그대로 둔 상태에서 '품명'에 적용한 조건만 제거하려면 '품명' 필드의 [필터] 버튼 🔽을 클릭한 후 ["품명"에서 필터 해제]를 선택해야 합니다. 그러면 '품명' 필드의 조건이 지워집니다.

2 모든 필터 삭제

각각의 필드에 적용된 모든 필터 조건을 한 번에 지우려면 [데이터] 탭 → [정렬 및 필터] 그룹 → [지우기]를 선택해야 합니다.

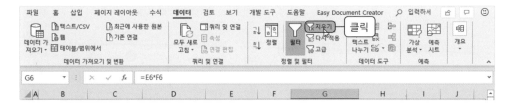

텍스트 필터

거래지점, 품명과 같이 문자로 입력돼 있는 필드의 [필터] 버튼 🔽을 클릭하면 [텍스트 필터]라는 메뉴가 나타납니다. 시작 문자와 끝 문자가 같거나 해당 문자를 포함하는 경우의 조건을 지정해 원하는 결과를 정확히 필터링할 수 있습니다.

함께 보면 좋은
동영상 강의

하면 된다! } '커피'가 포함된 모든 품명 필터링하기

1 '품명' 필드의 [필터] 버튼⏷을 누른 후 [텍스트 필터] → [포함]을 선택합니다.

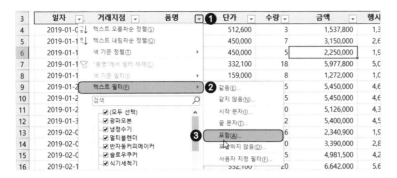

2 조건 입력 창에 **커피**를 입력한 후 [확인] 버튼을 클릭합니다.

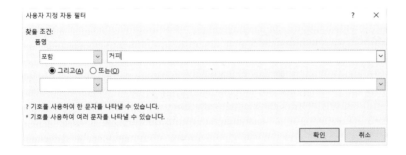

'반자동커피메이커', '커피메이커'와 같이 커피를 포함하는 모든 품명의 거래 내역이 표시됐습
니다.

숫자 필터

이번에는 '단가', '수량', '금액', '행사금액'과 같이 숫자 필드에서 조건을 적용하는 방법을 소개하겠습니다.

하면 된다! } 30개 이상 팔린 거래 내역 필터링하기

1 [데이터] 탭 → [정렬 및 필터] 그룹 → [지우기]를 선택해 앞에서 실습했던 필터링 결과를 지웁니다.

2 '수량' 필드의 [필터] 버튼 🔽 을 클릭한 후 [숫자 필터] → [크거나 같음]을 선택합니다.

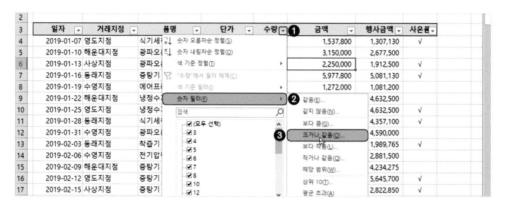

3 입력 창에 30을 입력한 후 [확인] 버튼을 클릭합니다.

함께 보면 좋은
동영상 강의

30개 이상 팔린 거래 내역이 표시됐습니다.

	A	B	C	D	E	F	G	H	I	J
1				주방 가전 행사 거래 내역						
2										
3		일자	거래지점	품명	단가	수량	금액	행사금액	사은품	
24		2019-03-08	수영지점	전자레인지	233,500	30	7,005,000	5,954,250		
26		2019-03-14	영도지점	반자동커피메이커	178,200	32	5,702,400	4,847,040		
28		2019-03-20	사상지점	커피메이커	69,800	55	3,839,000	3,263,150	√	
39		2019-04-22	해운대지점	전기주전자	199,000	30	5,970,000	5,074,500	√	

하면 된다! } 500만 원 이상 700만 원 미만으로 거래된 내역 필터링하기

금액이 500만 원이 넘고 700만 원이 넘지 않는 건만 표시해 보겠습니다.

1 [데이터] 탭 → [정렬 및 필터] 그룹 → [지우기]를 선택해 앞의 필터링 결과를 지웁니다.

2 '금액' 필드의 [필터] 버튼 ▾을 클릭한 후 [숫자 필터] → [해당 범위]를 선택합니다.

3 첫 번째 조건 입력 창에 5000000을 입력합니다. 연산자는 >=(이상) 상태 그대로 둡니다.
두 번째 조건 입력 창에 7000000을 입력한 후 연산자를 <=(이하)에서 <(미만)으로 변경하고
[확인] 버튼을 클릭합니다.

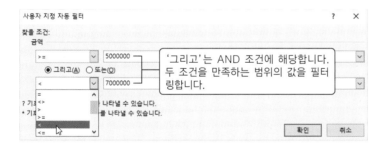

> '그리고'는 AND 조건에 해당합니다. 두 조건을 만족하는 범위의 값을 필터링합니다.

☑ 500만 원 이상은 500만 원을 포함하고 700만 원 미만은 700만 원을 포함하지 않습니다.

500만 원 이상에서 700만 원 미만까지 거래된 금액이 표시됐습니다.

상위 10 필터

숫자 필드에서 [상위 10] 자동 필터를 사용하면 큰 값 10건을 필터링한다거나 작은 값 10건을 필터링해 확인할 수 있습니다. 그 뿐만 아니라 상위 몇 %, 하위 몇 %에 해당하는 계산이 필요한 데이터도 계산 없이 쉽게 필터링할 수 있습니다. 그리고 필터링할 개수도 직접 지정할 수 있습니다.

하면 된다! } 행사 금액이 높은 순으로 10건 필터링하기

1 [데이터] 탭 → [정렬 및 필터] 그룹 → [지우기]를 선택한 후 앞의 필터링 결과를 지웁니다.

2 '행사금액' 필드의 [필터] 버튼☑을 클릭한 후 [숫자 필터] → [상위 10]을 선택합니다.

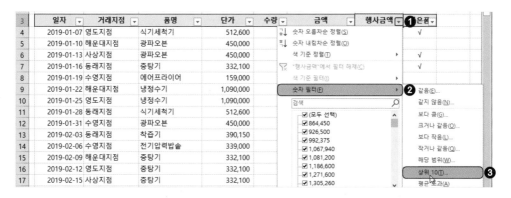

3 [상위 10 자동 필터] 대화 상자가 실행되면 '상위', '10', '항목'이라고 지정됐는지 확인한 후 [확인] 버튼을 클릭합니다.

행사금액이 높은 10건을 필터링했습니다. 그런데 필터링한 데이터가 일자별로 정렬돼 있네요. 행사금액이 높은 순서로 정렬해 보겠습니다.

> 일자별로 정리돼 순서가 뒤죽박죽이네요!

주방 가전 행사 거래 내역

	일자	거래지점	품명	단가	수량	금액	행사금액	사은품
25	2019-03-11	동래지점	반자동커피메이커	178,200	50	8,910,000	7,573,500	√
31	2019-03-29	영도지점	전기압력밥솥	339,000	27	9,153,000	7,780,050	
38	2019-04-19	수영지점	냉정수기	1,090,000	8	8,720,000	7,412,000	√
64	2019-07-06	동래지점	광파오븐	450,000	18	8,100,000	6,885,000	
81	2019-08-26	영도지점	냉정수기	1,090,000	7	7,630,000	9,265,000	√
84	2019-09-04	동래지점	착즙기	390,150	7	2,731,050	10,612,080	
87	2019-09-13	영도지점	중탕기	332,100	20	6,642,000	13,267,395	
89	2019-09-19	해운대지점	토스터	319,000	10	3,190,000	13,557,500	
108	2019-11-15	사상지점	착즙기	390,150	10	3,901,500	10,612,080	√
113	2019-11-30	동래지점	반자동커피메이커	178,200	50	8,910,000	7,573,500	√

4 '행사금액' 필드의 [필터] 버튼 🔽 을 다시 클릭한 후 [숫자 내림차순 정렬]을 선택합니다.
그러면 상위 10개 항목으로 필터링한 결과 값이 큰 값 순으로 정렬됩니다.

	일자	거래지점	품명	단가	수량	금액	행사금액	사은품
25	2019-09-19	해운대지점	토스터	319,000	10	3,190,000	13,557,500	
31	2019-09-13	영도지점	중탕기	332,100	20	6,642,000	13,267,395	
38	2019-09-04	동래지점	착즙기	390,150	7	2,731,050	10,612,080	
64	2019-11-15	사상지점	착즙기	390,150	10	3,901,500	10,612,080	√
81	2019-08-26	영도지점	냉정수기	1,090,000	7	7,630,000	9,265,000	√
84	2019-03-29	영도지점	전기압력밥솥	339,000	27	9,153,000	7,780,050	
87	2019-03-11	동래지점	반자동커피메이커	178,200	50	8,910,000	7,573,500	√
89	2019-11-30	동래지점	반자동커피메이커	178,200	50	8,910,000	7,573,500	√
108	2019-04-19	수영지점	냉정수기	1,090,000	8	8,720,000	7,412,000	√
113	2019-07-06	동래지점	광파오븐	450,000	18	8,100,000	6,885,000	

하면 된다! } 행사금액 상위 10% 내역 필터링하기

1 [데이터] 탭 → [정렬 및 필터] 그룹 → [지우기]를 선택해 앞의 필터링 결과를 지웁니다.

2 '행사금액' 필드의 [필터] 버튼 🔽 을 클릭한
후 [숫자 필터] → [상위 10]을 선택합니다.

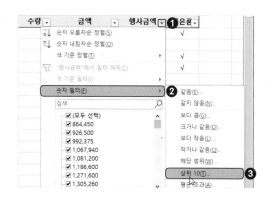

3 [상위 10 자동 필터] 대화 상자가 실행되면 '상위', '10',
'%'를 선택한 후 [확인] 버튼을 클릭합니다.

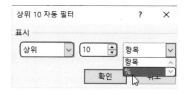

4 별도의 계산 작업 없이 상위 10%의 행사금액을 표시했습니다.

	A	B	C	D	E	F	G	H	I	J
1				**주방 가전 행사 거래 내역**						
2										
3		일자 ▾	거래지점 ▾	품명 ▾	단가 ▾	수량 ▾	금액 ▾	행사금액 ▾	사은품 ▾	
25		2019-09-19	해운대지점	토스터	319,000	10	3,190,000	13,557,500		
31		2019-09-13	영도지점	중탕기	332,100	20	6,642,000	13,267,395		
38		2019-09-04	동래지점	착즙기	390,150	7	2,731,050	10,612,080		
63		2019-07-03	수영지점	식기세척기	512,600	15	7,689,000	6,535,650	√	
64		2019-11-15	사상지점	착즙기	390,150	10	3,901,500	10,612,080	√	
66		2019-07-12	동래지점	전기압력밥솥	339,000	22	7,458,000	6,339,300	√	
81		2019-08-26	영도지점	냉정수기	1,090,000	7	7,630,000	9,265,000	√	
84		2019-03-29	영도지점	전기압력밥솥	339,000	27	9,153,000	7,780,050		
87		2019-03-11	동래지점	반자동커피메이커	178,200	50	8,910,000	7,573,500	√	
89		2019-11-30	동래지점	반자동커피메이커	178,200	50	8,910,000	7,573,500	√	
102		2019-10-28	동래지점	전기압력밥솥	339,000	22	7,458,000	6,339,300		
108		2019-04-19	수영지점	냉정수기	1,090,000	8	8,720,000	7,412,000	√	
113		2019-07-06	동래지점	광파오븐	450,000	18	8,100,000	6,885,000		

질문 있어요!

한 번 필터로 걸러진 결과 내에서 상위 10개 항목을 구할 수는 없나요?

결론만 말하자면 구할 수 없습니다. 예시를 살펴보겠습니다. '동래지점'의 거래 내역을 필터링한 결과입니다. 이 상태에서 다시 행사금액이 높은 10건을 필터링해 보면 10건이 아닌 4건밖에 나타나지 않습니다.

[상위 10]은 현재 필터된 결과가 아닌 전체 데이터에서 결과를 필터링하기 때문에 동래 지점에 대한 10건이 아닌 전체 10건 중 동래 지점에 해당하는 4건만 화면상에 표시된 것입니다.

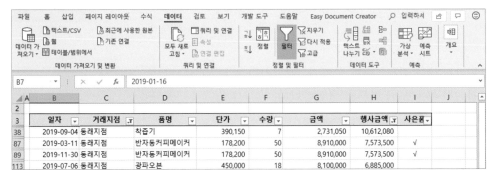

날짜 필터

일자와 같은 날짜 필드의 경우, [날짜 필터]를 사용하면 됩니다. 연도별, 월별 또는 주별, 분기별 등 다양한 기간 동안의 결과를 얻을 수 있습니다.

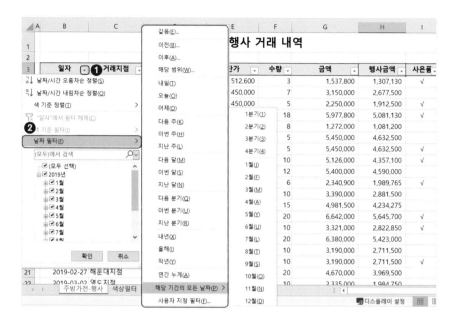

함께 보면 좋은
동영상 강의

하면 된다! } 3월에 거래된 '반자동커피메이커' 거래 내역 필터링하기

1 [데이터] 탭 → [정렬 및 필터] 그룹 → [지우기]를 선택해 앞의 필터링 결과를 지웁니다.

2 '일자' 필드의 [필터] 버튼 ▾을 누른 후 '(모두 선택)'의 체크 표시를 해제하고 '3월'에 체크 표시를 한 다음 [확인] 버튼을 클릭합니다.

3월의 거래 내역이 필터링됩니다. 3월 거래 내역 결과 내에서 '반자동커피메이커'가 거래된
내역을 다시 필터링해 보겠습니다.

	일자	거래지점	품명	단가	수량	금액	행사금액	사은품
			주방 가전 행사 거래 내역					
22	2019-03-02	영도지점	전자레인지	233,500	10	2,335,000	1,984,750	
23	2019-03-05	사상지점	전자레인지	233,500	15	3,502,500	2,977,125	√
24	2019-03-08	수영지점	전자레인지	233,500	30	7,005,000	5,954,250	
26	2019-03-14	영도지점	반자동커피메이커	178,200	32	5,702,400	4,847,040	
27	2019-03-17	동래지점	슬로우쿠커	109,000	17	1,853,000	1,575,050	
28	2019-03-20	사상지점	커피메이커	69,800	55	3,839,000	3,263,150	√
29	2019-03-23	동래지점	냉정수기	1,090,000	5	5,450,000	4,632,500	√
30	2019-03-26	해운대지점	전기압력밥솥	339,000	20	6,780,000	5,763,000	
84	2019-03-29	영도지점	전기압력밥솥	339,000	27	9,153,000	7,780,050	
87	2019-03-11	동래지점	반자동커피메이커	178,200	50	8,910,000	7,573,500	√

❸ '품명' 필드의 [필터] 버튼 ⌄ 을 눌러 '(모두
선택)'의 체크 표시를 해제한 후 '반자동커피메
이커'에 체크 표시를 하고 [확인] 버튼을 클릭
합니다.

3월에 거래된 반자동커피메이커 거래 내역만
추출됐습니다.

하면 된다! } 한 달 동안 거래된 내역 필터링하기

이번에는 4월 20일에서 5월 20일까지의 거래 내역을 뽑아 보겠습니다.

❶ [데이터] 탭 → [정렬 및 필터] 그룹 → [지우기]를 선택해 앞의 필터링 결과를 지웁니다.

2 '일자' 필드의 [필터] 버튼▼을 클릭한 후 [날짜 필터] → [해당 범위]를 선택합니다.

3 첫 번째 조건 입력 창에 2019-4-20, 두 번째 조건 입력 창에 2019-5-20을 입력한 후 [확인] 버튼을 클릭합니다.

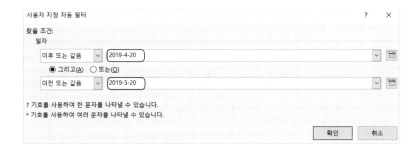

4월 20일에서 5월 20일까지의 거래 내역만 추출됐습니다.

색상으로 표시된 데이터만 필터하기

날짜, 문자, 숫자가 조건이 아닌 색상으로 구분해 놓은 데이터를 필터링할 수 있습니다. 색상으로 구분한 내역만 표시하고 싶다면 [색 기준 필터]를 사용하면 됩니다. 색 기준 필터를 적용할 때 모든 필드에서 조건을 지정할 수 있습니다.

	일자	거래지점	품명	단가	수량	금액	행사금액	사은품
			주방 가전 행사 거래 내역					
4	2019-01-07	영도지점	식기세척기	512,600	3	1,537,800	1,307,130	√
5	2019-01-10	해운대지점	광파오븐	450,000	7	3,150,000	2,677,500	
6	2019-01-13	사상지점	광파오븐	450,000	5	2,250,000	1,912,500	√
7	2019-01-16	동래지점	중탕기	332,100	18	5,977,800	5,081,130	√
8	2019-01-19	수영지점	에어프라이어	159,000	8	1,272,000	1,081,200	
9	2019-01-22	해운대지점	냉정수기	1,090,000	5	5,450,000	4,632,500	
10	2019-01-25	영도지점	냉정수기	1,090,000	5	5,450,000	4,632,500	√
11	2019-01-28	동래지점	식기세척기	512,600	10	5,126,000	4,357,100	√
12	2019-01-31	수영지점	광파오븐	450,000	12	5,400,000	4,590,000	
13	2019-02-03	동래지점	착즙기	390,150	6	2,340,900	1,989,765	√
14	2019-02-06	수영지점	전기압력밥솥	339,000	10	3,390,000	2,881,500	

하면 된다! } 파란색으로 표시한 데이터만 나타내기

[색상필터] 시트

1 데이터 내에 있는 셀 중 아무 곳이나 선택한 후 [데이터] 탭 → [정렬 및 필터] 그룹 → [필터]를 선택합니다.

2 '일자' 필드의 [필터] 버튼 ▼ 을 클릭한 후 [색 기준 필터]를 선택하고 파란색을 선택합니다.

다른 필드를 선택해도 [색 기준 필터]를 적용할 수 있습니다.

파란색으로 구분해 놓은 거래 내역만 필터링됐습니다.

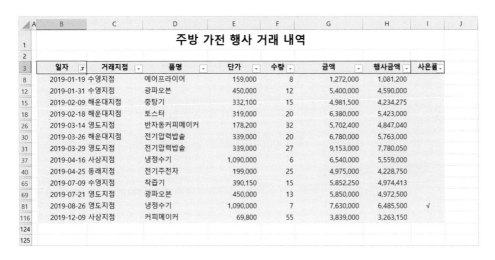

일자	거래지점	품명	단가	수량	금액	행사금액	사은품
2019-01-19	수영지점	에어프라이어	159,000	8	1,272,000	1,081,200	
2019-01-31	수영지점	광파오븐	450,000	12	5,400,000	4,590,000	
2019-02-09	해운대지점	중탕기	332,100	15	4,981,500	4,234,275	
2019-02-18	해운대지점	토스터	319,000	20	6,380,000	5,423,000	
2019-03-14	영도지점	반자동커피메이커	178,200	32	5,702,400	4,847,040	
2019-03-26	해운대지점	전기압력밥솥	339,000	20	6,780,000	5,763,000	
2019-03-29	영도지점	전기압력밥솥	339,000	27	9,153,000	7,780,050	
2019-04-16	사상지점	냉정수기	1,090,000	6	6,540,000	5,559,000	
2019-04-25	동래지점	전기주전자	199,000	25	4,975,000	4,228,750	
2019-07-09	수영지점	착즙기	390,150	15	5,852,250	4,974,413	
2019-07-21	영도지점	광파오븐	450,000	13	5,850,000	4,972,500	
2019-08-26	영도지점	냉정수기	1,090,000	7	7,630,000	6,485,500	√
2019-12-09	사상지점	커피메이커	69,800	55	3,839,000	3,263,150	

누군가의 부탁

[9-1-미션]

"사은품이 매출에 미치는 영향을 조사해야 해요. 사은품을 준 지점 중 거래 금액이 700만 원 이상 거래된 지점만 뽑아 줄래요?"

일자	거래지점	품명	단가	수량	금액	행사금액	사은품
2019-04-10	영도지점	전기레인지	1,471,680	5	7,358,400	6,254,640	√
2019-06-24	사상지점	전기레인지	1,471,680	5	7,358,400	6,254,640	√
2019-07-03	수영지점	식기세척기	512,600	15	7,689,000	6,535,650	√
2019-07-12	동래지점	전기압력밥솥	339,000	22	7,458,000	6,339,300	√
2019-08-26	영도지점	냉정수기	1,090,000	7	7,630,000	9,265,000	√
2019-03-11	동래지점	반자동커피메이커	178,200	50	8,910,000	7,573,500	√
2019-11-30	동래지점	반자동커피메이커	178,200	50	8,910,000	7,573,500	√
2019-04-19	수영지점	냉정수기	1,090,000	8	8,720,000	7,412,000	√

주방가전-행사

정답 및 해설 [9-1-미션_정답]

09-2 필터 결과에 따라 변하는 합계 구하기

• 실습 파일 9-2-SUBTOTAL함수   • 완성 파일 9-2-SUBTOTAL함수_완성

SUBTOTAL 함수

SUBTOTAL 함수를 단독으로 사용했을 때는 SUM 함수와 같은 결과가 나타납니다. 하지만 이 함수는 필터와 조합했을 때 빛을 발합니다.

SUBTOTAL 함수는 필터 결과에 따라 합계나 평균 값이 실시간으로 변합니다. 그뿐만 아니라 아래 표를 보세요. 다양한 함수를 인수로 지정하면 평균, 합계뿐만 아니라 숫자 개수, 데이터 개수, 최대값, 최소값, 표본 집단의 표준 편차 등 원하는 결과를 도출할 수 있는 아주 중요한 함수입니다. SUBTOTAL 함수의 인수를 먼저 소개하겠습니다.

> **=SUBTOTAL(Function_num, Ref1, [Ref2], …)**
> • Function_num: 목록 내에서 부분합을 계산할 때 어떤 함수를 사용할 것인지 결정하는 1에서 11까지의 숫자입니다.
> • Ref1: 부분합을 구할 데이터 범위입니다.

평균(AVERAGE)	1	표본 집단의 표준 편차(STDEV.S)	7
숫자 개수(COUNT)	2	모집단의 표준 편차(STDEV.P)	8
데이터 개수(COUNTA)	3	합계(SUM)	9
최대값(MAX)	4	표본 집단의 분산(VAR.S)	10
최소값(MIN)	5	모집단의 분산(VAR.P)	11
곱(PRODUCT)	6		

하면 된다! } 필터 결과에 따라 변하는 부분합 구하기

[주방가전-행사] 시트

경영팀
정 과장

필터로 제가 원하는 데이터를 찾아볼 수 있어서 좋긴 하지만 필터링된 데이터의 합계를 보려면 하나씩 지정해 줘야 해서 번거롭습니다. 필터링 결과에 맞게 합계가 변하도록 만들 수 없나요?

함께 보면 좋은
동영상 강의

1 먼저 수량의 합계를 구할 [F3] 셀을 선택한 후 =SUBTOTAL(을 입력합니다. 수량의 합계를 구하기 위해 9-SUM을 더블클릭합니다.

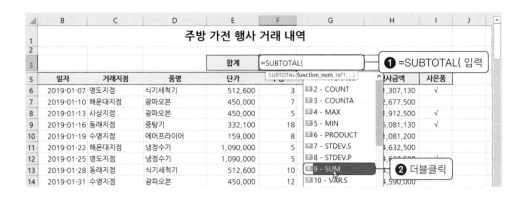

2 첫 번째 인수에 해당하는 Function_num이 작성됩니다. 이어서 [함수 인수] 대화 상자를 실행합니다.

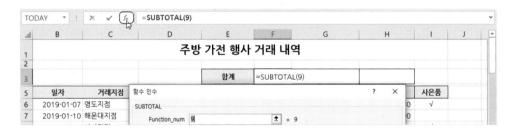

3 두 번째 인수 Ref1 인수 입력 창에 수량의 셀 범위 [F6:F125]를 선택하고 [확인] 버튼을 클릭합니다.

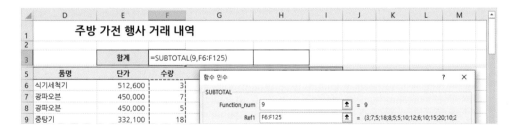

4 [F3] 셀을 선택한 후 마우스 오른쪽 버튼을 눌러 [쉼표 스타일 ▪]을 적용하고 수식을 복사해 금액, 행사금액까지 결과를 구합니다. 여기까지는 SUM 함수와 SUBTOTAL 함수의 결과 값이 같습니다.

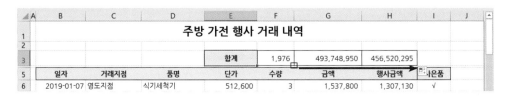

5 데이터 내에 있는 셀 중 아무 곳이나 선택한 후 [데이터] 탭 → [정렬 및 필터] 그룹 → [필터]를 선택합니다. 그런 다음 '거래지점' [필터] 버튼 ▼을 클릭하고 '(모두 선택)'의 체크 표시를 해제한 후 '해운대지점'에 체크 표시를 하고 [확인] 버튼을 클릭합니다.

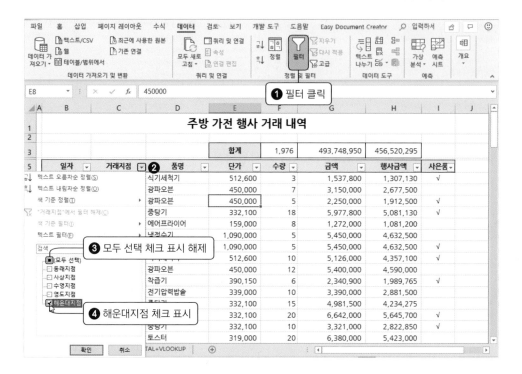

해운대지점 거래 내역이 필터링되고 수량, 금액, 행사금액도 해운대지점에 거래된 합계로 변경됐습니다.

09-3 고급 필터

• 실습 파일 9-3-고급필터   • 완성 파일 9-3-고급필터_완성

웬만한 조건에 관한 결과는 필터를 사용해 얻을 수 있습니다. 하지만 수식을 사용해 조건을 적용한 데이터를 필터링하거나, 다른 시트 또는 다른 통합 문서의 데이터를 비교해 일치하거나, 일치하지 않는 결과를 필터링하려면 '고급 필터'를 사용해야 합니다. 고급 필터를 어떤 식으로 활용하는지 실습해 보면서 알아볼까요?

하면 된다! } 두 과목 이상 신청한 명단 필터링하기

[중복데이터추출하기] 시트

최신고등학교
박 계장

방과후 수업 신청 명단에서 두 과목 이상을 신청한 학생 명단을 필터링해야 합니다. '학생정보' 열을 정렬하긴 했지만 학생 수가 많아 일일이 눈으로 확인해 정리하는 시간이 오래 걸리고 힘이 드는데 이외에 편리한 방법은 없을까요?

중복 데이터를 필터링하는 조건식을 작성한 후 고급 필터를 사용하면 처리할 데이터가 아무리 많아도 빠르게 필터링할 수 있습니다. 먼저 조건식을 작성해 보겠습니다.

함께 보면 좋은
동영상 강의

1 조건식 작성하기

[G3] 셀을 선택한 후 **조건**을 입력합니다. [G4] 셀을 선택한 후 조건에 맞는 개수를 구하는 함수인 =COUNTIF()를 입력하고 [함수 인수] 대화 상자를 실행합니다.

☑ 조건을 작성하는 위치는 정해져 있지 않습니다. 작성자가 임의의 셀을 선택한 후 조건을 작성하면 됩니다.

2 먼저 조건에 맞는지 검사할 셀 범위를 지정해야 합니다. 첫 번째 인수 Range 인수 입력 창에 셀 범위 [A4:A90]을 선택하고 F4 를 눌러 절대 참조합니다.

3 두 번째 인수에는 조건을 입력합니다. Criteria 인수 입력 창에 [A4] 셀을 선택하고 [확인] 버튼을 클릭합니다.

☑ COUNTIF 함수가 기억 나지 않는다면 03-8에서 확인하세요.

조건에 대한 결과는 1입니다.

앞에서 작성한 조건식이 어떻게 동작하는지 그림을 통해 소개하겠습니다. 이 동작을 실습할 필요는 없습니다.

조건식 =COUNTIF($A$4:$A$90,A4)에서 COUNTIF는 조건에 맞는 개수를 구하는 함수입니다.

첫 번째 인수 $A$4:$A$90은 조건에 맞는지 검사할 셀 범위가 되고 이 범위는 절대 참조합니다. 두 번째 인수 [A4] 셀은 조건이 됩니다. 즉, 여기서 조건은 방과후 수업 신청 명단 중 첫 번째 학생인 '1-1-1'에 해당하는 '강만호' 학생의 학생정보가 됩니다.

그림처럼 '1-1-1 강만호'는 학생정보의 셀 범위 [A4:A90]과 비교해 해당 범위와 맞는 값이 몇 개인지를 구합니다. '1-1-1 강만호' 학생은 학생정보 범위에 한 번 있습니다. 그렇다면 한 과목만 신청한 학생이 되겠죠?

이번에는 두 번째 학생은 몇 과목을 신청했는지 살펴봅시다. 고급 필터를 사용하면 첫 번째 학생인 '1-1-1 강만호'가 학생정보 범위에서 몇 번 입력돼 있는지 구한 후 자동으로 두 번째 학생 '1-1-2 강재민'을 조건으로 비교하게 됩니다.

'1-1-2 강재민'은 학생정보 범위에 총 세 번 입력돼 있습니다. 그렇다면 강재민은 두 과목 이상을 신청한 학생이 됩니다.

COUNTIF 함수를 사용해 조건에 맞는 개수를 구했다면 이제 나머지 조건식을 완성해 보겠습니다.

4 조건식을 입력해 놓은 [G4] 셀을 더블클릭한 후 수식 뒤에 >1을 입력합니다. COUNTIF 함수의 결과가 1을 초과한 경우가 두 과목 이상 신청한 학생이 됩니다.

완성된 조건식은 =COUNTIF($A$4:$A$90,A4)>1입니다.

조건이 완성됐다면 고급 필터를 적용해 두 과목 이상 수강한 학생 명단을 필터링해 보겠습니다.

5 고급 필터 적용
'방과후 수업 신청 명단' 데이터 내에 있는 셀 중 아무 곳이나 선택한 후 [데이터] 탭 → [정렬 및 필터] 그룹 → [고급]을 선택합니다.

[고급 필터] 대화 상자가 실행된 후 목록 범위 입력 창에 데이터 범위가 자동으로 입력됩니다.

목록 범위를 자동 인식

6 [조건 범위] 입력 창에 마우스 커서를 올려놓은 후 조건 범위 [G3:G4]를 선택합니다.

7 [결과]는 '다른 장소에 복사'를 선택한 후 [복사 위치] 입력 창에 마우스 커서를 올려놓고 결과를 표시할 [G6] 셀을 선택한 후 [확인] 버튼을 클릭합니다.

8 두 과목 이상 신청한 학생의 명단이 필터링됐습니다. [G6] 셀을 선택한 후 [데이터] 탭 → [정렬 및 필터] → [텍스트 오름차순 정렬]을 선택합니다. 어떤 학생이 어떤 과목을 신청했는 지 한눈에 확인할 수 있습니다.

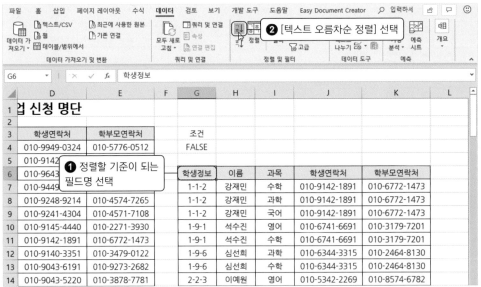

함께 보면 좋은 동영상 강의

고급 필터

하면 된다! ┃ 두 시트와 비교해 일치 불일치 데이터 필터링하기

최신고등학교
박 계장

> 저는 지금 4월과 5월에 방과후 수업을 신청한 명단을 비교하는 중입니다. 5월에 새로 신청한 학생 명단을 뽑아야 하는데…. 두 시트를 일일이 비교하며 신규 학생 명단을 뽑기가 어렵네요. 좋은 방법이 없을까요?

현재 사례는 [5월신청명단] 시트의 학생정보를 [4월신청명단] 시트에 있는 학생정보와 비교하고 5월 명단 중 4월 명단에 없는 학생을 구분하는 조건식을 작성해야 합니다.

그런 다음 고급 필터를 사용해 5월 신청 명단 시트에서 조건에 맞는 명단을 필터하면 원하는 결과를 얻을 수 있습니다.

> 함께 보면 좋은
> 동영상 강의

[4월신청명단] 시트의 학생정보 범위에서 [5월신청명단] 시트의 각 학생정보가 몇 번 입력돼 있는지 구하는 조건식을 작성해 보겠습니다. COUNTIF 함수식의 동작을 이해하기 쉽게 그림으로 표현했습니다.

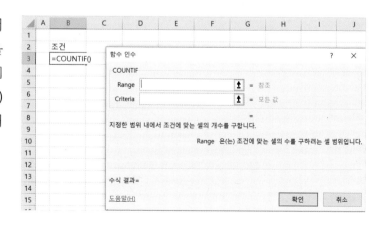

① 조건식 작성

[5월신규명단] 시트에서 [B2] 셀을 선택한 후 **조건**을 입력합니다. 그런 다음 [B3] 셀을 선택하고 =COUNTIF() 를 입력한 후 [함수 인수] 대화 상자를 실행합니다.

2 Range 인수 입력 창에 마우스 커서를 올려놓고 조건이 맞는지 검사할 셀 범위를 선택해야합니다. 바로 [4월 신청 명단] 시트의 학생정보 범위가 되겠죠. [4월 신청 명단] 시트의 셀 범위 [A4:A77]을 선택한 후 F4를 눌러 절대 참조합니다.

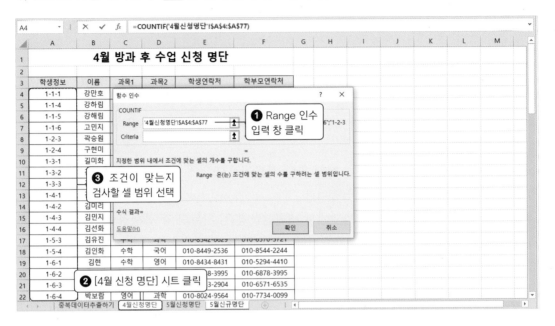

3 Criteria 인수 입력 창에 마우스 커서를 올려놓은 후 조건이 되는 [5월 신청 명단] 시트의 [A4] 셀을 선택하고 [확인] 버튼을 클릭합니다.

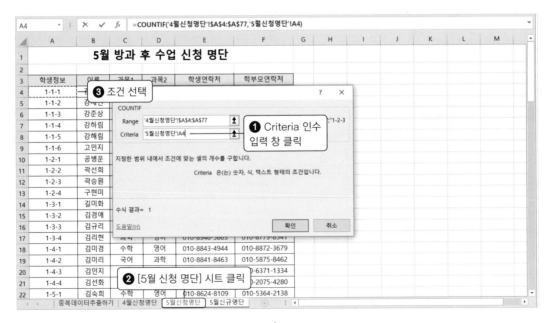

4 첫 번째 조건이 되는 '1-1-1'에 해당하는 강만호 학생은 4월 신청 명단에도 있다는 뜻입니다. 즉, 강만호 학생은 5월의 신규 명단이 아닙니다.

5 이제 조건식을 완성하기 위해 [B3] 셀을 더블클릭합니다. 수식의 마지막에 <1을 입력한 후 Enter 를 누릅니다.

6 조건식의 결과 값은 TRUE 또는 FALSE가 됩니다. [5월 신청 명단] 시트에 있는 첫 번째 '강만호' 학생은 4월 방과후 수업도 신청했기 때문에 COUNTIF 함수로 구한 개수가 1입니다. 1보다 작은 경우가 신규 신청 명단이므로 결과 값은 FALSE가 됩니다.

7 고급 필터 적용
[데이터] 탭 → [정렬 및 필터] 그룹 → [고급]을 선택합니다.

8 실제 필터링할 명단은 5월 신청 명단 중 신규 학생 명단입니다. [목록 범위] 입력 창을 클릭한 후 [5월신청명단] 시트를 선택하고 셀 범위 [A3:F90]을 지정합니다.

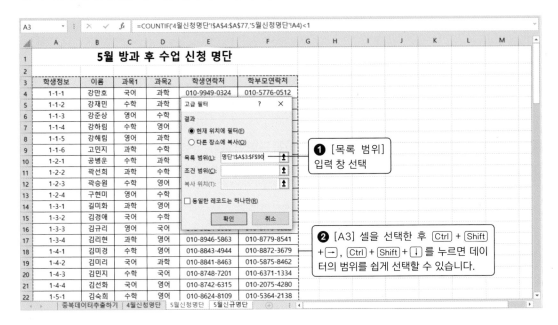

9 조건 범위 입력 창을 클릭한 후 [5월신규명단] 시트에 작성해 둔 조건 범위 [B2:B3]을 선택합니다.

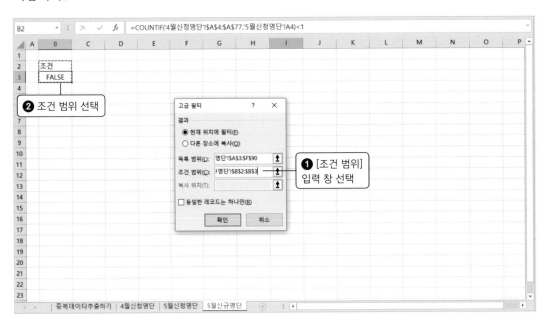

🔟 '다른 장소에 복사'를 선택한 후 [복사 위치] 입력 창을 클릭한 다음 결과를 나타낼 시작 위치인 [5월신규명단] 시트의 [B5] 셀을 선택합니다.

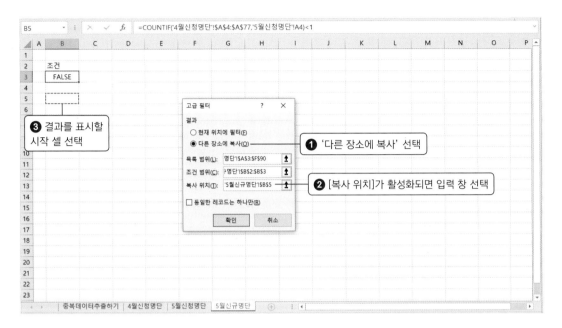

5월 신규 명단이 필터링됐습니다.

☑ 학생연락처가 ####으로 표시되는 경우 열 너비를 늘이면 됩니다.

이해를 돕기 위해 조건식에 대한 설명을 추가하겠습니다.

COUNTIF는 조건과 맞는 개수를 구하는 함수입니다. [4월신청명단] 시트에 있는 학생정보의
셀 범위 [A4:A77]에서 [5월신청명단] 시트의 첫 번째 학생정보인 [A4] 셀(조건)과 맞는 값의
개수를 구합니다.

개수가 1 미만이면 [5월신청명단] 시트의 첫 번째 학생은 신규 명단이 됩니다. 결과적으로 [4
월신청명단] 시트에 학생정보가 없다는 것이니까요. 그러면 고급 필터가 첫 번째 학생명단을
신규 명단으로 필터링합니다.

지금 예제에서 첫 번째 '강만호' 학생은 [4월신청명단] 시트에 있습니다. 그래서 신규 명단으
로 필터링되지 않습니다.

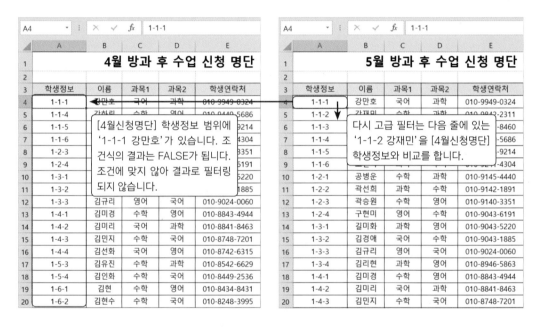

고급 필터는 [5월신청명단] 시트의 두 번째 '강재민'을 [4월신청명단] 시트의 학생정보 범위
[A4:A77]과 다시 비교해 개수를 구합니다. '강재민'은 [4월신청명단] 시트에 없으므로 개수
가 0이 됩니다. 1 미만의 조건에 일치하기 때문에 '강재민'은 신규 명단으로 필터링됩니다.

이렇게 [5월신청명단] 시트의 마지막 학생까지 비교해 조건에 맞는 학생 명단을 필터링합니다.

4월 방과 후 수업 신청 명단

학생정보	이름	과목1	과목2	학생연락처
1-1-1	강만호	국어	과학	010-9949-0324
1-1-4	강하림	수학	영어	010-9449-5686
1-1-5				-9214
1-1-6				-4304
1-2-3				-3351
1-2-4				-6191
1-3-1	길미화	과학	영어	010-9043-5220
1-3-2	김경애	국어	수학	010-9043-1885
1-3-3	김규리	영어	국어	010-9024-0060
1-4-1	김미경	수학	영어	010-8843-4944
1-4-2	김미리	국어	과학	010-8841-8463
1-4-3	김민지	수학	국어	010-8748-7201
1-4-4	김선화	국어	영어	010-8742-6315
1-5-3	김유진	수학	과학	010-8542-6629
1-5-4	김인화	수학	국어	010-8449-2536
1-6-1	김현	수학	영어	010-8434-8431
1-6-2	김현수	수학	국어	010-8248-3995

[4월신청명단] 학생정보 범위에 '1-1-2 강재민'은 없습니다. 조건식의 결과는 TRUE가 됩니다.

5월 방과 후 수업 신청 명단

학생정보	이름	과목1	과목2	학생연락처
1-1-1	강만호	국어	과학	010-9949-0324
1-1-2	강재민	수학	과학	010-9842-2311
1-1-3	강준상	영어	수학	010-9643-8460
				010-9449-5686
				010-9248-9214
				010-9241-4304
1-2-1	공병운	수학	과학	010-9145-4440
1-2-2	곽선희	수학	수학	010-9142-1891
1-2-3	곽승원	수학	영어	010-9140-3351
1-2-4	구현미	영어	수학	010-9043-6191
1-3-1	길미화	과학	영어	010-9043-5220
1-3-2	김경애	국어	수학	010-9043-1885
1-3-3	김규리	영어	국어	010-9024-0060
1-3-4	김리현	과학	영어	010-8946-5863
1-4-1	김미경	수학	영어	010-8843-4944
1-4-2	김미리	국어	과학	010-8841-8463
1-4-3	김민지	수학	국어	010-8748-7201

고급 필터는 '1-1-2 강재민'을 결과의 셀 범위로 필터링합니다.

누군가의 부탁

"이번에 재수강하는 학생 명단 좀 정리해 보내 주세요~"

① 5월 신청 학생이 4월 신청 명단에도 있다면 재수강입니다.

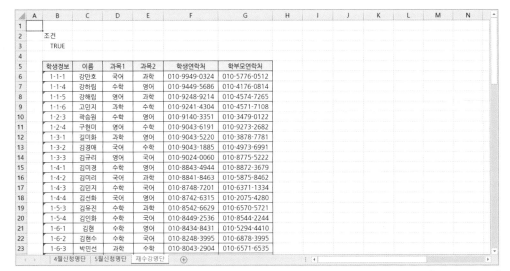

학생정보	이름	과목1	과목2	학생연락처	학부모연락처
	조건				
	TRUE				
1-1-1	강만호	국어	과학	010-9949-0324	010-5776-0512
1-1-4	강하림	수학	영어	010-9449-5686	010-4176-0814
1-1-5	강해림	영어	과학	010-9248-9214	010-4574-7265
1-1-6	고민지	과학	수학	010-9241-4304	010-4571-7108
1-2-3	곽승원	수학	영어	010-9140-3351	010-3479-0122
1-2-4	구현미	영어	수학	010-9043-6191	010-9273-2682
1-3-1	길미화	과학	영어	010-9043-5220	010-3878-7781
1-3-2	김경애	국어	수학	010-9043-1885	010-4973-6991
1-3-3	김규리	영어	국어	010-9024-0060	010-8775-5222
1-4-1	김미경	수학	영어	010-8843-4944	010-8872-3679
1-4-2	김미리	국어	과학	010-8841-8463	010-5875-8462
1-4-3	김민지	수학	국어	010-8748-7201	010-6371-1334
1-4-4	김선화	국어	영어	010-8742-6315	010-2075-4280
1-5-3	김유진	수학	과학	010-8542-6629	010-6570-5721
1-5-4	김인화	수학	국어	010-8449-2536	010-8544-2244
1-6-1	김현	수학	영어	010-8434-8431	010-5294-4410
1-6-2	김현수	수학	국어	010-8248-3995	010-6878-3995
1-6-3	박민선	과학	수학	010-8043-2904	010-6571-6535

4월신청명단 | 5월신청명단 | 재수강명단

정답 및 해설 [9-3-미션_정답]

10 차트
― 보기 좋은 차트가 이해하기도 쉽다

"김신입 씨! 보고서에 넣을 지점별 분기 차트 좀 준비해 주세요~"
"네! 알겠습니다!"
이제는 엑셀을 척척 다루는 김신입. 숫자만 다루는 것도 모자라 그래프까지 다루다니. 스스로 대견하다. '숫자로 보다가 그래프로 보니 눈에 더 잘 들어온다!'

10-1 기본 차트 작성 방법

• 실습 파일 10-1-차트   • 완성 파일 10-1-차트_완성

여러 범주의 값을 비교하는 막대형 차트

막대형 차트는 항목별로 데이터를 비교해 설명할 때 유용한 차트입니다. 2, 3차원 세로 막대형 차트와 가로 막대형 차트를 제공합니다. 예제를 연습해 보면서 상황에 따라 어떤 차트를 선택할지 배워 보겠습니다.

하면 된다! } 세로 막대형 차트 만들기   [분기별집계내역] 시트

지점별 매출 현황을 분기별로 나타내는 차트를 작성하려고 합니다. 이처럼 일정한 시간에 따른 데이터를 항목별로 비교해 설명할 때는 세로 막대형 차트를 선택하는 것이 좋습니다.

분기별/지점 매출 현황					
	동래지점	사상지점	수영지점	영도지점	해운대지점
1사분기	29,657,700	16,102,500	20,257,000	30,820,200	31,411,500
2사분기	18,951,240	34,166,800	27,369,800	15,610,400	24,642,240
3사분기	30,564,550	11,492,500	30,713,750	33,198,200	22,797,000
4사분기	39,888,420	10,253,500	16,078,150	37,468,000	12,305,500

함께 보면 좋은
동영상 강의

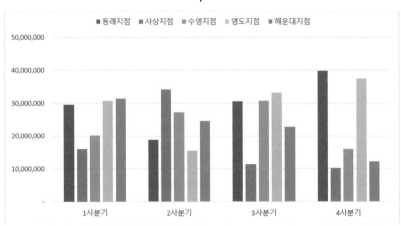

1 차트 종류 선택

차트를 만들 데이터의 셀 범위 [B3:G7]을 선택한 후 [삽입] 탭 → [차트] 그룹 → [세로 또는 가로 막대형 차트 삽입]을 선택하고 [2차원 세로 막대형] → [묶은 세로 막대형]을 선택합니다.

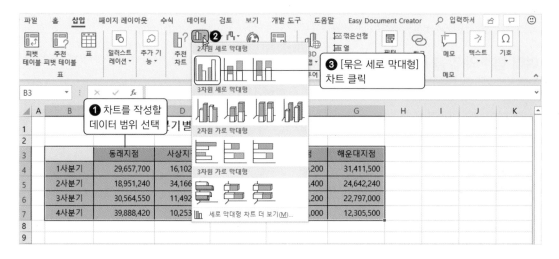

2 차트를 데이터 아래로 드래그한 후 크기 조절점에 마우스 커서가 양방향 화살표 모양이 되도록 맞추고 크기를 변경합니다.

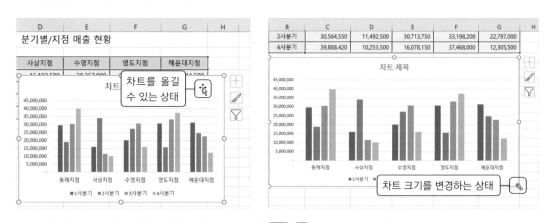

☑ 차트를 옮기다가 내용을 잘못 옮겼다면 실행 취소 단축키 [Ctrl]+[Z]를 눌러 다시 조정하세요!

데이터에 맞는 차트를 삽입하고 위치와 크기를 보기 좋게 변경한 후 누구나 이해할 수 있도록 전달력 있는 차트를 완성하려면 차트 디자인과 서식을 변경할 필요가 있습니다. 이를 위해서는 차트의 구성 요소를 알아 둬야 합니다. 아래 그림을 보면서 차트 구성 요소를 기억하세요!

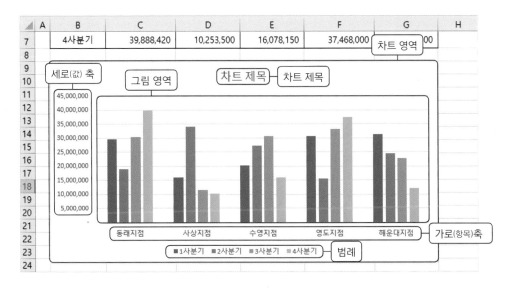

3 행/열 전환

차트를 삽입하면 원본 데이터로 사용한 표의 행과 열 중에 항목 수가 많은 쪽이 '가로(항목) 축'이 됩니다. 현재 표에서는 지점명이 분기보다 항목 수가 많아 가로(항목) 축이 됐습니다. 하지만 필요에 따라 행/열을 변경할 수 있습니다. 차트를 선택한 후 [차트 도구] → [행/열 전환]을 선택합니다. '가로(항목) 축'에 분기, 범례에 지점명이 표시됩니다.

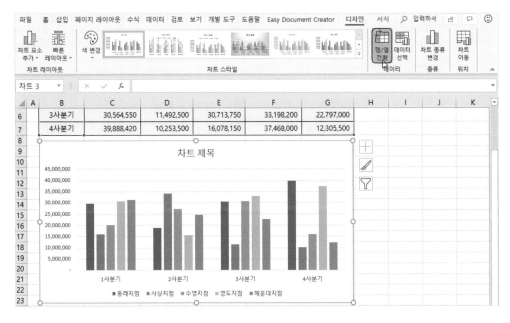

4 차트 요소 추가/삭제

[분기별집계내역] 시트의 [B1] 셀에 이미 '분기별/지점 매출 현황'이라는 제목이 있으므로 차트 기본 요소에 해당하는 차트 제목을 제거한 후 범례를 위쪽에 배치해 보겠습니다. 차트 요소를 추가 또는 제거하거나 위치를 변경하려면 차트의 오른쪽에 있는 [차트 요소]를 선택해 변경하면 됩니다. 차트를 선택한 후 [차트 요소]를 선택하고 '차트 제목'의 체크 표시를 해제합니다. 차트 제목이 제거됩니다. 차트 제목을 선택한 후 [Delete]를 눌러도 제거할 수 있습니다.

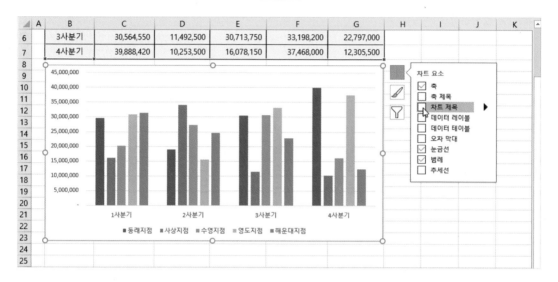

5 이번에는 [차트 요소]에서 [범례]를 선택한 후 '위쪽'을 선택합니다. 아래쪽에 있던 범례가 위쪽에 배치됩니다.

6 세로(값) 축의 기본 단위 변경

현재 '세로(값) 축'은 단위가 500만 원 간격으로 설정돼 있습니다. 단위를 1000만 원으로 변경해 간격을 조절해 보겠습니다.

값 축을 더블클릭하면 [축 서식] 작업 창이 화면 오른쪽에 나타납니다. [축 옵션] → [단위] → [기본] 입력 창에 5.0E6으로 입력된 기본 단위 값을 10000000으로 변경합니다.

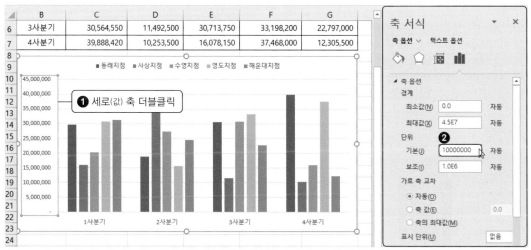

☑ 엑셀에서는 입력한 숫자 데이터가 큰 경우, 지수 형태로 표시합니다.

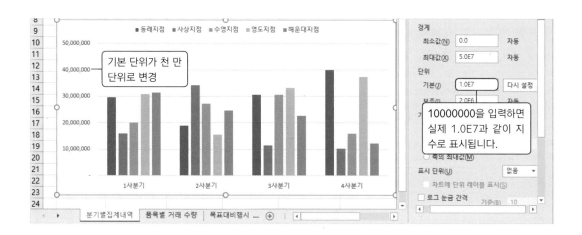

7 계열 추가/삭제

현재 차트에서 동래지점의 데이터가 막대로 표시되는데 이를 '계열'이라고 부릅니다. 이와 마찬가지로 사상지점 계열, 수영지점 계열, 영도지점 계열, 해운대지점 계열도 차트에 막대 모양으로 표시됩니다.

필요에 따라 행/열을 전환해 지점명을 계열로 표시하거나 분기를 계열로 표시할 수 있습니다.

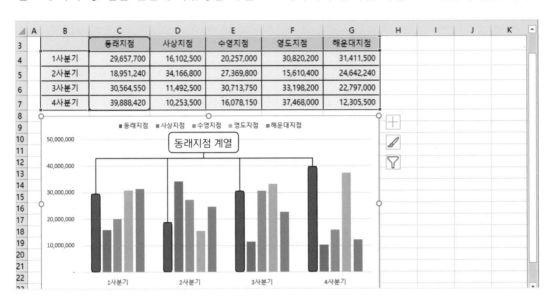

차트를 선택하면 차트에 사용된 원본 데이터 범위가 색상으로 표시됩니다. 이 영역을 축소해 '해운대지점'을 차트에서 제거합니다.

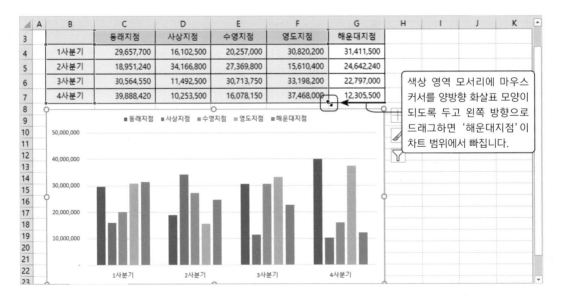

색상 영역 모서리에 마우스 커서를 양방향 화살표 모양이 되도록 두고 왼쪽 방향으로 드래그하면 '해운대지점'이 차트 범위에서 빠집니다.

8 그러나 색상 범위를 축소해서는 연속 범위가 아닌 사상지점을 차트에서 제거할 수 없습니다. 이 경우 차트를 선택한 후 [차트 도구] → [디자인] → [데이터 선택]을 선택합니다. [데이터 원본 선택] 대화 상자가 실행되면 [범례 항목(계열)]에서 '사상지점'의 체크 표시를 해제한 후 [확인] 버튼을 클릭합니다.

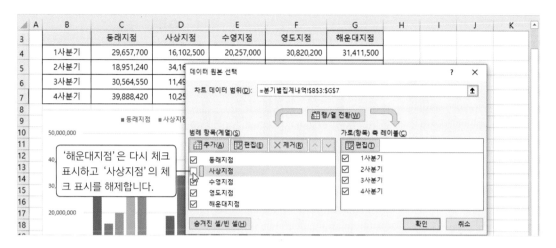

차트에서 '사상지점' 항목이 제거됐습니다.

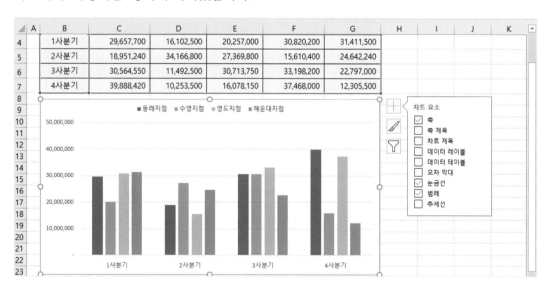

9 색 변경

처음 차트가 작성되면 각 계열이 기본 색상으로 적용됩니다. 무작정 알록달록한 색상을 사용하기보다 강조할 계열이나 요소에 색상으로 강조하고 나머지는 무채색 또는 연한 색으로 표시하는 것이 좋습니다.

현재 차트는 특정 계열을 강조할 필요가 없습니다. 분기별로 지점별 매출 현황을 비교하기 때문에 계열별 색상을 다르게 구분하면 됩니다. 차트를 선택한 후 [차트 스타일] → [색] 탭 → [색상형] 범주에서 '다양한 색상표 4'를 선택합니다.

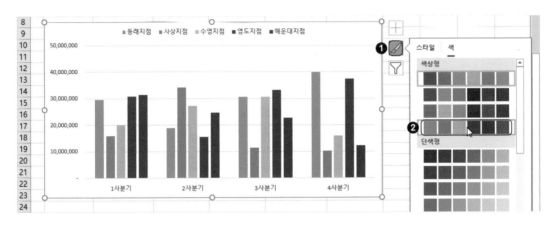

🔟 인쇄

[파일] → [인쇄]를 선택합니다. 화면 오른쪽 미리 보기 영역에서 인쇄 모양을 확인할 수 있습니다. 그런데 표와 차트의 일부가 잘려 한 페이지에 모두 인쇄되지 않습니다. 여백 상태를 '좁게'로 선택해 좁은 여백을 적용하면 한 페이지에 보기 좋게 인쇄됩니다.

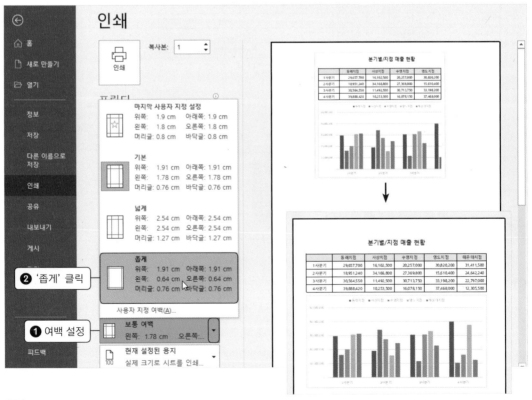

하면 된다! } 가로 막대형 차트 만들기

다음과 같이 품목별 거래 수량을 비교할 때도 단순히 표로 보는 것보다 차트를 작성하면 한 눈에 내용을 이해하기 쉽습니다.

1 먼저 [품목별거래수량] 시트에서 차트를 만들어 보겠습니다. 합계를 제외한 후 셀 범위 [B2:B17]을 선택하고 [삽입] 탭 → [차트] 그룹 → [세로 또는 가로 막대형 차트 삽입] → [2차원 세로 막대형] 범주에서 [묶은 세로 막대형] 차트를 선택합니다.

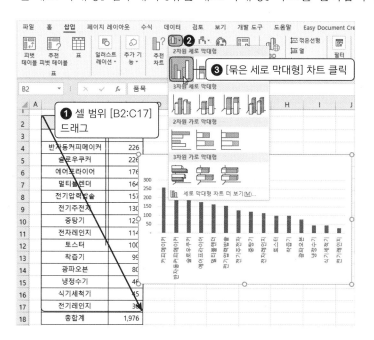

함께 보면 좋은 동영상 강의

완성된 차트를 살펴보니 항목 축의 품명이 세로로 표시돼 보기가 어렵습니다. 이 경우에는 가로 막대형 차트로 변경하는 것이 좋습니다.

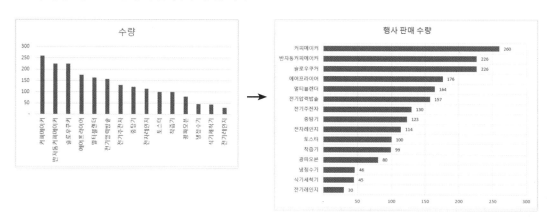

10 • 차트 — 보기 좋은 차트가 이해하기도 쉽다   **373**

② 차트 종류 변경

[차트 도구] 탭 → [디자인] → [종류] 그룹 → [차트 종류 변경]을 선택합니다.

③ [차트 종류 변경] 대화 상자가 실행되면 [모든 차트] 탭 → [가로 막대형]을 선택하고 [묶은 가로 막대형] 차트를 선택합니다.

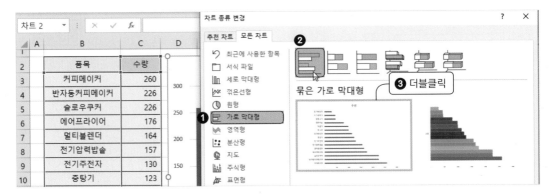

④ 항목 위치 변경

[가로 막대형] 차트는 원본 데이터의 첫 번째 계열이 차트 맨 아래에서부터 표시됩니다. 표에서처럼 데이터가 많은 순으로 나타나게 하려면 '항목을 거꾸로'라는 축 옵션을 적용해야 합니다. 차트에서 세로(항목) 축을 더블클릭하면 화면 오른쪽에 [축 서식] 작업 창이 나타납니다. 만일 축 옵션이 바로 나타나지 않으면 [축 옵션]을 선택해야 합니다.

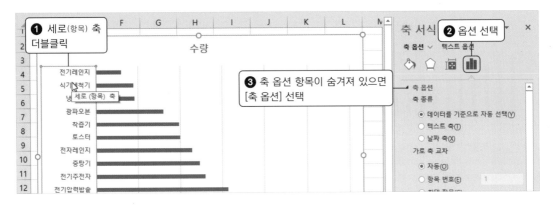

5 [축 위치] 범주에 있는 '항목을 거꾸로'라는 옵션에 체크 표시를 합니다. 항목의 위, 아래가 변경됩니다.

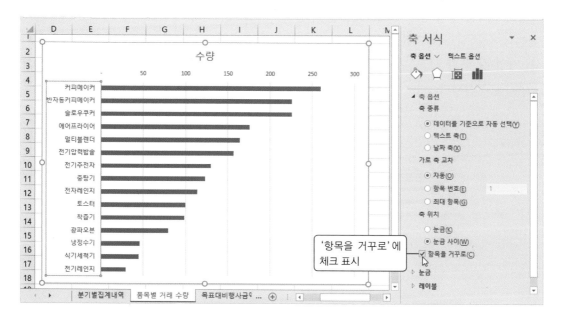

6 레이블 위치 변경

'항목을 거꾸로' 옵션을 적용했더니 '가로(값) 축'의 레이블 위치 또한 위쪽에 표시돼 차트가 어색합니다. 아래쪽에 배치해 보겠습니다.

가로(값) 축을 더블클릭한 후 축 서식 작업 창의 레이블 위치 옵션에서 '높은 쪽'을 선택합니다.

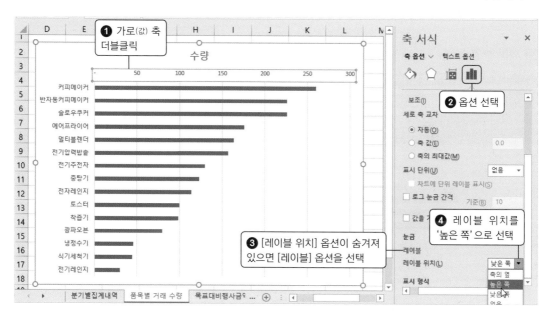

☑ 막대와 막대 사이의 간격 변경

막대 차트를 삽입하면 처음 모양이 막대의 폭은 좁고, 막대 사이의 간격은 넓게 작성됩니다.
막대의 간격을 줄여 상대적으로 막대를 굵게 표시해 보겠습니다.

'커피메이커' 막대를 더블클릭합니다. 전체 계열이 선택되고 오른쪽 화면에 [데이터 계열 서식] 작업 창이 나타납니다. [계열 옵션] 중에서 [간격 너비]를 선택한 후 **80%**를 입력하고 Enter 를 누릅니다.

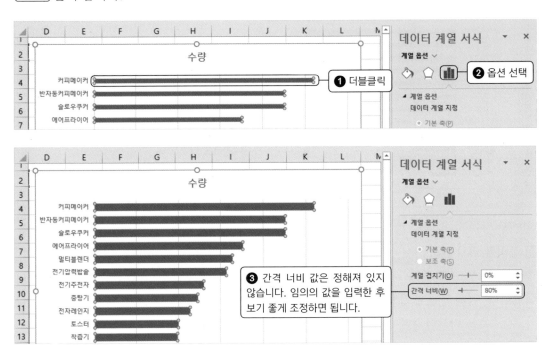

☑ 제목 변경

수량이라고 입력된 제목을 변경해 보겠습니다. 제목 텍스트 상자를 클릭한 후 **행사 판매 수량**을 입력합니다.

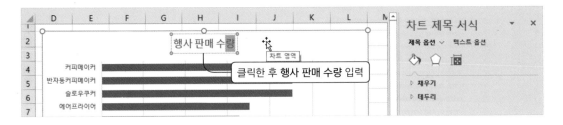

⑨ 막대 끝에 값 표시

판매 수량을 한눈에 볼 수 있도록 막대 끝에 값 레이블을 표시해 보겠습니다. 차트를 선택한 후 [차트 요소] → [데이터 레이블]을 선택하고 '바깥쪽 끝에'를 선택합니다.

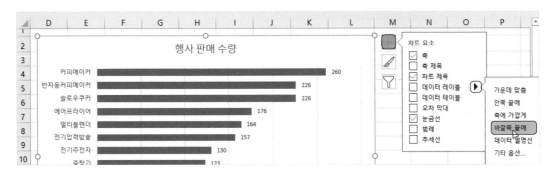

⑩ 눈금선 추가

가로 막대형 차트의 눈금선은 기본적으로 세로 눈금선이 표시돼 있습니다. 차트에 가로 눈금 선과 세로 눈금선을 함께 표시하면 데이터를 읽기 쉬워집니다. 가로 눈금선도 추가해 보겠습니다.

[차트 요소] → [눈금선]을 선택한 후 '기본 주 가로'와 '기본 부 세로'를 선택해 눈금선을 추가합니다.

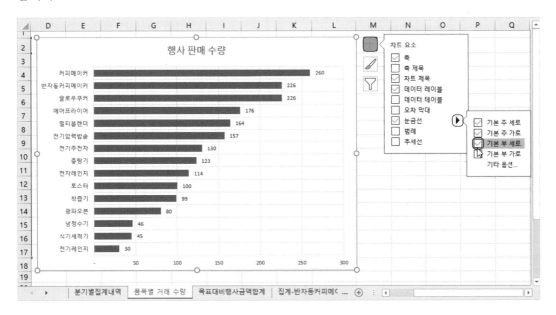

한눈에 보기 좋은 가로 막대형 차트를 만들었습니다.

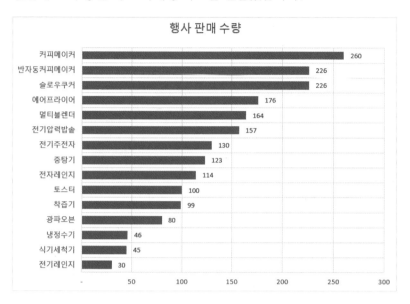

월별 변화를 보기 쉬운 꺾은선형 차트

시간의 경과에 따라 항목의 변화를 비교할 때는 꺾은선형 차트로 보여 주는 것이 효과적입니다. 특히 두 항목을 비교할 때는 색상을 다르게 적용하는 것보다 선 종류를 다르게 적용해 구분하는 것을 추천합니다. 아래와 같이 강조하고 싶은 항목에만 값을 표기하는 것도 좋은 방법입니다.

기간	목표	행사금액
1월	30,000,000	40,000,000
2월	30,000,000	32,389,590
3월	35,000,000	18,000,000
4월	35,000,000	50,526,754
5월	40,000,000	51,280,000
6월	40,000,000	48,000,000
7월	35,000,000	44,751,183
8월	30,000,000	44,163,200
9월	50,000,000	60,074,600
10월	40,000,000	48,997,623
11월	40,000,000	42,750,000
12월	45,000,000	50,000,000

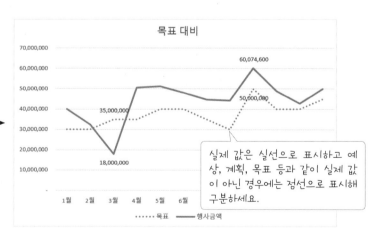

실제 값은 실선으로 표시하고 예상, 계획, 목표 등과 같이 실제 값이 아닌 경우에는 점선으로 표시해 구분하세요.

하면 된다! } 변화 추이를 살펴보기 편한 꺾은선형 차트 만들기 [목표대비행사금액합계] 시트

1 차트 종류 선택

차트를 작성할 데이터의 셀 범위 [B3:D15]를 선택한 후 [삽입] 탭 → [차트] 그룹 → [꺾은선형 또는 영역형 차트 삽입] → [2차원 꺾은선형] → [꺾은선형]을 선택합니다.

함께 보면 좋은
동영상 강의

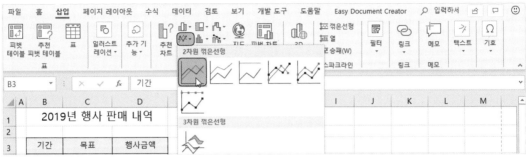

2 선 종류 변경

차트에서 목표와 행사금액을 빠르게 구별하는 방법으로 색상을 다르게 적용하는 것보다 선 종류를 다르게 사용하는 것이 효과적입니다.

처음 작성된 꺾은선형 차트는 목표와 행사금액이 색상으로 구별돼 있습니다. 목표가 어떤 꺾은선인지 범례를 확인해 보세요.

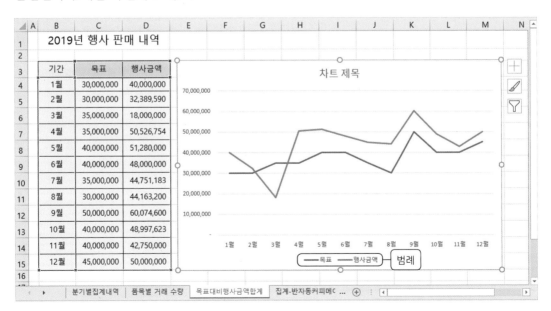

목표에 해당하는 꺾은선을 선택한 후 [차트 도구] → [서식] 탭 → [도형 스타일] 그룹 → [도형 윤곽선]을 선택하고 행사금액과 동일한 색상을 적용합니다.

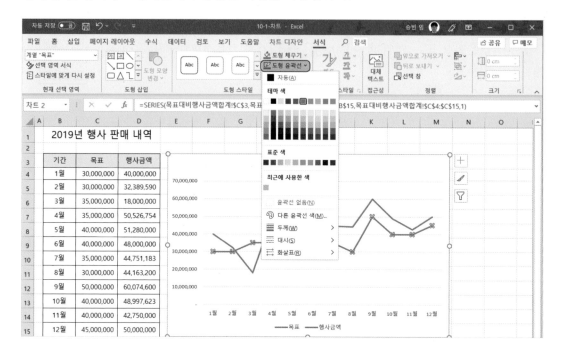

❸ 다시 [차트 도구] → [서식] 탭 → [도형 스타일] 그룹 → [도형 윤곽선] → [대시]를 선택한 후 '둥근 점선'을 적용합니다.

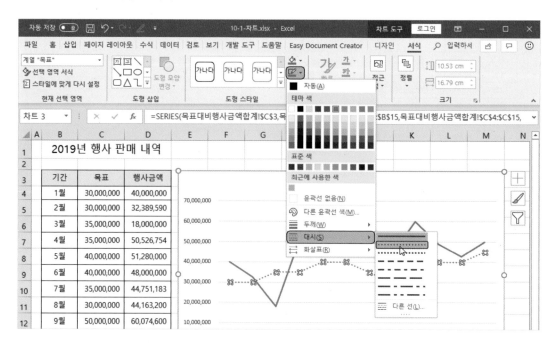

목표 대비 행사금액을 빠르게 비교하면서 추이까지 확인할 수 있는 차트가 작성됐습니다.

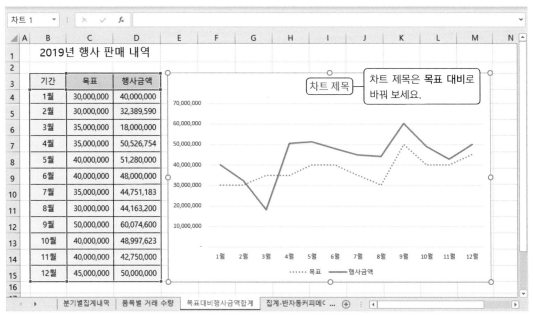

☑ 추이란 항목별 데이터가 시간의 경과에 따라 변하는 것을 말합니다.

4 최저 행사금액과 최고 행사금액 강조

최저 행사금액에 해당하는 3월을 선택합니다. 하지만 행사금액 전체 계열이 선택됩니다. 다시 3월 행사금액을 선택하면 3월 행사금액만 선택됩니다.

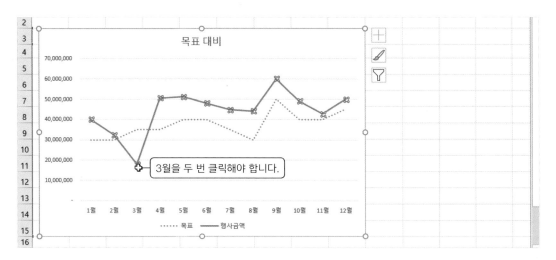

5 [차트 요소] → [데이터 레이블]을 선택한 후 '아래쪽'을 선택합니다. 값이 '3월 행사금액'의 아래에 표시됩니다.

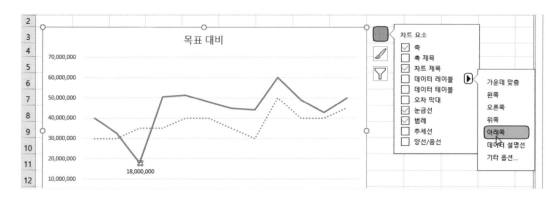

6 위와 같은 방법으로 최저 목표에 해당하는 '3월 목표'만 선택한 후 [차트 요소] → [데이터 레이블]을 선택하고 '위쪽'을 선택합니다.

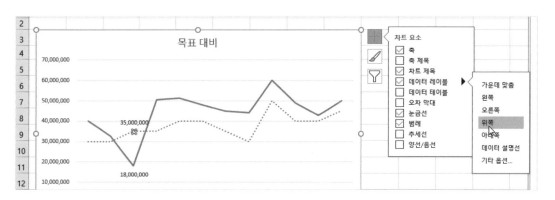

7 9월 목표와 행사금액에도 레이블을 추가해 차트를 완성합니다.

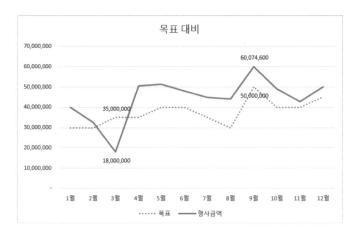

구성비를 표현할 때 좋은 원형 차트

전체에 대한 계열별 비율을 가장 잘 나타낼 수 있는 차트가 바로 원형 차트입니다. 가장 큰 비율을 차지하는 계열에 글자 크기와 색상을 변경해 시각적으로 구분해 보세요. 또 아래처럼 특정 계열의 원형 조각을 분리하거나 말풍선으로 원하는 내용을 강조하면 세련된 보고서를 만드는데 효과적일 거예요.

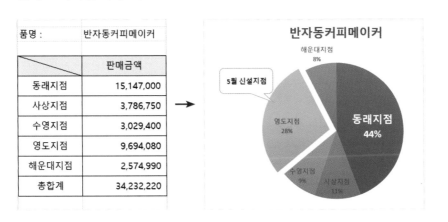

하면 된다! ⎬ 구성비를 보기 위한 원형 차트 만들기

[집계-반자동커피메이커] 시트

1 차트 종류 선택

총 합계를 제외한 셀 범위 [B4:C9]를 선택한 후 [삽입] 탭 → [차트] 그룹 → [원형 또는 도넛형 차트 삽입] → [2차원 원형] → [원형]을 선택합니다.

2 레이아웃 변경

원형 차트가 생겼지만 원형 조각만 봐서는 어느 지점이 전체 판매금액에서 몇 %를 차지하는지는 정확히 알 수 없습니다. 범례를 없앤 후 원형 조각(계열)에 직접 지점명과 구성비를 표시해 차트를 보기 쉽게 변경해 보겠습니다.

차트를 선택한 후 [차트 도구] → [디자인] 탭 → [차트 레이아웃] 그룹 → [빠른 레이아웃]을 선택합니다. 7개 레이아웃 중 첫 번째 '레이아웃 1'을 선택합니다.

항목명과 백분율 레이블이 원형 차트 안의 계열마다 자동으로 표시됩니다.

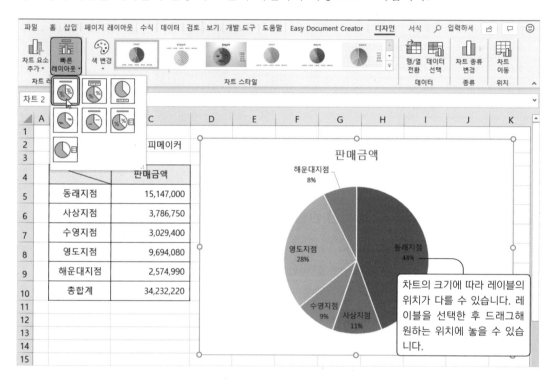

3 차트 스타일 변경하기

차트를 선택한 상태에서 [차트 도구] → [디자인] 탭 → [차트 스타일] 그룹 → '스타일 5'를 선택합니다. 차트의 색상과 윤곽선을 변경합니다.

4 범례 없애기

차트 계열에 이미 거래지점명이 표시돼 있으므로 차트 하단의 범례는 필요 없습니다. 차트를 선택한 후 [차트 요소]를 선택하고 '범례'의 체크 표시를 해제합니다.

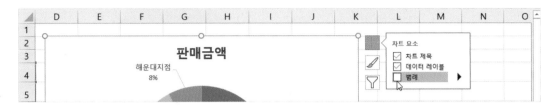

5 레이블 글자 색상 변경

'동래지점' 글자가 잘 보이지 않습니다. '동래지점' 레이블을 두 번 클릭해 '동래지점' 레이블만 선택합니다. [홈] 탭 → [글꼴] 그룹을 선택한 후 글자 크기를 14pt, 글자 색상을 흰색으로 변경해 판매 금액이 가장 많은 '동래지점'의 레이블을 강조합니다.

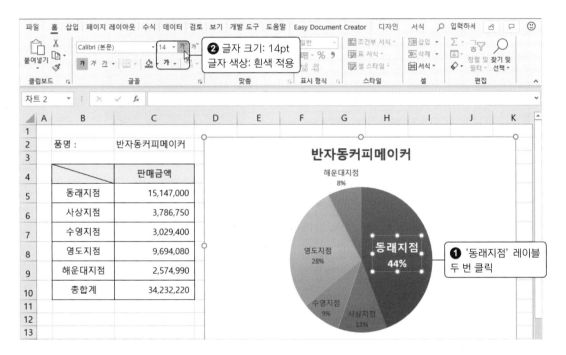

⑥ 원형 조각을 분리해 강조하기

5월에 신설된 '영도지점'을 강조하기 위해 영도지점 요소만 분리해 보겠습니다. '영도지점'을 선택하면 계열 전체가 선택됩니다. 다시 한번 '영도지점'을 선택합니다.

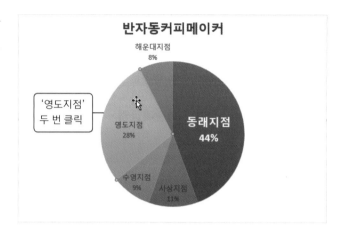

⑦ '영도지점' 요소를 왼쪽 위로 드래그하면 차트에서 분리돼 강조됩니다.

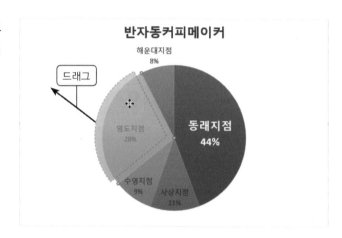

⑧ 말풍선 추가하기

좀 더 강조하기 위해 '영도 지점' 계열에 '5월 신설지점'이라는 말풍선을 추가해 보겠습니다.

[삽입] 탭 → [일러스트레이션] 그룹 → [도형] → [설명선] → [말풍선: 모서리가 둥근 사각형]을 선택합니다.

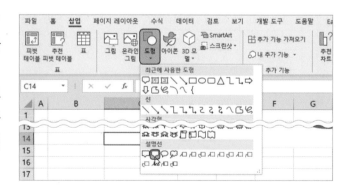

9 다음과 같이 적당한 크기로 말
풍선을 추가합니다.

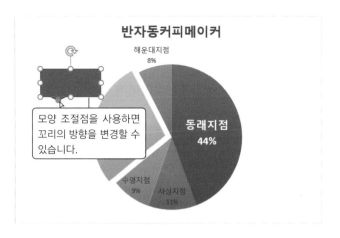

10 모양 조절점에 마우스 커서를
올려놓은 후 풍선 꼬리의 모양을
'영도 지점' 계열이 있는 방향으로
변경합니다.

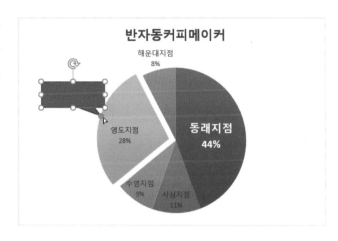

11 말풍선을 선택한 후 [그리기 도구] → [서식] 탭 → [도형 스타일] → [도형 채우기]를 선택
하고 흰색을 선택한 다음 [도형 윤곽선]을 선택하고 회색을 선택합니다.

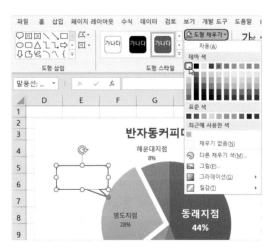

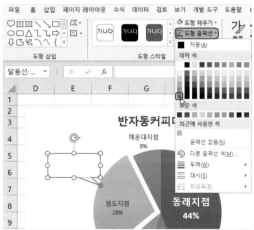

12 말풍선에 내용을 입력하려면 말풍선을 선택한 후 마우스 오른쪽 버튼을 눌러 [텍스트 편집]을 선택합니다.

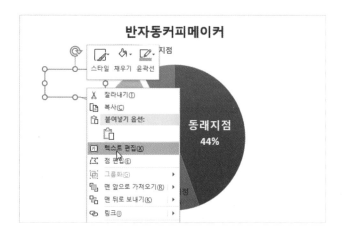

13 5월 신설지점을 입력한 후 [홈] 탭 → [글꼴] 그룹에서 글자 크기를 변경해 한 줄에 표시되도록 하고 [맞춤] 그룹에서 가로 가운데, 세로 가운데 정렬을 적용합니다.

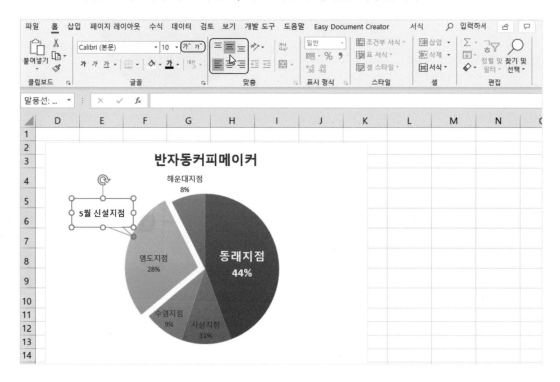

원형 차트가 보기 좋게 완성됐습니다.

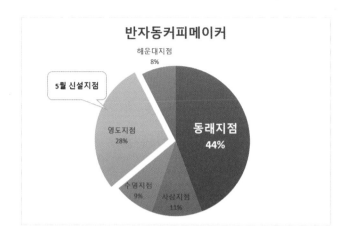

[10-1-미션]

 누군가의 부탁

"매출 비교표를 작성했는데, 눈에 확 들어오지 않네요. 표를 그래프로 만들어 줄 수 있나요?"

① 꺾은선형 차트로 만드세요.
② 차트 제목을 '경쟁사 매출 비교'라고 변경하세요.
③ 차트 밑에 있는 범례를 제거하세요.
④ 선 끝에 레이블을 표시하세요.

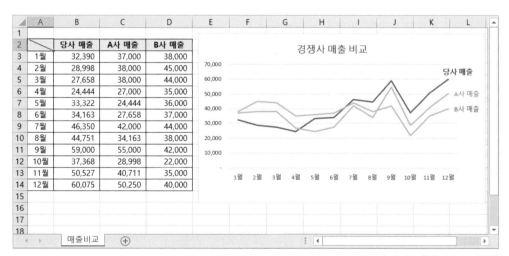

정답 및 해설 [10-1-미션_정답]

10-2 표현할 값 범위의 편차가 큰 경우에는 콤보 차트

• 실습 파일 10-2-콤보차트 • 완성 파일 10-2-콤보차트_완성

콤보 차트

여러 종류의 데이터가 혼합돼 있거나 값 범위의 편차가 커서 하나의 차트로 보여 줄 수 없는 경우 콤보 차트를 작성해 보세요.
예를 들어 아래 표를 꺾은선형 차트로만 작성하면 달성률이 차트에서 보이지 않게 됩니다. 목표와 판매금액보다 상대적으로 값이 차이나기 때문입니다. 이런 경우에는 막대와 꺾은선을 함께 사용해 두 가지를 함께 비교할 수 있는 콤보 차트를 활용하면 됩니다.

함께 보면 좋은
동영상 강의

기간	목표	판매금액	달성률
1월	30,000,000	30,271,560	101%
2월	30,000,000	32,389,590	108%
3월	35,000,000	46,350,415	132%
4월	35,000,000	50,526,754	144%
5월	40,000,000	51,280,000	128%
6월	40,000,000	48,000,000	120%
7월	35,000,000	30,800,000	88%
8월	30,000,000	29,000,000	97%
9월	55,000,000	60,074,600	109%
10월	40,000,000	48,997,623	122%
11월	40,000,000	42,750,000	107%
12월	40,000,000	46,181,542	115%

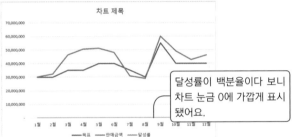

꺾은선형 차트

달성률이 백분율이다 보니
차트 눈금 0에 가깝게 표시
됐어요.

콤보 차트

하면 된다! ❭ 막대와 꺾은선이 함께 있는 콤보 차트 만들기 [목표대비행사금액합계(달성률)] 시트

1 차트 종류 선택

셀 범위 [B2:E14]를 선택한 후 [삽입] → [차트] 그룹 → [콤보 차트 삽입] → [혼합] → [묶은 세로 막대형–꺾은선형, 보조 축]을 선택합니다.

목표와 판매금액은 막대, 달성률은 꺾은선으로 표시됩니다. 콤보 차트와 같이 혼합형 차트는 일반적으로 막대와 꺾은선으로 구성됩니다. 그리고 편차가 있는 값은 보조 축을 기준으로 나타냅니다.

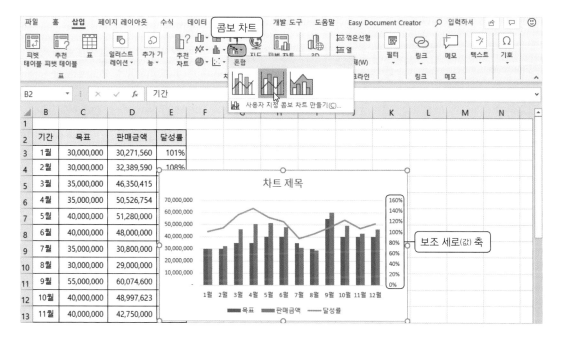

차트의 크기와 위치를 보기 좋게 조정합니다.

2 막대 색상 변경

목표 계열을 선택한 후 [차트 도구] → [서식] 탭 → [도형 채우기] → '흰색', [도형 윤곽선] → '주황색'으로 변경합니다.

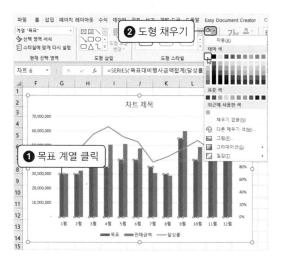

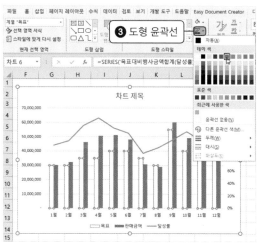

❸ 달성률 계열에 직접 값 레이블을 표시하고 보조 축 레이블 감추기

달성률 계열(꺾은선)을 선택한 후 [차트 요소] → [데이터 레이블] → [위쪽]을 선택합니다.

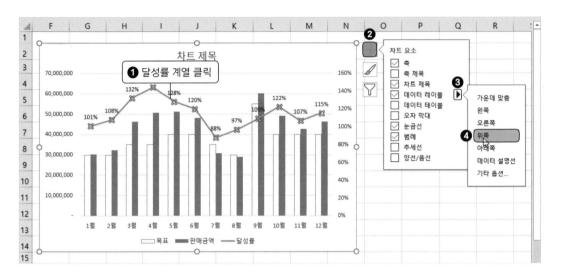

❹ 달성률을 직접 값으로 표시했으니 이제 보조 축의 레이블을 보이지 않도록 설정하겠습니다. 보조 축의 레이블을 더블클릭합니다. 오른쪽 화면에 [축 서식] 작업 창이 나타나면 [레이블] 옵션을 선택합니다. [레이블 위치] → '축의 옆'을 '없음'으로 변경합니다.

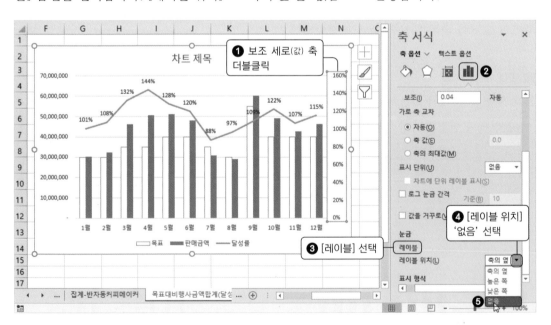

콤보 차트를 이용해 목표, 판매금액, 목표 대비 달성률까지 한눈에 볼 수 있는 차트를 완성했습니다.

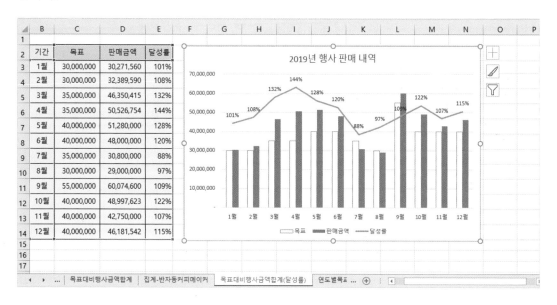

	B	C	D	E
2	기간	목표	판매금액	달성률
3	1월	30,000,000	30,271,560	101%
4	2월	30,000,000	32,389,590	108%
5	3월	35,000,000	46,350,415	132%
6	4월	35,000,000	50,526,754	144%
7	5월	40,000,000	51,280,000	128%
8	6월	40,000,000	48,000,000	120%
9	7월	35,000,000	30,800,000	88%
10	8월	30,000,000	29,000,000	97%
11	9월	55,000,000	60,074,600	109%
12	10월	40,000,000	48,997,623	122%
13	11월	40,000,000	42,750,000	107%
14	12월	40,000,000	46,181,542	115%

목표대비행사금액합계 | 집계-반자동커피메이커 | **목표대비행사금액합계(달성률)** | 연도별목표 …

하면 된다! 〉 콤보 차트 수정하기

경영팀
윤 사원

올 한해 목표 대비 판매금액을 정리하고 지난 4년의 데이터를 바탕으로 내년 계획을 준비하는 보고서를 작성하고 있습니다. 보고서 내용 중 연도별로 목표와 판매금액을 표시하고 목표 대비 달성률을 한눈에 살펴볼 수 있는 차트를 만들려고 하는데, 계속 제가 원하는 모양으로 만들어지지 않네요. 도와주세요!

콤보 차트는 여러 유형의 차트가 혼합돼 있는 만큼 각각의 데이터에 맞게 차트를 다듬는 작업이 꼭 필요합니다. [연도별목표대비달성률] 시트의 데이터를 차트로 만들어 보고 문제점을 살펴봅시다.

함께 보면 좋은
동영상 강의

1 차트의 종류 선택

차트를 작성할 데이터의 셀 범위 [B3:E8]을 선택한 후 [삽입] 탭 → [차트] 그룹 → [콤보 차트] → [혼합] → [묶은 세로 막대형–꺾은선형, 보조 축]을 선택합니다. 차트가 작성되면 크기와 위치를 변경합니다.

10 • 차트 — 보기 좋은 차트가 이해하기도 쉽다   **393**

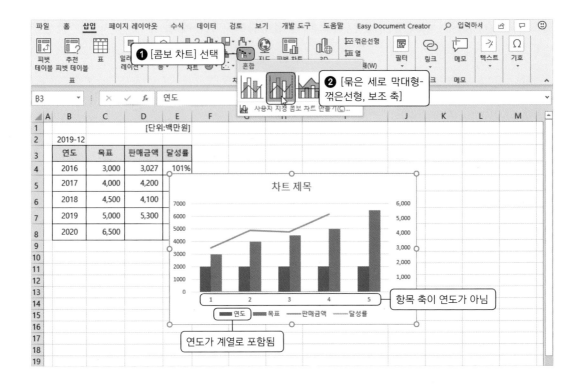

하지만 항목 축으로 표시돼야 할 연도가 차트의 계열에 포함됐네요. 2019년, 2020년과 같이 문자로 입력했다면 항목으로 인식했을 텐데 2019, 2020과 같이 숫자로 입력돼 있어 엑셀이 차트의 계열로 인식한 것입니다. 그리고 목표와 판매금액이 막대형으로 작성돼 비교해야 하는데 판매금액이 꺾은선형으로 작성됐고, 달성률은 차트에서 알아볼 수조차 없습니다.

먼저 ① 연도를 항목으로 추가하고, ② 목표와 판매금액을 세로(값) 축을 기준으로 표시되도록 변경하겠습니다. ③ 달성률은 보조 세로(값) 축을 기준으로 표시되도록 변경하고, ④ '목표'와 '판매금액' 계열은 막대형, '달성률' 계열은 꺾은선형으로 차트의 종류를 변경하겠습니다.

2 연도를 계열 항목에서 제거하고 항목 축으로 표시

먼저 연도를 항목으로 넣어야겠죠? 차트를 선택한 상태에서 [차트 도구] → [디자인] 탭 → [데이터] 그룹 → [데이터 선택]을 선택합니다.

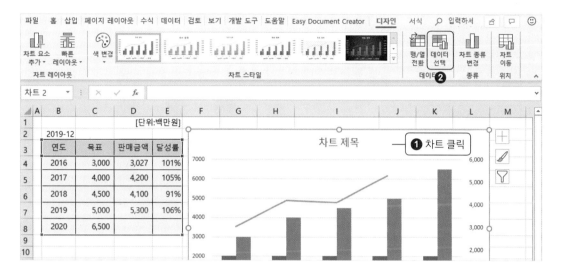

3 [데이터 원본 선택] 대화 상자가 실행되면 [범례 항목(계열)] 창에 있는 '연도'의 체크 표시를 해제합니다. 그리고 [가로(항목) 축의 레이블] 창에서 [편집] 버튼을 클릭합니다.

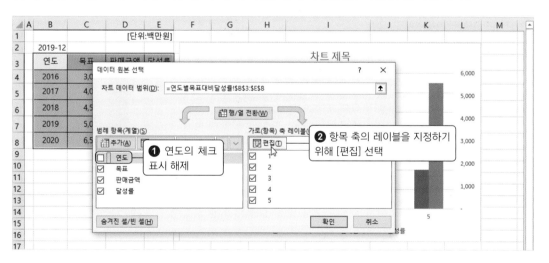

4 [축 레이블] 대화 상자가 실행되면 [축 레이블 범위] 입력 창에 마우스 커서를 올려놓은 후 항목 축 레이블로 사용할 연도의 셀 범위 [B4:B8]을 선택하고 [확인] 버튼을 클릭합니다.

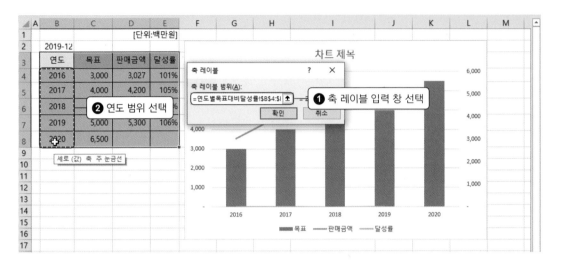

5 연도가 계열 항목에서 제거되고 가로(항목) 축 레이블에 연도가 표시되도록 변경했습니다. [확인] 버튼을 클릭합니다.

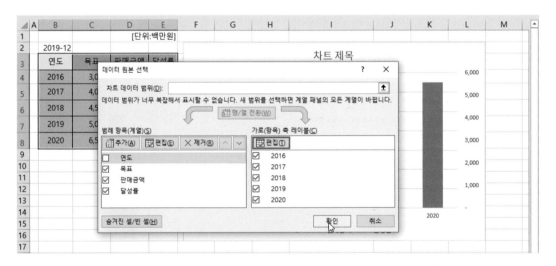

⑥ 차트 종류 변경과 보조 축 지정하기

각 계열에 맞게 차트 종류를 변경한 후 '판매금액'은 '세로(값) 축'을 기준으로 '목표'와 함께 표시되고 '달성률'은 '보조 축'을 기준으로 표시되도록 설정하겠습니다.

차트를 선택한 상태에서 [차트 도구] → [디자인] 탭 → [종류] 그룹 → [차트 종류 변경]을 선택합니다.

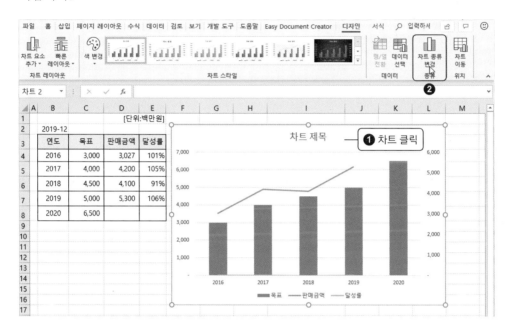

⑦ [차트 종류 변경] 대화 상자가 실행되면 '판매금액'의 차트 종류를 '묶은 세로 막대형'으로 변경하고 [보조 축]의 체크 표시를 해제합니다.

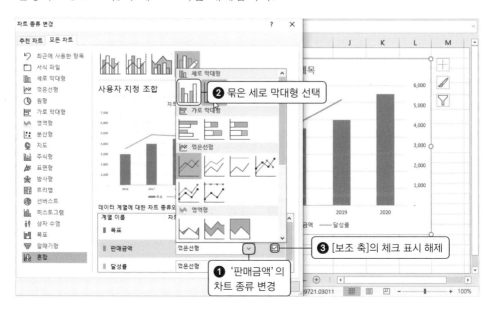

8 '목표'와 '판매금액'을 '묶은 세로 막대형' 차트로 지정해 '세로(값) 축'을 기준으로 표시되도록 하고 '달성률'은 '꺾은선형', '보조 축'을 기준으로 표시되도록 설정한 후 [확인] 버튼을 클릭합니다.

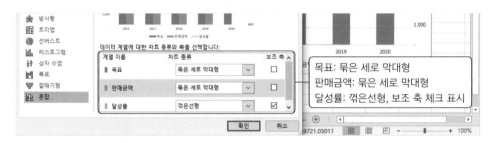

9 보조 축의 최소값과 최대값 변경

'보조 세로(값) 축'을 보면 축의 경계 값이 최소 85%에서 110%까지로 표시되고 있습니다. 최소값을 0부터 시작하도록 변경해 '목표'와 '판매금액' 막대와 겹치지 않도록 설정해 보겠습니다.

보조 세로(값) 축을 더블클릭합니다. [축 서식] 작업 창의 [축 옵션] 범주에 최소값과 최대값을 지정하는 옵션이 나타납니다.

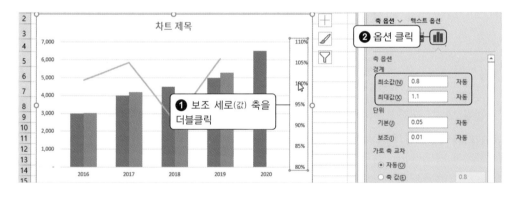

10 0%부터 110%까지 표시하겠습니다. [축 옵션] → [경계] 범주에 있는 최소값을 0, 최대값을 1.1로 변경합니다.

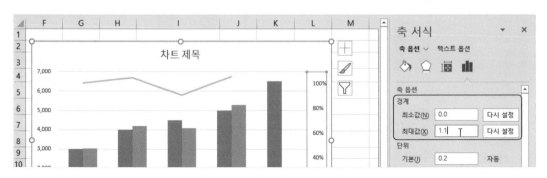

11 꺾은선에 직접 값을 표시하고 보조 세로(값) 축 감추기

달성률 계열 꺾은선을 선택한 후 [차트 요소] → [데이터 레이블] → '위쪽'을 선택합니다.

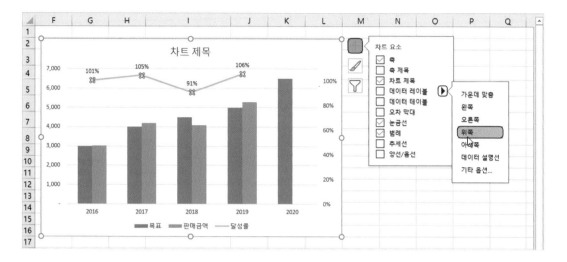

12 보조 축 레이블을 더블클릭해 [축 서식] 작업 창이 오른쪽 화면에 나타나면 [레이블]을 선택하고 [레이블 위치]를 '없음'으로 선택합니다.

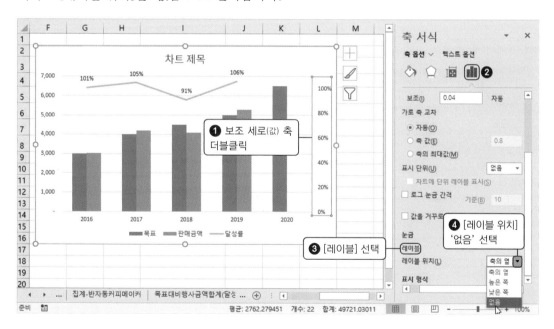

13 계열에 채우기 색상과 윤곽선 색상을 적용해 전달력 높이기

목표 계열을 선택한 후 [차트 도구] → [서식] → [도형 채우기] →'흰색'을 적용하고 [도형 윤곽선]을 선택한 다음 '주황색', [대시]를 '파선'으로 적용합니다.

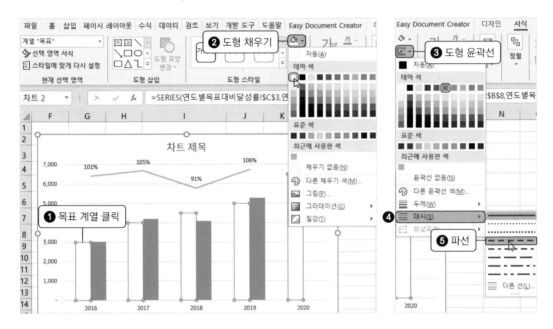

14 판매금액 계열을 선택한 후 [차트 도구] → [서식] 탭 → [도형 스타일] 그룹 → [도형 채우기] → '주황색'을 적용합니다.

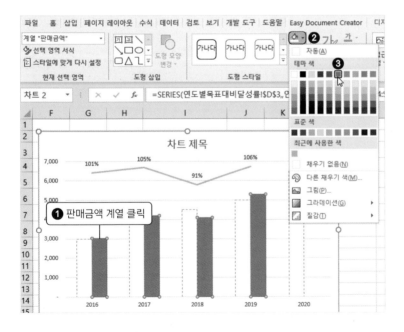

⓯ 달성률 계열을 선택한 후 [차트 도구] → [서식] 탭 → [도형 스타일] 그룹 → [도형 윤곽선] → '파란색'을 적용합니다.

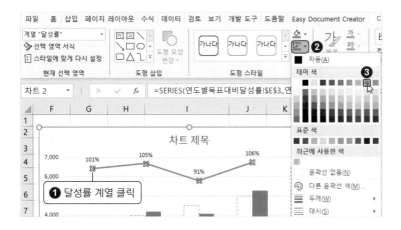

⓰ 제목 텍스트 상자에 마우스 커서를 올려놓은 후 **연도별 목표 대비 판매금액과 달성률**로 변경합니다.

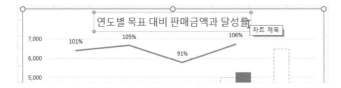

⓱ 그림 영역 크기 변경

차트 제목과 달성률 계열에 해당하는 꺾은선이 너무 붙어 있어서 보기에 불편합니다. 그림 영역의 크기를 변경해 간격을 띄워 보겠습니다.

차트의 그림 영역을 선택하면 선택 영역에 크기 조절점이 생깁니다.

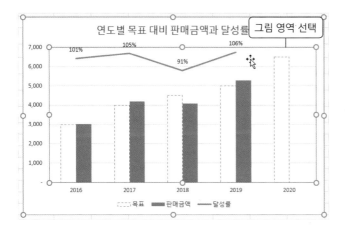

18 크기 조절점이 양방향 화살표 모양이 되도록 한 후 아래로 드래그해 크기를 줄입니다.

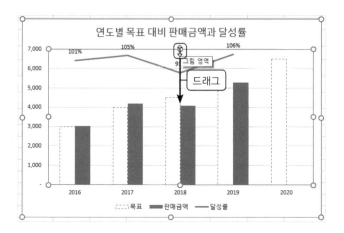

보여 주고자 하는 내용이 성격에 맞게 정확하게 표현된 콤보 차트가 완성됐습니다.

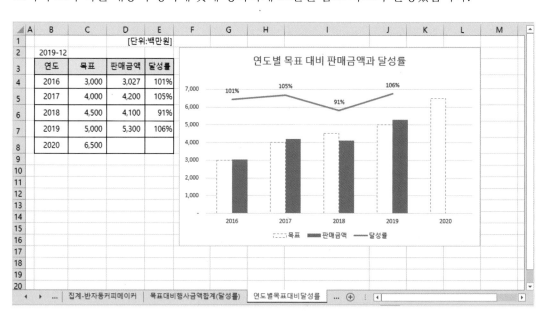

피벗 테이블과 피벗 차트
— 복잡하고 방대한 데이터를 요약한다

다음 주 중요한 발표를 앞둔 김신입군. 지점별 매출을 집계하고, 보고서용 차트를 만들어야 하는데... 데이터가 너무 많아 걱정이다. 지나가던 이 과장님이 하시던 말. "데이터가 너무 많으면 피벗 테이블 기능을 써 봐!" 아차! 잊고 있었다.

"데이터 집계엔 피벗 테이블!"

11-1 데이터 집계의 종결자! 피벗 테이블

실습 파일 11-1-피벗테이블 • 완성 파일 11-1-피벗테이블_완성

피벗 테이블은 시트에 입력된 많은 양의 데이터를 효율적으로 분석하고 요약하는 기능입니다. 엑셀은 데이터를 집계하는 여러 가지 기능을 제공하지만 피벗 테이블은 그중에서 최고라고 할 수 있을 만큼 결과를 쉽고 빠르게 구해 줍니다.

하면 된다! } 피벗 테이블 만들기

[주방가전-행사] 시트

경영지원팀
황 주임

이제 어느 정도 엑셀을 다룰 줄 안다고 생각했는데, 회사 선배의 보고서를 보고 깜짝 놀랐어요. 정말 깔끔하게 정리돼 있더라고요. 듣기로는 '피벗 테이블' 기능을 사용했다고 하는데... 피벗 테이블이 궁금해요!

1 피벗 테이블을 만들 데이터의 내부에 있는 아무 셀을 선택한 후 [삽입] 탭 → [표] 그룹 → [피벗 테이블]을 선택합니다.

2 [피벗 테이블 만들기] 대화 상자가 실행되면 표/범위가 자동으로 선택됩니다. [피벗 테이블이 작성될 위치]를 '새 워크시트'가 선택된 그대로 두고 [확인] 버튼을 클릭합니다.

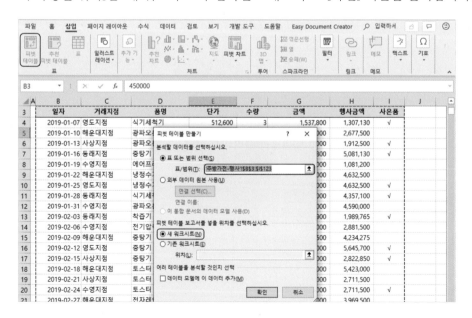

404 셋째 마당 • 보고서에 필수! 데이터 집계와 시각화

3 현재 보이는 화면은 피벗 테이블의 레이아웃을 설정하는 화면입니다. 오른쪽에 보이는 [피벗 테이블 필드] 작업 창에서 피벗 테이블 레이아웃을 설정할 수 있습니다. 필드를 [필터], [열], [행], [값] 영역으로 드래그해 레이아웃을 설정합니다.

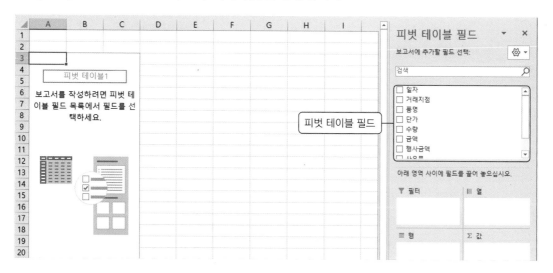

피벗 테이블을 잘 만드는 요령이 있나요?

피벗 테이블을 잘 만드는 요령은 레이아웃을 정할 때 크로스(十)를 생각하면 됩니다.

각 품목별로 지점에 거래된 수량의 합을 피벗 테이블로 작성할 때 아래 그림처럼 완성된 테이블에 십자 모양을 눈으로 그려 봅니다. 크로스 범위의 왼쪽이 [행], 위쪽이 [열], 아래쪽이 [값]이 됩니다. 오른쪽에 있는 [피벗 테이블 필드] 작업 창과 일치되게 놓으면 레이아웃을 쉽게 설정할 수 있습니다.

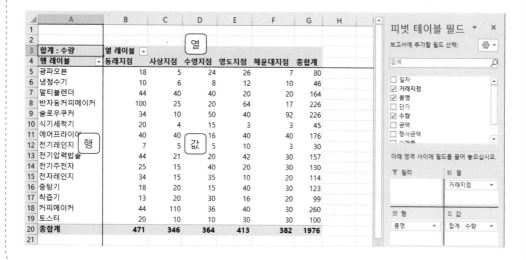

4 지금부터 필드를 각 영역에 추가해 보겠습니다. 오른쪽 [피벗 테이블 필드] 작업 창에서 '품명' 필드를 [행] 영역으로 드래그합니다.

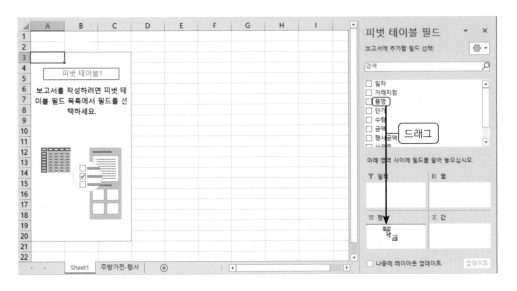

5 위와 같은 방법으로 '거래지점' 필드를 [열] 영역, '수량' 필드를 [값] 영역으로 드래그합니다.

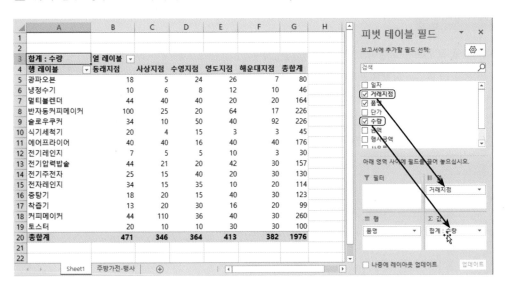

필드를 각각의 영역에 드래그해 놓는 것만으로 품명별 거래지점별 수량의 합계를 구하는 피벗 테이블을 작성할 수 있습니다.

함께 보면 좋은
동영상 강의

하면 된다! } 피벗 테이블 레이아웃 변경하기

[Sheet1] 시트

피벗 테이블의 장점은 완성된 피벗 테이블 필드의 위치만 바꿔도 레이아웃을 쉽게 변경할 수 있다는 것입니다.

1 [열] 영역에 있는 '거래지점' 필드를 [행] 영역의 '품명' 필드 아래로 드래그해 보겠습니다.

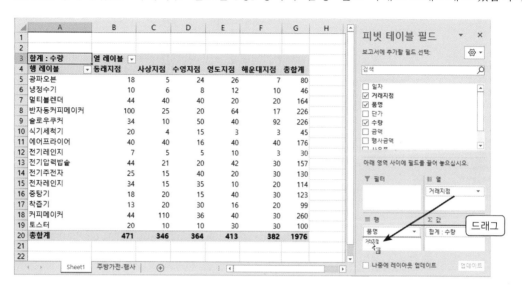

품목별로 각 지점에 거래된 수량의 합계를 표시하는 피벗 테이블의 레이아웃이 변경됩니다.

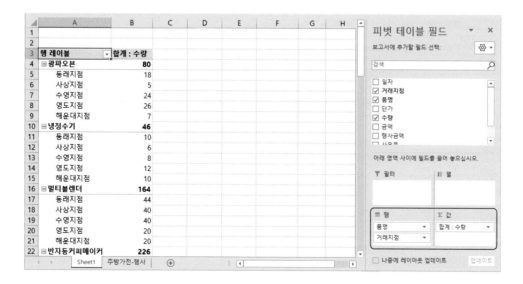

2 첫 번째 품목인 [A4] 셀을 선택한 후 마우스 오른쪽 버튼을 눌러 [확장/축소] → [전체 필드 축소]를 선택합니다. 거래지점은 숨겨지고 품명만 나타납니다.

3 품명마다 표시된 ⊞ 버튼을 누르면 숨어 있는 거래지점을 열어 확인할 수 있습니다. 다시 ⊟ 버튼을 누르면 거래지점을 감출 수 있습니다. [A4] 셀을 선택한 후 마우스 오른쪽 버튼을 눌러 [확장/축소] → [전체 필드 확장]을 선택하면 품명, 거래지점이 모두 표시됩니다.

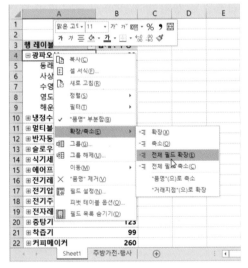

하면 된다! } 피벗 테이블 필드 제거

이번에는 [행] 영역에 추가한 '거래지점' 필드를 제거해 품명별 수량의 합계를 표시하는 피벗 테이블로 변경해 보겠습니다. 필드는 매우 간단하게 제거할 수 있습니다.

[피벗 테이블 필드] 작업 창의 [행] 영역에 있는 '거래지점'을 선택한 후 [필드 제거]를 선택하면 '거래지점' 필드가 피벗 테이블에서 제거됩니다.

품명별 수량의 합계를 나타내는 피벗 테이블로 변경됐네요.

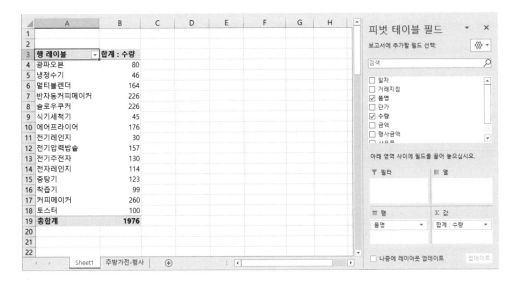

하면 된다! } 피벗 테이블에 필터 영역 추가하기

1 앞에서 제거했던 '거래지점' 필드를 [필터] 영역에 추가해 보겠습니다. [피벗 테이블 필드] 작업 창에서 '거래지점' 필드를 [필터] 영역으로 드래그합니다.

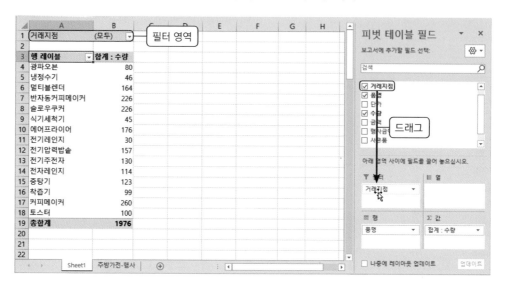

2 필터 영역에 추가된 '거래지점'의 [필터] 버튼을 클릭한 후 '사상지점'을 선택하고 [확인] 버튼을 클릭합니다. 피벗 테이블은 사상지점의 거래 내역만 표시합니다.

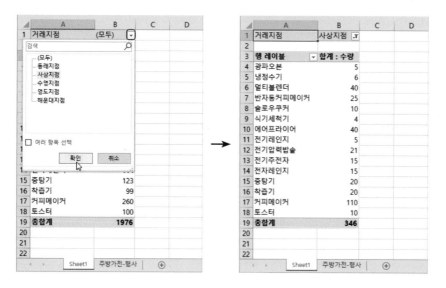

❸ 다시 '거래지점'의 [필터] 버튼을 클릭한 후 [여러 항목 선택]에 체크 표시를 합니다. '사상지점'과 '해운대지점'에 체크 표시를 한 후 [확인] 버튼을 클릭합니다. 선택된 두 거래지점의 거래 내역이 피벗 테이블에 표시됩니다.

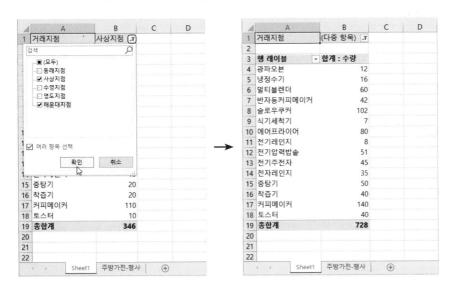

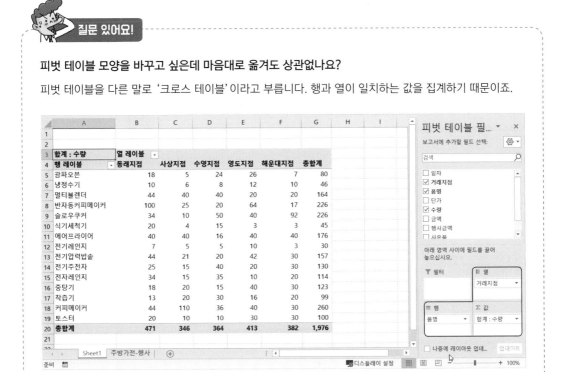

질문 있어요!

피벗 테이블 모양을 바꾸고 싶은데 마음대로 옮겨도 상관없나요?

피벗 테이블을 다른 말로 '크로스 테이블'이라고 부릅니다. 행과 열이 일치하는 값을 집계하기 때문이죠.

하지만 [행]과 [값]을 지정하는 것만으로도 피벗 테이블을 작성할 수 있습니다.

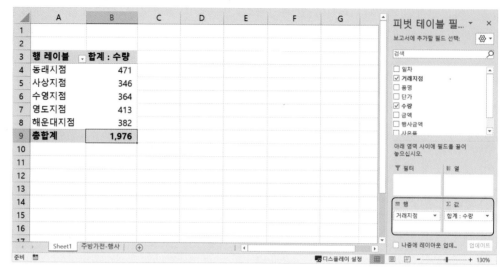

[행]과 [값]에만 필드를 지정한 피벗 테이블

[열]과 [값] 영역에만 필드를 지정해도 피벗 테이블을 만들 수 있습니다. 하지만 보기가 어색한 피벗 테이블이 작성됩니다.

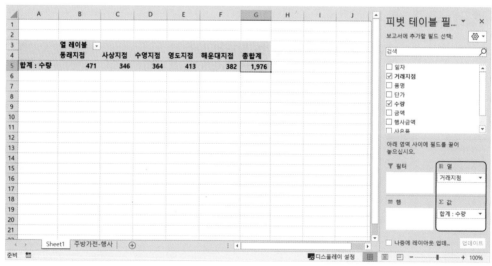

[열]과 [값]에만 필드를 지정한 피벗 테이블

따라서 피벗 테이블의 레이아웃을 설정할 때 [행]과 [값]에 필드를 지정하는 것은 필수입니다.

하면 된다! } 합계와 평균을 동시에 표시하는 피벗 테이블 작성하기

품명별 행사금액의 합계와 평균을 동시에 구하는 피벗 테이블을 작성해 보겠습니다.

1 피벗 테이블 레이아웃을 변경하겠습니다. 아래와 같이 영역에 필드를 추가합니다. 이때 [값] 영역에 '행사금액' 필드를 두 번 추가합니다.

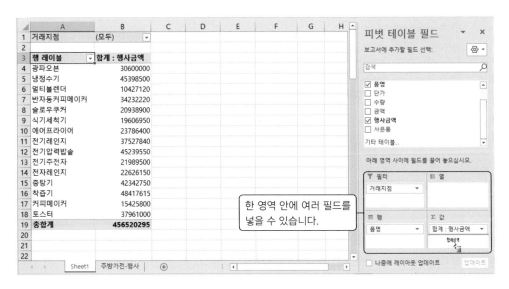

2 추가한 행사금액의 합계를 누른 후 [값 필드 설정]을 누릅니다.

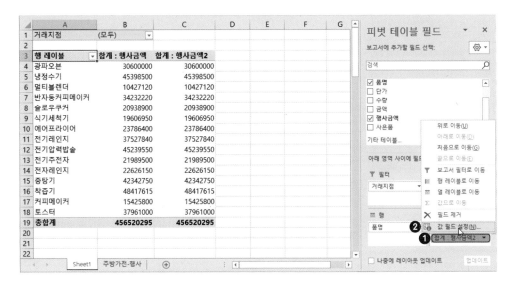

3 [값 필드 설정] 대화 상자가 실행되면 [선택한 필드의 데이터] 범주에서 '평균'을 선택한 후 [사용자 지정 이름] 입력 창에 **평균: 행사금액**을 입력하고 [확인] 버튼을 클릭합니다.

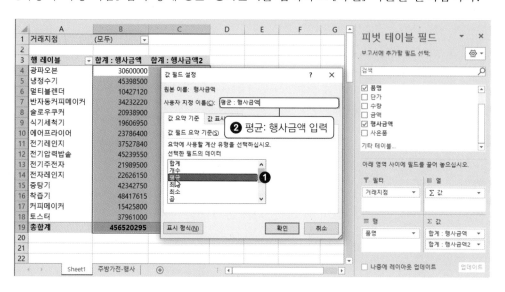

4 행사금액 합계와 평균의 셀 범위 [B4:C19]를 선택한 후 마우스 오른쪽 버튼을 눌러 [쉼표 스타일 **,**]을 적용합니다.

필드 그룹화

일자별 거래된 내역으로 작성한 피벗 테이블을 월별, 분기별, 연도별로 그룹
화해 관리할 수 있습니다.

함께 보면 좋은
동영상 강의

하면 된다! } 월별 행사금액의 합계를 집계하는 피벗 테이블 작성하기

1 앞에서 실습했던 필드들을 제거합니다. '일자' 필드를 [행] 영역에 추가한 후 '행사금액' 필
드를 [값] 영역에 추가합니다. <u>엑셀 2016 이후 버전, 365 버전</u>에서는 일자 필드가 월 단위로
자동 그룹화돼 피벗 테이블이 작성됩니다.

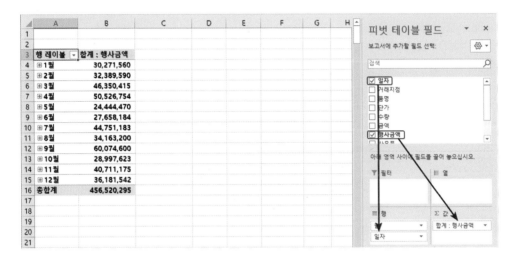

2 그룹화된 각 월의 왼쪽에 ⊞ 버튼이 생깁니다. '2월'의 왼쪽에 있는 ⊞ 버튼을 누르면 2월
의 일자별로 거래된 행사금액의 합계가 펼쳐집니다. ⊟ 버튼을 누르면 일자별로 거래된 행사
금액의 합계가 숨겨집니다.

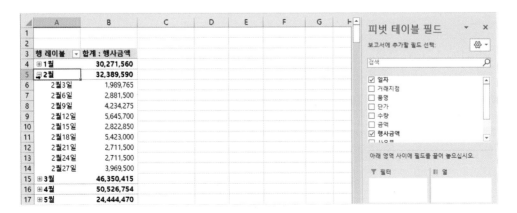

저는 버전이 다른데 어떻게 해야 하나요?

엑셀 2007, 2010, 2013 버전에서는 일자 필드를 [행] 영역에 추가했을 때 월 단위로 자동 그룹화되지 않습니다. 일자별 금액의 합계를 표시하는 피벗 테이블을 월 단위로 그룹화하려면 작성된 피벗 테이블의 [행 레이블]의 날짜 셀을 선택한 후 [피벗 테이블 도구] → [옵션] 탭 → [그룹] 그룹 → [그룹 필드]를 선택해야 합니다. [그룹화] 대화 상자가 실행되면 단위를 '월'로 선택한 후 [확인] 버튼을 클릭합니다.

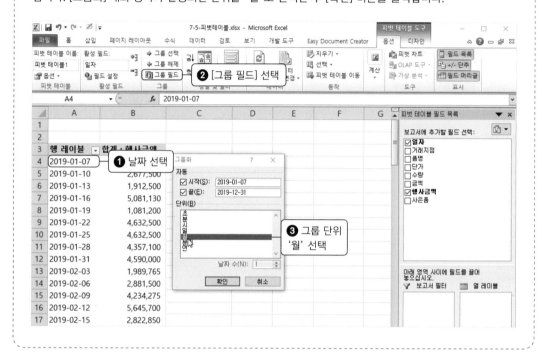

하면 된다! } 분기별로 행사금액의 합계를 구하는 피벗 테이블 작성하기

월별 행사금액의 합계를 표시하는 피벗 테이블을 분기별 금액의 합계를 나타내는 피벗 테이블로 변경해 보겠습니다.

1 [행 레이블]에서 '1월' 그룹 셀을 선택한 후 [피벗 테이블 도구] → [분석] 탭 → [그룹] 그룹 → [필드 그룹화]를 실행합니다. 파란색으로 선택된 [일]과 [월] 단위를 마우스로 선택하면 선택이 해제됩니다.

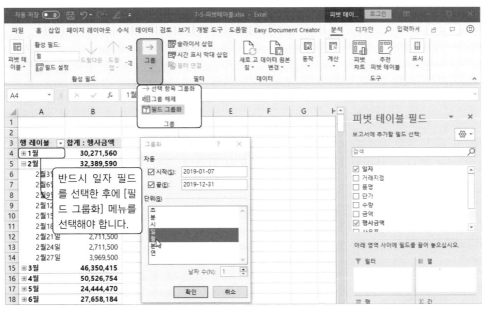

☑ 엑셀 2007, 2010, 2013 버전에서는 [피벗 테이블 도구] → [옵션] 탭 → [그룹] 그룹 → [그룹 필드]를 선택합니다.

2 단위를 [분기]만 선택한 후 [확인] 버튼을 클릭합니다. 행사금액의 합계를 분기별로 구하는 피벗 테이블이 작성됩니다.

하면 된다! ⨌ 15일 간격으로 행사금액의 합계를 구하는 피벗 테이블 작성하기

1 분기별로 그룹화했던 피벗 테이블에서 '1사분기'에 해당하는 [A4] 셀을
선택한 후 [피벗 테이블 도구] → [분석] 탭 → [그룹] 그룹 → [필드 그룹화]
를 선택합니다.

2 단위를 '일'로 변경한 후 [날짜 수]의 입력 창에 15를 입력합니다. 그러면
행사금액의 합계를 15일 단위로 구하는 피벗 테이블이 작성됩니다.

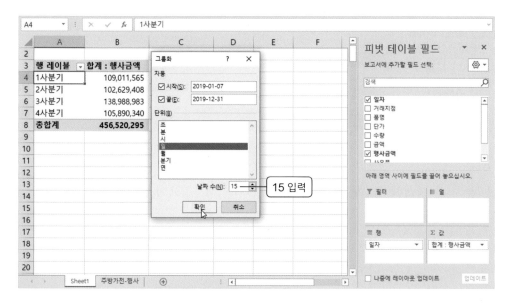

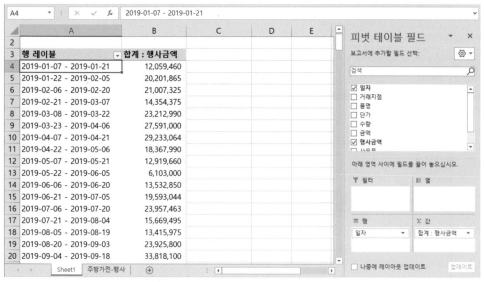

데이터 새로 고침과 원본 데이터 변경

피벗 테이블이 작성된 이후에는 원본 데이터가 변경됐거나 데이터가 추가되더라도 피벗 테이블에 자동으로 반영되지 않습니다. 데이터가 변경되면 피벗 테이블을 새로 고침해야 하고 데이터가 추가되면 데이터 원본 범위를 변경해야 합니다.

함께 보면 좋은
동영상 강의

하면 된다! } 데이터 새로 고침

1 [Sheet1] 시트에서 날짜 구간 중 아무 셀이나 선택한 후 피벗 테이블을 '월' 단위로 그룹화하고 다시 월별 행사금액의 합계를 구하는 피벗 테이블로 바꿉니다.

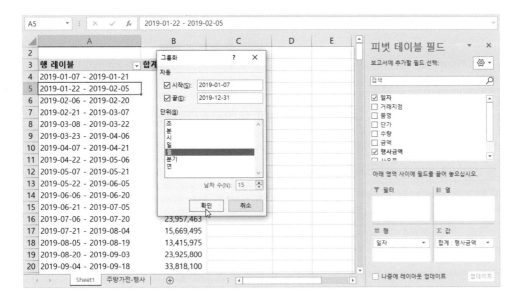

2 [주방가전–행사] 시트를 선택한 후 2019-01-07에 거래된 영도지점의 수량을 3에서 10으로 변경해 보겠습니다.

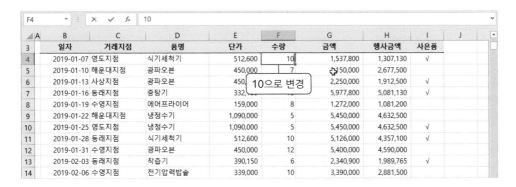

3 [Sheet1] 시트를 선택한 후 피벗 테이블을 확인해 보면 1월의 행사금액 합계 30,271,560 으로 변경된 값이 반영되지 않은 금액입니다. 피벗 테이블 내부의 아무 셀이나 선택한 후 마우스 오른쪽 버튼을 눌러 [새로 고침]을 선택합니다. 1월 행사금액이 33,321,530으로 변경됐습니다.

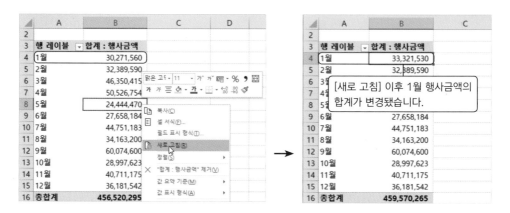

하면 된다! } 원본 데이터가 변경됐을 때 피벗 테이블에 반영하기

피벗 테이블을 만들 때 사용된 원본 데이터에 거래가 추가되면 마우스 오른쪽 버튼을 눌러 [새로 고침]을 해도 추가된 값이 피벗 테이블에 반영되지 않습니다. 이 경우에는 피벗 테이블을 작성할 때 참조한 데이터의 범위를 변경해야 합니다.

1 [주방가전-행사] 시트를 선택한 후 데이터를 아래와 같이 추가합니다.

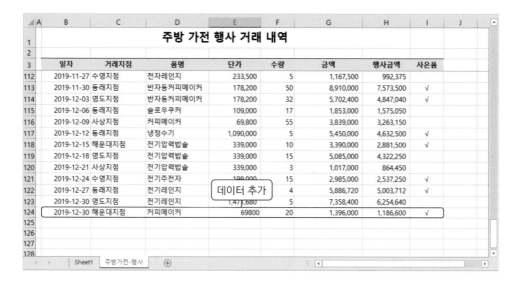

2 [Sheet1] 시트를 선택합니다. 피벗 테이블 내부의 아무 셀이나 선택한 후 [피벗 테이블 도구] → [분석] 탭 → [데이터] 그룹 → [데이터 원본 변경]을 선택합니다.

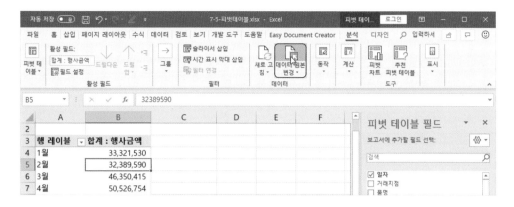

3 맨 마지막에 추가된 데이터가 범위에서 빠진 것을 확인할 수 있습니다. 추가된 데이터를 포함해 범위를 다시 지정하거나 [표/범위]를 변경하면 피벗 테이블에 반영됩니다.

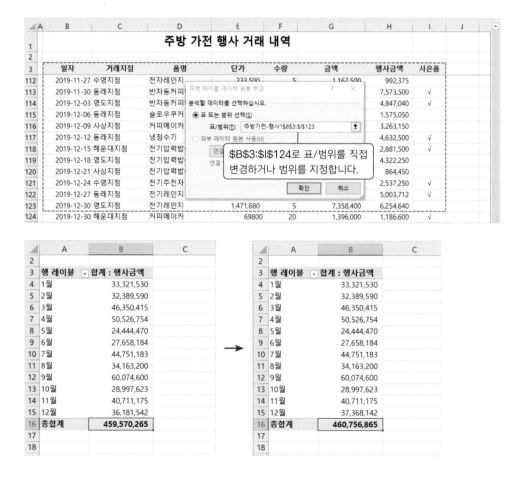

누군가의 부탁

"이번에 회사 비용 사용 내역을 항목별로 정리해 뒀어요. '감사팀'에서 사용한 내역을 확인할 수 있게 만들어 줄래요?"

① 지불 방법에 따라 금액의 합을 나타내는 피벗 테이블을 만들어야 합니다.
② 필터 기능을 넣어 감사팀의 비용만 나타나도록 필터링해 주세요.

일자	사번	성명	부서	항목	금액	지불
2019-01-01	EH1463	임정선	전략기획팀	식대	141,100	현금
2019-01-02	EH1454	이혜선	경영지원팀	차량유지비	95,400	카드
2019-01-02	EH1727	김효선	총무팀	기타	124,700	카드
2019-01-02	EH1458	김은아	법무팀	기타	88,700	현금
2019-01-02	EH3884	최석민	인사팀	간식대	80,000	카드
2019-01-02	EH3861	안동건	감사팀	출장비	70,900	현금
2019-01-02	EH2464	김지온	경영지원팀	식대	97,700	현금
2019-01-03	EH2399	최진호	경영지원팀	교통비	119,000	현금
2019-01-04	EH3874	주재원	경영지원팀	소모품비	138,200	현금
2019-01-04	EH3418	임찬희	총무팀	홍보비	148,200	현금
2019-01-05	EH1394	김세윤	전략기획팀	간식대	140,700	카드
2019-01-05	EH4621	최주용	인사팀	홍보비	85,200	현금
2019-01-05	EH1711	이은호	총무팀	소모품비	113,400	카드
2019-01-05	EH4775	최충원	인사팀	차량유지비	36,600	현금
2019-01-06	EH1454	정선우	영업팀	기타	71,700	카드
2019-01-06	EH2797	박순애	영업팀	기타	15,700	현금
2019-01-07	EH1711	이은호	총무팀	접대비	36,000	현금
2019-01-07	EH3861	안동건	감사팀	식대	132,500	현금
2019-01-08	EH8184	김권준	감사팀	기타	69,700	현금
2019-01-08	EH3890	김정환	법무팀	차량유지비	114,200	현금

[비용] 시트

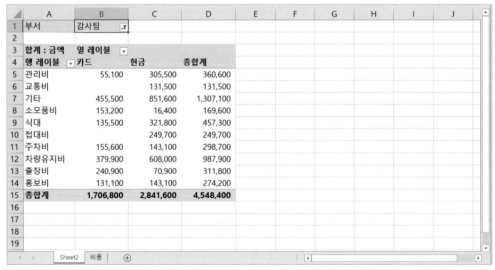

결과

정답 및 해설 [11-1-미션_정답]

11-2 추천 피벗 테이블과 슬라이서 삽입

• 실습 파일 11-2-추천피벗테이블   • 완성 파일 11-2-추천피벗테이블_완성

앞에서 피벗 테이블로 만들고 변경하는 방법을 배웠습니다. 아직도 레이아
웃 설정이 헷갈리나요? 엑셀 2013 버전부터 피벗 테이블을 쉽게 만들어 주
는 '추천 피벗 테이블' 기능을 제공합니다. 그리고 피벗 테이블의 데이터를
한눈에 볼 수 있도록 필터링하는 '슬라이서' 기능까지! 하나씩 따라 하면서
기능을 익혀 보세요. 데이터를 피벗 테이블로 만드는 데 따른 두려움이 사라
질 거예요.

함께 보면 좋은
동영상 강의

하면 된다! ﹜ 추천 피벗 테이블로 빠르게 집계하기

[비용] 시트

1 피벗 테이블을 만들 데이터의 내부에 있는 아무 셀을 선택한 후 [삽입] 탭 → [표] 그룹 →
[추천 피벗 테이블]을 선택합니다. [권장 피벗 테이블] 대화 상자가 실행됩니다.

2 스크롤바를 아래로 내려 다양한 레이아웃을 확인해 보세요. 원하는 레이아웃을 선택하면, 오른쪽 미리 보기 창에서 피벗 테이블을 확인할 수 있습니다.

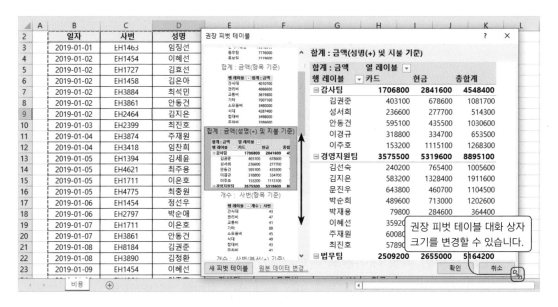

3 합계 : 금액(항목 기준)을 선택하고 [확인] 버튼을 클릭하세요. 항목별 금액 피벗 테이블이 작성됩니다. 피벗 테이블이 작성된 후에도 변경이 필요하다면 오른쪽 [피벗 테이블 필드] 작업 창에서 레이아웃을 변경할 수 있습니다.

하면 된다! } 슬라이서를 사용해 피벗 테이블에서 원하는 데이터만 보기

1 피벗 테이블을 선택한 후 [피벗 테이블 도구] 탭 → [분석] → [필터] 그룹 → [슬라이서 삽입]을 선택합니다.

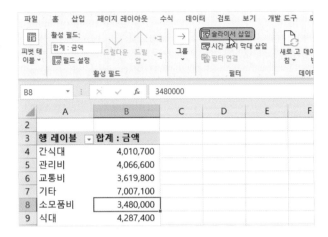

2 [슬라이서 삽입] 대화 상자가 실행되면 '성명'과 '부서'에 체크 표시를 한 후 [확인] 버튼을 클릭합니다.

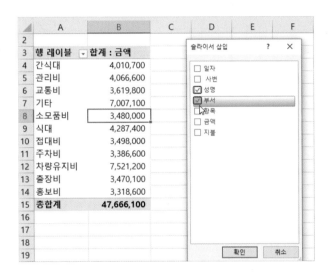

3 성명과 부서 슬라이서가 추가됐습니다. 부서 슬라이서를 오른쪽으로 이동시켜 나란하게 놓습니다.

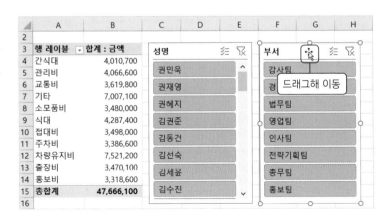

4 성명 슬라이서에서 '권재 영'을 선택해 보세요. 피벗 테이블은 권재영의 비용 내 역만 보여 줍니다.

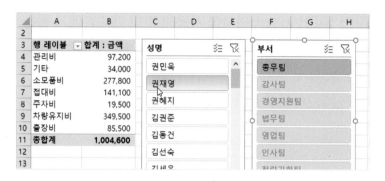

이렇게 슬라이서를 사용하면 피벗 테이블에는 성명 필드가 나타나지 않지만 슬라이서를 사용 해 특정 사원의 비용만 확인할 수 있는 피벗 테이블로 필터링할 수 있습니다.

5 [필터 지우기]를 클릭 하면 필터가 취소되고 피 벗 테이블은 다시 모든 항 목의 비용 내역을 보여 줍 니다.

6 다시 부서 슬라이서에 서 '감사팀'을 선택해 봅시 다. 피벗 테이블은 감사팀 에서 사용한 비용 항목을 보여 줍니다.

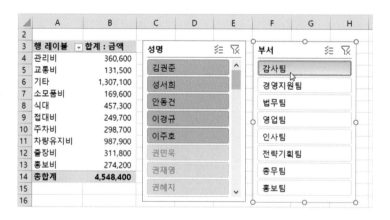

7 새 슬라이서가 필요하면
피벗 테이블을 선택하고 다
시 [피벗 테이블 도구] 탭
→ [분석] → [필터] 그룹 →
[슬라이서 삽입]을 선택합니
다. 지불 슬라이서를 추가합
니다.

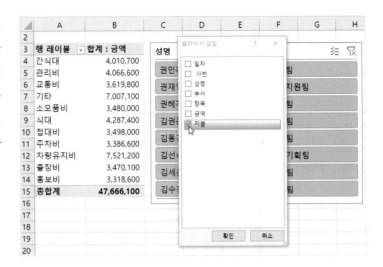

8 먼저 성명 슬라이서에서 '권민욱'을 선택하고 지불 슬라이서에서 '카드'를 선택합니다. 피
벗 테이블은 권민욱의 카드 지불 비용 내역을 보여 줍니다.

하면 된다! ╠ 슬라이서 제거하기

사용하지 않는 슬라이서를 제거하는 방법은 간단합니다. 슬라이서를 선택한 후 (Delete)를 누
르면 됩니다.

11-3 피벗 테이블을 시각화하는 피벗 차트

• 실습 파일 11-3-피벗차트   • 완성 파일 11-3-피벗차트_완성

앞에서 복잡하고 많은 양의 데이터를 피벗 테이블을 활용해 빠르게 집계했습니다. 이렇게 끝난다면 엑셀이 아니죠. 엑셀에서는 피벗 테이블을 차트로 만들 수 있습니다. 마우스 클릭만으로 쉽게 피벗 차트를 만들 수 있습니다.

하면 된다! } 피벗 테이블로 피벗 차트 만들기 [월별집계] 시트

1 [월별집계] 시트를 선택한 후 피벗 테이블 내부에 아무 곳이나 선택하고 [피벗 테이블 도구] → [분석] 탭 → [도구] 그룹 → [피벗 차트]를 선택합니다.

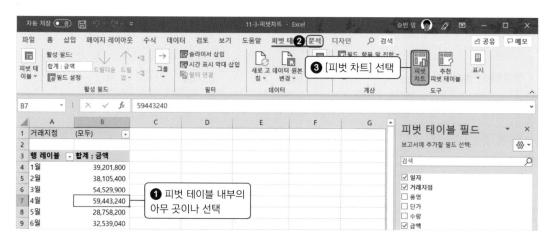

2 [차트 삽입] 대화 상자가 실행되면 기본 값으로 선택된 [세로 막대형] 중에 [묶은 세로 막대형]을 선택한 후 [확인] 버튼을 클릭합니다.

3 피벗 차트를 선택한 후 [피벗 차트 도구] → [디자인] 탭 → [차트 레이아웃] 그룹 → [빠른 레이아웃] → '레이아웃 2'를 선택합니다.

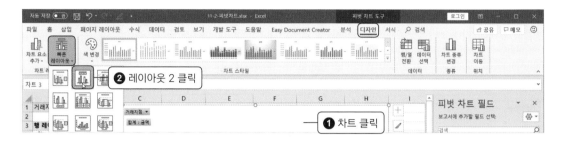

4 레이아웃 2를 적용했더니 각 계열에 값 레이블이 표시되고 눈금선이 사라졌습니다. [차트 요소]를 선택한 후 '범례'의 체크 표시를 해제합니다.

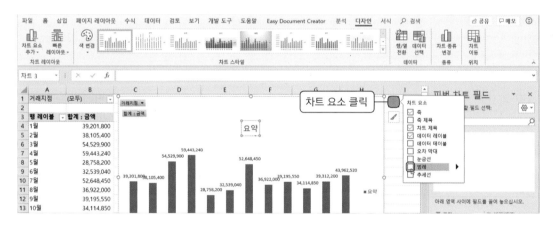

5 제목을 **2019년 주방 가전 거래 내역**으로 변경하고 위로 이동시킵니다.

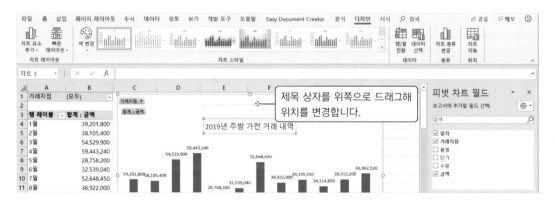

6 그림 영역을 선택한 후 크기 조절점에 마우스 커서를 올려놓고 위로 드래그해 크기를 크게 변경합니다.

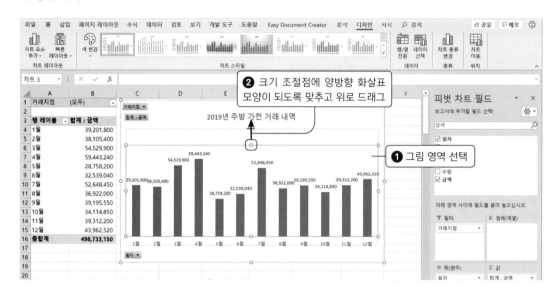

피벗 차트의 특징이라고 하면 차트 결과를 실시간으로 필터링해 볼 수 있다는 겁니다.

7 [보고서 필터 단추] 버튼을 눌러 '해운대지점'을 선택한 후 [확인] 버튼을 클릭합니다.

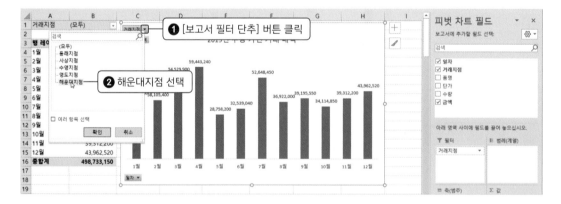

'해운대지점'의 거래내역만을 보여 주는 피벗 차트로 변경됐습니다.

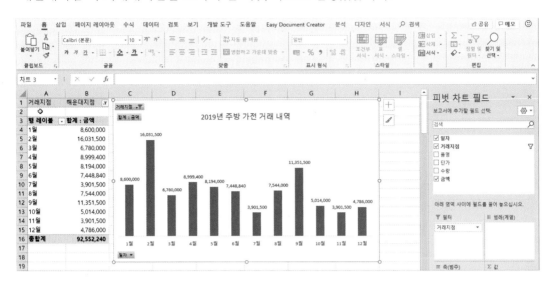

8 이번에는 [축 필드 단추] 버튼을 눌러 '모두 선택'에 체크 표시를 해제하고 '1월, 2월, 3월, 4월, 5월, 6월'에 체크 표시를 하고 [확인] 버튼을 클릭합니다.

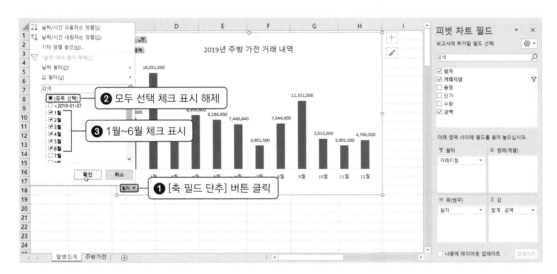

1월부터 6월까지 해운대지점의 거래 내역을 보여 주는 피벗 차트가 완성됐습니다.

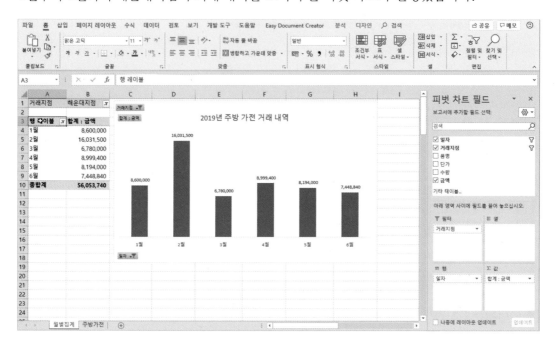

9 피벗 차트 안에 있는 단추들을 피벗 차트에서 보이지 않게 하려면 [피벗 차트 도구] → [분석] 탭
→ [표시/숨기기] → [필드 단추] → [모두 숨기기]를 선택합니다.

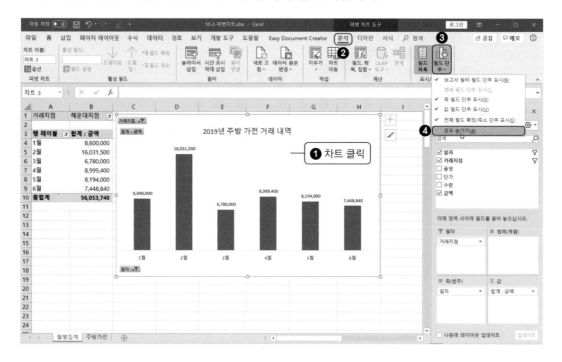

"김신입씨! 이번에 집계한 [비용] 시트를 차트로 만들어 보고해야 하는데, 혹시 가로 막대형 차트로 만들어 줄 수 있을까?"

① 비용 시트의 데이터를 [추천 피벗 테이블]을 사용해 부서별로 비용 합계를 집계합니다.
② 새 워크시트 이름을 '보고서'로 변경합니다.
③ 집계한 피벗 테이블을 근거로 가로 막대형 피벗 차트를 작성합니다.
④ 차트의 모양은 '레이아웃 4'를 적용합니다.
⑤ 범례를 제거한 후 가로, 세로 주 눈금선을 추가합니다.
⑥ '부서별 비용 사용 내역'이라는 제목을 추가합니다.

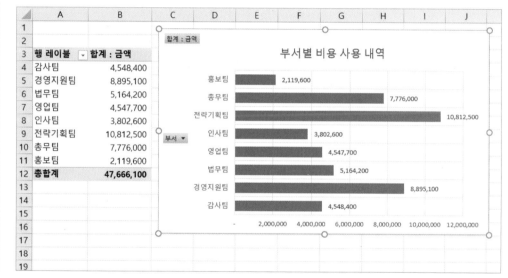

정답 및 해설 [11-3-미션_정답]

셋째마당
통과시험 | **피벗 테이블을 활용해 보고용 차트 만들기**

• 실습 파일 셋째마당통과시험 • 완성 파일 셋째마당통과시험_완성

첫째 마당에서 업무에 자주 사용하는 지출기안서, 견적서와 같은 양식을 작성해 봤습니다. 둘째 마당에서는 견적서 양식에 유효성 검사와 VLOOKUP 함수를 사용해 품명을 목록에서 선택하면 규격과 단가를 단가표에서 찾아와 자동으로 입력되고 공급가액과 세액이 계산되도록 수식을 미리 넣어 봤습니다.

이렇게 지출한 항목이나 견적 내역은 데이터베이스로 작성하고 보관해야 합니다. 일자별로 보관한 데이터베이스는 항목별 지출 내역을 집계하거나 월별, 분기별 견적 내역을 피벗 테이블로 만들고 차트로 시각화해 보고서를 작성할 근거로 사용할 수 있습니다.

이번 셋째 마당 통과 시험에서는 이렇게 쌓인 데이터베이스로 피벗 테이블을 작성하고 보고용 피벗 차트를 완성해 보겠습니다.

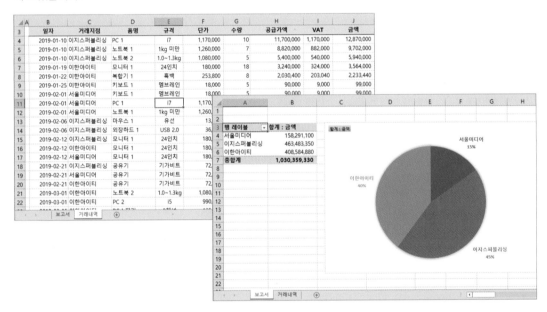

1단계 [거래내역] 시트의 데이터를 근거로 거래지점별 금액을 집계하는 피벗 테이블을 작성합니다.

2단계 피벗 테이블이 있는 시트 이름을 [보고서]로 변경합니다.

3단계 거래지점별 금액 구성비를 나타내는 원형 피벗 차트를 작성합니다.

4단계 피벗 차트 스타일과 레이블의 위치를 보기 좋게 변경합니다.

혼자서 만들기 어렵거나 중간에 막혔다면 동영상 강의를 보고 확인해 보세요!

▶ 동영상 풀이
링크: http://bit.ly/2JETywN

프로에게
배우는
사진 노하우
&
카메라
제대로 쓰는 법

**프로 사진가들의
아름다운 사진 촬영법**

나도 한번쯤 아름다운 사진을
찍어보고 싶다!

하기하라 시로 외 지음 | 27,000원

**프로 사진가 92명의
사진 구도와 풍경 사진**

전문가의 비법이 담긴
'구도 가이드' 부록 수록!

하기하라 시로 외 지음 | 27,000원

**프로 사진가들이 사용하는
노출과 조리개값**

지루한 개념은 이제 그만.
38가지 프로 테크닉으로 빛을 정복하

요코기 아라오 외 지음 | 27,000원

**DCM 일본 프로 사진가들의
테크닉 모음집 시리즈 [전 6권]**

미즈노 카츠히코 외 지음
세트 가격 129,600원

**프로 사진가들이 알려주는
사진 촬영 특강**

사진 초보자를 위한
카메라 걸음마 교실!

후쿠다 켄타로 외 지음 | 27,000원

**프로 사진가들의
사진 보정과 렌즈 활용법**

프로는 연장을 탓하지 않고,
과하게 보정하지 않는다!

이시다 아키히사 외 지음 | 27,000원

**전문 사진가
68명의 실전 촬영법**

일본 최고 사진 전문가들의
진솔한 이야기

미즈노 카츠히코 외 지음 | 27,000원

4차 산업 혁명 시대
꼭 읽어야 할
데이터 과학

**블록체인
무엇인가?**

전 세계 사람들이 주목하는
블록체인 입문서!

다니엘 드레셔 지음 | 15,000원

**데이터는 어떻게
자산이 되는가?**

데이터 산업의 모든 것!
데이터 수집·생성부터
유통·생태계까지!

김옥기 지음 | 18,000원

**기계는 어떻게
생각하는가?**

4차 산업 혁명을 이끌 창의적인
개발자·CTO를 위한
인공 지능 교양서!

숀 게리시 지음 | 18,000원